Aurélie Lenoir - Maud Tyckaert

TRÉSORS DE L'UNESCO EN FRANCE

Dakota éditions

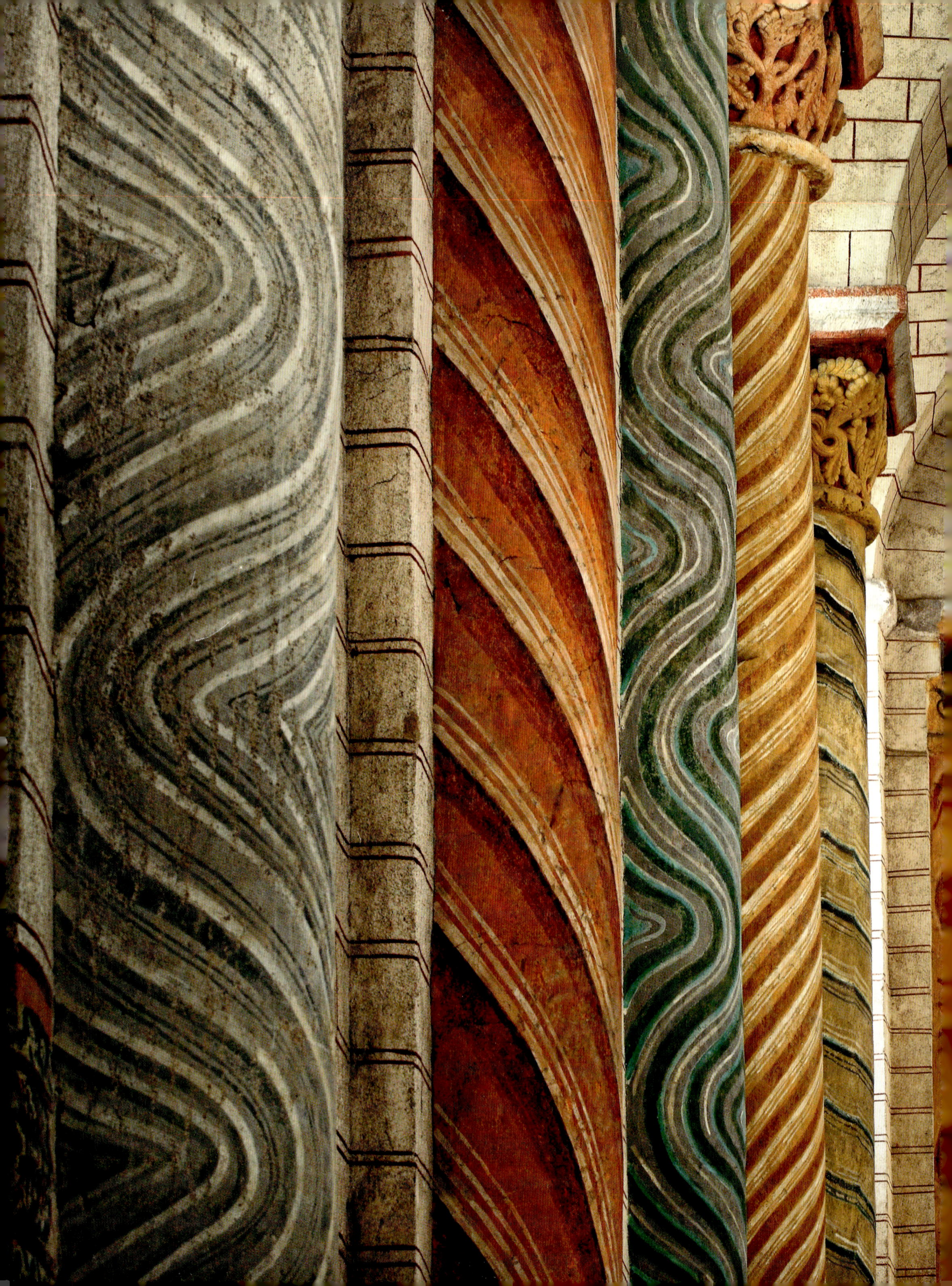

AVANT-PROPOS

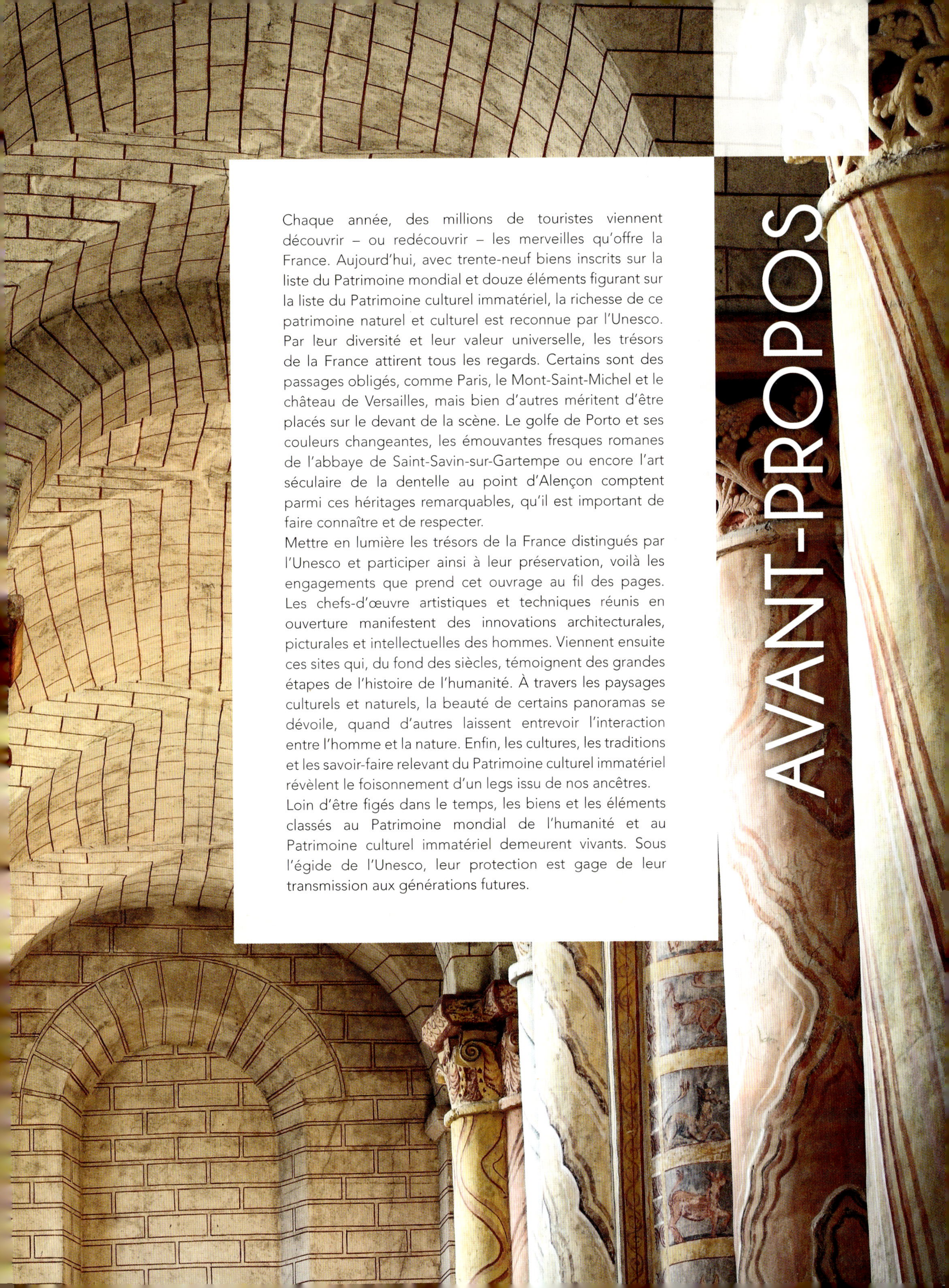

Chaque année, des millions de touristes viennent découvrir – ou redécouvrir – les merveilles qu'offre la France. Aujourd'hui, avec trente-neuf biens inscrits sur la liste du Patrimoine mondial et douze éléments figurant sur la liste du Patrimoine culturel immatériel, la richesse de ce patrimoine naturel et culturel est reconnue par l'Unesco. Par leur diversité et leur valeur universelle, les trésors de la France attirent tous les regards. Certains sont des passages obligés, comme Paris, le Mont-Saint-Michel et le château de Versailles, mais bien d'autres méritent d'être placés sur le devant de la scène. Le golfe de Porto et ses couleurs changeantes, les émouvantes fresques romanes de l'abbaye de Saint-Savin-sur-Gartempe ou encore l'art séculaire de la dentelle au point d'Alençon comptent parmi ces héritages remarquables, qu'il est important de faire connaître et de respecter.

Mettre en lumière les trésors de la France distingués par l'Unesco et participer ainsi à leur préservation, voilà les engagements que prend cet ouvrage au fil des pages. Les chefs-d'œuvre artistiques et techniques réunis en ouverture manifestent des innovations architecturales, picturales et intellectuelles des hommes. Viennent ensuite ces sites qui, du fond des siècles, témoignent des grandes étapes de l'histoire de l'humanité. À travers les paysages culturels et naturels, la beauté de certains panoramas se dévoile, quand d'autres laissent entrevoir l'interaction entre l'homme et la nature. Enfin, les cultures, les traditions et les savoir-faire relevant du Patrimoine culturel immatériel révèlent le foisonnement d'un legs issu de nos ancêtres.

Loin d'être figés dans le temps, les biens et les éléments classés au Patrimoine mondial de l'humanité et au Patrimoine culturel immatériel demeurent vivants. Sous l'égide de l'Unesco, leur protection est gage de leur transmission aux générations futures.

INTRODUCTION

PATRIMOINE MONDIAL

On le sait ou on s'en doute, l'inscription sur la Liste du patrimoine mondial n'est pas une formalité administrative. Toute inscription signifie au moins deux choses. La première : qu'une entente a eu lieu entre une multitude – insoupçonnée – d'acteurs, qui se sont « passé le témoin » de l'inscription jusqu'au Comité. La seconde : qu'une série d'engagements ont été pris, par les autorités locales tout d'abord, qui lient la politique culturelle, environnementale, parfois industrielle et économique rattachée au territoire du bien, pour de nombreuses années ; par l'État français ensuite, signataire de la Convention du Patrimoine mondial, qui répond de la protection et de la conservation du bien dont il a demandé le classement.

L'inscription au Patrimoine mondial constitue donc à la fois un terme et un commencement.

Pour que la candidature d'un site soit proposée au Comité du patrimoine mondial, il faut d'abord qu'un comité local, associant experts, conservateurs, historiens, représentants de l'État en région et élus locaux, présente au Comité des biens français un dossier d'inscription. Celui-ci est alors étudié au regard des critères d'inscription sur la Liste du patrimoine mondial, dont le premier d'entre eux, discriminant, est la « valeur universelle exceptionnelle » du bien. C'est ce Comité qui décide qu'un bien figure – ou non – sur la liste indicative nationale (celle de la France compte actuellement 37 sites). L'inscription est ensuite éventuellement proposée officiellement à l'Unesco, et le dossier, soumis à l'examen des deux organes consultatifs : l'ICOMOS (Conseil international des monuments et des sites) dans le cas des biens culturels, et l'UICN (Union internationale pour la Conservation de la nature) pour ce qui concerne les biens naturels. Si, après l'avis rendu par les organes consultatifs, la candidature est maintenue, il s'agit ensuite d'emporter le soutien des 21 États membres du Comité du patrimoine mondial (sur les 191 États parties à la Convention) élus pour quatre ans et renouvelés d'un tiers tous les deux ans.

Les rapports que l'Unesco demandera plus tard aux pays sur l'état de conservation de leurs biens inscrits réinterrogeront sans cesse la vitalité des engagements pris.

Cet ouvrage contribuera, nous l'espérons, à une meilleure connaissance de la diversité des patrimoines distingués par l'Unesco, c'est-à-dire par cette communauté internationale unique qui a, en 2014, 1000 et 7 raisons de s'émerveiller du patrimoine mondial.

Anne-Sabine Sabater
Comité Culture et Communication
Commission nationale française pour l'Unesco

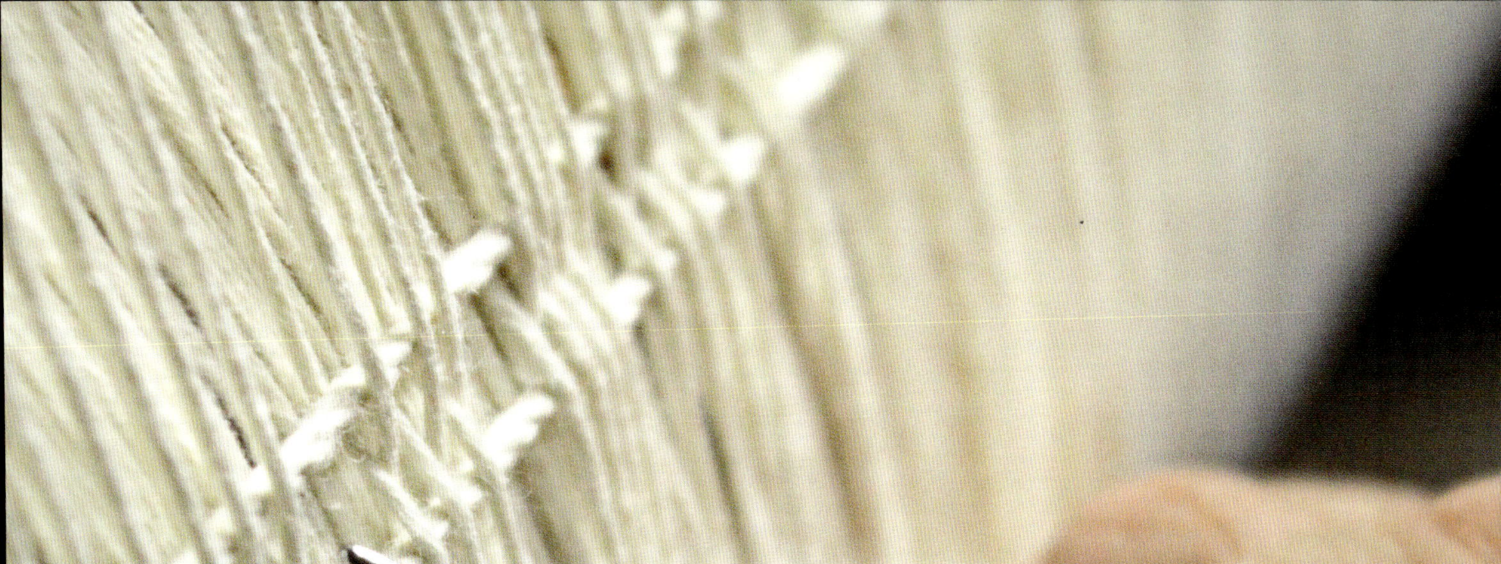

PATRIMOINE CULTUREL IMMATÉRIEL

En octobre 2003 à Paris, la Conférence générale de l'Unesco adopte la Convention pour la sauvegarde du patrimoine culturel immatériel, instituant au niveau international une nouvelle catégorie de patrimoine. Cet instrument normatif et juridiquement contraignant constitue l'aboutissement d'une réflexion ancienne sur la nécessité d'assurer une forme de reconnaissance internationale adaptée à la culture immatérielle. La Convention définit le patrimoine culturel immatériel comme l'ensemble des pratiques, représentations, expressions, connaissances et savoir-faire qui se manifestent, notamment, dans les traditions orales, les arts du spectacle, les pratiques sociales, rituels et événements festifs, les connaissances et pratiques concernant la nature et l'univers, ainsi que les savoir-faire liés à l'artisanat traditionnel. Ce qui fonde le patrimoine culturel immatériel n'est pas seulement son immatérialité, qui accorde leur place aux instruments, artefacts et espaces associés, mais aussi le rôle dévolu aux communautés, aux groupes et aux individus dans la désignation et la sauvegarde de leur patrimoine, ancré dans un passé plus ou moins ancien, transmis et recréé au passage des générations.

La Convention connaît un succès rapide : au 15 mai 2014, 161 États parties l'ont ratifiée à travers le monde, dont la France en juillet 2006. Ces États ont la possibilité de proposer la candidature d'éléments de leur patrimoine sur la Liste représentative du patrimoine culturel immatériel de l'humanité ou sur la Liste du patrimoine culturel immatériel nécessitant une sauvegarde urgente, lorsqu'ils en estiment la transmission menacée. Fin 2013, la France compte onze inscriptions sur la Liste représentative, dont deux partagées avec d'autres États, et une sur la Liste de sauvegarde urgente. Représentatives de la diversité des formes d'expression du patrimoine culturel immatériel sur les territoires, ces inscriptions constituent le fruit d'engagements collectifs pris dans la durée. La Convention suscite en effet un véritable intérêt des acteurs sociaux, issus notamment du monde associatif ou des collectivités territoriales : d'autres projets, nombreux, sont en cours.

Chérif Khaznadar, Président de la Maison des Cultures du Monde -
Centre français du patrimoine culturel immatériel,
et Séverine Cachat, directrice du Centre français
du patrimoine culturel immatériel

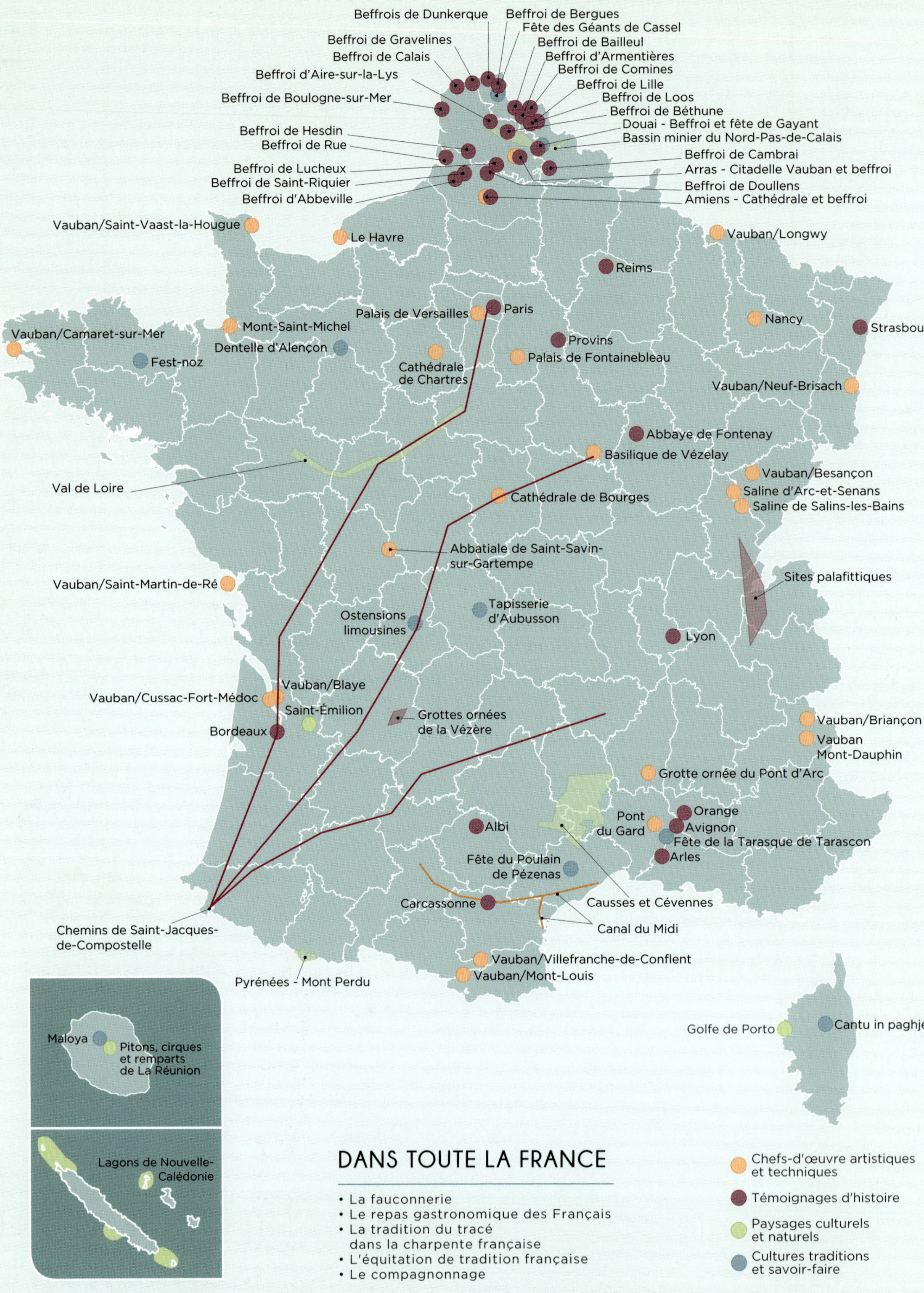
Beffrois de Dunkerque
Beffroi de Bergues
Fête des Géants de Cassel
Beffroi de Gravelines
Beffroi de Bailleul
Beffroi de Calais
Beffroi d'Armentières
Beffroi de Comines
Beffroi d'Aire-sur-la-Lys
Beffroi de Lille
Beffroi de Boulogne-sur-Mer
Beffroi de Loos
Beffroi de Béthune
Douai - Beffroi et fête de Gayant
Beffroi de Hesdin
Bassin minier du Nord-Pas-de-Calais
Beffroi de Rue
Beffroi de Cambrai
Beffroi de Lucheux
Arras - Citadelle Vauban et beffroi
Beffroi de Saint-Riquier
Beffroi de Doullens
Beffroi d'Abbeville
Amiens - Cathédrale et beffroi
Vauban/Saint-Vaast-la-Hougue
Le Havre
Vauban/Longwy
Reims
Palais de Versailles
Paris
Nancy
Strasbourg
Vauban/Camaret-sur-Mer
Mont-Saint-Michel
Provins
Dentelle d'Alençon
Palais de Fontainebleau
Fest-noz
Cathédrale
de Chartres
Vauban/Neuf-Brisach
Abbaye de Fontenay
Basilique de Vézelay
Vauban/Besançon
Val de Loire
Cathédrale de Bourges
Saline d'Arc-et-Senans
Saline de Salins-les-Bains
Abbatiale de Saint-Savin-
sur-Gartempe
Sites palafittiques
Vauban/Saint-Martin-de-Ré
Ostensions
limousines
Tapisserie
d'Aubusson
Lyon
Vauban/Blaye
Vauban/Cussac-Fort-Médoc
Saint-Émilion
Grottes ornées
de la Vézère
Bordeaux
Vauban/Briançon
Vauban
Mont-Dauphin
Grotte ornée du Pont d'Arc
Orange
Pont
du Gard
Avignon
Albi
Fête de la Tarasque de Tarascon
Arles
Fête du Poulain
de Pézenas
Carcassonne
Causses et Cévennes
Canal du Midi
Chemins de Saint-Jacques-
de-Compostelle
Vauban/Villefranche-de-Conflent
Vauban/Mont-Louis
Pyrénées - Mont Perdu
Golfe de Porto
Cantu in paghjella
Maloya
Pitons, cirques
et remparts
de La Réunion
Lagons de Nouvelle-
Calédonie
DANS TOUTE LA FRANCE
• La fauconnerie
• Le repas gastronomique des Français
• La tradition du tracé
dans la charpente française
• L'équitation de tradition française
• Le compagnonnage
Chefs-d'œuvre artistiques
et techniques
Témoignages d'histoire
Paysages culturels
et naturels
Cultures traditions
et savoir-faire

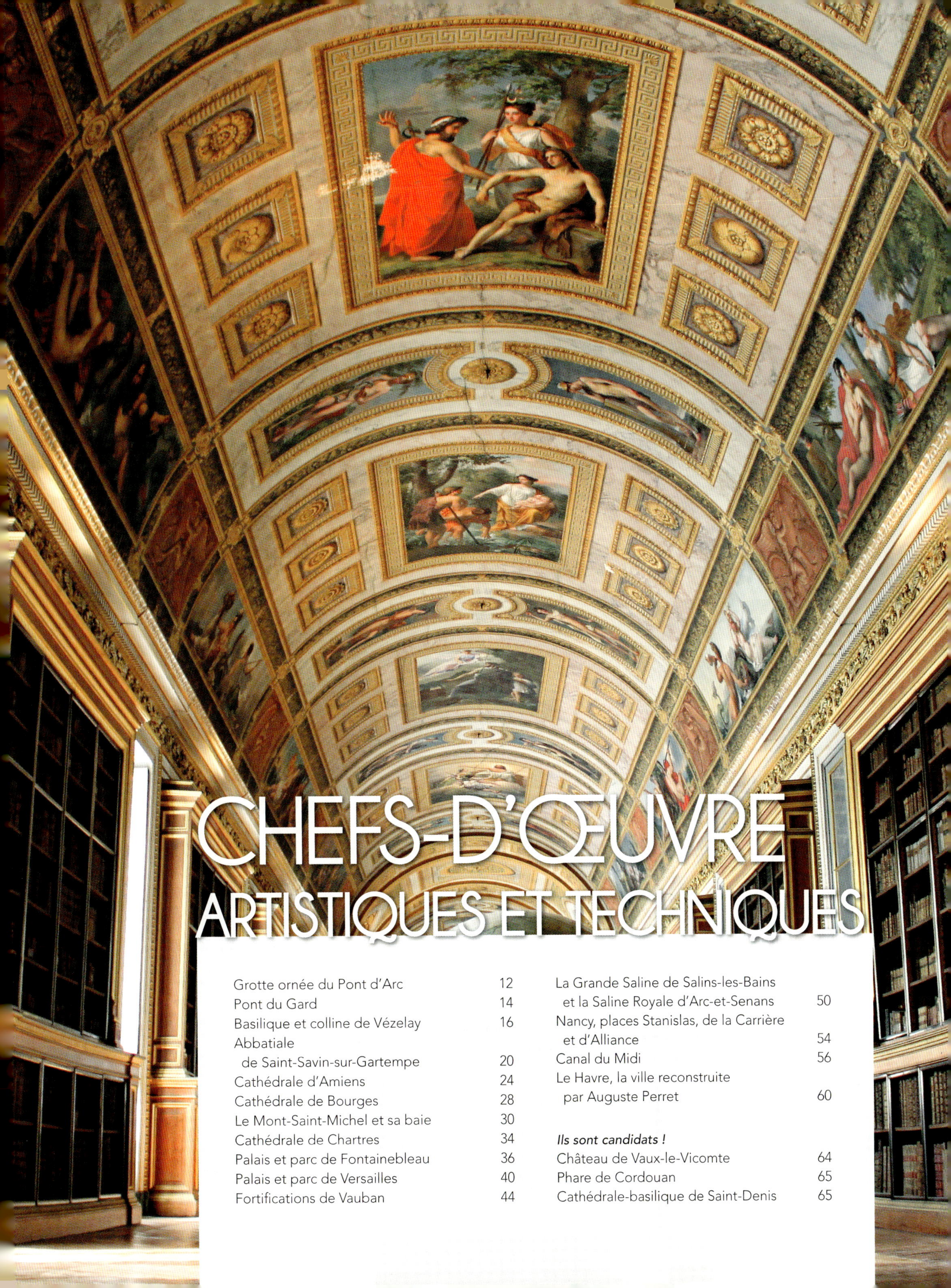

CHEFS-D'ŒUVRE ARTISTIQUES ET TECHNIQUES

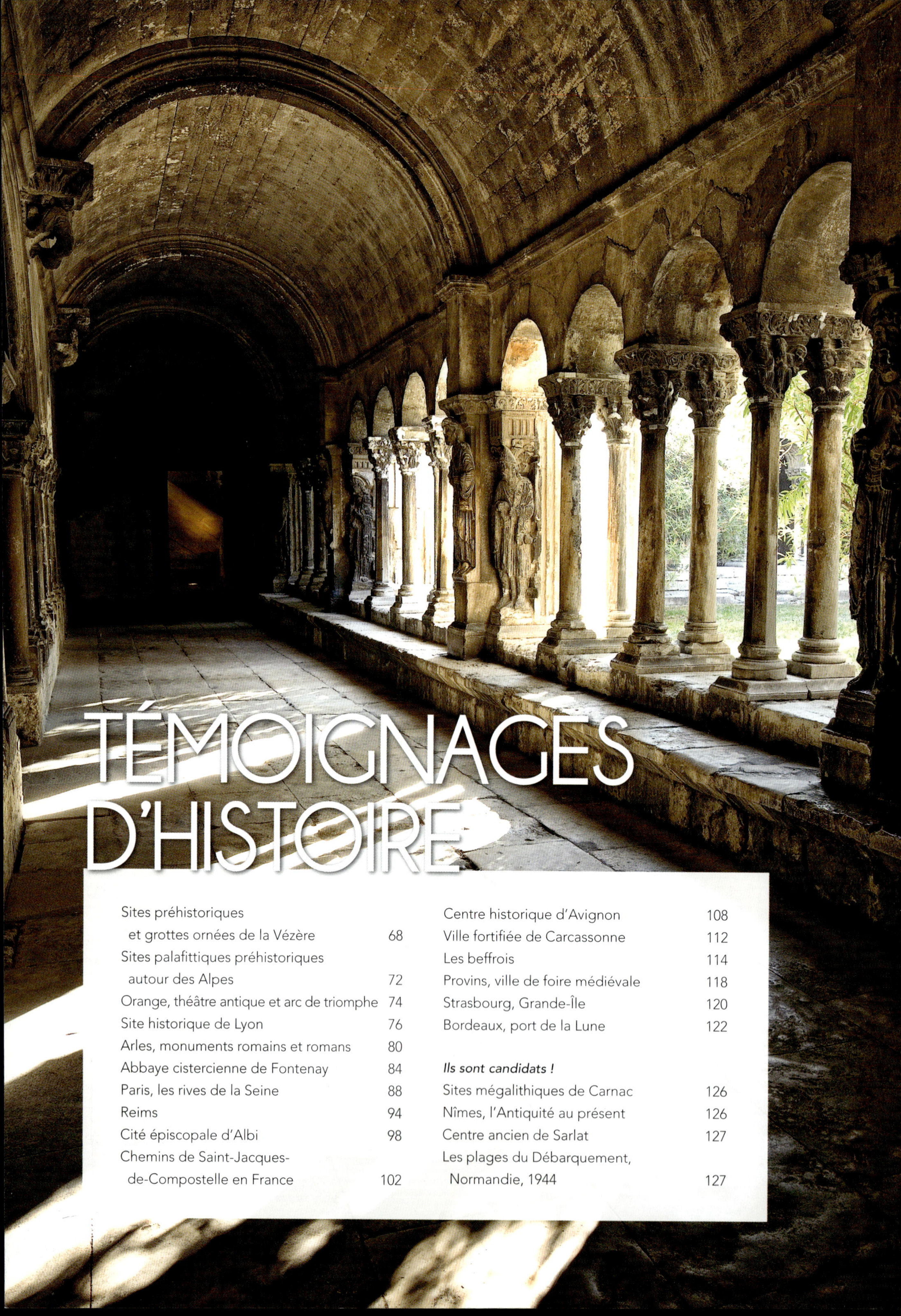

TÉMOIGNAGES D'HISTOIRE

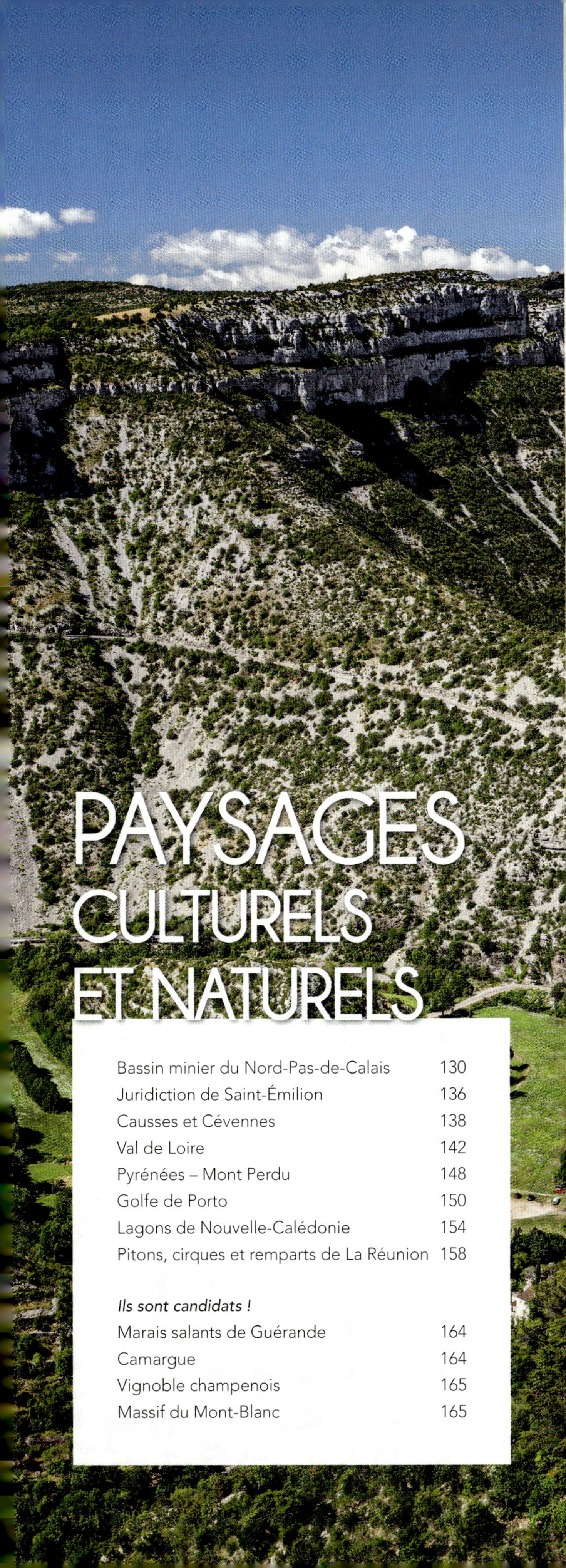

PAYSAGES CULTURELS ET NATURELS

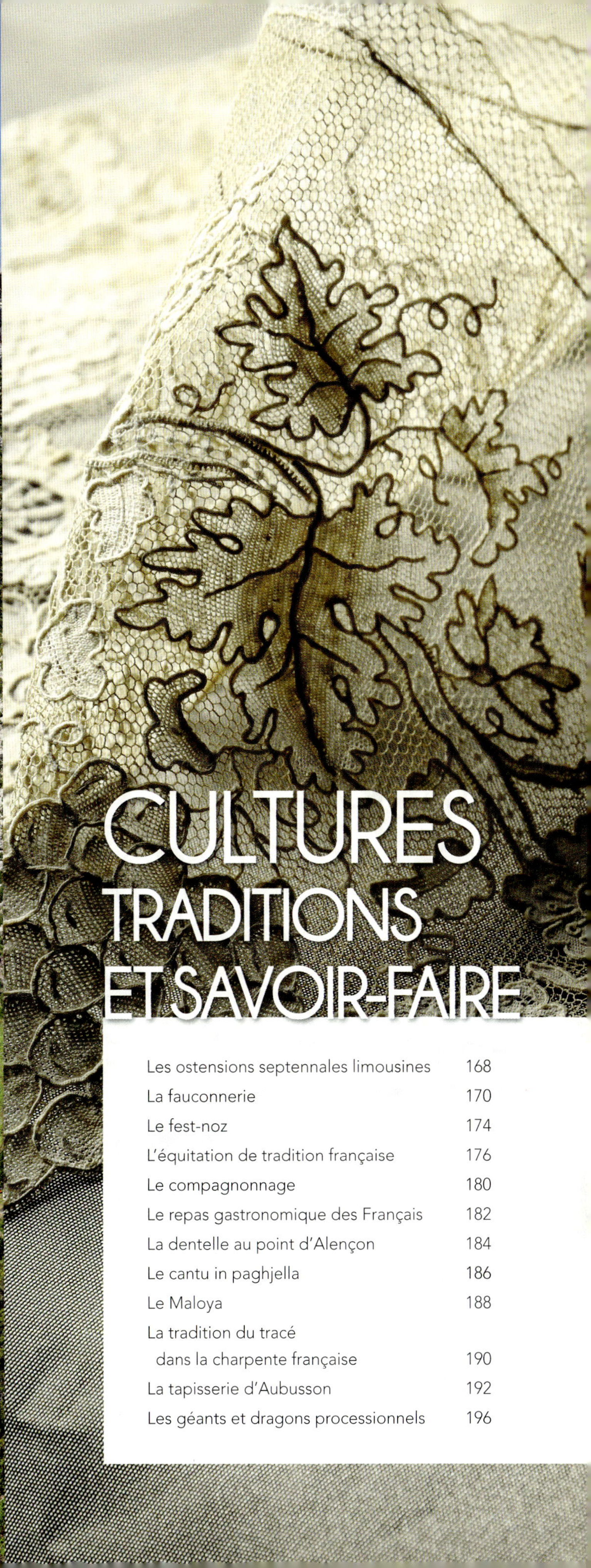

CULTURES TRADITIONS ET SAVOIR-FAIRE

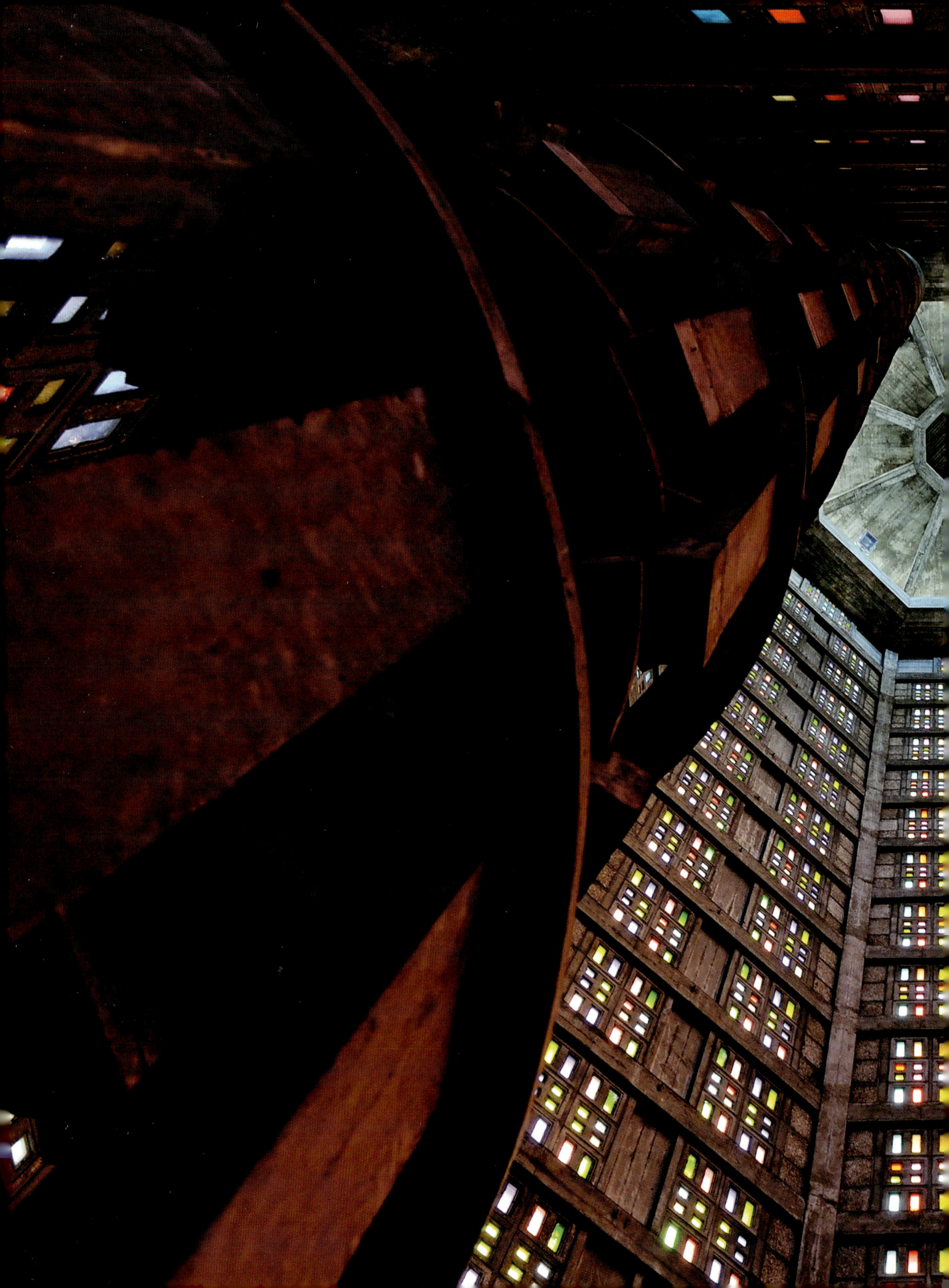

Chefs-d'œuvre artistiques et techniques

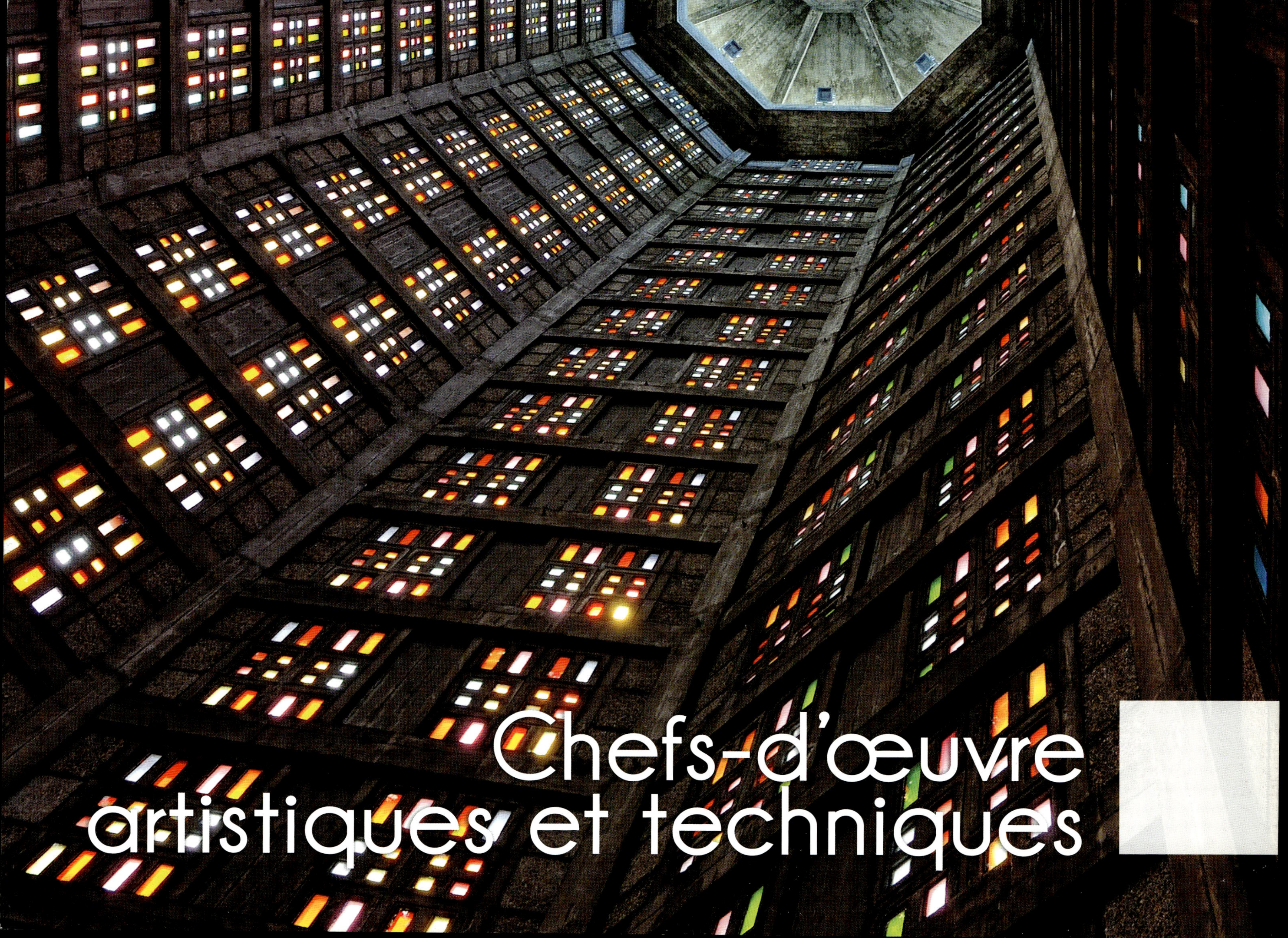

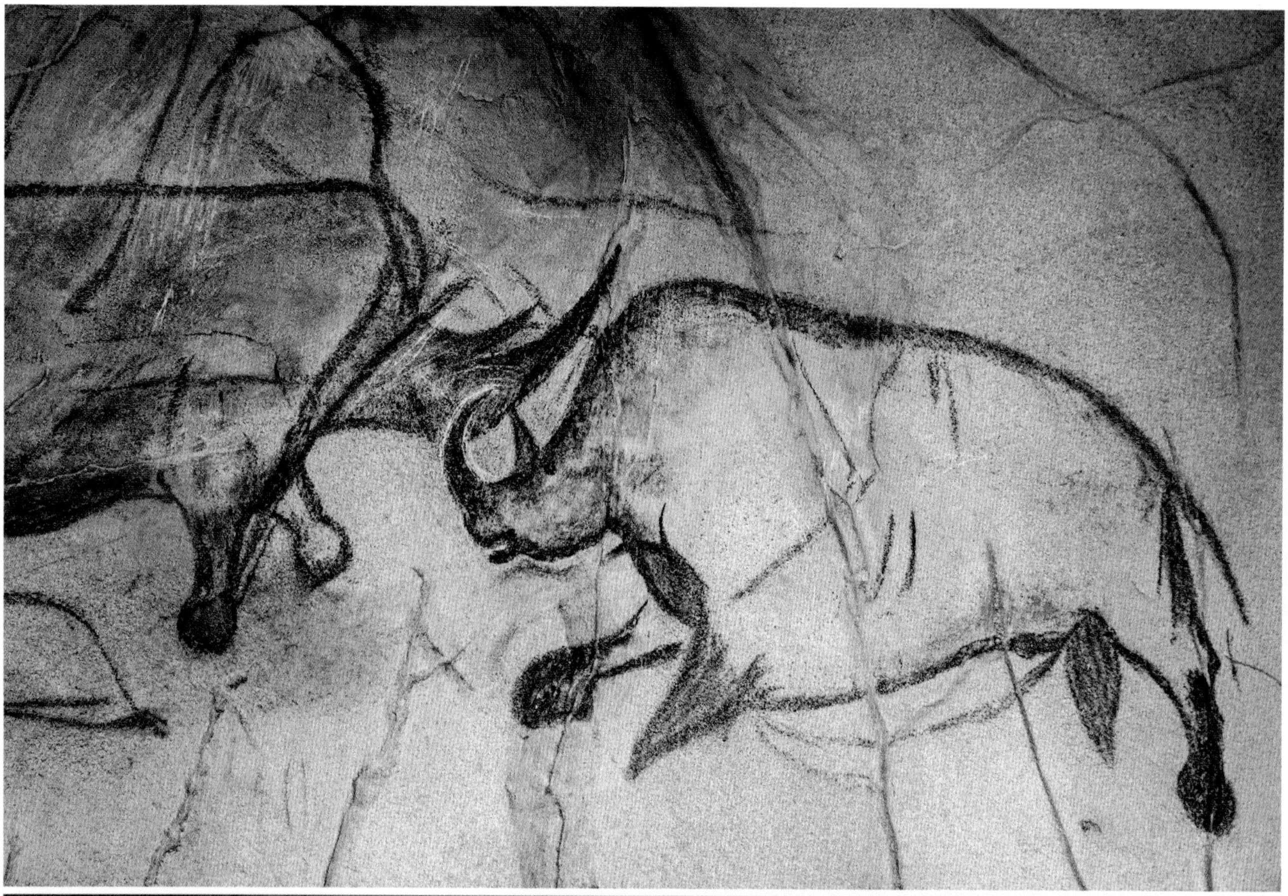

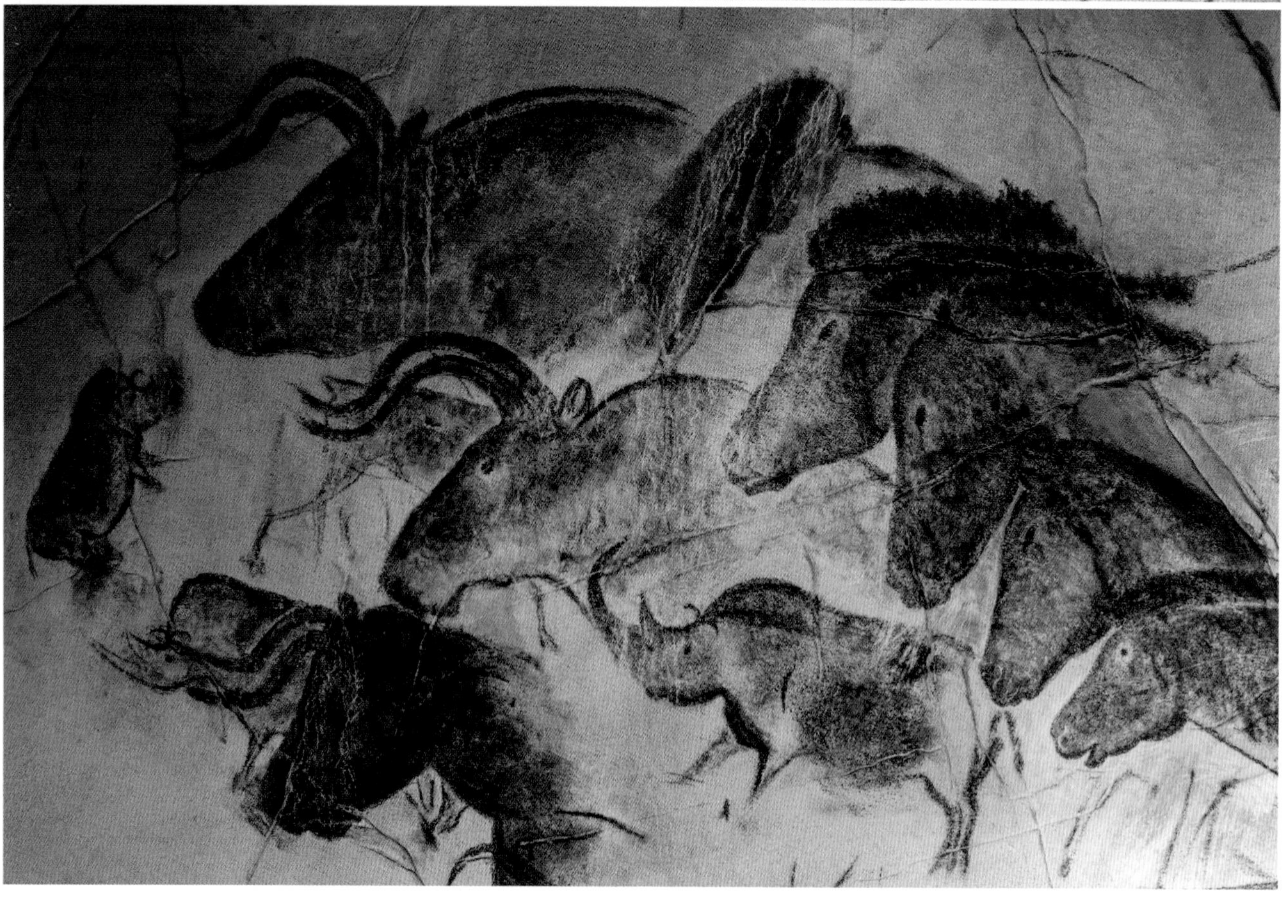

Page de gauche, en haut
Remarquable pour la qualité de son bestiaire, la grotte du Pont d'Arc compte plus de 400 dessins représentant 14 espèces animales différentes, dont le rhinocéros qui y est prédominant.

Page de gauche, en bas
Ce remarquable panneau des chevaux, daté par radiocarbone de 32 000 ans, a été réalisé au charbon sur roche. Les contours extérieurs des animaux ont été raclés avec un silex pour les faire ressortir. La qualité des dessins de la grotte et les techniques utilisées attestent de la maîtrise artistique dont faisaient preuve nos ancêtres.

GROTTE ORNÉE DU PONT D'ARC

La doyenne des grottes ornées

Découverte fortuitement en 1994 sur le cirque d'Estre par trois spéléologues dont Jean-Marie Chauvet qui lui donna son nom avant qu'elle ne soit rebaptisée grotte du Pont d'Arc, cette cavité située en Ardèche a ébranlé les certitudes des historiens qui pensaient que l'art préhistorique avait évolué de manière graduelle. Or, les centaines de peintures et gravures qu'elle contient témoignent d'une maîtrise de techniques jusqu'alors insoupçonnée remontant à 35 000 ans avant notre ère ! Les datations entreprises par plusieurs archéologues prouvent que cette cavité investie par les Aurignaciens serait la plus ancienne des grottes ornées au monde.

Parmi les œuvres laissées par ces hommes, figurent en majorité des espèces animales dangereuses, rarement représentées dans l'art pariétal, comme la panthère, l'ours, le rhinocéros, le lion ou encore l'auroch et le mammouth. Mesurant un demi-kilomètre de longueur pour 50 mètres de largeur, la grotte du Pont d'Arc représente une superficie de 8 500 m^2. Ses compositions naturalistes sont d'une qualité esthétique remarquable. Pleines de force et de vie, ses parois abondamment décorées révèlent une recherche constante de la perspective et du mouvement. Le spectaculaire panneau des lions synthétise à lui seul la majorité des techniques auxquelles ont eu recours les artistes : préparation des parois par raclage, estompe, épargne et détourage des contours…

Afin de préserver ce lieu qui a toujours été fermé au public, un espace de restitution a été réalisé au cœur du site du Razal. Les bâtiments construits pour abriter un fac-similé de la grotte, un centre de découverte, un pôle pédagogique et d'autres annexes figurent, vus du ciel, des empreintes d'ours, animal emblématique dont de nombreux ossements ont été retrouvés dans de la grotte.

Critères de classement : I III *(voir légendes sur le rabat de couverture)*
Inscription en 2014.

Grand Projet La Caverne du Pont-d'Arc : Syndicat mixte - 4, rue Pierre Filliat - BP 737 - 07000 Privas - Tél. 04 75 29 04 35 - www.lacavernedupontdarc.org.

GEO audioguides

ÉCOUTEZ !

Les changements climatiques inscrits sur les murs de la grotte.

Comment lire un "QR-code" ?

Aujourd'hui, 32 000 ans après les premières gravures rupestres, il est très facile de déchiffrer un QR-code. Il suffit de télécharger sur votre téléphone une application gratuite, comme par exemple "i-nigma". Ensuite, ouvrez-la et "scannez" le QR-code (ou "Flash Code") grâce à la caméra de votre téléphone. Vous pourrez ainsi écouter les GEO audioguides.

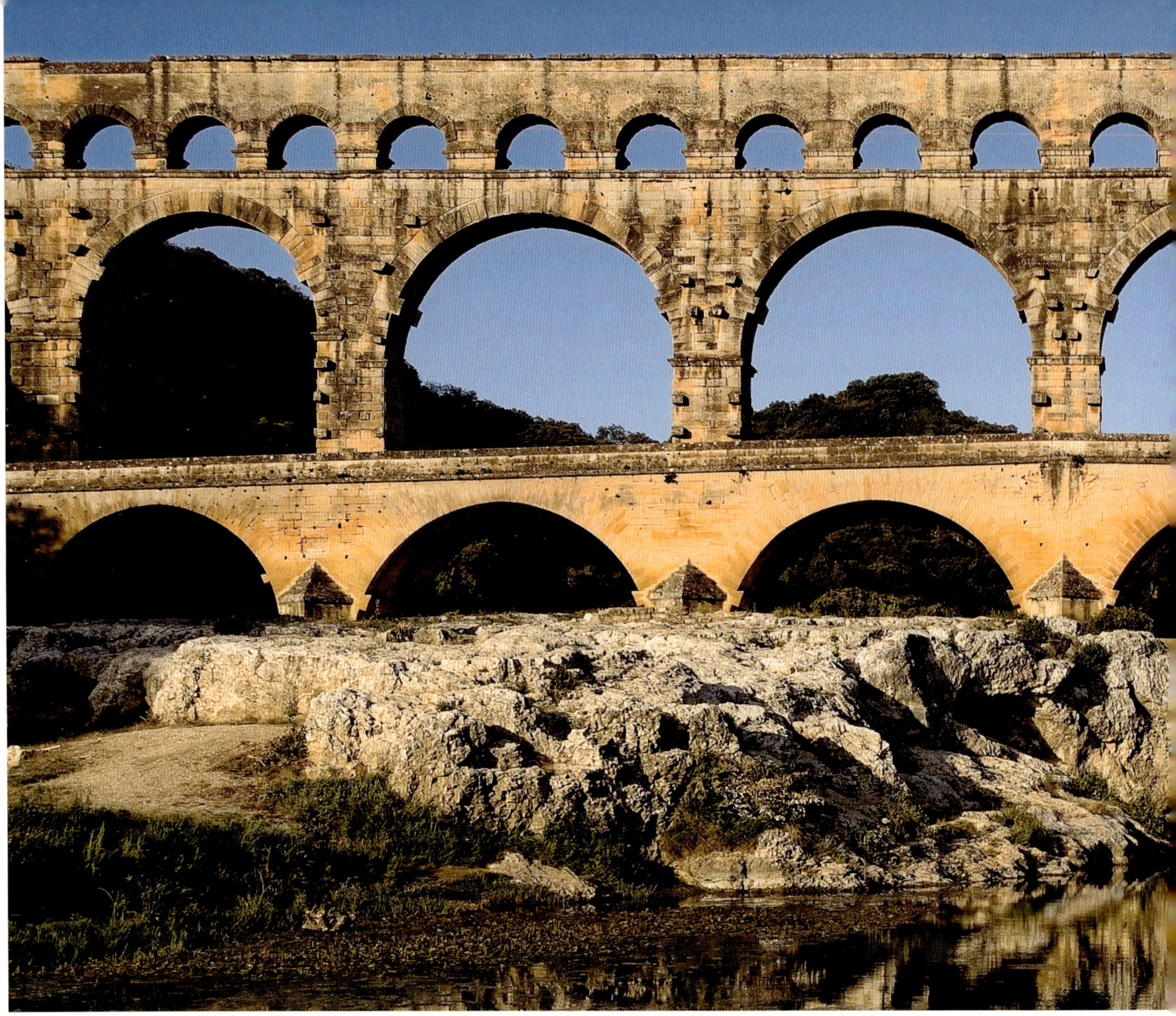

Ci-dessus
Véritable prouesse technique, le pont du Gard enjambe la rivière à plus de 49 m de hauteur, constituant le plus haut aqueduc du monde romain. Il fut bâti avec les pierres extraites des carrières de l'Estel toutes proches, et témoigne d'un vaste ouvrage de génie civil qui s'étendait sur 50 km de longueur.

PONT DU GARD

Le plus haut aqueduc romain

Deux fois millénaire, le pont du Gard est le vestige admirablement conservé d'un aqueduc érigé sous le règne de l'empereur Claude, dont la fonction était d'acheminer l'eau de la source d'Eure à Uzès jusqu'à la ville de Nîmes. Le *castellum* (château d'eau) de la cité romaine alimentait ensuite thermes et fontaines. Son dénivelé entre son point de départ et son point d'arrivée n'était que de 12 mètres, soit une inclinaison moyenne de 25 centimètres tous les kilomètres. Une précision d'orfèvre ! Si le *specus* (canal) était enterré sur 90 % de son parcours, quelques réalisations aériennes ont été nécessaires pour déjouer les obstacles de la nature. Le Gardon et ses eaux capricieuses constituaient justement un défi que les architectes romains relevèrent avec la construction de ce pont à trois étages chargé de soutenir le *specus*, où l'eau s'écoulait par gravité. Au premier niveau, il se compose de six grandes arches. Celle qui enjambe le Gardon, dite majeure, affiche une ouverture exceptionnelle de 25 mètres. Le niveau intermédiaire comprend 11 arches et le dernier 47 arceaux à l'origine. Résistant aux crues, aux vents et au pillage,

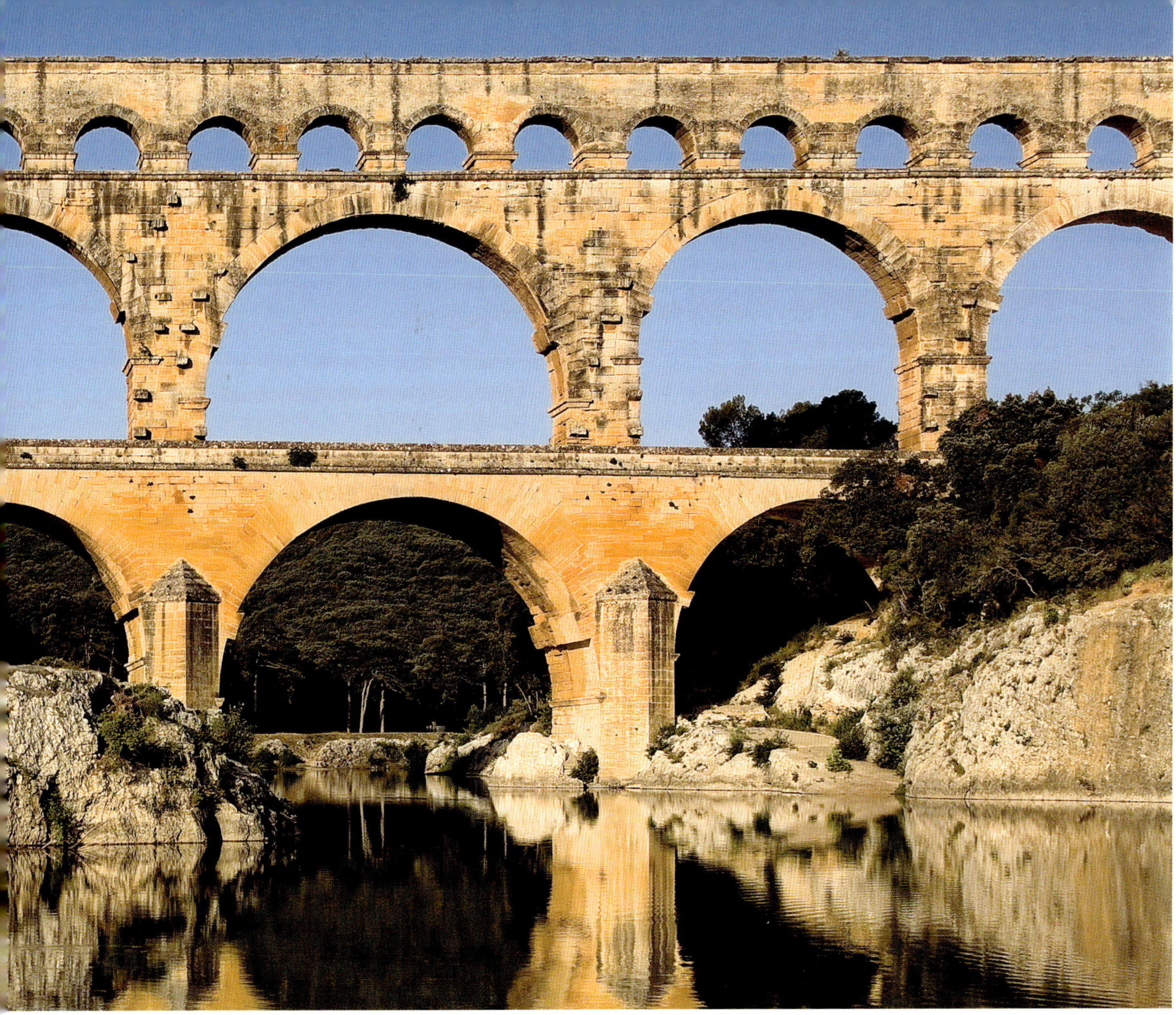

le pont du Gard est le seul exemple de pont à trois étages qui soit parvenu intact depuis l'Antiquité jusqu'à nous.

Après avoir cessé de fonctionner, vers le IVe siècle ap. J.-C ., il servit de carrière pour les villageois qui n'hésitèrent pas à utiliser ses pierres afin de bâtir leurs maisons. Grâce à la construction d'un pont routier au XVIIIe siècle, réalisé par l'ingénieur Pitot pour faciliter le passage des piétons et des charrettes, le pont retrouve une seconde vie qui le sauva probablement de la disparition. De nombreuses marques compagnonniques sont présentes sur la surface de ses blocs, témoignant ainsi du respect que ce chef-d'œuvre technique suscitait chez tout aspirant qui le découvrait lors de son Tour de France. Il inspira de nombreux artistes, peintres ou écrivains, dont Jean-Jacques Rousseau qui écrira après une visite sur les lieux : « Je sentais, tout en me faisant petit, je ne sais quoi qui m'élevait l'âme et me disait : que ne suis-je né romain ! »

GEO audioguides ÉCOUTEZ !

Ho hisse ! Les techniques de construction des Romains, ça s'apprend !

Critères de classement : I III IV *(voir légendes sur le rabat de couverture)*
Inscription en 1985.

Pont du Gard : 400, route du Pont du Gard - 30210 Vers-Pont-du-Gard - Tél. 04 66 37 50 99 www.pontdugard.fr. **Office de tourisme du Pont du Gard :** Bureau de Remoulins - Place des Grands Jours - 30210 Remoulins - Tél. 04 66 37 22 34 - www.ot-pontdugard.com.

Page de droite
La basilique domine le joli bourg de Vézelay, comptant parmi les plus beaux villages de France. La silhouette de l'édifice religieux, qui se détache au loin, attire le regard des pèlerins – ceux du Moyen Âge comme ceux d'aujourd'hui –, en route vers Saint-Jacques-de-Compostelle.

BASILIQUE ET COLLINE DE VÉZELAY

Sur la colline éternelle, la Merveille de l'art roman

Comptant aujourd'hui parmi les « Plus Beaux Villages de France », Vézelay doit sa renommée à l'imposante basilique Sainte-Marie-Madeleine, perchée au sommet d'une colline en surplomb de la vallée de la Cure. Fondée au IXe siècle, l'abbaye voit se développer un petit bourg à ses pieds. Mais ce n'est que deux siècles plus tard qu'elle connaît une véritable prospérité, née d'une rumeur qui affirme que les reliques de Marie-Madeleine, premier témoin de la résurrection du Christ, y sont conservées. Les pèlerins affluent en nombre – le village comptera jusqu'à 10000 personnes –, empruntant les ruelles escarpées pour atteindre l'abbatiale et le tombeau de la sainte, à qui sont attribués des miracles. Devenue une étape importante sur l'un des chemins menant à Saint-Jacques-de-Compostelle, l'église carolingienne est agrandie. Pénitents anonymes et pèlerins couronnés gravissent dès lors la « colline éternelle ». En 1146, Bernard de Clairvaux, fondateur de l'abbaye de Fontenay et père spirituel de l'ordre cistercien, y prêche la reconquête de la Terre Sainte devant le roi de France Louis VII. C'est ici encore que Philippe-Auguste et Richard Cœur de Lion décident d'entreprendre la troisième croisade.

En découvrant ce chef-d'œuvre architectural, classé au Patrimoine mondial par l'Unesco depuis 1979, le visiteur est tout d'abord frappé, hier comme aujourd'hui, par l'impressionnante façade du XIIe siècle, restaurée au XIXe. Une fois franchi le portail central surmonté d'un remarquable tympan dominé par le Christ, c'est toute la majestueuse beauté de la nef romane qui agit : les voûtes bicolores de pierre calcaire subjuguent et les chapiteaux constituent un exemple unique de sculpture romane bourguignonne. Un peu plus loin, le chœur a été reconstruit dans le style gothique, qui émerge en cette fin de XIIe siècle.

Si la basilique de Vézelay nous est parvenue, malgré son déclin à la fin du XIIIe siècle entraîné par un soupçon portant sur l'authenticité des reliques de sainte Marie-Madeleine, les nombreux pillages et sa mise à mal pendant la Révolution française, c'est en grande partie grâce à la restauration effectuée par Viollet-le-Duc au XIXe siècle. La façade et la salle capitulaire forment deux beaux exemples de ses interventions.

Critères de classement : I VI *(voir légendes sur le rabat de couverture)*
Inscription en 1979.

Basilique de Vézelay : 89450 Vézelay - www.basiliquedevezelay.cef.fr. **Office de tourisme de Vézelay et du Vézelien :** 12, rue Saint-Étienne - 89450 Vézelay - Tél. 03 86 33 23 69 - www.vezelaytourisme.com.

GEO audioguides
ÉCOUTEZ !

Devenez un pèlerin médiéval et découvrez l'architecture typique de la basilique.

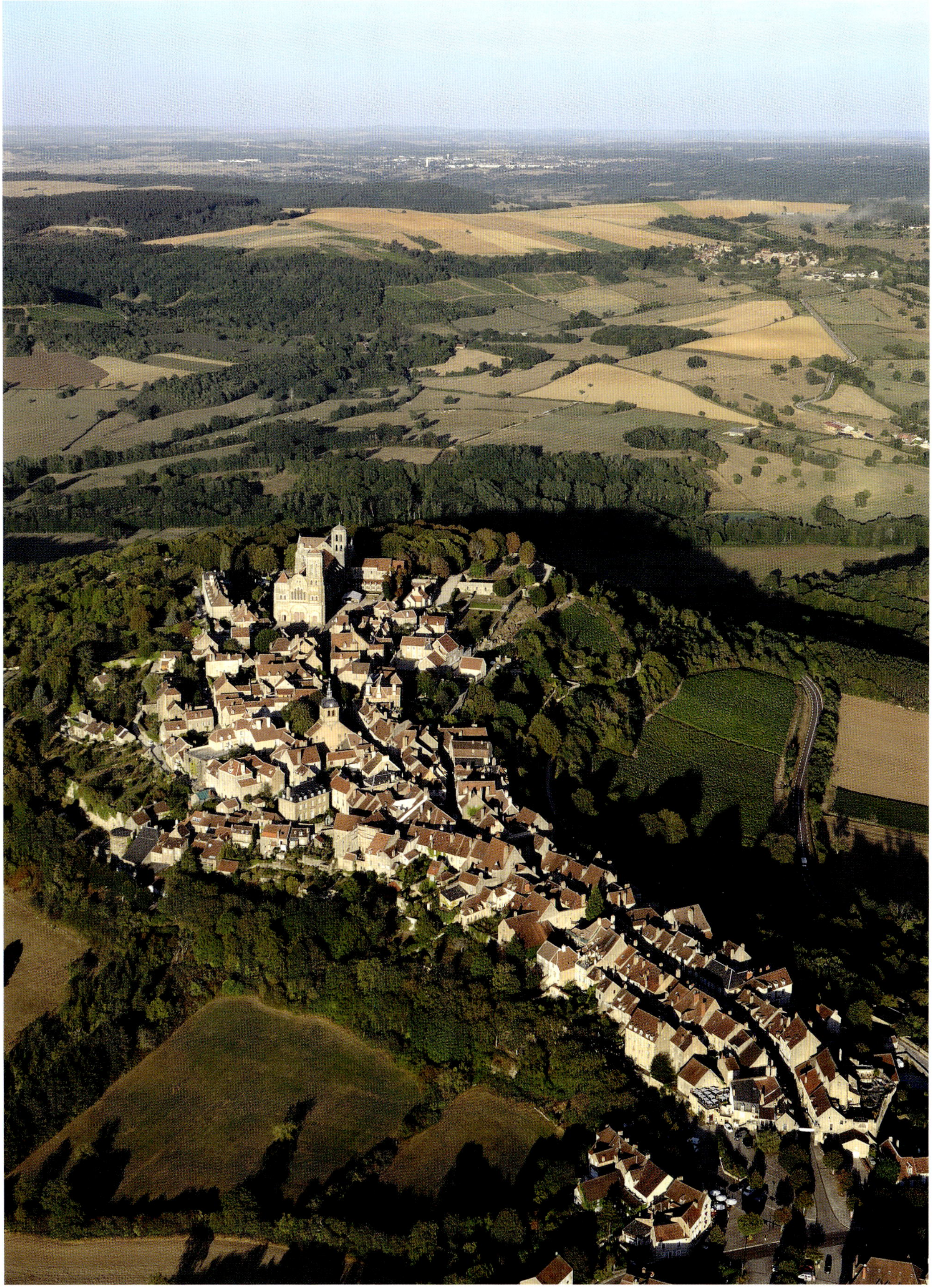

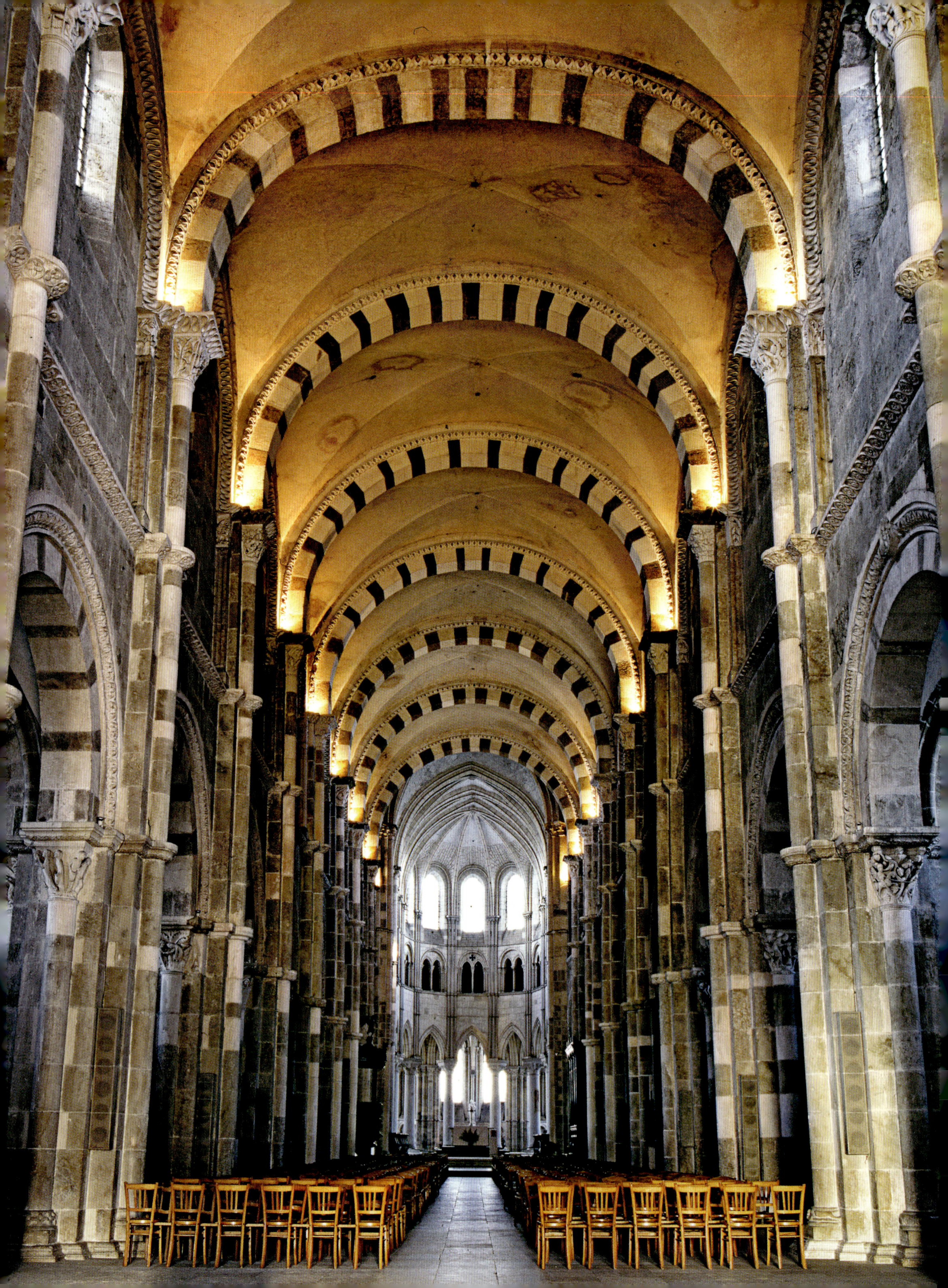

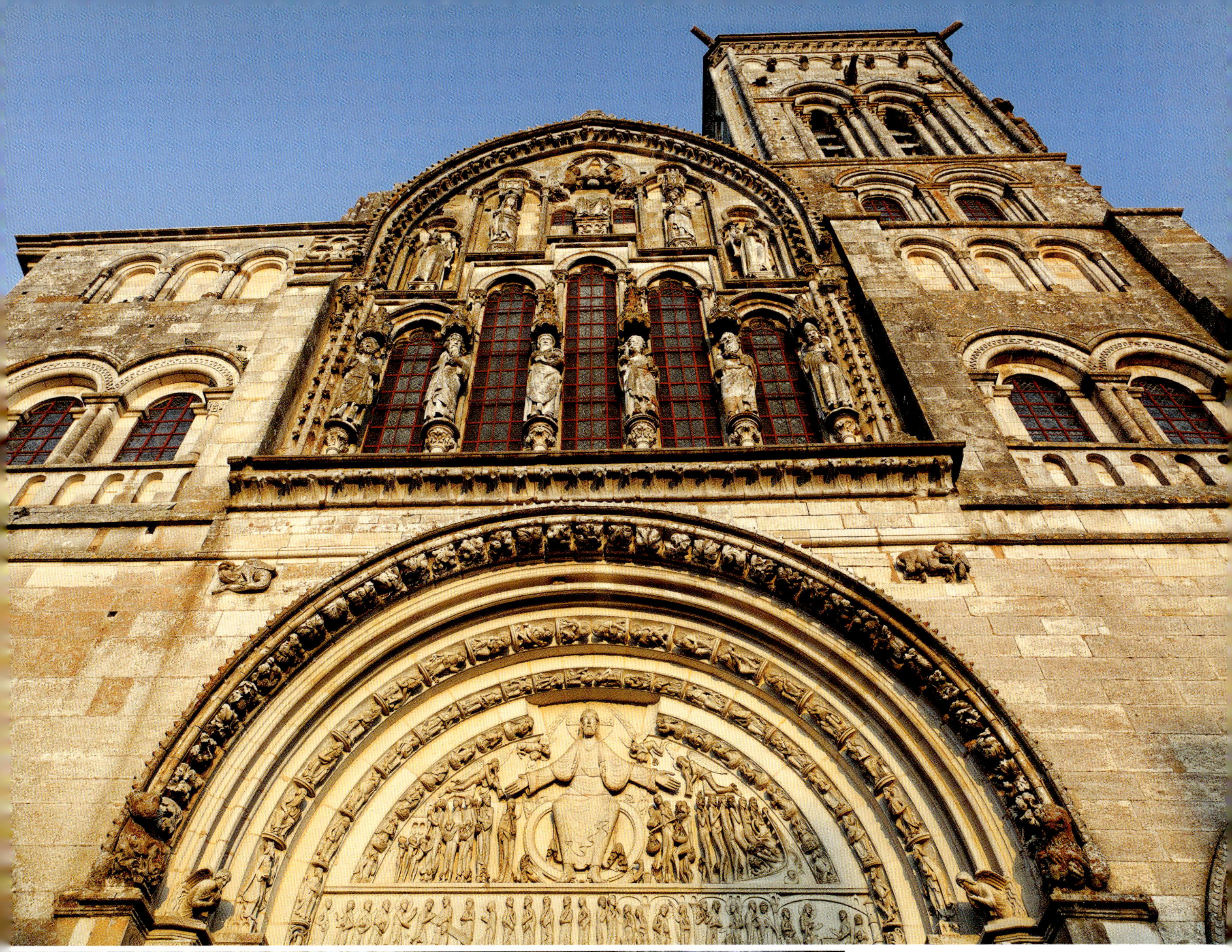

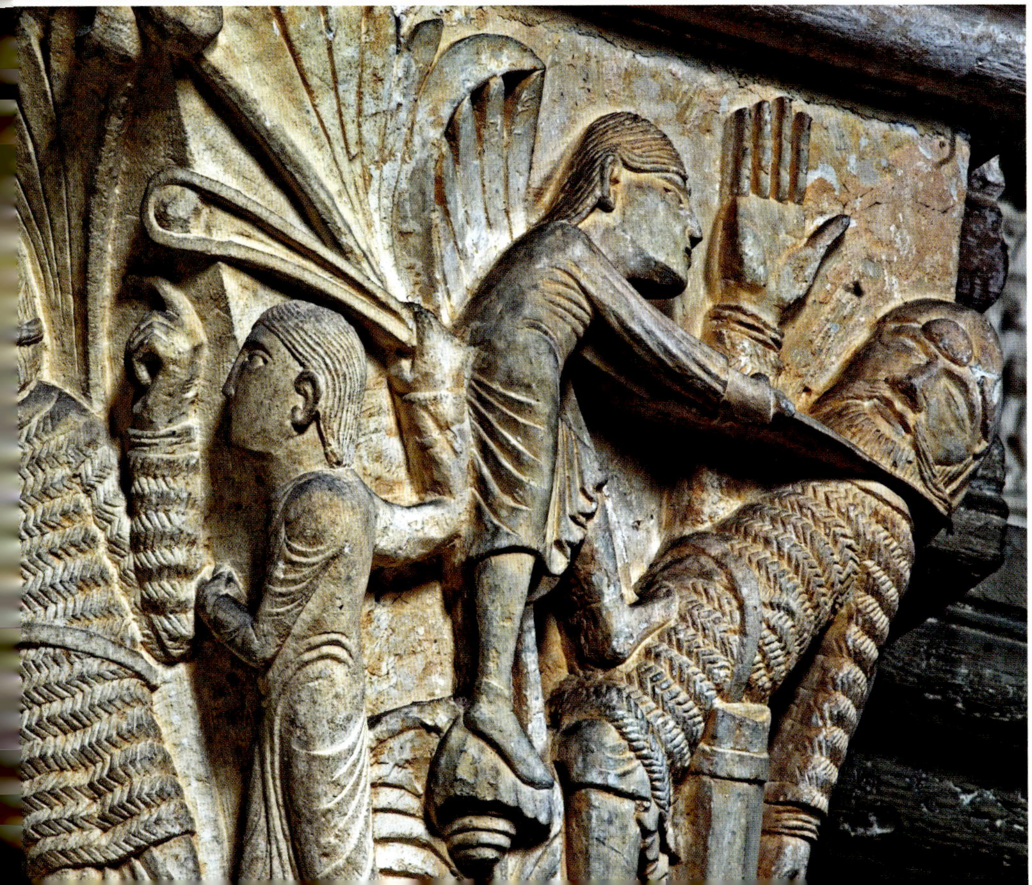

Page de gauche
Reconstruite entre 1120 et 1135 après un incendie meurtrier, la nef forme un remarquable chef-d'œuvre de l'art roman bourguignon.

Ci-dessus
Au-dessus du tympan de la façade principale, où trône le Christ en majesté, la tour Saint-Antoine s'étire à plus de 30 m de hauteur.

Ci-contre
Les sculptures qui ornent les chapiteaux de la nef frappent par la finesse de leurs détails et leur diversité.

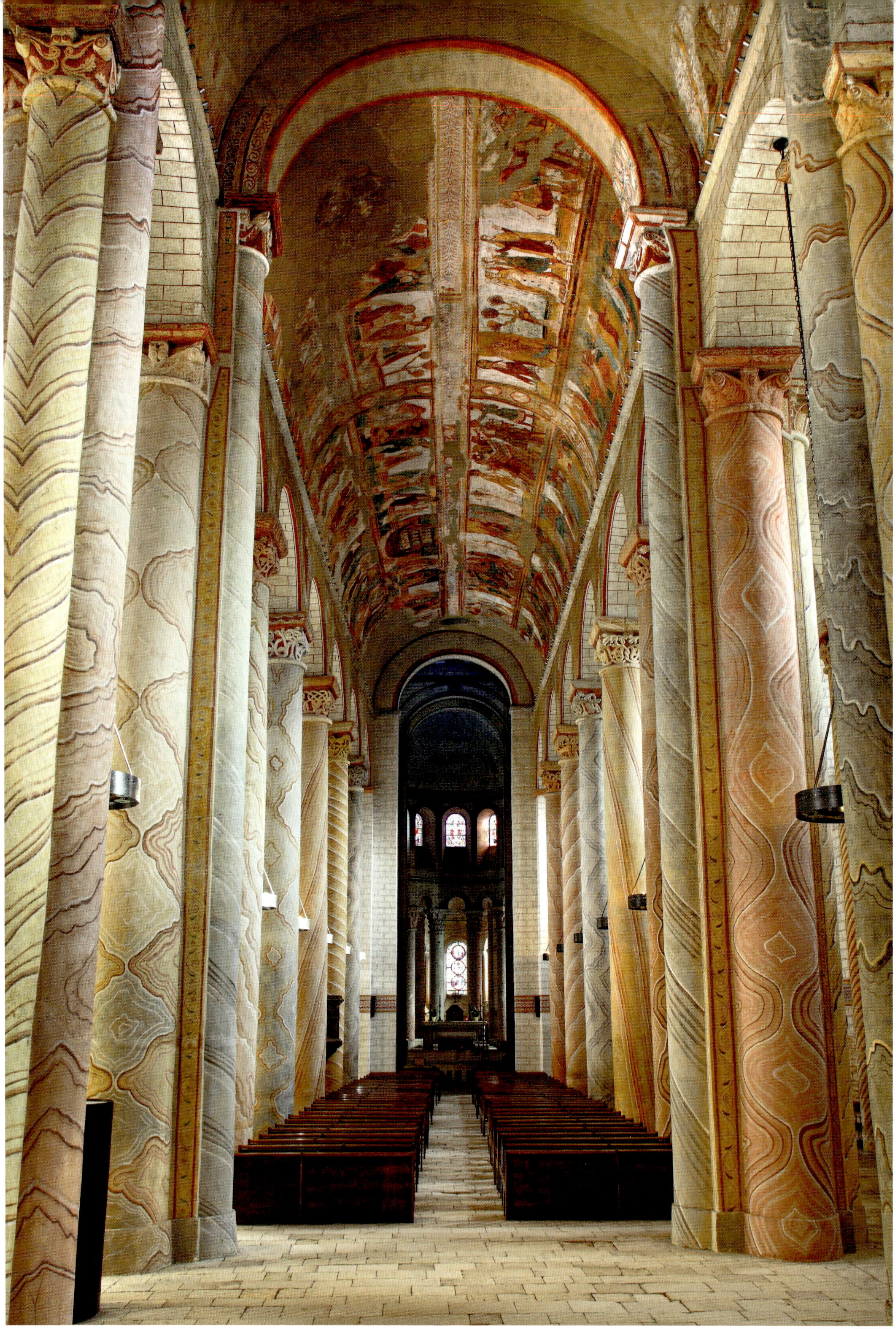

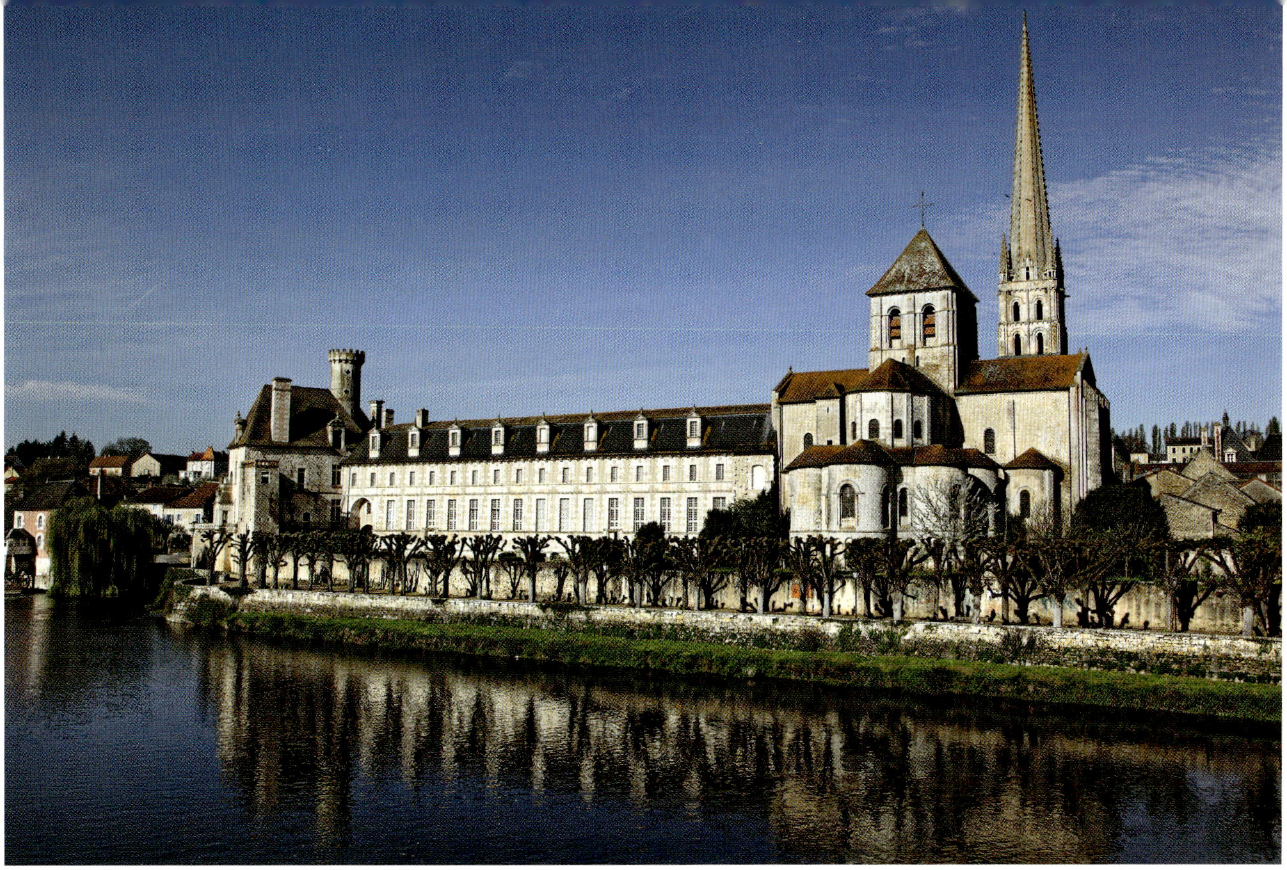

ABBATIALE DE SAINT-SAVIN-SUR-GARTEMPE

La « Sixtine romane »

Il faut se placer sur la rive droite de la Gartempe pour admirer l'abbatiale de Saint-Savin, surgissant derrière le pont médiéval. Si la fondation de l'abbaye en ce lieu est liée à une légende qui raconte que les reliques de deux martyrs chrétiens, saint Savin et saint Cyprien, y auraient été retrouvées, son essor est certainement dû à Benoît d'Aniane, qui réforma de nombreuses abbayes sous Louis le Pieux, y instaurant la règle bénédictine.

L'actuelle église abbatiale date du XIe siècle. Elle abrite un ensemble exceptionnel de peintures murales qui ornent la voûte de la nef, d'une longueur de 42 mètres. À 17 mètres de hauteur, au-dessus d'une série de colonnes décorées au XIXe siècle de volutes imitant les veines du marbre, se déroule un magistral programme pictural. La mise en scène des épisodes de l'Ancien Testament est saisissante : Ève chassée du paradis terrestre, l'arche de Noé, la construction de la tour de Babel, les offrandes d'Abel et Caïn à Dieu… Les mouvements des personnages guident les observateurs d'une scène à l'autre. La chaleur des couleurs, rehaussée par l'éclat de la lumière pénétrant par les baies latérales, souligne la vivacité des représentations. À ce décor s'ajoutent la Vierge représentée au-dessus du porche d'entrée, que surmonte une tribune haute consacrée à la Passion et à la Résurrection du Christ, ainsi que deux cryptes dévolues aux vies de saint Cyprien et saint Savin. Sous l'action de Prosper Mérimée, alors inspecteur général des Monuments historiques, la « Sixtine romane » est classée en 1840 et les premières restaurations sont entreprises. Chef-d'œuvre pictural et architectural, l'abbatiale de Saint-Savin demeure un témoignage unique en Europe de la splendeur de la peinture romane, justifiant son inscription sur la liste du Patrimoine mondial.

Critères de classement : I III *(voir légendes sur le rabat de couverture)* - Inscription en 1983.

Abbaye de Saint-Savin-sur-Gartempe : Place de la Libération - 86310 Saint-Savin - Tél. 05 49 84 30 00 - www.abbaye-saint-savin.fr. **Office de tourisme de Saint-Savin-sur-Gartempe :** Place de la Libération - 86310 Saint-Savin - Tél. 05 49 48 11 00 - www.saintsavin.com.

Page de gauche
Les 50 scènes qui décorent la voûte de la nef, où le vert et le blanc ponctuent l'ocre et le pourpre, couvrent 460 m².

Ci-dessus
Depuis la rive de la Gartempe, l'abbaye laisse apparaître ses deux clochers, dont l'un, datant du XVe siècle, est surmonté d'une flèche de 78 m. Cette dernière fut en partie reconstruite au XIXe siècle après avoir été touchée par la foudre. Le bâtiment conventuel, d'architecture classique, a été rebâti au XVIIe siècle.

Pages suivantes
Statue dans le chœur.

GEO audioguides
ÉCOUTEZ !

Décryptez les frises de la nef comme un contemporain de sa construction.

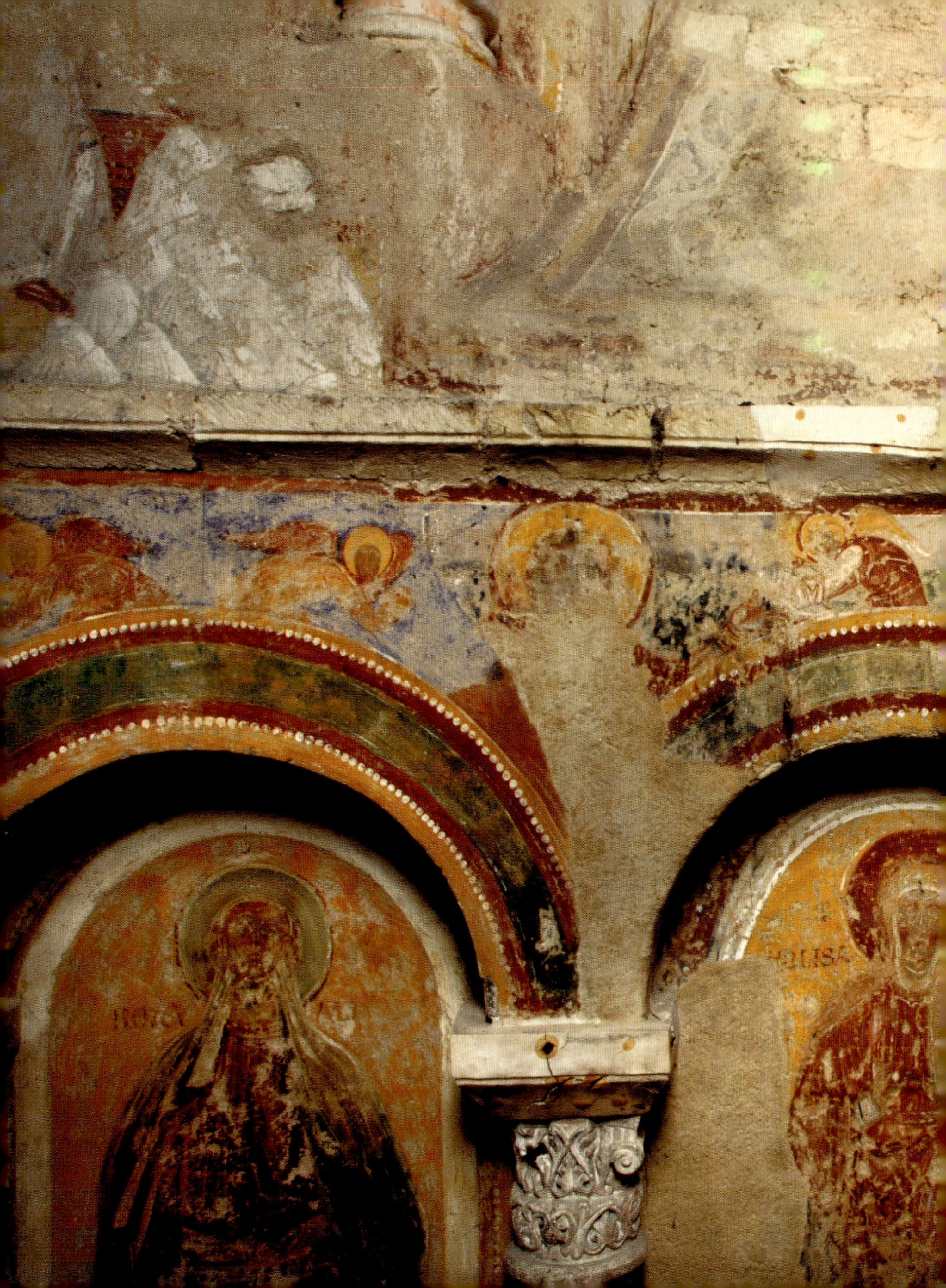

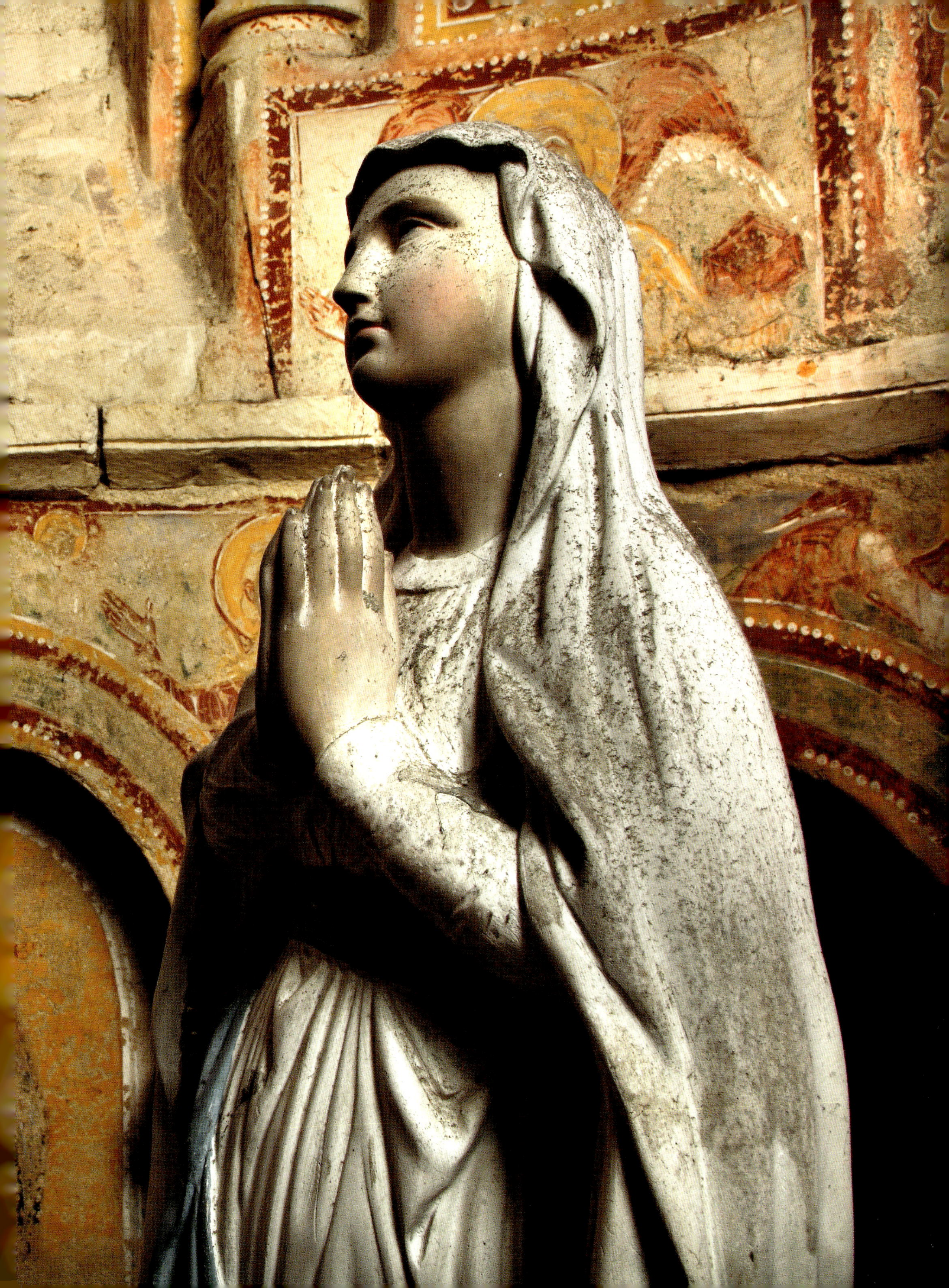

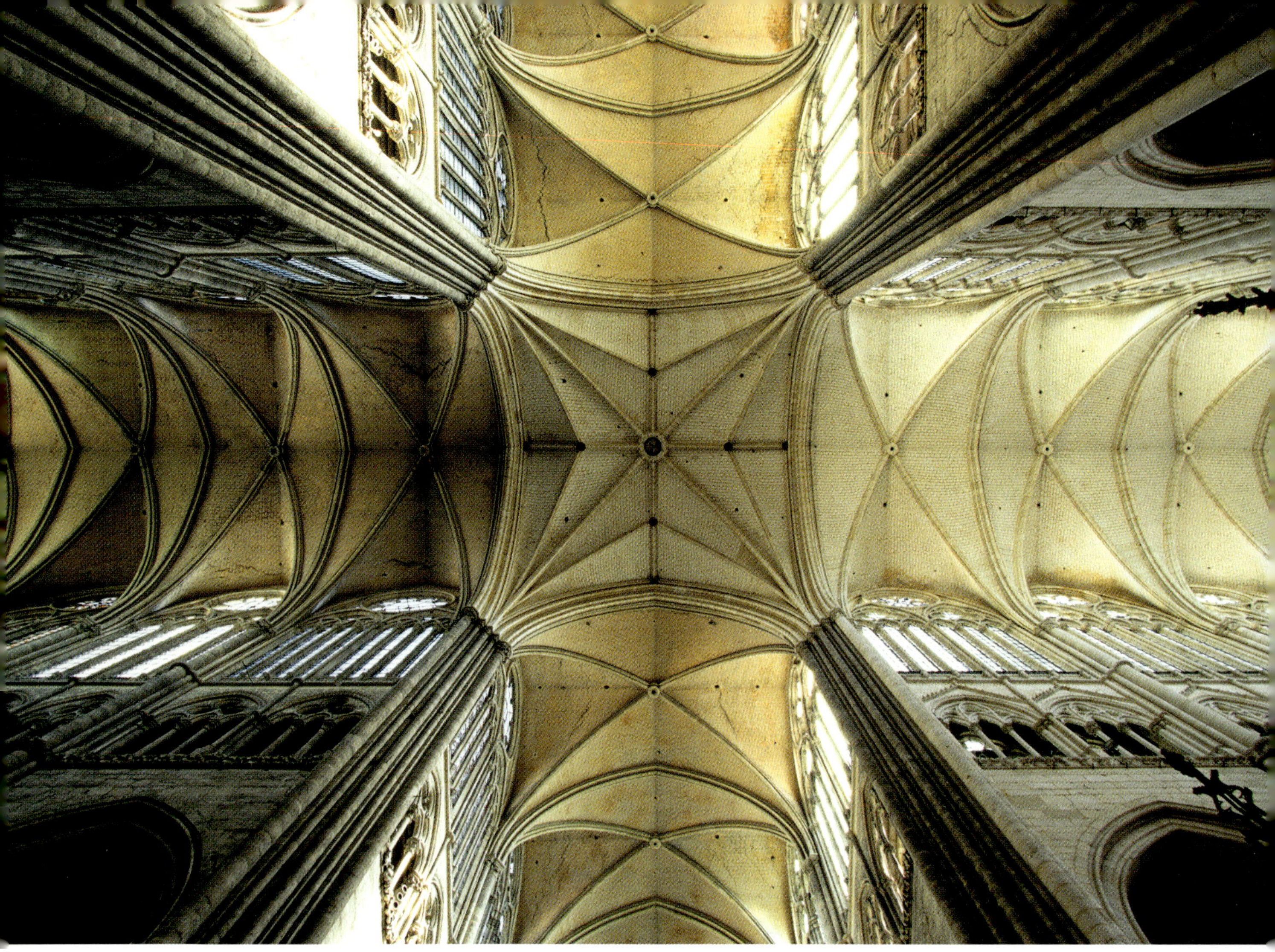

Ci-dessus
Malgré des dimensions impressionnantes (la voûte s'élève à 42 m environ au-dessus du sol, soutenue par une centaine de piliers), la nef, large de 14,60 m et longue de 54 m, est empreinte de légèreté. À l'extérieur, 22 arcs-boutants à double niveau viennent compenser la poussée des voûtes.

Page de droite
Réalisées entre 1488 et 1531, l'ensemble de sculptures des clôtures du chœur évoque les vies de saint Firmin, saint évangélisateur d'Amiens, et de saint Jean-Baptiste.

CATHÉDRALE D'AMIENS

Quand la pierre se fait dentelle

D'une homogénéité architecturale remarquable, qui s'explique par la courte période de sa construction – à peine 70 ans ! –, la cathédrale d'Amiens est l'un des plus beaux exemples du gothique classique du XIIIe siècle. Prouesse technique et artistique admirablement préservée, Notre-Dame d'Amiens commence à sortir de terre en 1220. Deux ans auparavant, un incendie avait ravagé la cathédrale de style roman qui veillait sur l'importante place forte de Picardie. L'évêque Evrard de Fouilloy, dont le superbe gisant en bronze repose à l'entrée de la nef, décide alors de reconstruire un édifice grandiose, digne d'abriter le crâne de saint Jean-Baptiste, ramené par des croisés au début du XIIIe siècle. Les travaux, conduits dans un premier temps par l'architecte Robert de Luzarches, commencent grâce aux dons de la population locale. Vingt-cinq ans plus tard, l'élégante nef à trois niveaux, éclairée par des fenêtres hautes incolores, est achevée. La rose qui perce la façade principale ne sera ajoutée qu'au XVIe siècle. En 1288, la majorité de l'ouvrage est terminée : la cathédrale est dotée d'un chœur, d'un transept et d'un labyrinthe dessiné sur le sol. Celui-ci constituait une sorte de pèlerinage à la fois spirituel et physique, puisqu'il fallait suivre à genoux les 234 mètres de dalles noires.

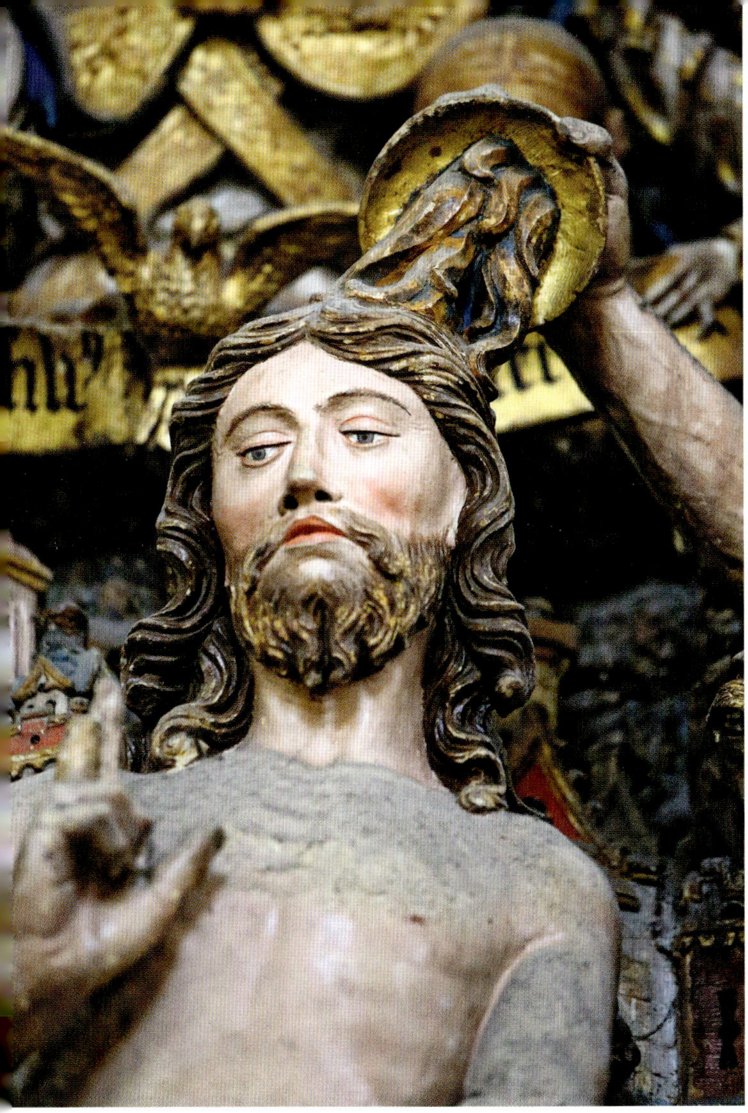

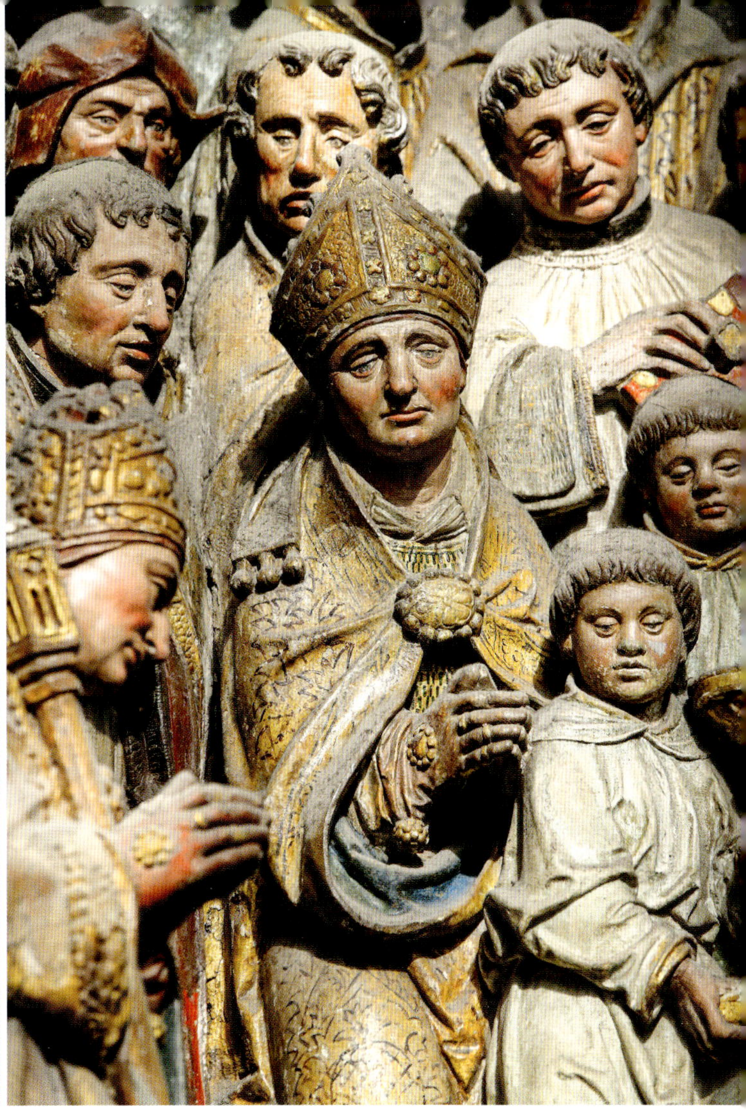

La richesse de l'ornementation intérieure, dont témoignent encore les merveilleuses stalles sculptées du XVIe siècle ou encore les clôtures du chœur, fait écho à celle de la façade extérieure. Surmontés de deux galeries, dont celle des Rois qui compte pas moins de 22 sculptures colossales, les trois portails affichent un décor foisonnant, ciselé dans la pierre. Illustrations de la vie quotidienne ou scènes bibliques, l'iconographie est d'une grande variété. Sous le tympan du portail central figurant le Jugement dernier, le Beau-Dieu d'Amiens, représente le Christ sauveur.

Si l'architecte Viollet-le-Duc entreprit certains travaux de restauration à partir de 1849, notamment sur la rose de la façade et le sommet de la tour nord, la cathédrale d'Amiens a survécu sans trop de dommages aux conflits qui mirent à mal la Picardie. Aujourd'hui, après la découverte de traces de polychromie sur les portails, elle retrouve ses teintes médiévales lors des spectacles nocturnes « Amiens, la cathédrale en couleurs », les jeux de lumières sublimant la dentelle de pierre.

GEO audioguides

ÉCOUTEZ !

Laissez-vous guider par Alain Dupont, conducteur de calèche au pied de la cathédrale.

Critères de classement : I II IV *(voir légendes sur le rabat de couverture)*
Inscription en 1979.

Cathédrale d'Amiens : Place Notre-Dame - 80000 Amiens. **Office de tourisme d'Amiens et de l'Amiénois :** 40, place Notre-Dame - 80000 Amiens - Tél. 03 22 71 60 50
www.amiens-tourisme.com.

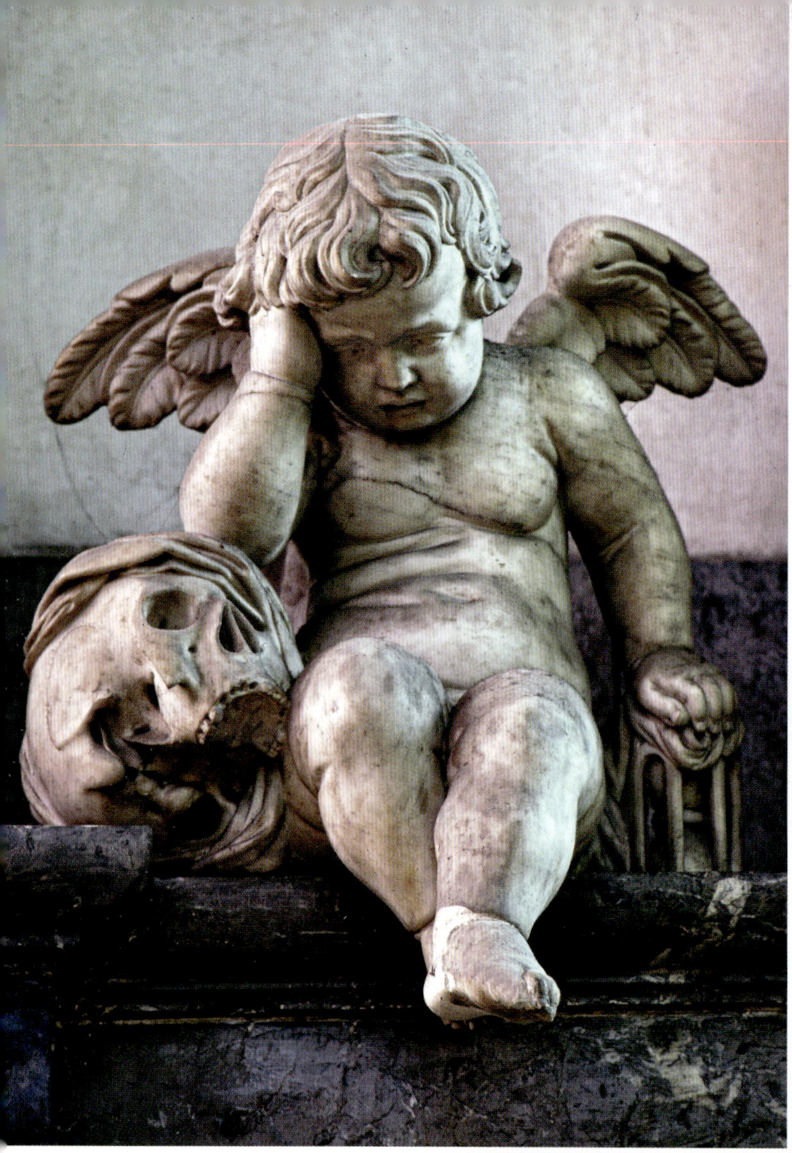

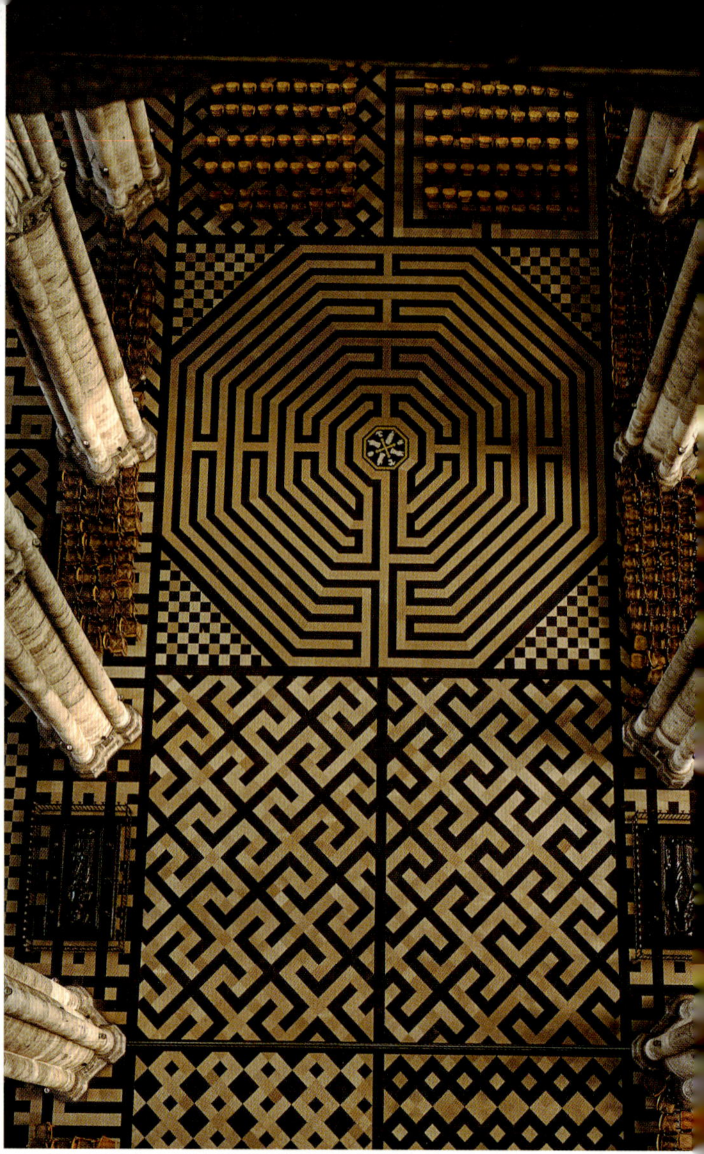

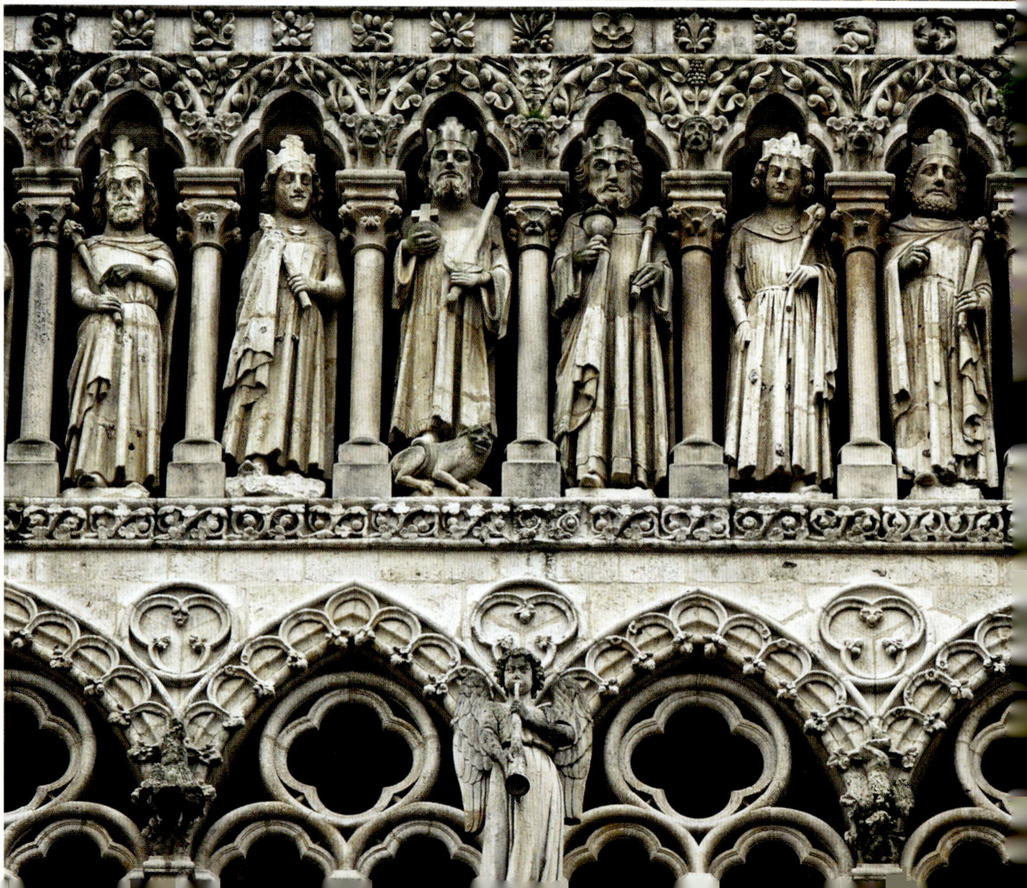

Ci-dessus, à gauche
L'Ange pleureur, dû à Nicolas Blasset, date de 1628.

Ci-dessus, à droite
Au centre du labyrinthe dessiné par le dallage de la nef sont inscrits le nom des quatre maîtres d'œuvre de la cathédrale : l'évêque Évrard de Fouilloy et les trois architectes, Robert de Luzarches, Thomas et Arnaud de Cormont.

Ci-contre
La galerie des Rois.

Page de droite
La délicate façade de la cathédrale se compose de trois porches surmontés par deux tours encadrant une grande rose du XVIe siècle. Sur le trumeau du portail central, le Beau-Dieu d'Amiens, dont les pieds reposent sur un dragon et un lion, bénit de la main droite tout en tenant dans sa main gauche un livre fermé.

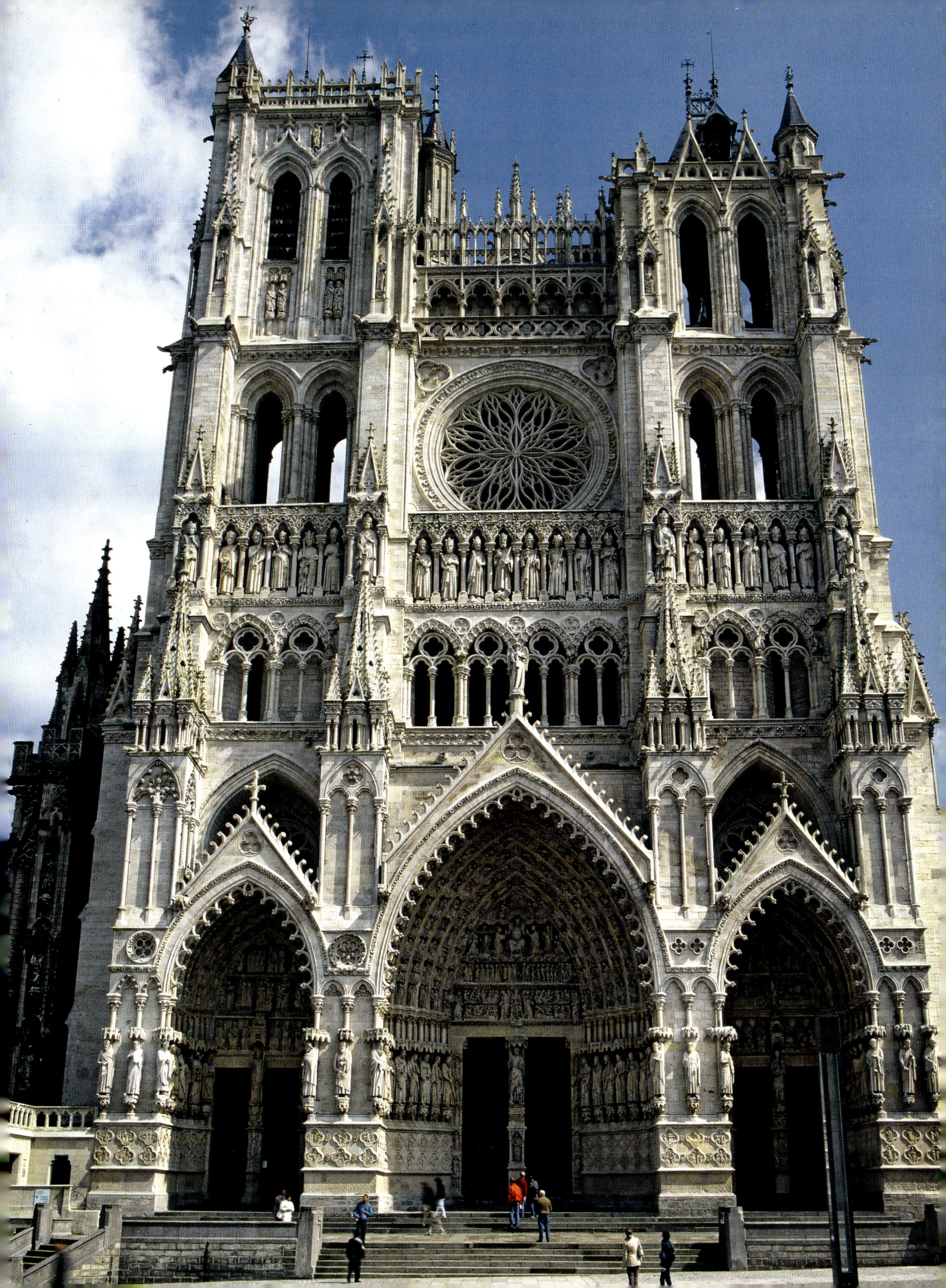

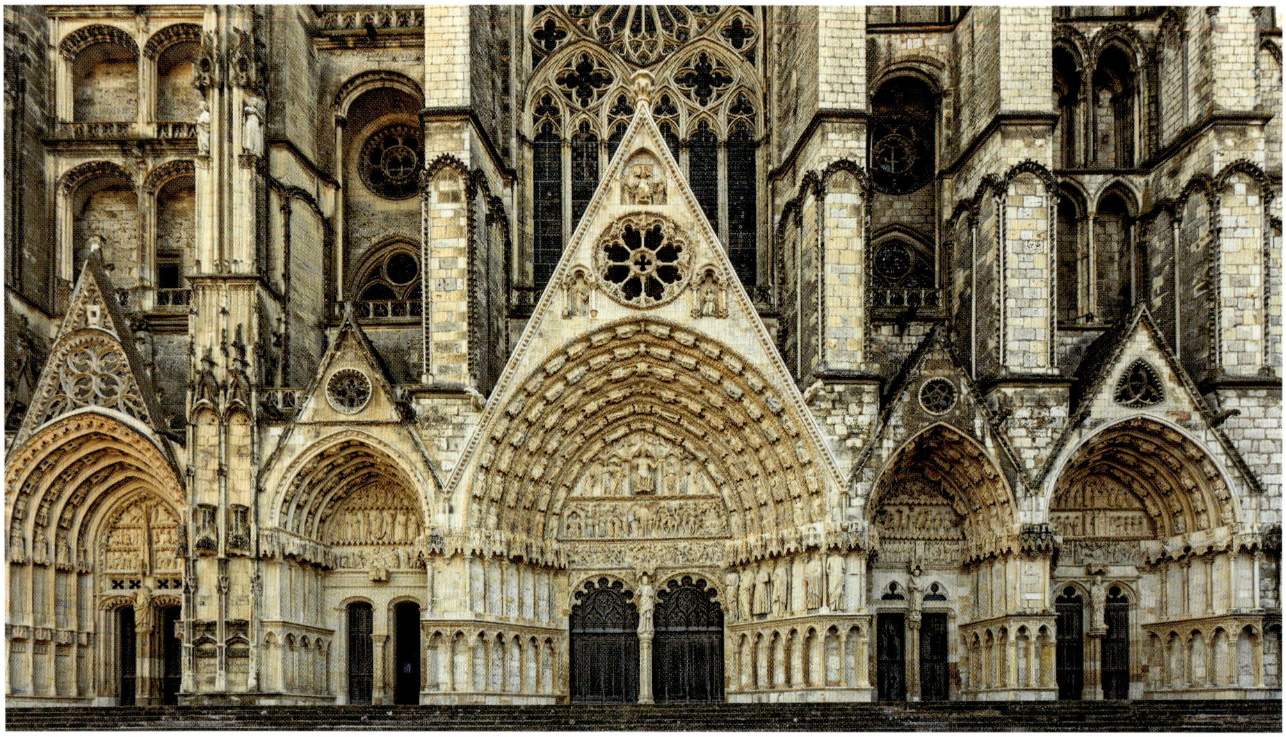

CATHÉDRALE DE BOURGES

Majesté du gothique

Bâtie il y a huit siècles sur les ruines d'un lieu de culte roman, la cathédrale Saint-Étienne de Bourges fut la première construction gothique à franchir la Loire. Située à quelques lieues de l'Aquitaine, alors sous domination anglaise, l'ancienne capitale du Berry se devait d'abriter un édifice aux dimensions spectaculaires pour renforcer le prestige du roi de France. Symbole politique, religieux et artistique, l'édifice adoptera un projet architectural peu conventionnel pour l'époque qui fait, aujourd'hui encore, toute sa singularité. Son plan, dépourvu de transept afin de conférer aux lieux une unité de l'espace et une diffusion continue de la lumière, est doté de cinq vaisseaux (une nef et quatre collatéraux), auxquels répondent autant de portails sur la façade occidentale. À l'est, le chevet se positionne sur une église basse donnant à l'ensemble une structure pyramidale. Tout le long de l'édifice, d'audacieux arcs-boutants à double volée assurent son contrebutement.
Dans la nef centrale, dont la hauteur sous la clé de voûte atteint 36 mètres – un défi au moment de sa construction –, grandes arcades exceptionnelles, triforium aveugle et fenêtres hautes à lancettes composent trois niveaux d'élévation qui se répètent sur les bas côtés. Ce joyau médiéval, commencé en 1195 et consacré en 1324, est aussi renommé pour la qualité de ses vitraux des XIIIe et XVIe siècles, son orgue majestueux et son horloge astronomique, l'une des plus anciennes de France.
Ses proportions harmonieuses, sa beauté et sa clarté lui valent d'être souvent comparée à la cathédrale Notre-Dame de Paris. Ce n'est pourtant pas cette dernière que Balzac évoquera comme synonyme de génie bâtisseur, lui qui écrivait à propos de la *Comédie Humaine* qu'elle était « plus vaste littéralement parlant que la cathédrale de Bourges architecturalement ».

Critères de classement : I IV *(voir légendes sur le rabat de couverture)* - Inscription en 1992.

Cathédrale de Bourges : Place Étienne Dolet - 18000 Bourges - Tél. 02 48 65 49 44 - www.diocese-bourges.org/cathedrale. **Office de tourisme de Bourges :** 21, rue Victor Hugo - 18000 Bourges - Tél. 02 48 23 02 60 - www.ville-bourges.fr.

Ci-dessus
Flanquée de sculptures remarquables consacrées à saint Ursin, à saint Étienne, au Jugement Dernier, à la Vierge et à saint Guillaume, la façade occidentale se développe sur 55 m entre la Tour Sourde, dénuée de cloche, et la Tour de Beurre, qui fut financée par un impôt autorisant les fidèles à manger du beurre pendant le Carême.

Page de droite
Voûtes sexpartites de la nef centrale, qui s'ouvre sur deux doubles collatéraux et mesure 127 m de longueur.

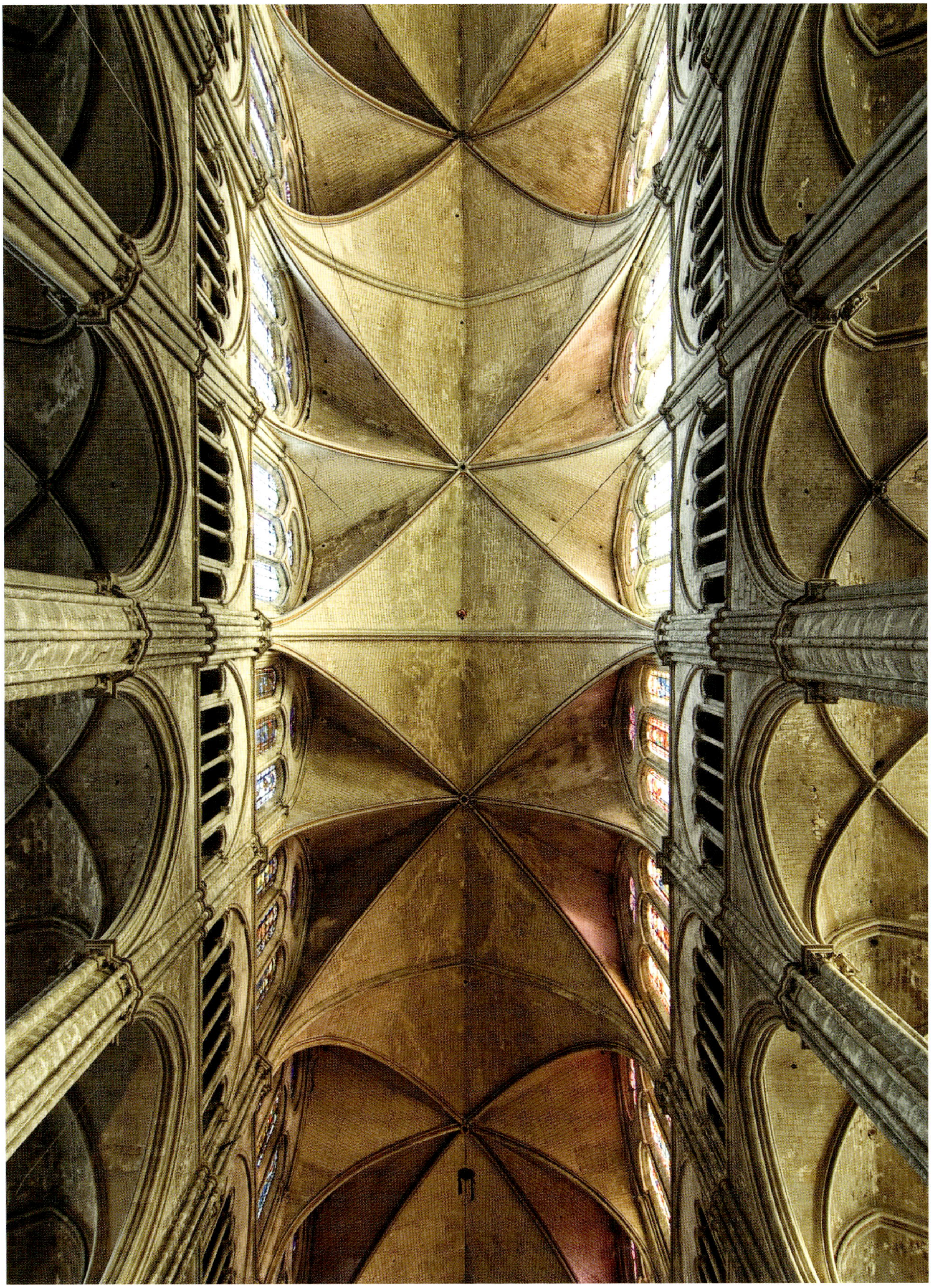

Page de droite
Contre vents et marées, le Mont-Saint-Michel accueille les pèlerins depuis plus d'un millénaire. Grand foyer spirituel, il fut l'un des centres de pèlerinage les plus importants du monde occidental, avec Saint-Jacques-de-Compostelle et Rome. Aujourd'hui, c'est le troisième site touristique le plus visité de France après la tour Eiffel et le palais de Versailles.

LE MONT-SAINT-MICHEL ET SA BAIE

La pyramide des mers

Baignée par la Manche, la baie du Mont-Saint-Michel se situe entre deux régions qui se sont disputé sa propriété au cours de l'histoire : la Normandie et la Bretagne. Anciennement appelé Mont Tombe, l'îlot rocheux qui émerge d'une plaine sablonneuse fut débaptisé lorsque, selon une légende locale, l'archange saint Michel apparut en rêve à l'évêque d'Avranches en 709 pour lui ordonner la construction d'un oratoire en son sommet. Renommé en l'honneur du saint, le Mont devint un lieu de pèlerinage.

Son architecture, souvent comparée à une pyramide de granit entre ciel et mer, se compose d'un enchevêtrement de bâtiments dont la construction s'est étalée sur plusieurs siècles. Sur l'oratoire, des moines bénédictins érigent à la fin du xe siècle une église préromane, actuellement située sous l'abbatiale de style roman édifiée un siècle plus tard pour accueillir les fidèles de plus en plus nombreux. Défiant une topographie complexe, les architectes ont construit cette dernière au-dessus de cryptes bâties à flanc de rocher. Le chœur, à l'origine de style roman, fut remplacé au xve siècle par le chef-d'œuvre du gothique flamboyant que l'on peut voir aujourd'hui. Au nord de l'abbatiale s'élève La Merveille, financée par Philippe Auguste au xiiie siècle. Ce grandiose ensemble gothique, composé de deux corps de bâtiments à trois étages, dévoile au fur et à mesure de son ascension des salles de plus en plus belles et légères. Au premier niveau se trouvent l'aumônerie et le cellier ; au deuxième, la salle des Hôtes et le scriptorium où travaillaient les moines copistes. Enfin, le dernier étage comprend la plus belle pièce, le réfectoire, et le cloître, qui abrite un jardin médiéval. Quant aux remparts, tours défensives et portes fortifiées installés pour résister à l'ennemi anglais lors de la guerre de Cent Ans, ils protègent encore le village médiéval qui s'est développé au pied de l'abbaye, autour d'une rue unique. Pendant la Révolution française, l'îlot devient une prison avant de retrouver sa fonction spirituelle en 1863. Chaque jour, une communauté religieuse y célèbre encore des messes, rappelant ainsi la vocation originelle du Mont. Haut lieu de pèlerinage pour la Chrétienté depuis un millénaire, le Mont-Saint-Michel représente une prouesse du génie humain qui a su bâtir un chef-d'œuvre architectural dans un contexte géographique hors norme.

Critères de classement : I III VI *(voir légendes sur le rabat de couverture)*
Inscription en 1979.

Office de tourisme du Mont-Saint-Michel : Boulevard Avancée - 50170 Le Mont-Saint-Michel - Tél. 02 33 60 14 30 - www.ot-montsaintmichel.com.

GEO audioguides
ÉCOUTEZ !

Découvrez le ballet des marées qui agitent la baie deux fois par jour et la faune qui s'y épanouit.

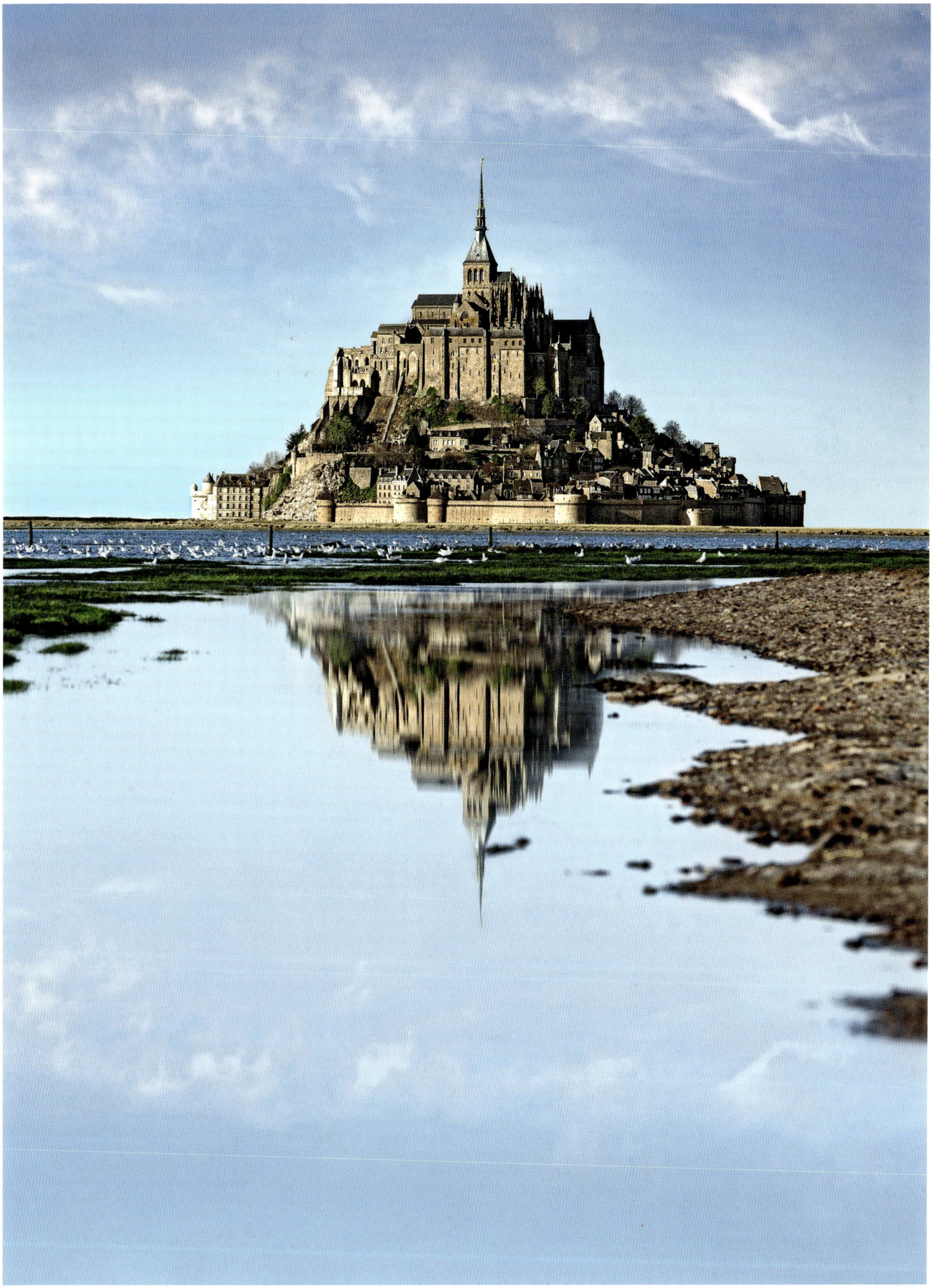

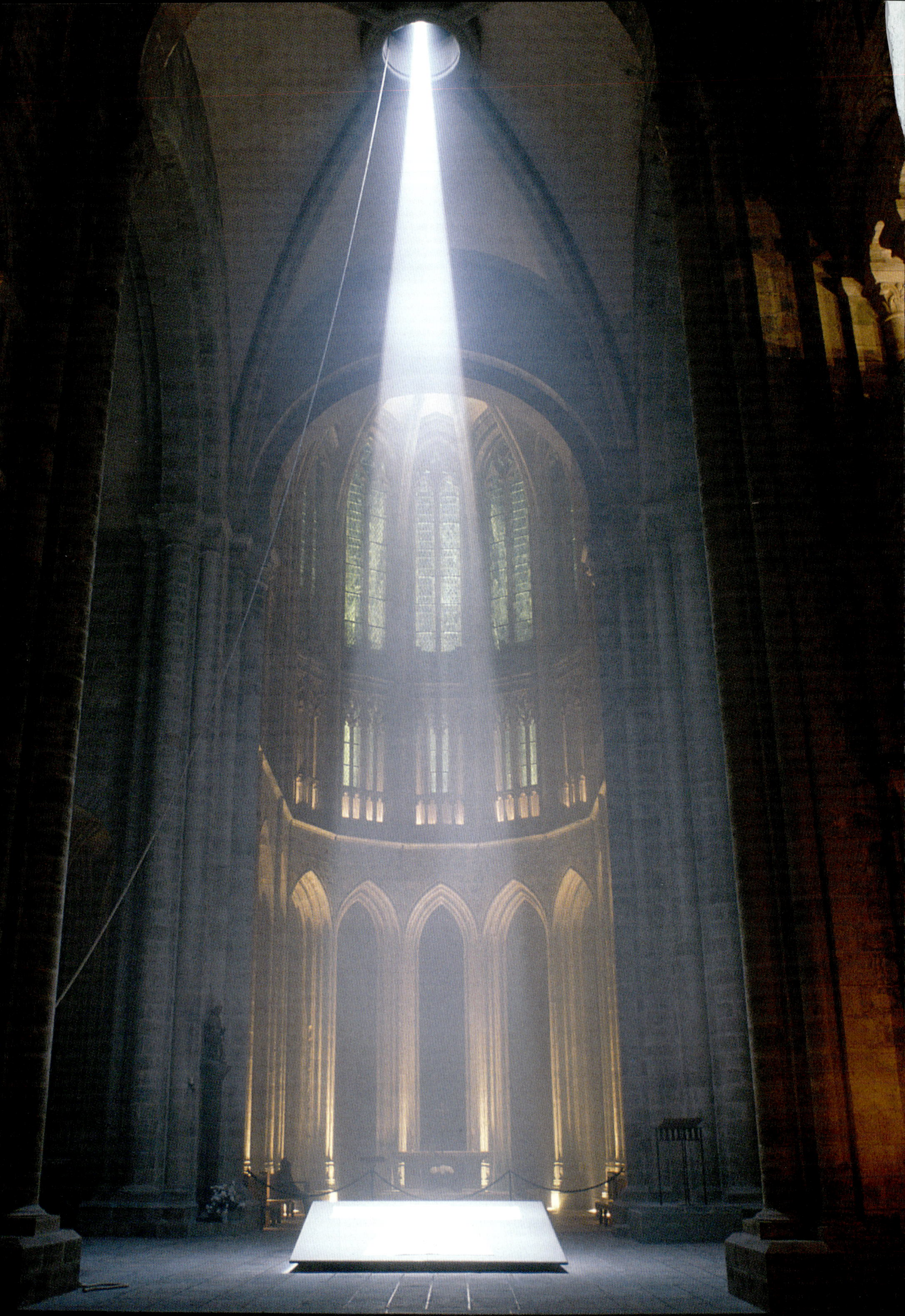

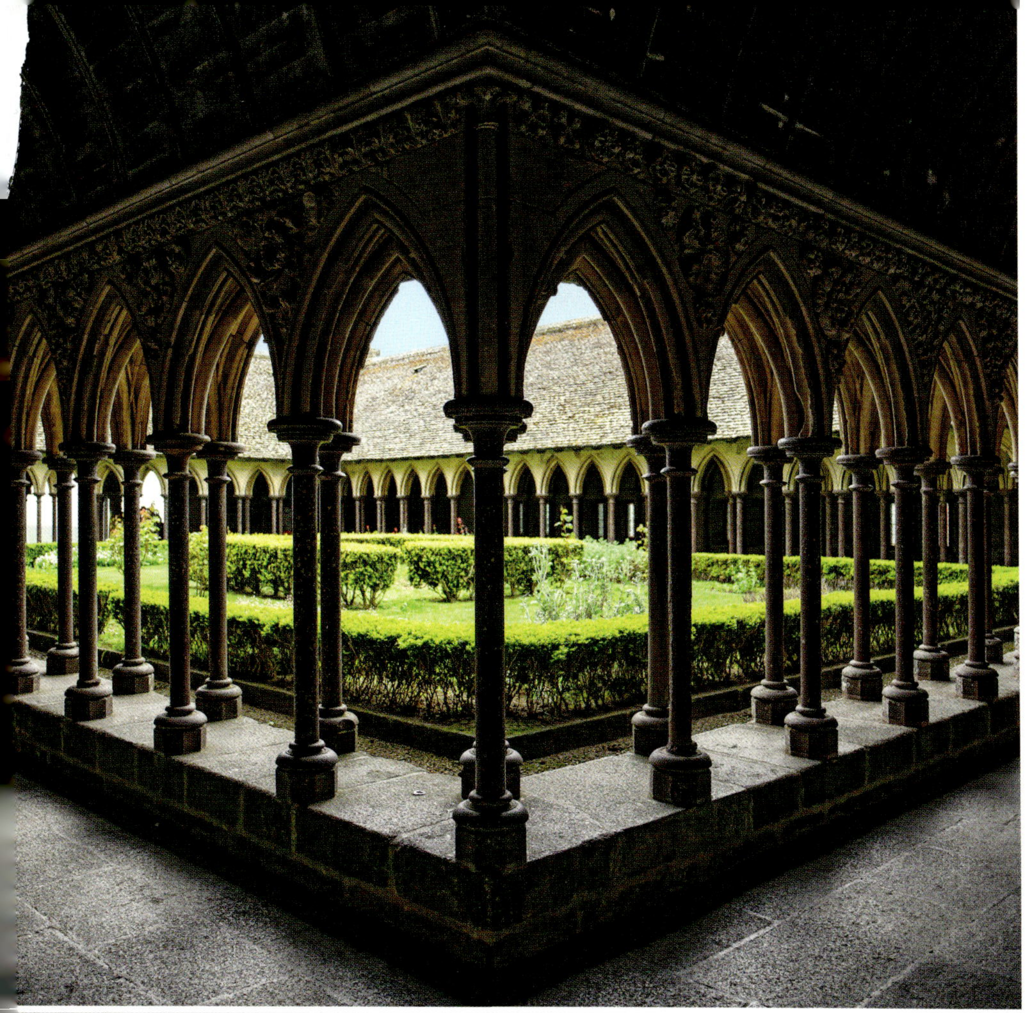

Page de gauche
Après son effondrement en 1421, le chœur roman de l'église abbatiale fut remplacé à la fin du Moyen Âge par un chœur gothique flamboyant, qui s'élève sur trois niveaux : grandes arcades, triforium et fenêtres hautes dotées de vitraux. Alors que la Merveille sera construite en 25 ans, la seule reconstruction du chœur aura nécessité 75 ans de travaux !

Ci-contre
Jadis entièrement décoré de peintures, le cloître, où se promenaient les moines, est jalonné de sculptures taillées dans la pierre de Caen.

Ci-dessous
Voûtes sur croisée d'ogives.

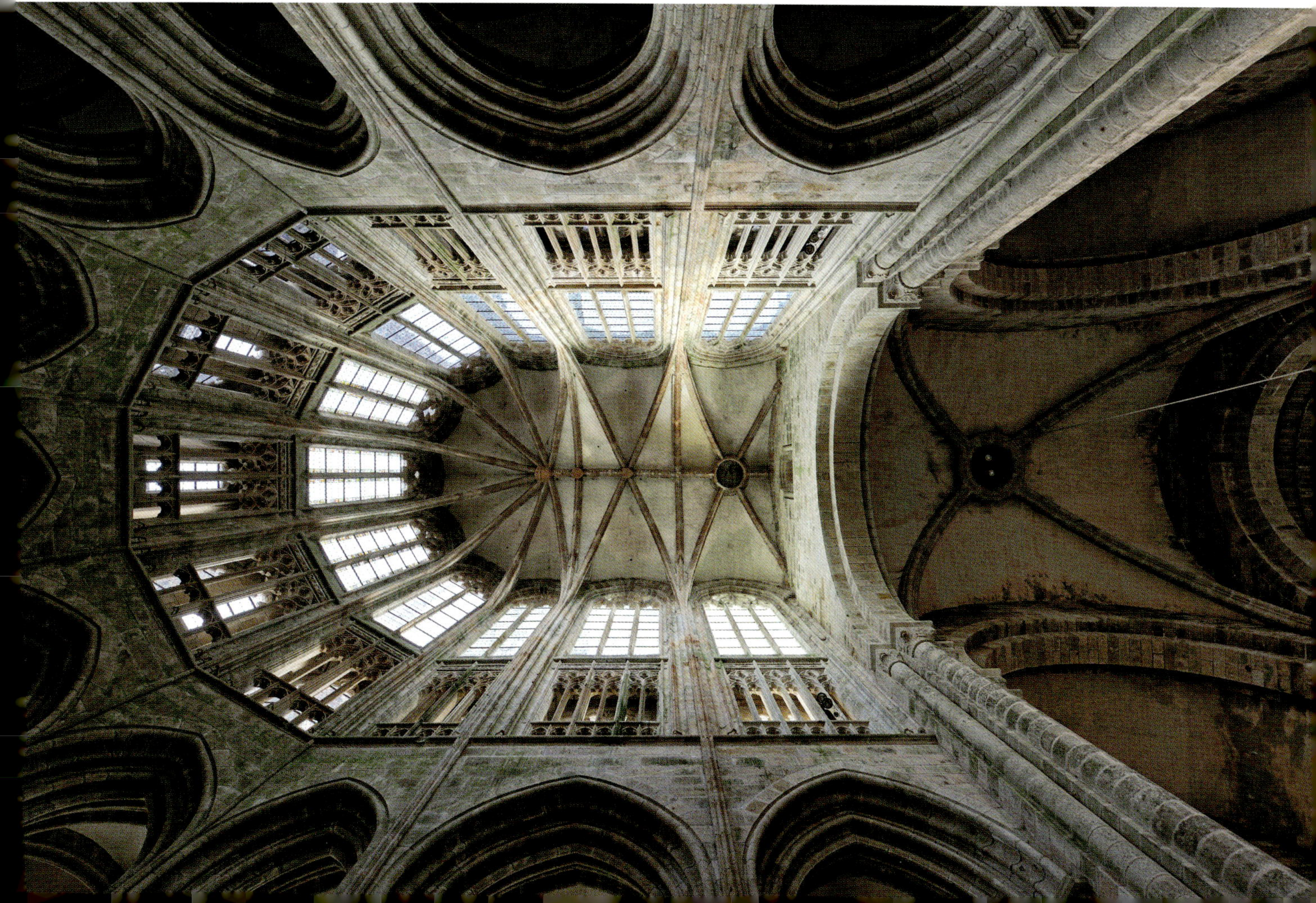

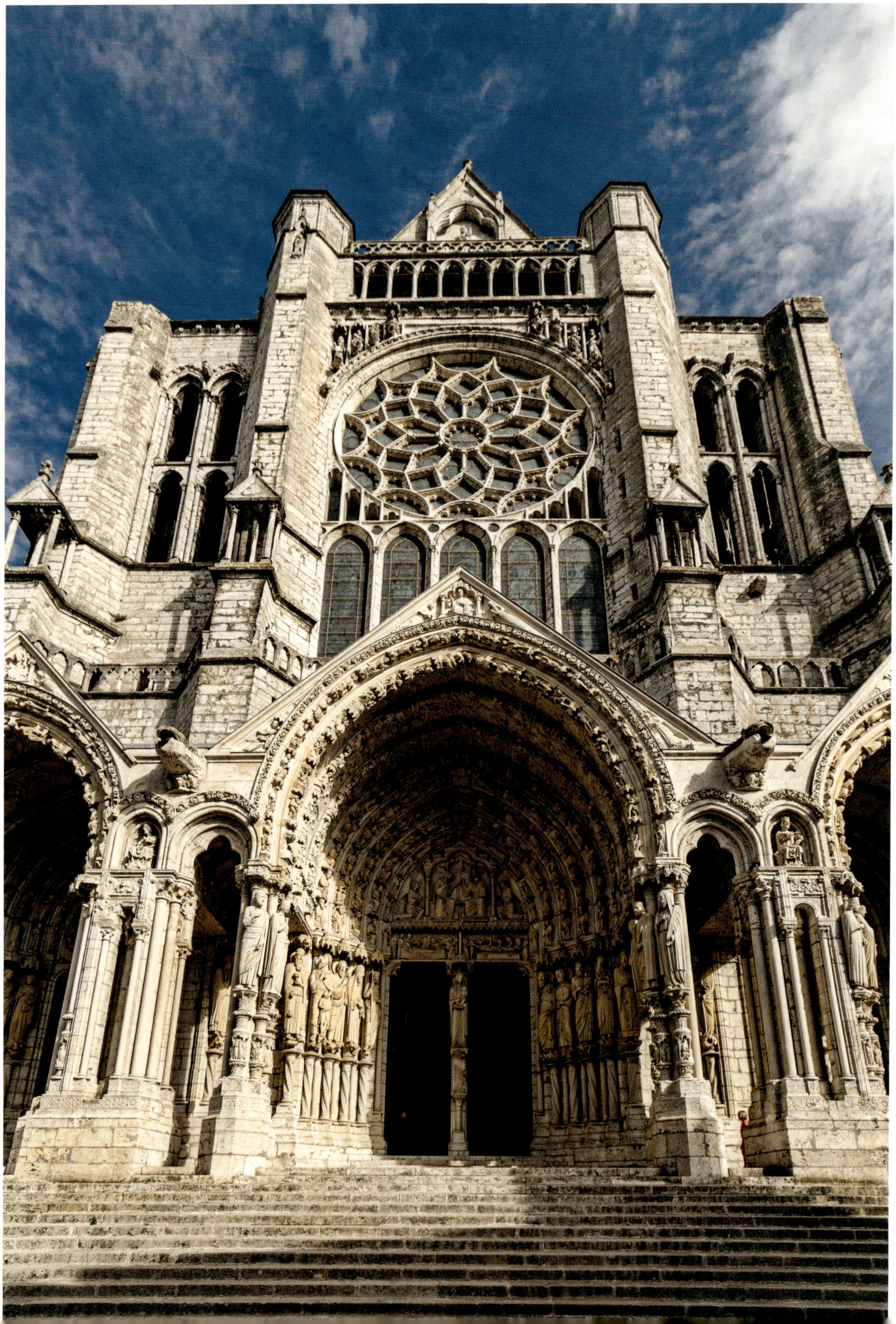

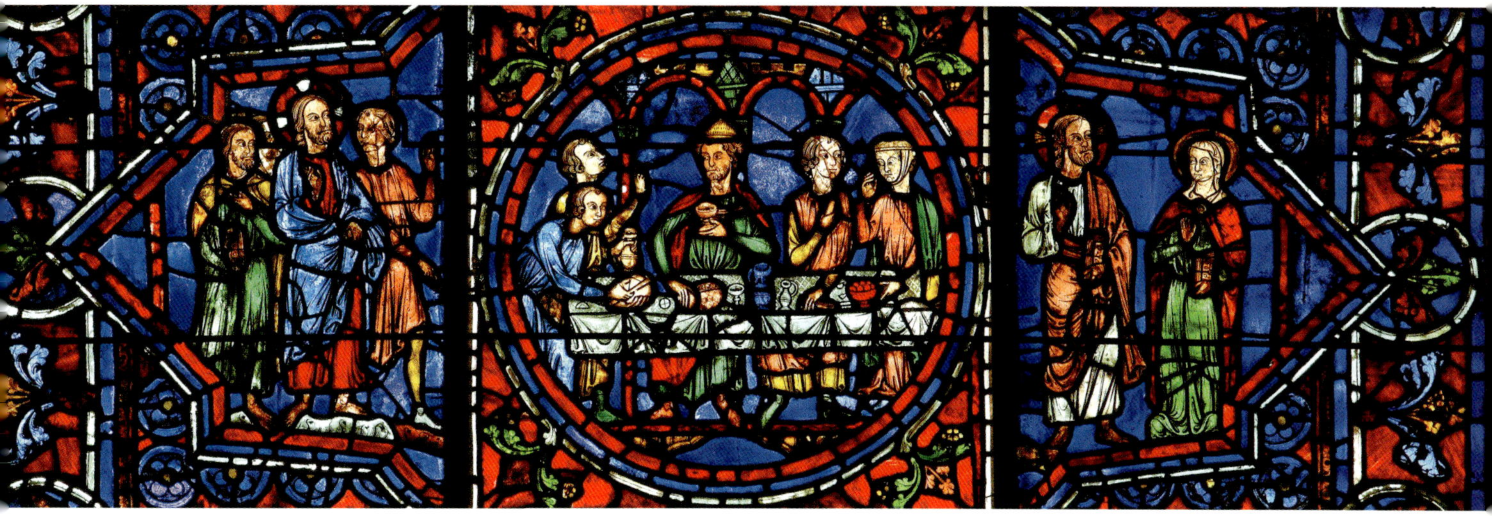

CATHÉDRALE DE CHARTRES

Lumière sur l'art gothique

Dominant la plaine de la Beauce, cet ouvrage d'art monumental figure parmi les cathédrales les mieux préservées de France. Érigée sur les ruines d'une précédente cathédrale détruite par un incendie en 1194, elle fut reconstruite en moins de trente ans. Une prouesse ! Dans ce haut lieu de pèlerinage, qui attire les fidèles depuis des siècles grâce à ses nombreuses reliques, c'est surtout la qualité de ses vitraux, reconnus comme les plus complets de la période médiévale, qui la distingue de ses contemporaines. Pas moins de 176 verrières, couvrant 2600 m², tapissent ses murs. Caractéristique fondamentale de l'art gothique – alors dans sa phase primitive lors de la construction de Notre-Dame de Chartres –, la lumière est perçue comme une manifestation divine. En effet, Dieu n'est-il pas lumière ? Les bâtisseurs du gothique s'appliquent à la faire pénétrer dans les édifices religieux. Grâce à l'emploi de la voûte ogivale qui dirige les poussées des voûtes sur les piliers et non plus sur les murs, ils peuvent désormais créer de grandes ouvertures comme ce fut le cas dans la basilique Saint-Denis, chantier d'avant-garde qui inspira les architectes de Chartres. Peu à peu, l'art du vitrail remplace la peinture murale. Comme cette dernière, il initie les fidèles illettrés aux Saintes Écritures, tout en favorisant une atmosphère spirituelle, voire mystique grâce à ses jeux de lumière.

Les verrières cohabitent avec un programme sculpté remarquable qui compte 3500 figures, essentiellement visibles sur les neufs portails de la cathédrale, richement ornés. Le portail occidental, surnommé portail royal, est situé entre les deux tours de la cathédrale. Antérieur à la reconstruction de l'édifice, il représente les derniers feux du style roman. Chacun de ces portails est surmonté d'une imposante rosace, dont la plus célèbre, celle du sud, affiche un diamètre impressionnant (13 mètres). Elle éclaire une pièce maîtresse : le labyrinthe, dessiné sur la largeur du pavage de la nef entre la troisième et la quatrième travée. Avec son tracé continu de 261 mètres, symbolisant le chemin qui mène l'homme à Dieu, il est aussi l'un des plus grands du monde.

Surnommée « l'Acropole de la France » par le sculpteur Jean Rodin, la cathédrale de Chartres jouit d'une renommée internationale et continue d'alimenter plus de huit siècles après sa construction la curiosité des esprits les plus érudits qui tentent de percer le mystère de sa perfection.

Critères de classement : I II IV *(voir légendes sur le rabat de couverture)* - Inscription en 1979.

Cathédrale de Chartres : 16, cloître Notre-Dame - 28000 Chartres - Tél. 02 37 21 59 08 - www.cathedrale-chartres.org.
Office de tourisme de Chartres : 8-10, rue de la Poissonnerie - 28000 Chartres - Tél. 02 37 18 26 26 - www.chartres-tourisme.com.

Page de gauche
Édifié vers 1150, le portail central, dit portail royal, est composé de trois baies entièrement sculptées relatant des épisodes de l'Ancien et du Nouveau Testament.

Ci-dessus
Avec 5000 personnages représentés, l'iconographie des vitraux peints de la cathédrale de Chartres est dense. Ironie de l'histoire, le « bleu dit de Chartres », omniprésent dans la cathédrale, a été mis au point dans la basilique de Saint-Denis à partir de minerais de cobalt.

GEO audioguides ÉCOUTEZ !

Admirez les détails des vitraux, guidé par Isabelle Pastor, responsable du service d'accueil de la cathédrale de Chartres.

Page de droite, en haut
Capétiens, Valois, Bourbons, Bonaparte et Orléans apposèrent leur empreinte dans la pierre de Fontainebleau, agrandissant, remodelant… et détruisant parfois ce château, fréquenté avant tout pour les parties de chasse qui y étaient organisées aux saisons froides.

Page de droite, en bas
Le Grand Canal, percé sous Henri IV.

PALAIS ET PARC DE FONTAINEBLEAU

Temples des arts et de la chasse

Qui voudrait embrasser une grande partie de l'histoire de France en une journée se rendrait sans plus tarder à Fontainebleau. Œuvres de plusieurs dynasties, le palais et son parc portent l'empreinte des différentes têtes couronnées qui, durant sept siècles, agrandirent et embellirent ce qui était à l'origine une forteresse médiévale. Du château fort primitif, il ne reste que le donjon, dont le rez-de-chaussée fut réaménagé au XIXe siècle sous Louis-Philippe dans le style néo-gothique. Entre les murs de cette résidence de chasse qu'apprécièrent tant Valois et Bourbons, les événements de la vie familiale et les actes politiques se sont intimement mêlés. Philippe le Bel et Louis XIII y sont nés ; Louis XIV y révoque l'édit de Nantes en 1685, Louis XV y épouse Marie Leszczynska, et le pape Pie VII y est contraint à un séjour forcé de dix-neuf mois sur ordre de l'empereur Napoléon Ier.
Mais on ne peut évoquer Fontainebleau sans penser à François Ier, qui décide de vastes aménagements, prémices de la Renaissance française. Pour mener le chantier, il fait appel au peintre italien Giovanni Battista di Jacopo, dit le Rosso, auquel succèdera Francesco Primaticcio, dit le Primatice. Sous leur direction naîtront de somptueux décors, en partie disparus. Cependant, ces deux maîtres de la « première école de Fontainebleau » livrèrent un chef-d'œuvre toujours visible : la galerie François Ier, ornée de stucs et de fresques déclinant des allégories gréco-romaines. Outre son aspect décoratif, elle avait un usage pratique, car elle permettait au roi de rejoindre directement le couvent de la Trinité depuis ses appartements.
Pillé pendant la Révolution française, Fontainebleau retrouve son faste sous Napoléon Ier, qui y fait aménager entre autres une bibliothèque de travail ainsi que la salle du Trône tout en remeublant entièrement le palais. L'harmonieux patchwork de styles que l'on découvre dans le château se retrouve dans le parc environnant de 115 hectares. Le Grand Canal, les parterres dessinés par Le Nôtre et le jardin anglais traversé par une rivière se côtoient paisiblement.

Critères de classement : (ii) (vi) *(voir légendes sur le rabat de couverture)*
Inscription en 1981.

Musée du château de Fontainebleau : Place du général De Gaulle
77300 Fontainebleau - Tél. 01 60 71 50 70 - www.musee-chateau-fontainebleau.fr.
Office de tourisme de Fontainebleau : 4, rue Royale - 77300 Fontainebleau
Tél.01 60 74 99 99 - www.fontainebleau-tourisme.com.

GEO audioguides
ÉCOUTEZ !

Découvrez l'histoire de l'étang aux carpes dans les jardins du château.

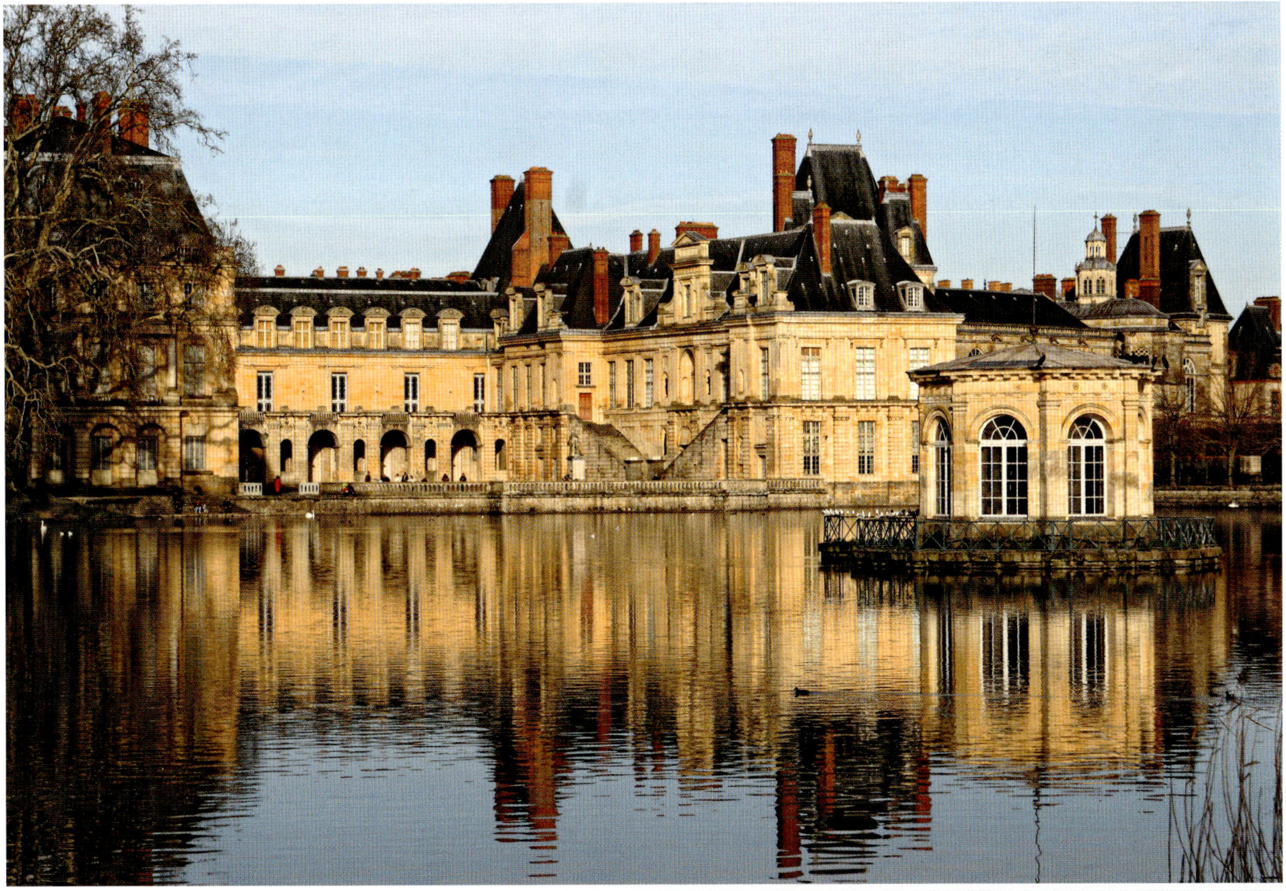

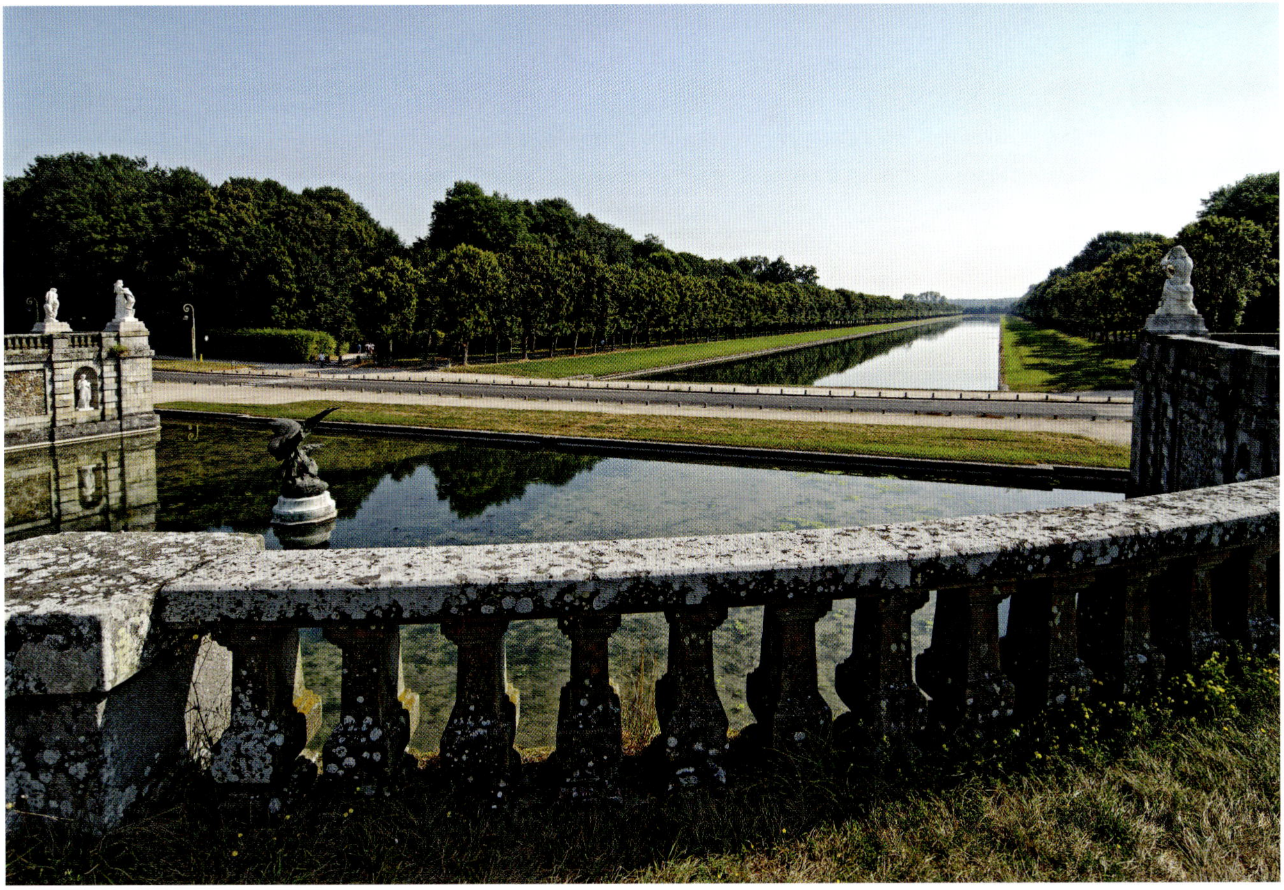

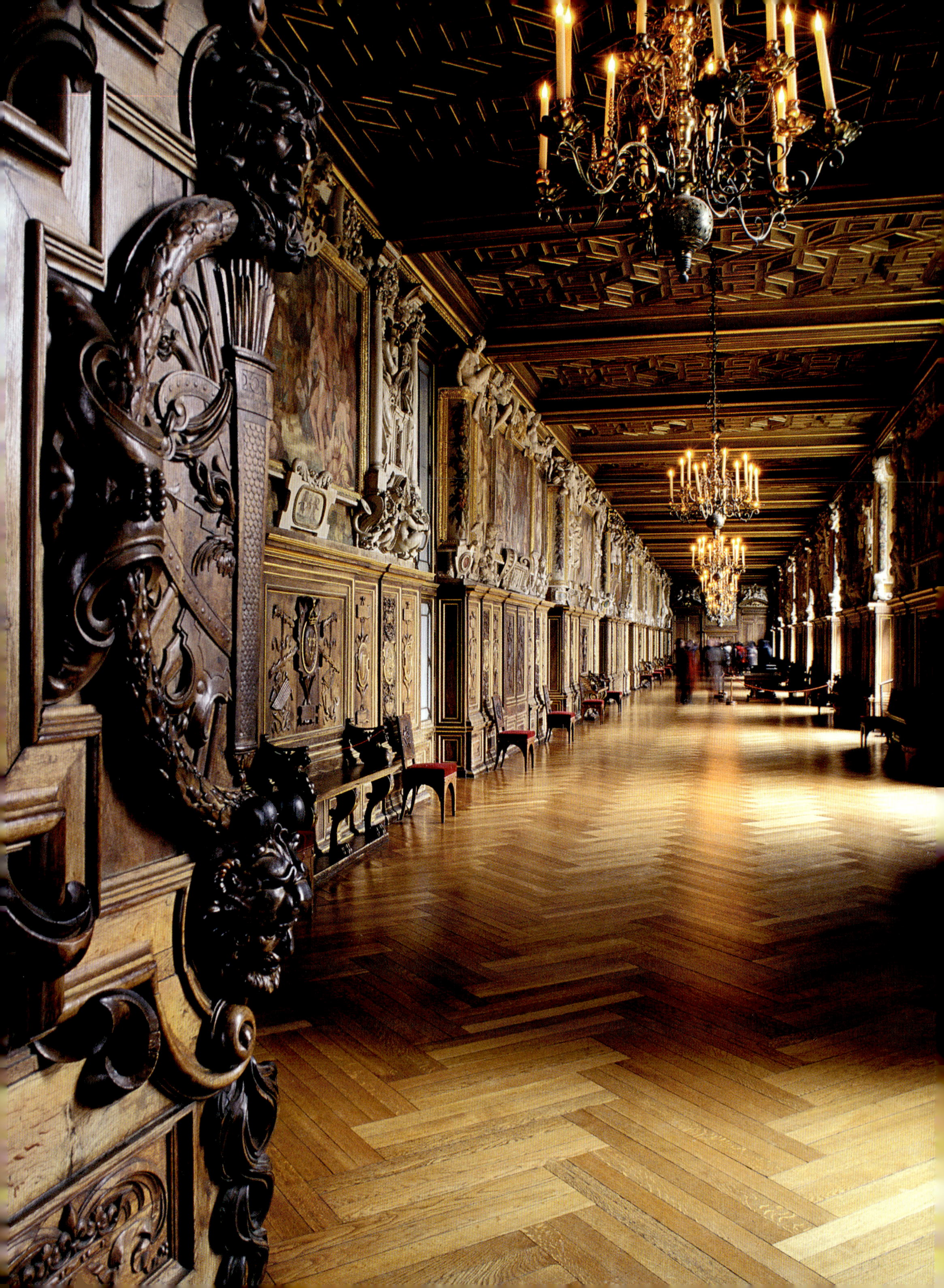

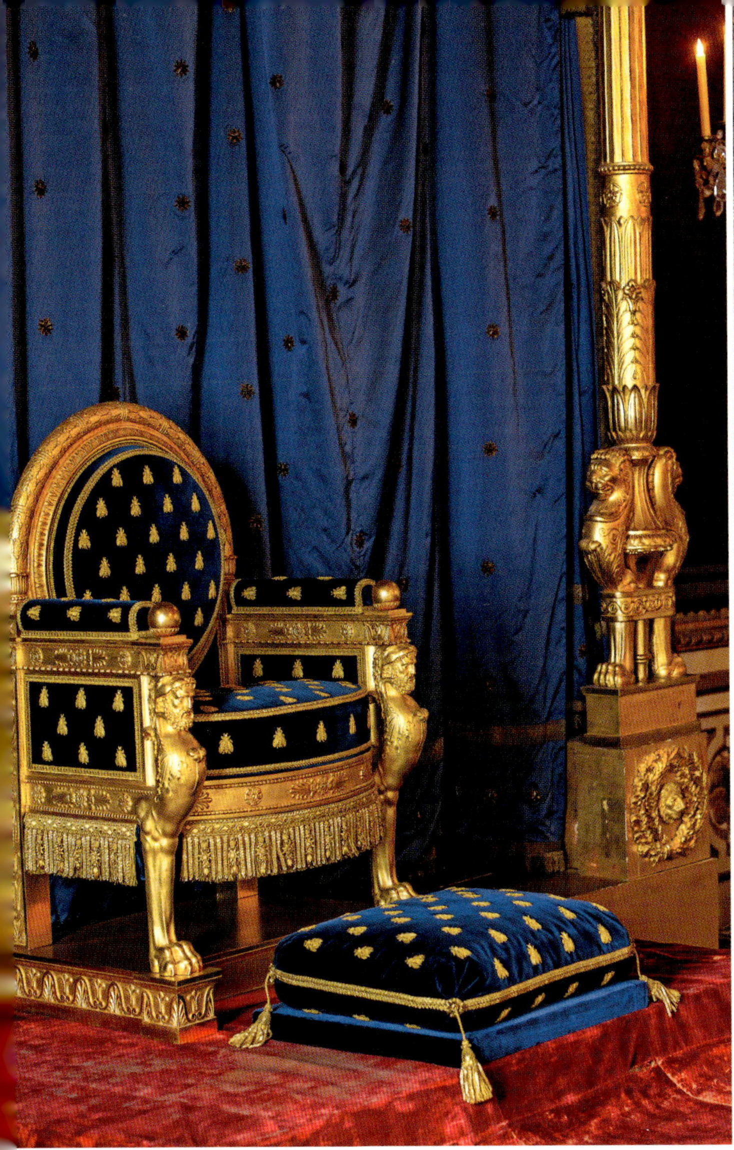

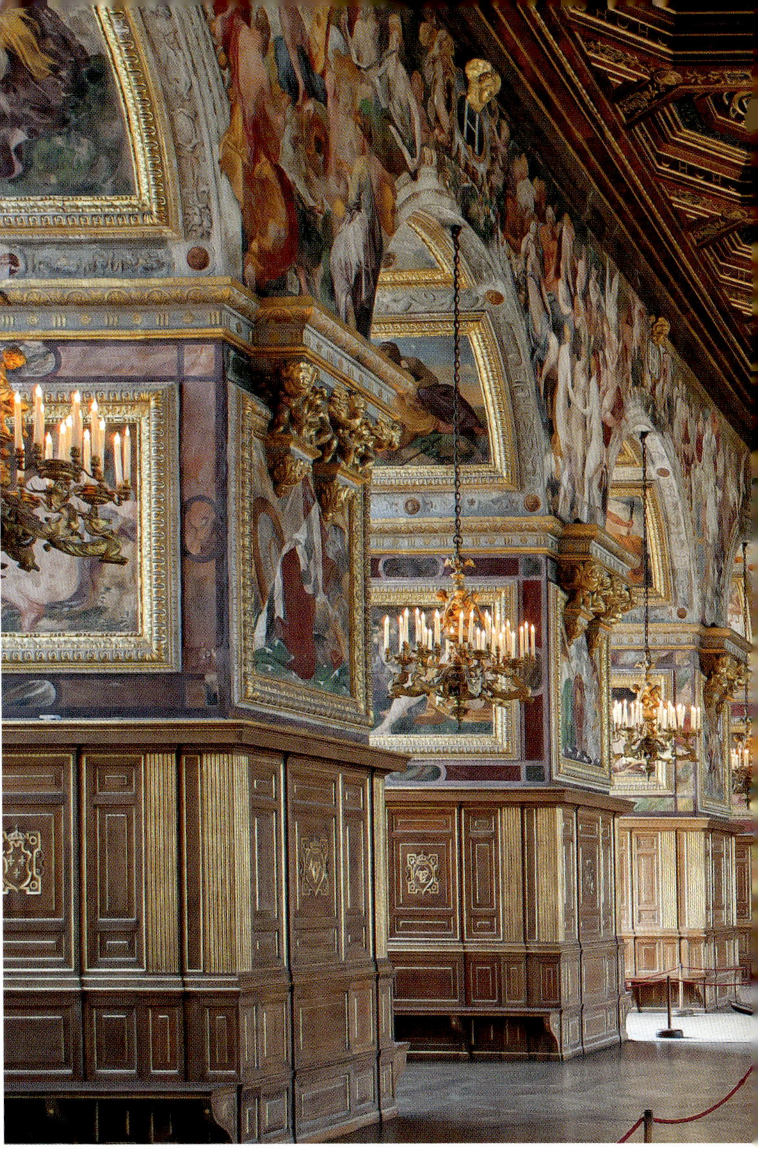

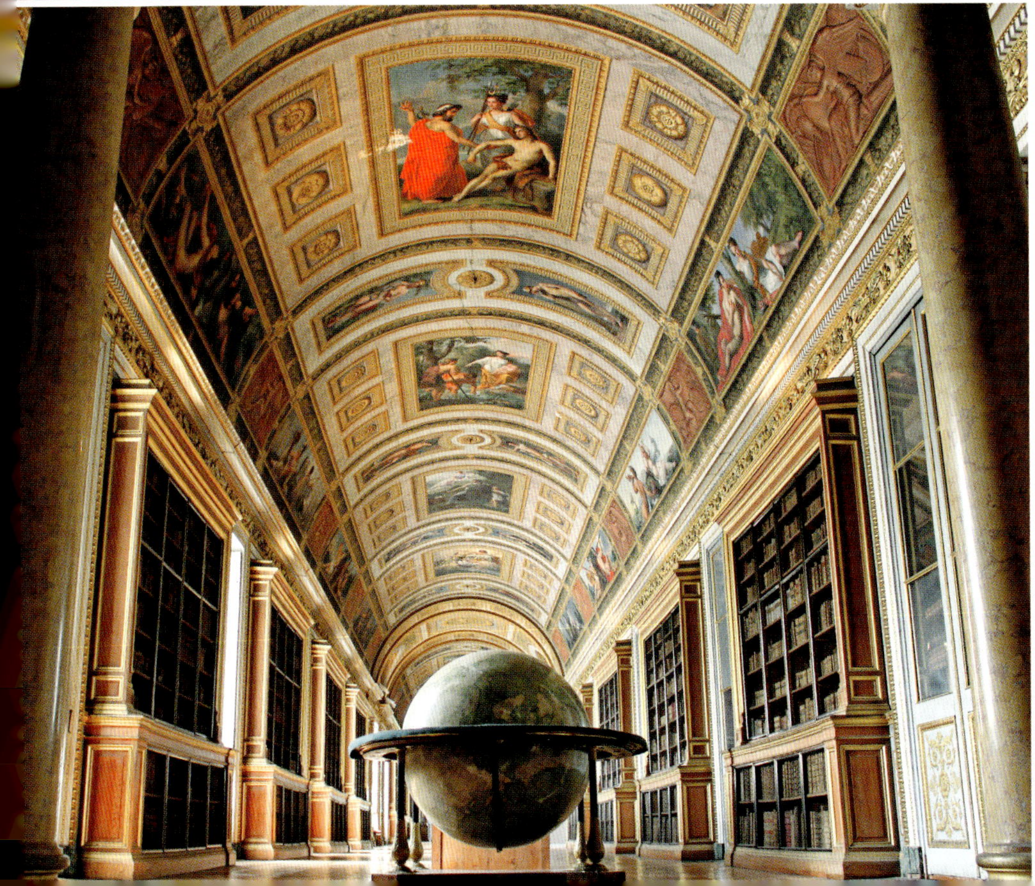

Page de gauche
Derrière une superbe porte ouvragée se cache la galerie qui porte le nom de son royal commanditaire, François Ier. Le souverain en gardait toujours la clé autour de son cou et seuls quelques invités prestigieux eurent l'honneur de la visiter.

Ci-dessus, à gauche
La salle du trône de Napoléon Ier occupe l'ancienne chambre du roi.

Ci-dessus, à droite
Les décors de cette vaste salle d'époque Renaissance, dont la construction fut ordonnée sous François Ier ne verront le jour que sous Henri II. Ils vantent, entre autres, les plaisirs de la chasse et de la musique. Les caissons en châtaignier du plafond sont marqués des armoiries d'Henri II.

Ci-contre
Reconstruite sur ordre de Napoléon Ier, la galerie de Diane est la plus longue pièce du château.

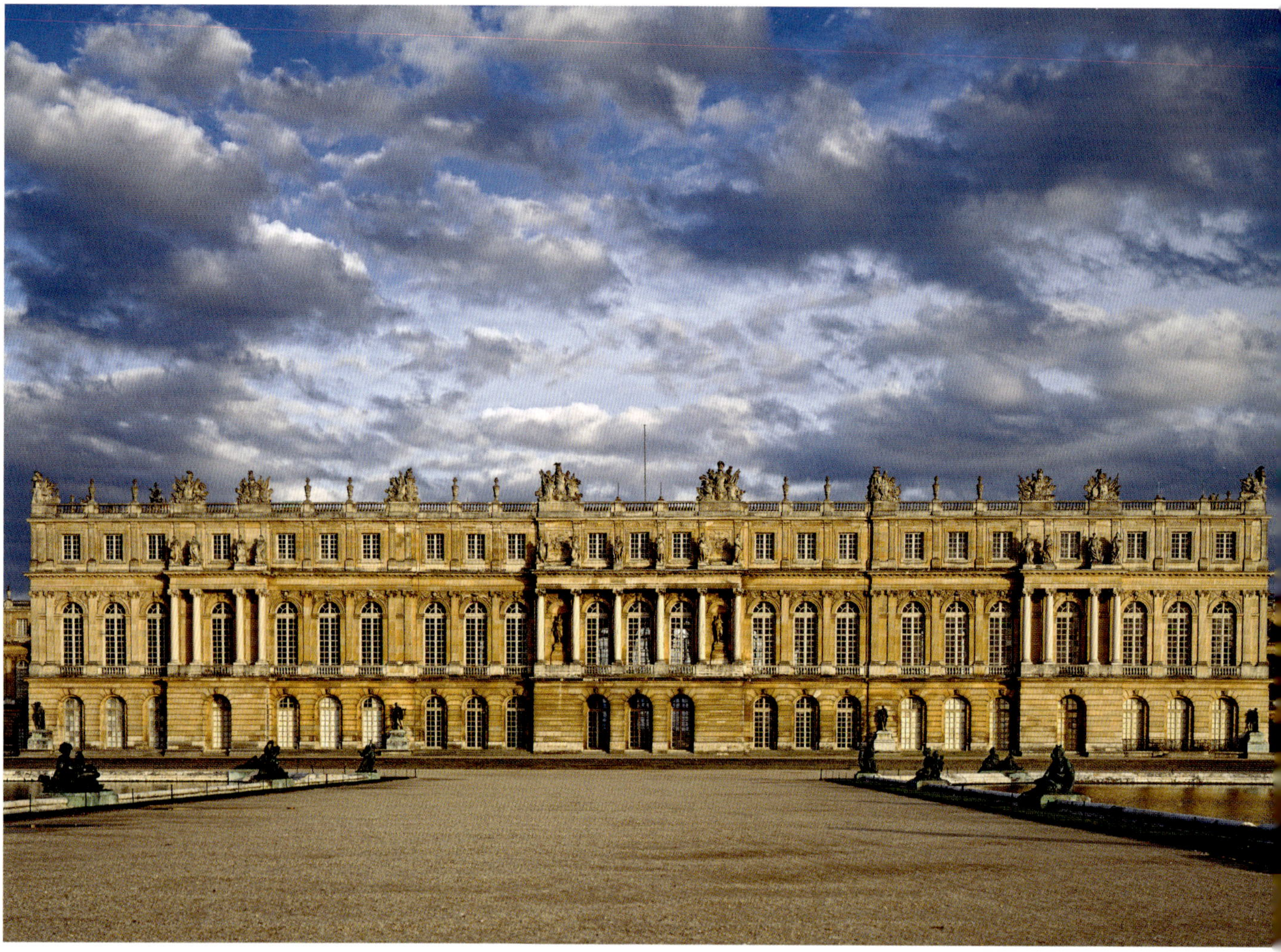

Ci-dessus
L'harmonieuse façade du château donnant sur les jardins.

Page de droite
L'aménagement des jardins et du parc, ponctués de fontaines, de bassins et de sculptures, a nécessité près de 40 ans de travaux. Sous la direction de Colbert, André Le Nôtre collaborera avec Charles Le Brun pour donner naissance à ce chef-d'œuvre paysager, incarnant le « jardin à la française ».

PALAIS ET PARC DE VERSAILLES

Le joyau de la couronne française

Versailles fut et demeure le symbole de la puissance politique et artistique de la France, qui rayonna durant un siècle. À partir du sobre pavillon de chasse que son père avait fait bâtir dans une zone de forêts et de marécages, Louis XIV donna naissance au plus majestueux et au plus vaste des châteaux royaux. Comme dans un théâtre, le modèle politique, concentré autour de la personne du roi, est mis en scène à Versailles, qui devient le siège du pouvoir à partir de 1682… et, excepté sous la Régence, le restera jusqu'à la Révolution française. Mais bien plus que le symbole de la monarchie absolue, Versailles constitue avant tout l'expression la plus aboutie de l'art classique français. Une myriade d'artistes participeront à l'aménagement du palais et du parc, créant un ensemble architectural, décoratif et paysager dont s'inspirèrent seigneurs de province comme princes des cours d'Europe.

Les premiers travaux, engagés dans les années 1660, réunissent l'architecte Louis Le Vau, le peintre Charles Le Brun et le jardinier André Le Nôtre. Versailles s'agrandit au fil des années : de la Galerie des Glaces, créée entre 1678 et 1684, aux appartements royaux, de la chapelle royale, œuvre de Jules

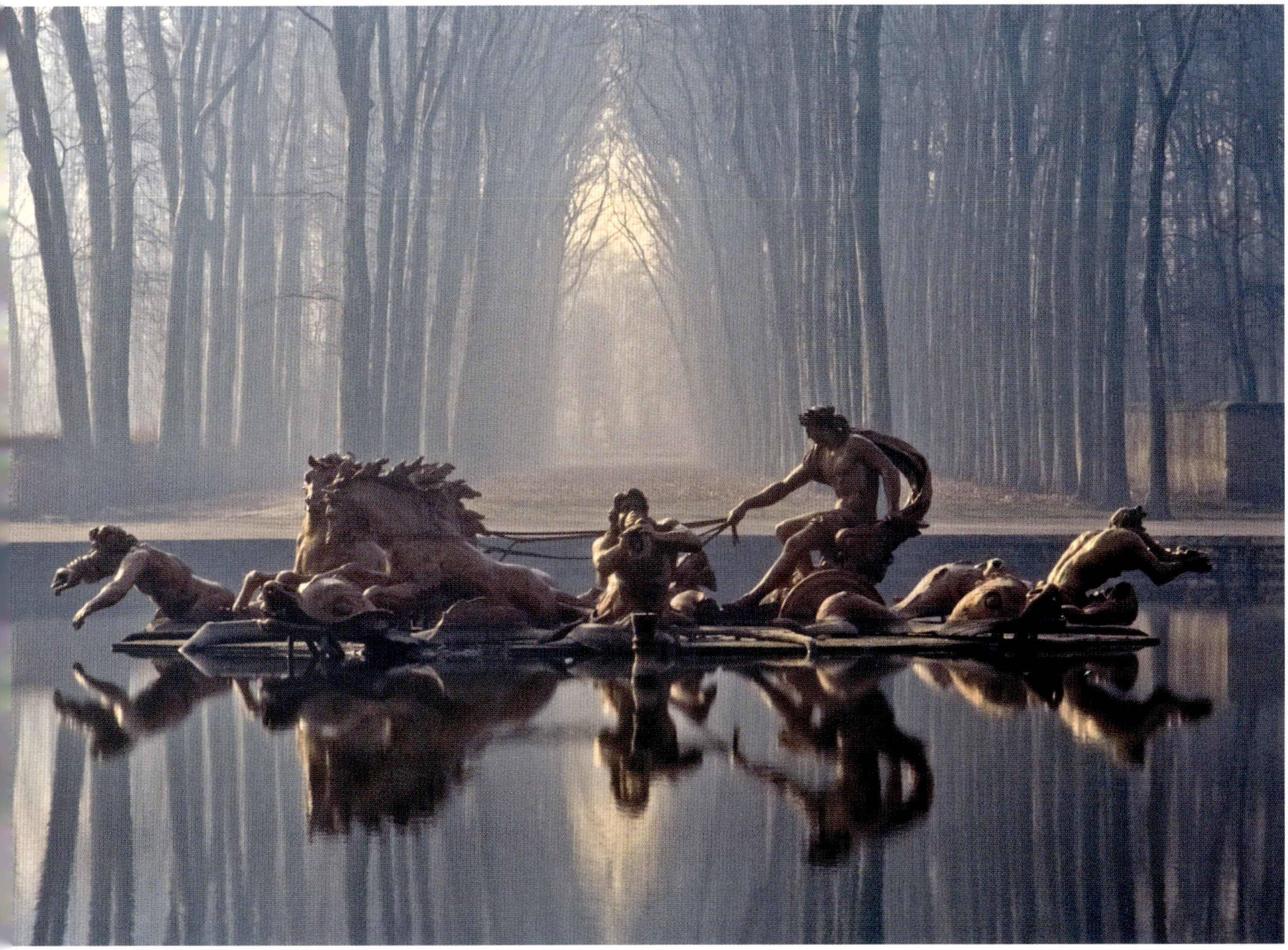

Hardouin-Mansart, aux ailes qui prolongent le château initial, en passant par le Grand Trianon, le chantier est permanent. Dans le parc, Le Nôtre trace les perspectives au cordeau, dessinant des parterres, des jardins et des bosquets que viennent animer bassins et fontaines. Pour alimenter les jeux d'eau, on construit des pompes, on capte les eaux des rivières et étangs environnants, on édifie un aqueduc. Sous Louis XV, Ange-Jacques Gabriel bâtit le Petit Trianon, destiné à madame de Pompadour ainsi que l'Opéra en prévision des fêtes du mariage du Dauphin et de Marie-Antoinette. L'épouse de Louis XVI commandera quant à elle le jardin anglais, empreint d'un charme sauvage, et le petit hameau dans lequel elle se réfugie pour s'éloigner de la Cour.
Chaque propriétaire a apposé sa patte sur l'édifice et son parc, en faisant une formidable démonstration du goût français. La vocation de temple du prestige, que lui attribue Louis-Philippe au milieu du XIXe siècle en transformant le palais en musée consacré « à toutes les gloires de la France », perdure aujourd'hui.

GEO audioguides ÉCOUTEZ !

Percez quelques-uns des secrets du château !

Critères de classement : I II VI *(voir légendes sur le rabat de couverture)*
Inscription en 1979.

Palais de Versailles : Place d'Armes - 78000 Versailles - www.chateauversailles.fr.
Office de tourisme de Versailles : 2 bis, avenue de Paris - 78000 Versailles - Tél. 01 39 24 88 88
www.versailles-tourisme.com.

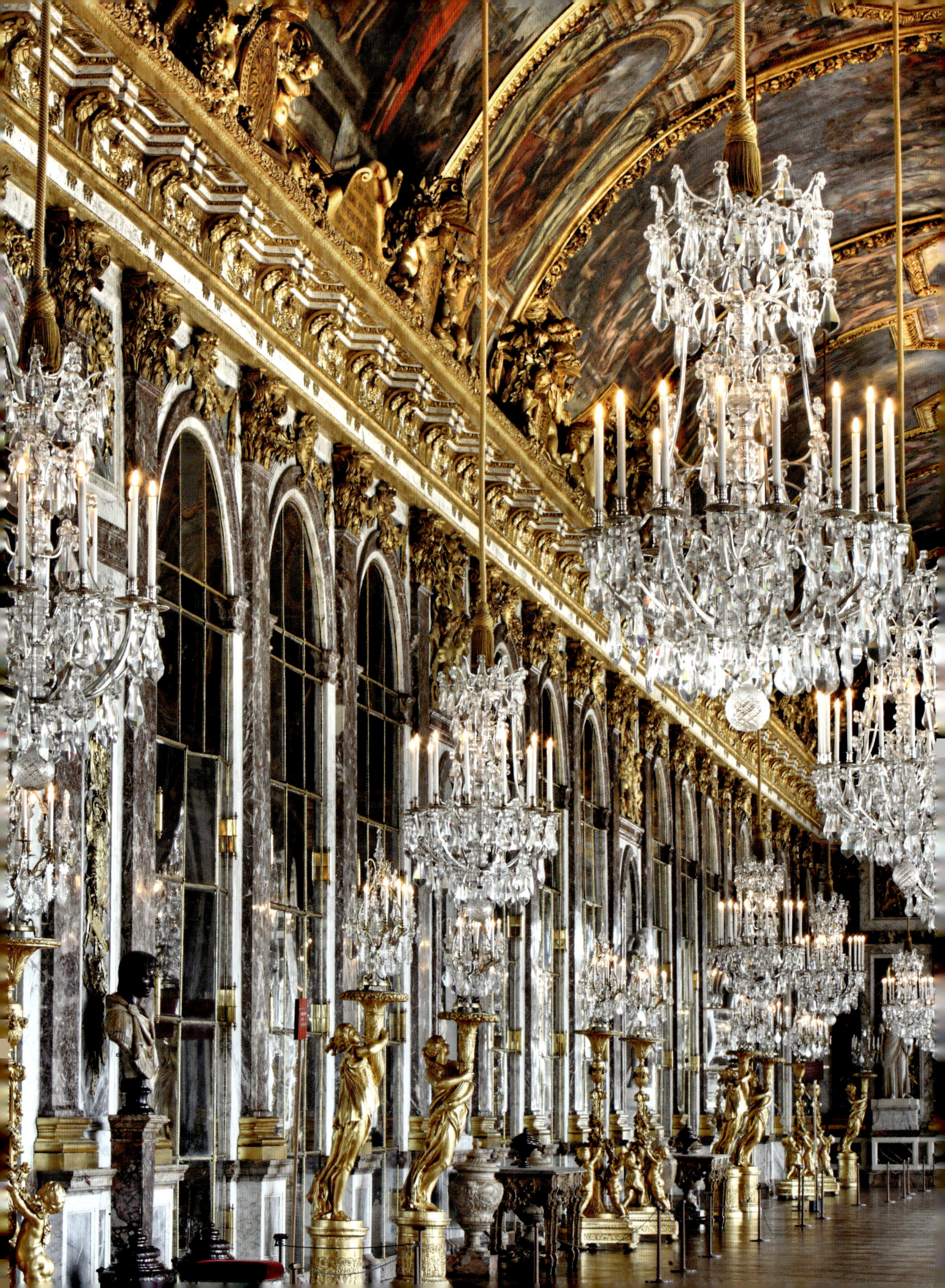

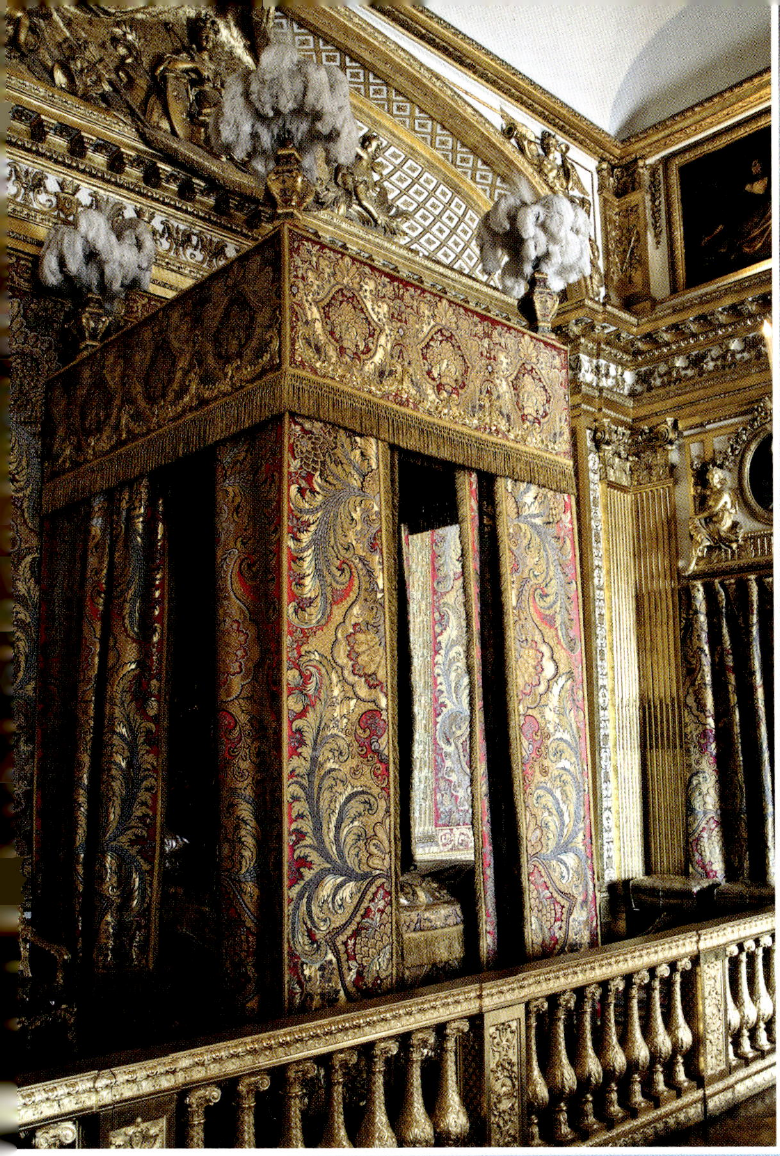

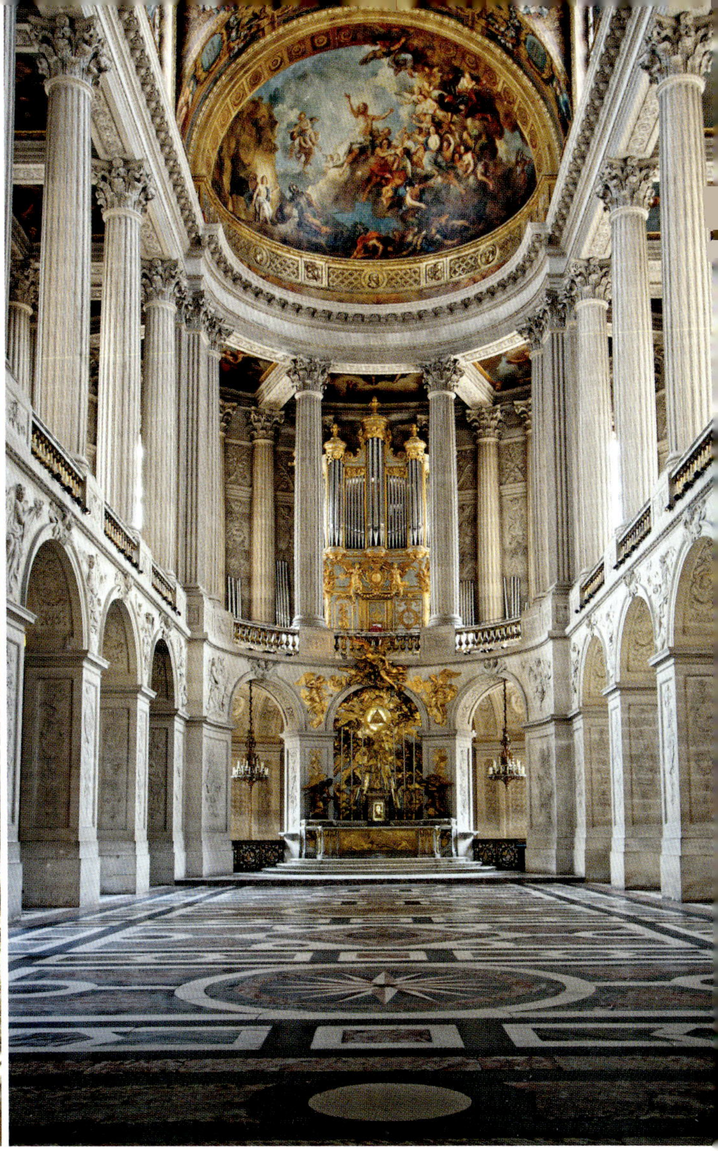

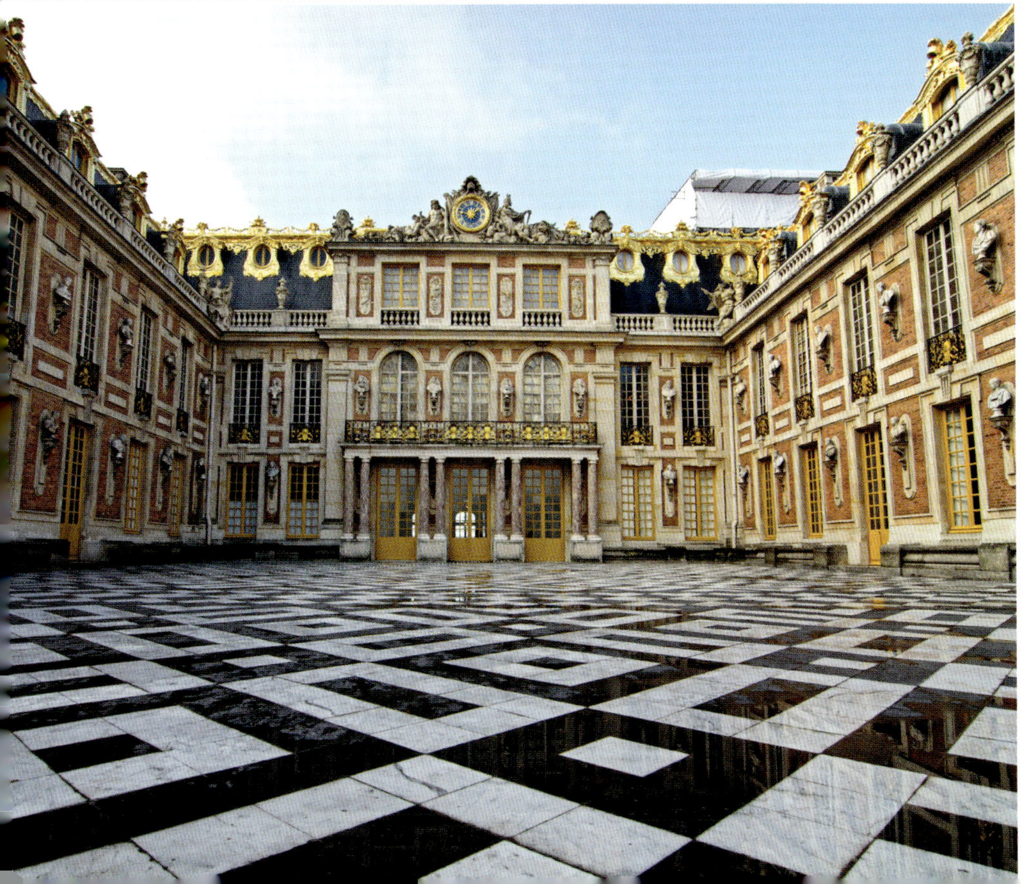

Page de gauche
Encadrée par les salons de la Guerre et de la Paix, la Galerie des Glaces, appelée Grande Galerie au XVIIe siècle, est l'œuvre de Jules Hardouin-Mansart et de Charles Le Brun, qui décora la voûte située à 12,30 m de hauteur. De bout en bout, les visiteurs et courtisans parcouraient 73 m, admirant la perspective sur les jardins par les immenses fenêtres se reflétant dans des centaines de miroirs.

Ci-dessus, à gauche
La chambre du roi, lieu des cérémonies du Lever et du Coucher, réglementées par l'Étiquette.

Ci-dessus, à droite
La chapelle royale.

Ci-contre
Le dallage de marbre noir et blanc a donné son nom à la cour de Marbre.

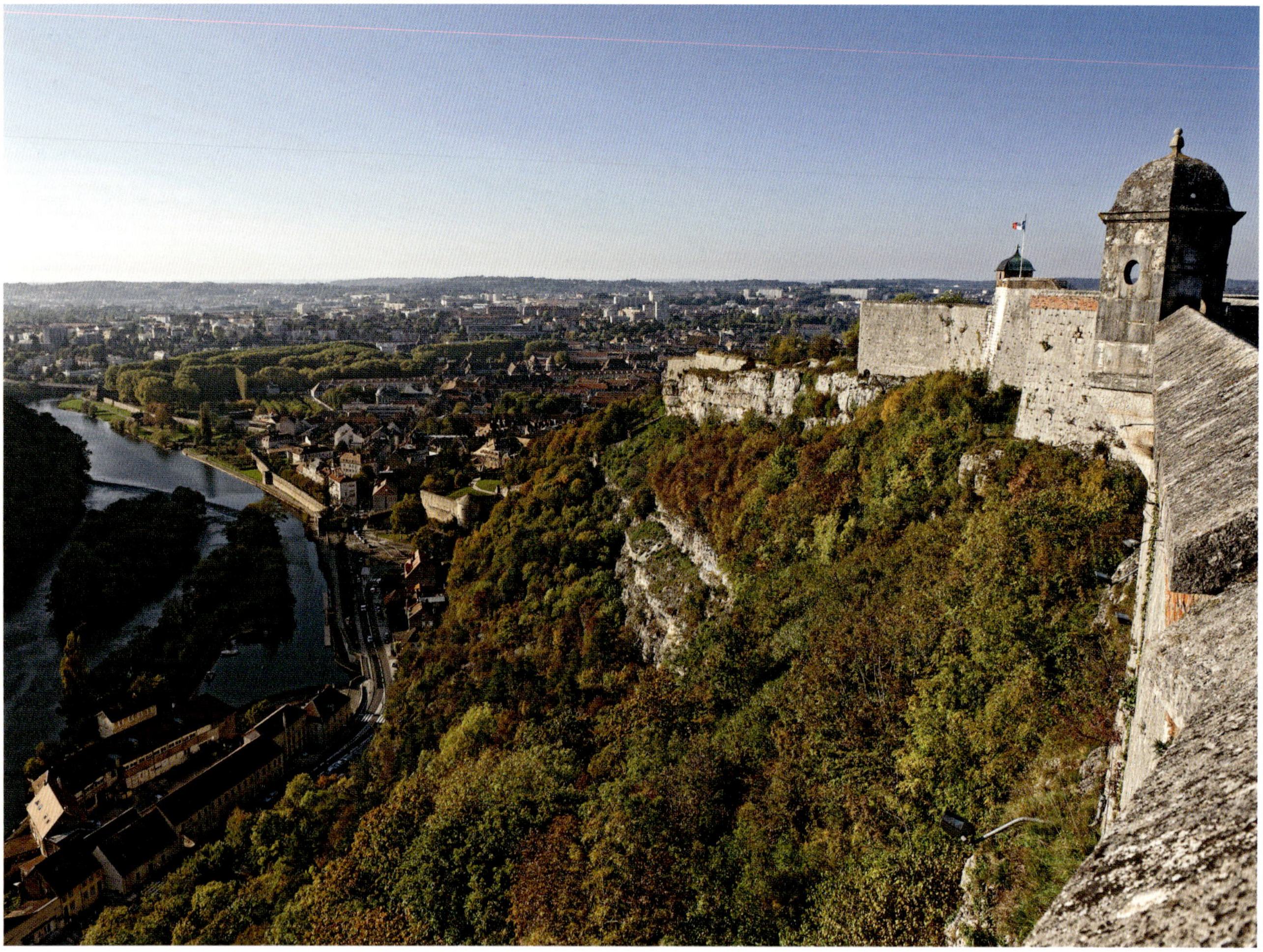

Ci-dessus
Surplombant à plus de 100 m de haut la ville de Besançon lovée dans un méandre du Doubs, la citadelle occupe 11 ha. Elle est encadrée par des remparts que ponctuent tours de guet et échauguettes. Outre la citadelle, Vauban repensa l'enceinte urbaine, bâtissant six tours bastionnées, qui révolutionnèrent le modèle des tours à canons.

FORTIFICATIONS DE VAUBAN

La « ceinture de fer » de la France

Épuiser les forces de l'ennemi : telle était l'essence de l'œuvre de Sébastien Le Prestre de Vauban (1633-1707), créateur de forteresses que seul un très grand nombre d'hommes pouvaient faire tomber. Les douze fortifications mises en lumière par leur classement au Patrimoine mondial en constituent des exemples achevés, dont s'inspireront d'autres architectes militaires dans le monde jusqu'au XIXe siècle. Vauban, qui épousa tout d'abord la cause du prince de Condé durant la Fronde, épisode de révolte menée par certains nobles et princes du sang contre la monarchie, entrera finalement au service de Louis XIV. À 22 ans, le voilà devenu « ingénieur militaire responsable des fortifications », une charge qui lui permet de montrer l'étendue de ses talents, d'autant plus précieux que le règne du Roi-Soleil est marqué par 33 années de guerre. Guidé par la volonté d'éviter les morts inutiles dont il fut témoin lors de ses campagnes militaires, il conduit de nombreux sièges et s'attache à protéger les frontières du royaume en concevant des forteresses d'un genre nouveau. Plus de 160 places fortes seront bâties ou remaniées sous sa houlette, s'inscrivant dans un programme architectural de génie, marquant l'apogée de la fortification bastionnée classique.
Parmi les premiers ouvrages entrepris par Vauban, la citadelle d'Arras appartenait

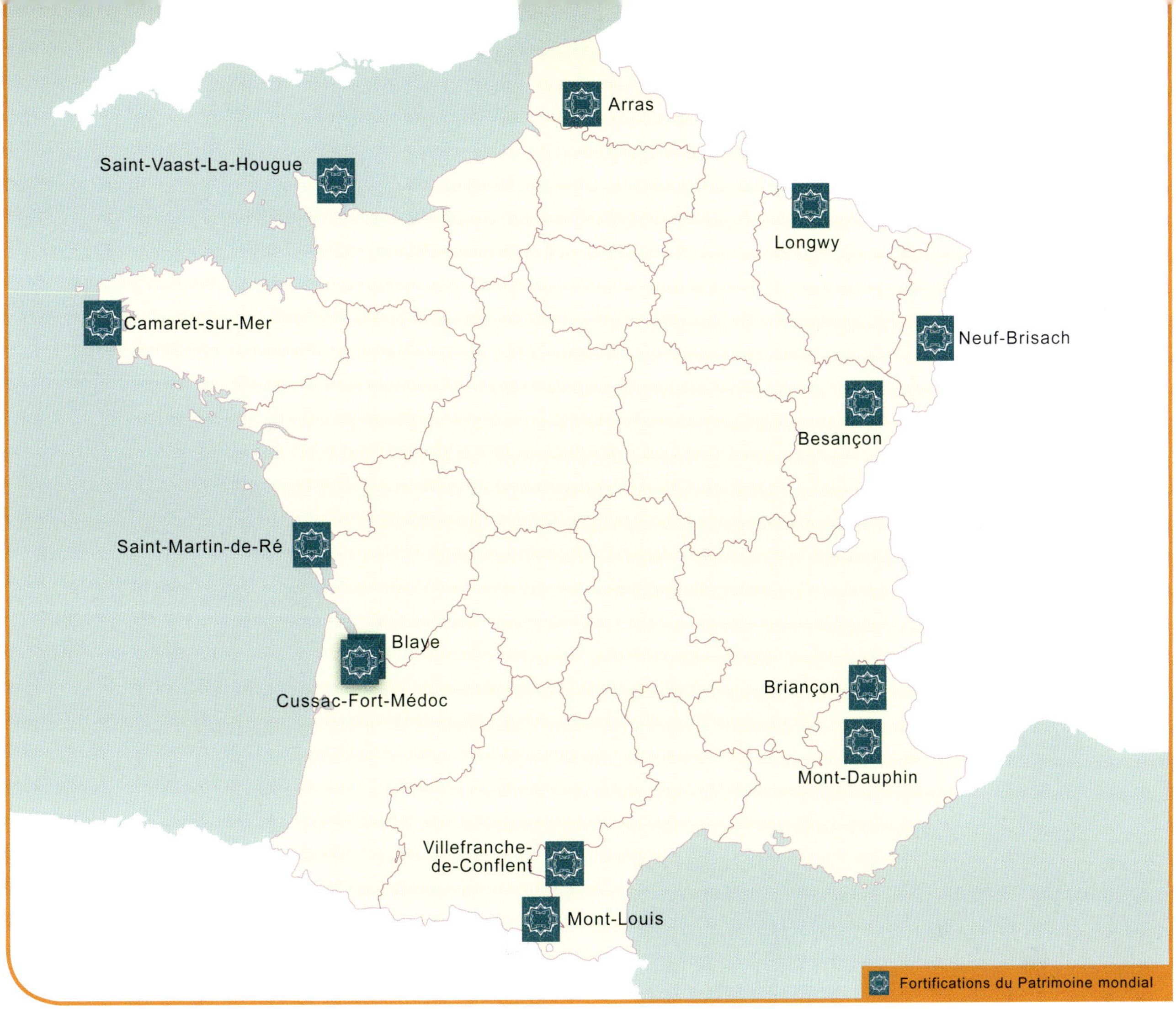

au « pré carré », constitué d'une double ligne de villes fortifiées qui devaient défendre la frontière nord du royaume. Une recherche de rationalité occupe Vauban, dont les constructions s'adaptent à la topographie de chaque lieu, utilisant les matériaux locaux. À Besançon, la citadelle, perchée sur un éperon rocheux, domine le Doubs ; à Villefranche-de-Conflent, dans les Pyrénées-Orientales, la muraille et ses tours médiévales sont renforcées et placées sous la protection du fort Libéria ; à Briançon, l'enceinte qui s'étage verticalement est couronnée de forts. Les voies navigables constituent également un enjeu majeur : pour bloquer l'accès à l'estuaire de la Gironde, l'ingénieur fait bâtir deux forts à Cussac-Fort-Médoc, face à la citadelle de Blaye ; la tour de Camaret-sur-Mer veille quant à elle sur la rade de Brest, alors que les tours de l'île de Tatihou et de Saint-Vaast-la-Hougue verrouillent la côte du Cotentin. À certains endroits stratégiques, des villes neuves sortent de terre, telles Neuf-Brisach, Mont-Louis, Longwy ou encore Mont-Dauphin. Par leur authenticité et la qualité de leur état de préservation, les sites distingués par l'Unesco dévoilent la conception d'un homme, dont la vision architecturale, stratégique, sociale et économique s'inscrivit dans la pierre.

ÉCOUTEZ !

Découvrez les secrets cachés dans les souterrains de Longwy, ville neuve créée par Vauban.

Critères de classement : I II IV *(voir légendes sur le rabat de couverture)*
Inscription en 2008.

Réseau des sites majeurs Vauban : 2, rue Mégevand - 25034 Besançon cedex
Tél. 03 81 87 82 18 - www.sites-vauban.org.

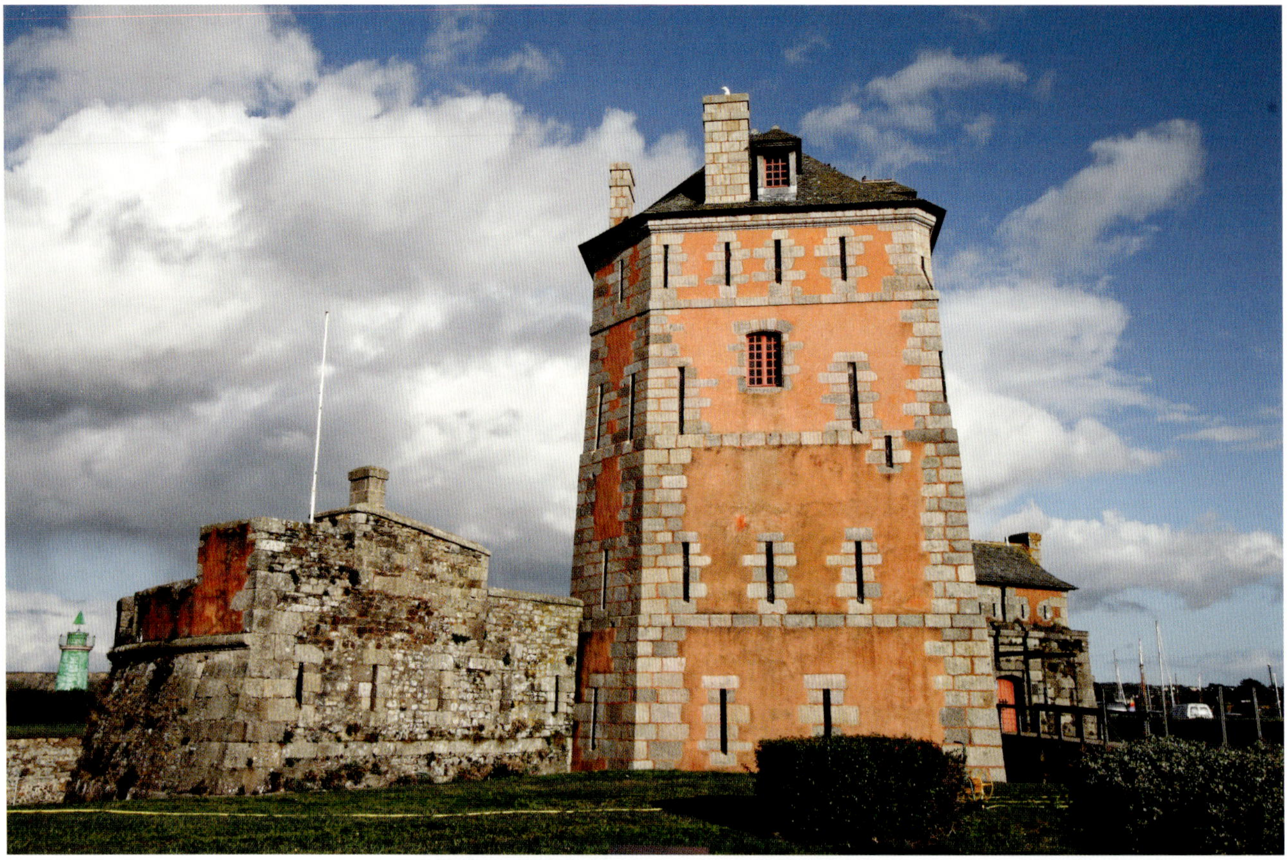

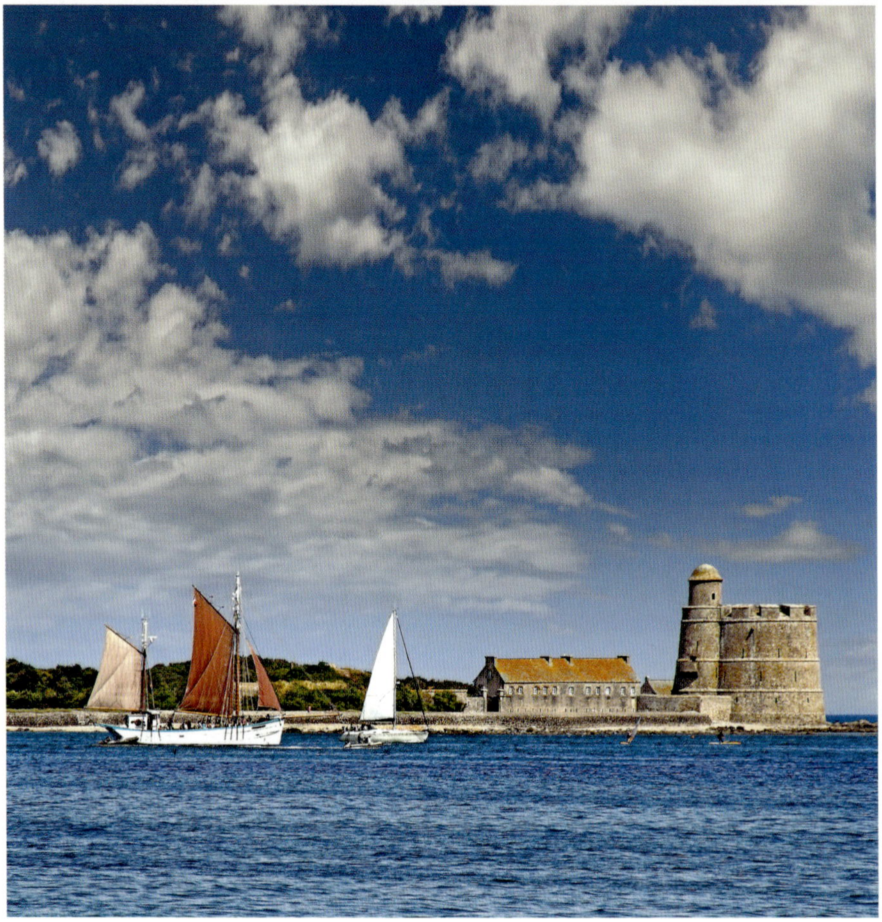

Ci-dessus
L'originalité de la tour Vauban de Camaret-sur-Mer, appelée également Tour Dorée, tient à sa couleur orangée. Édifiée pour dissuader toute attaque contre l'Arsenal de Brest, elle laisse rayonner la puissance du Roi-Soleil à la frontière ouest du royaume.

Ci-contre
La tour Vauban sur l'île de Tatihou.

Page de droite
La citadelle de Mont-Louis.

Pages suivantes, à gauche
Le long de la côte de l'île de Ré se dessine le plan en étoile de la citadelle de Saint-Martin.

Pages suivantes, à droite
L'appareil défensif de Briançon.

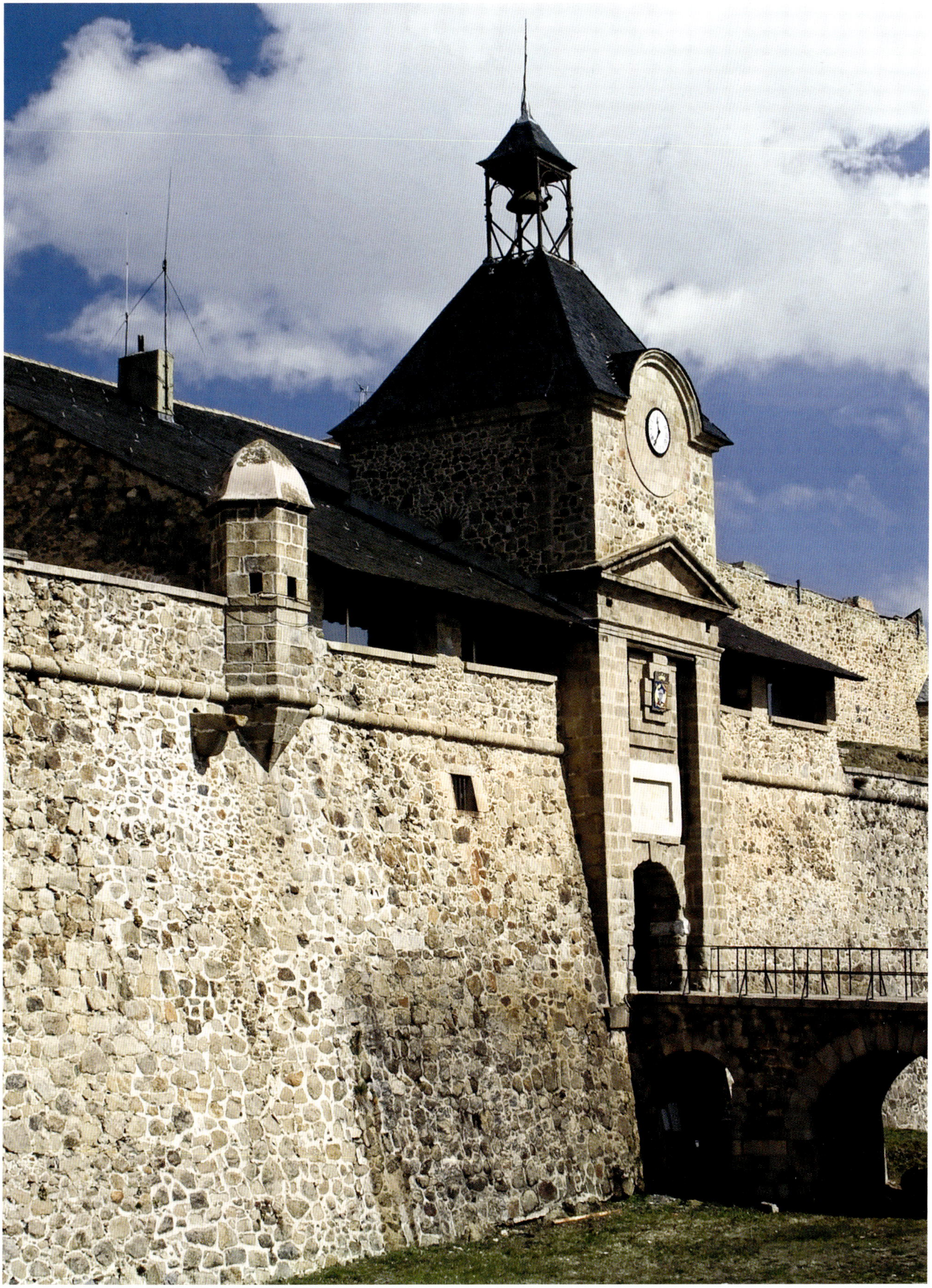

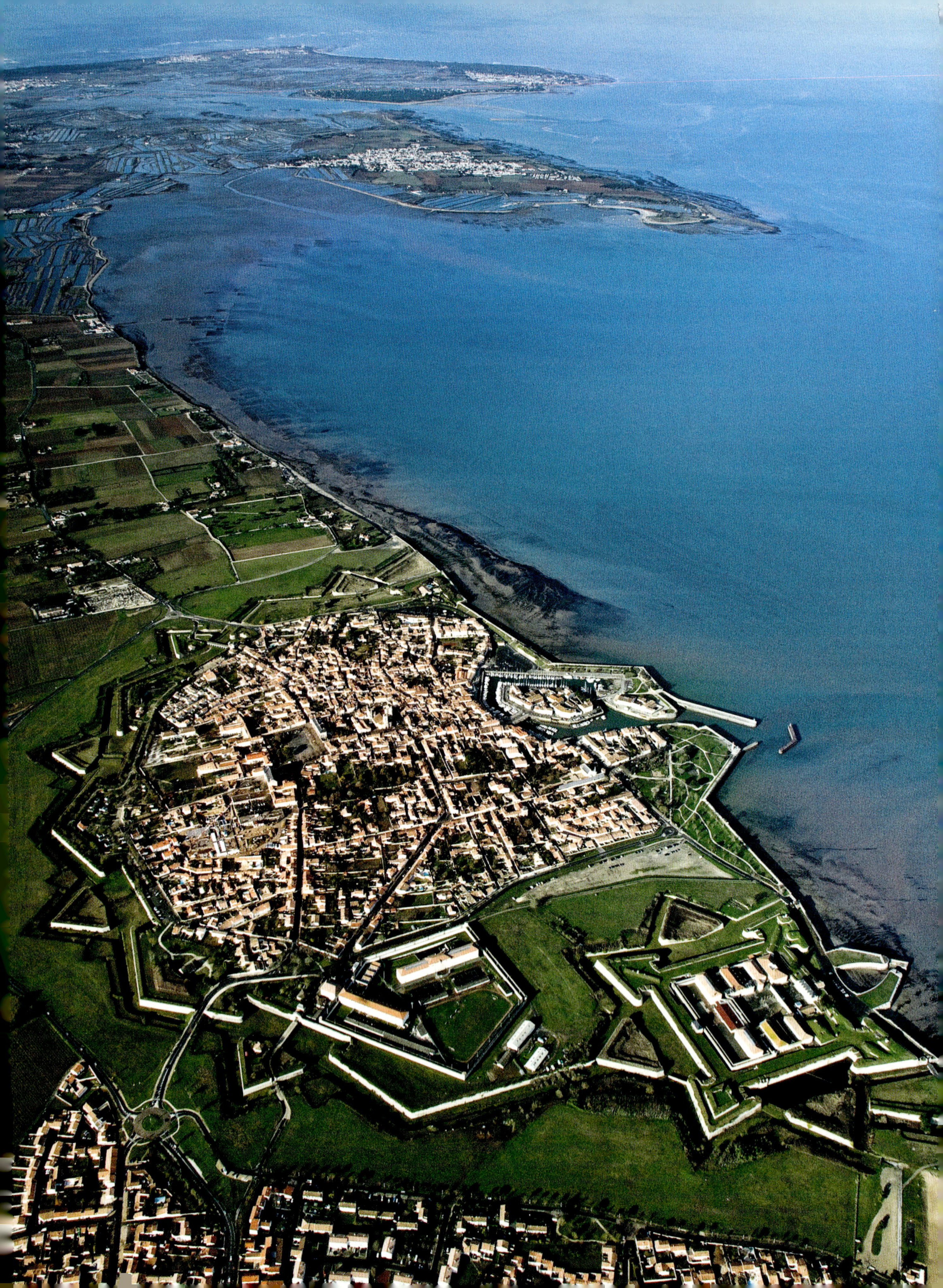

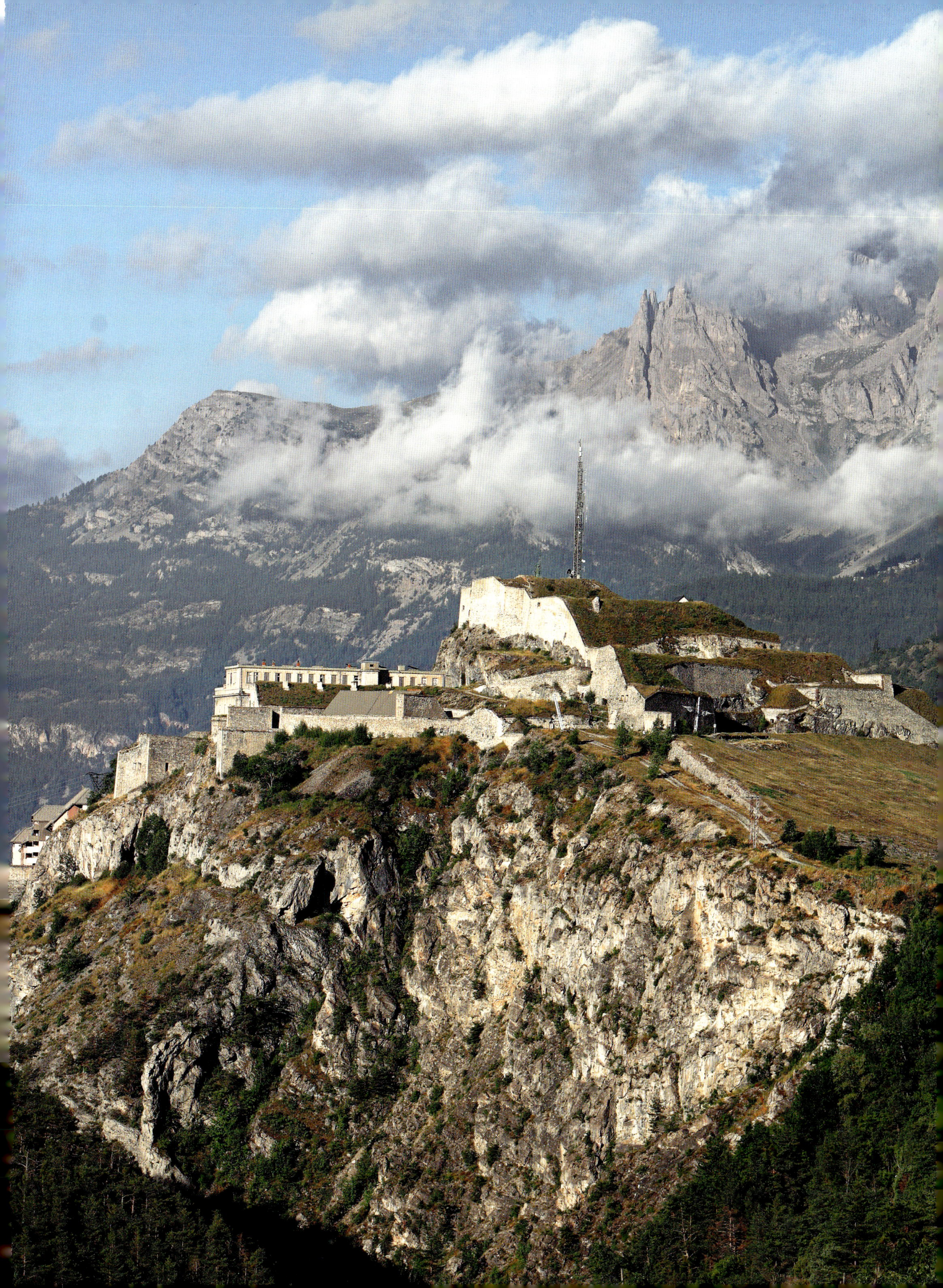

Page de droite, en haut
Bâtie au centre de la saline d'Arc-et-Senans, la maison du directeur, surmontée d'un œil de bœuf, permettait d'assurer la surveillance du reste des bâtiments. Bien qu'inspirée des temples grecs, son architecture est toutefois innovante, comme en témoignent ses colonnes formées d'un assemblage de blocs cubiques et cylindriques.

Page de droite, en bas
Ce bâtiment, réservé aux ouvriers et à leur famille, comptait douze chambres avec quatre lits, un foyer central abritant la cheminée, une cuisine et une salle commune pour les repas.

Pages suivantes
Une pompe hydraulique, installée dans la galerie souterraine de Salins-les-Bains, était activée grâce à une roue à aube qui captait les eaux saumâtres d'un affluent de la Loue, la Furieuse.

LA GRANDE SALINE DE SALINS-LES-BAINS ET LA SALINE ROYALE D'ARC-ET-SENANS

L'épopée de l'or blanc

Érigée peu de temps avant la Révolution française, la saline d'Arc-et-Senans rappelle l'importance du sel dans l'économie du pays au XVIIIe siècle. Utilisé pour la conservation des aliments (viande, poisson) mais aussi pour la fabrication du verre, de l'argenterie ou de médicaments, le sel faisait l'objet d'une taxe sur sa consommation, la gabelle, qui alimentait les caisses de l'État. Sous le règne de Louis XV, la construction d'une saline royale fut décidée en Franche-Comté, région riche en gisements de sel gemme. Le choix d'Arc-et-Senans fut motivé par la proximité de la forêt de Chaux, la plus grande du royaume à l'époque, qui allait fournir le bois de chauffage indispensable à la production du sel ignigène. Le sel était acheminé depuis la source d'eau salée de Salins-les-Bains par un saumoduc de 21 kilomètres. Réalisé en bourneaux (troncs de sapins évidés), ce dernier fut plus tard remplacé par des canalisations en fonte. La source de Salins-les-Bains, dont le sel était exploité depuis le Néolithique, a engendré dès le Moyen Âge la construction de sauneries, elles aussi classées au Patrimoine mondial par l'Unesco en complément de l'inscription de la manufacture royale d'Arc-et-Senans.
Une fois le sel acheminé jusqu'à Arc-et-Senans, la saumure transitait par le bâtiment de graduation – détruit en 1920 – chargé d'augmenter sa concentration en sel par un système d'évaporation. Une fois la saumure chauffée sur de grandes poêles, le sel cristallisé était vendu en pains moulés ou en grains. Ces opérations consommaient une quantité monumentale de bois. Œuvre de Nicolas Ledoux, la saline d'Arc-et-Senans est l'un des premiers chefs-d'œuvre de l'architecture industrielle. Animé par la volonté de réaliser un ensemble parfait, qu'il voulait pur comme la course du soleil, l'architecte a conçu une œuvre originale. La manufacture forme un demi-cercle d'un rayon de 185 mètres. Au centre de l'hémicycle domine la maison du Directeur avec son fronton triangulaire et son péristyle inspiré de l'architecture antique. C'est vers elle que convergent les neuf allées qui partent des bâtiments inscrits sur l'arc de cercle et dans lesquels étaient hébergés les ouvriers. Des jardins potagers, aménagés à l'extérieur, leur étaient également destinés. Œuvre grandiose aux formes régulières, la saline royale devait être le centre d'un projet cher à Ledoux : la cité idéale de Chaux, qui ne verra jamais le jour. Visionnaire, l'architecte fut catalogué parmi les utopistes, décrié et emprisonné pour ses projets jugés coûteux. Son œuvre majeure, la saline d'Arc-et-Senans, reste le testament de son génie.

Critères de classement : I II IV *(voir légendes sur le rabat de couverture)*
Inscription en 1982, extension en 2009.

Saline royale d'Arc-et-Senans : 25610 Arc-et-Senans - Tél. 03 81 54 45 00 www.salineroyale.com. **Saline de Salins-les-Bains :** Place des Salines 39110 Salins-les-Bains - Tél. 03 84 73 10 92 - www.salinesdesalins.com.

GEO audioguides
ÉCOUTEZ !

Pourquoi tout ce sel si loin de la mer ? Les explications du professeur Feterman.

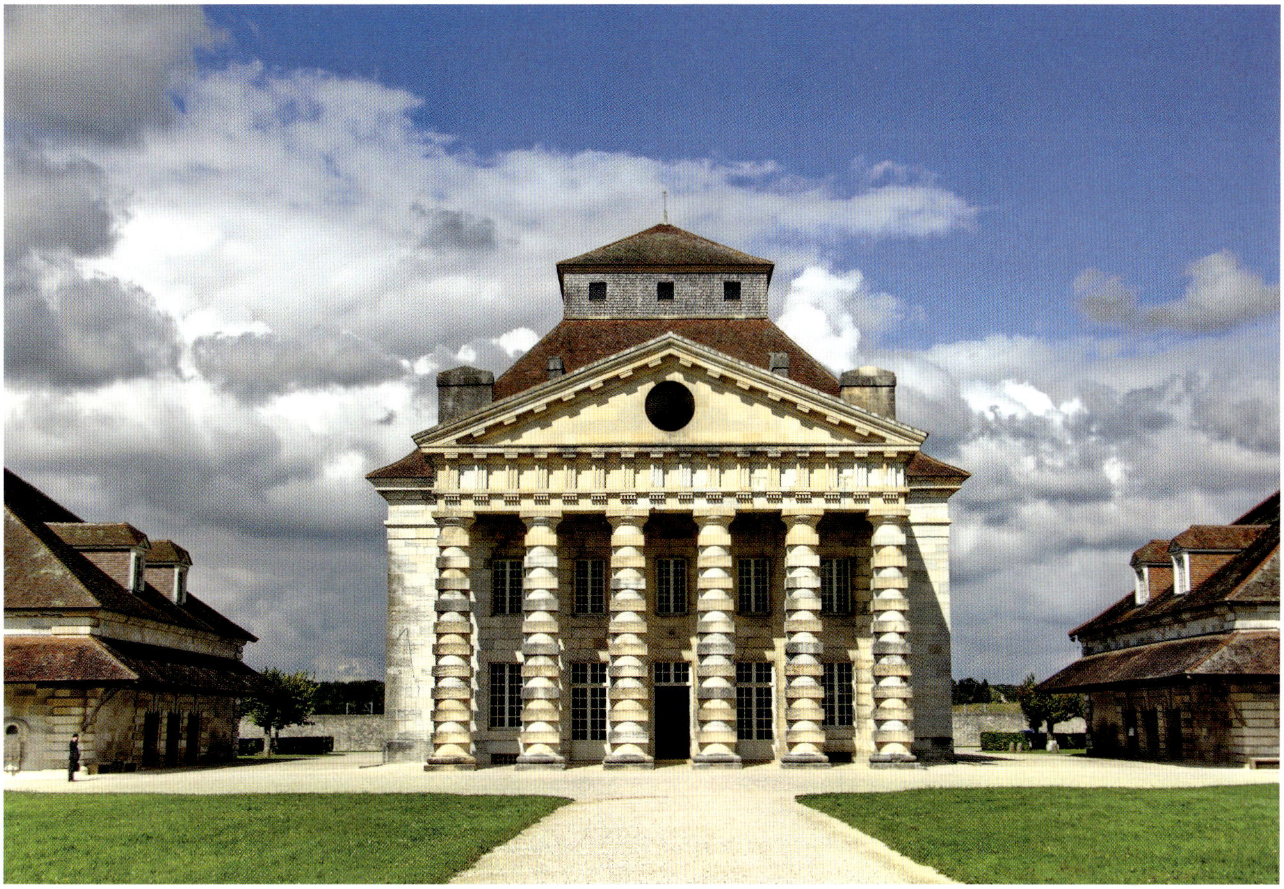

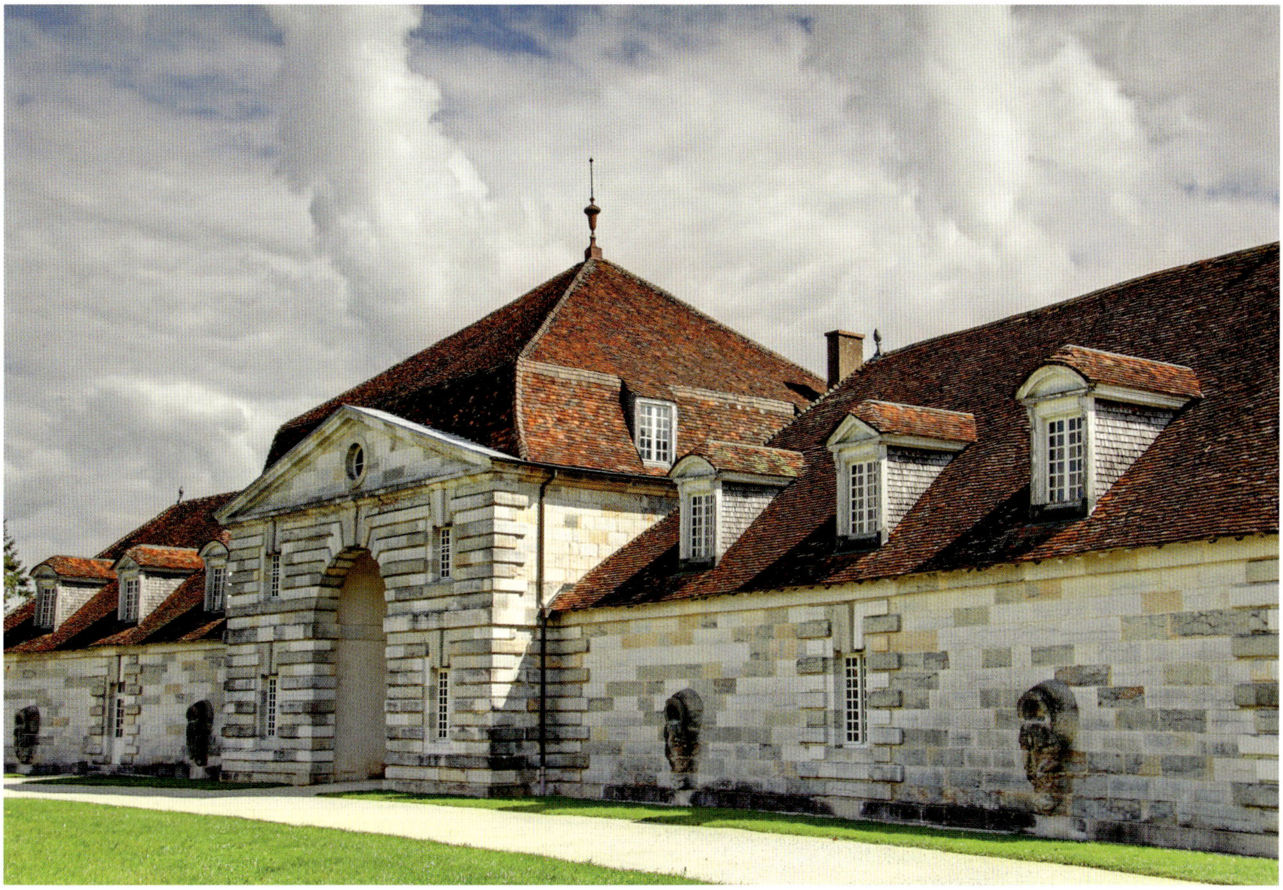

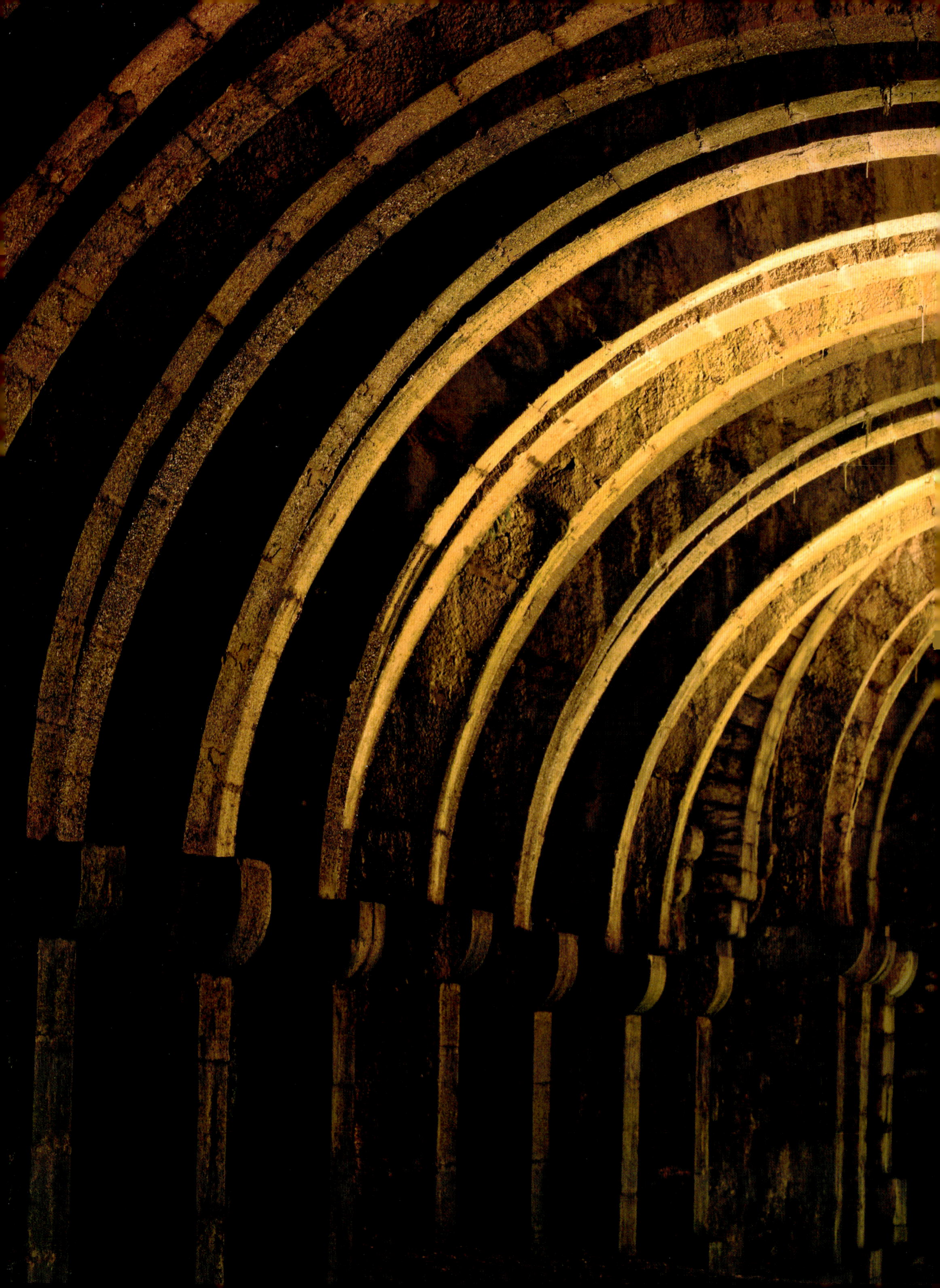

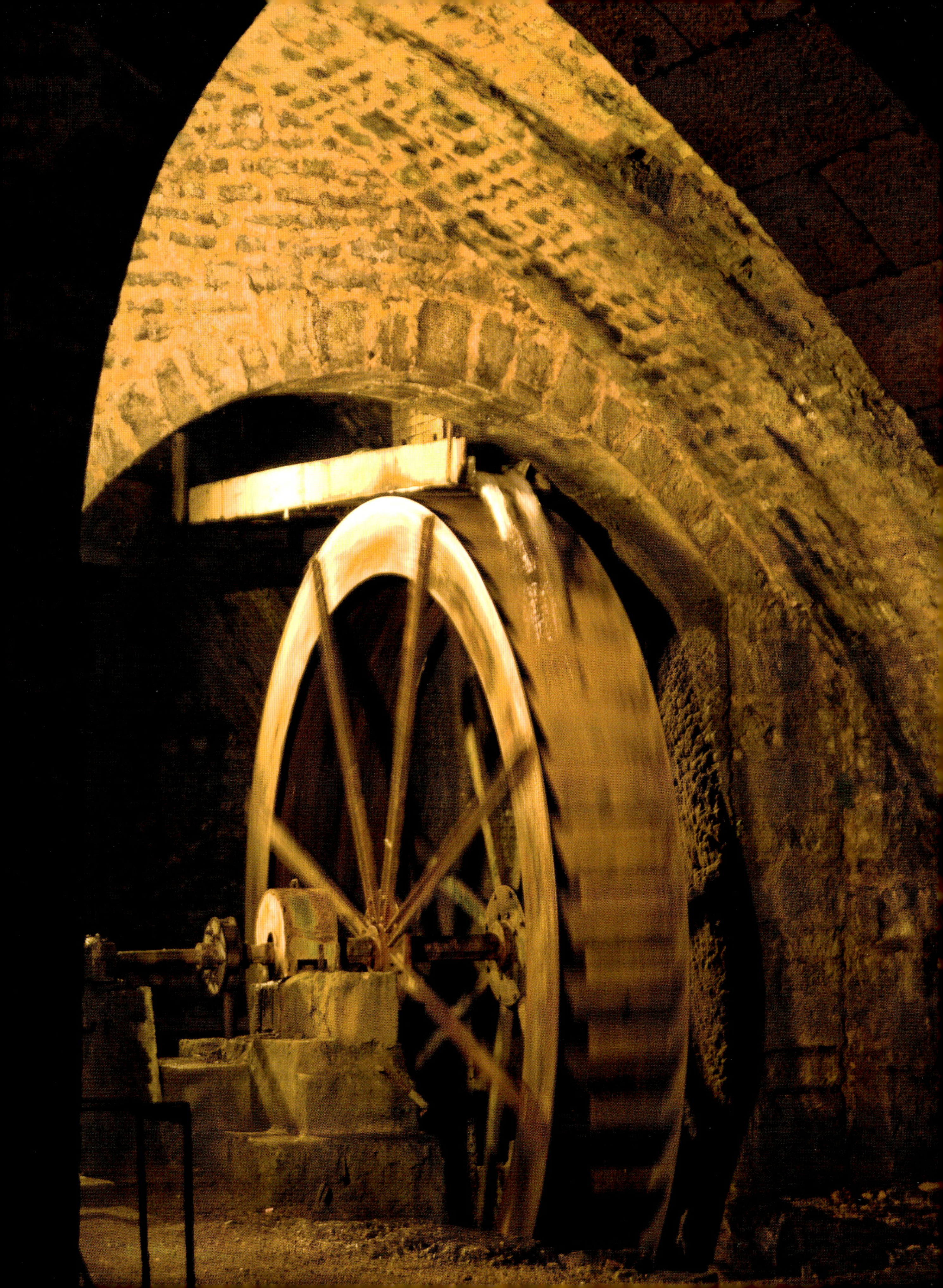

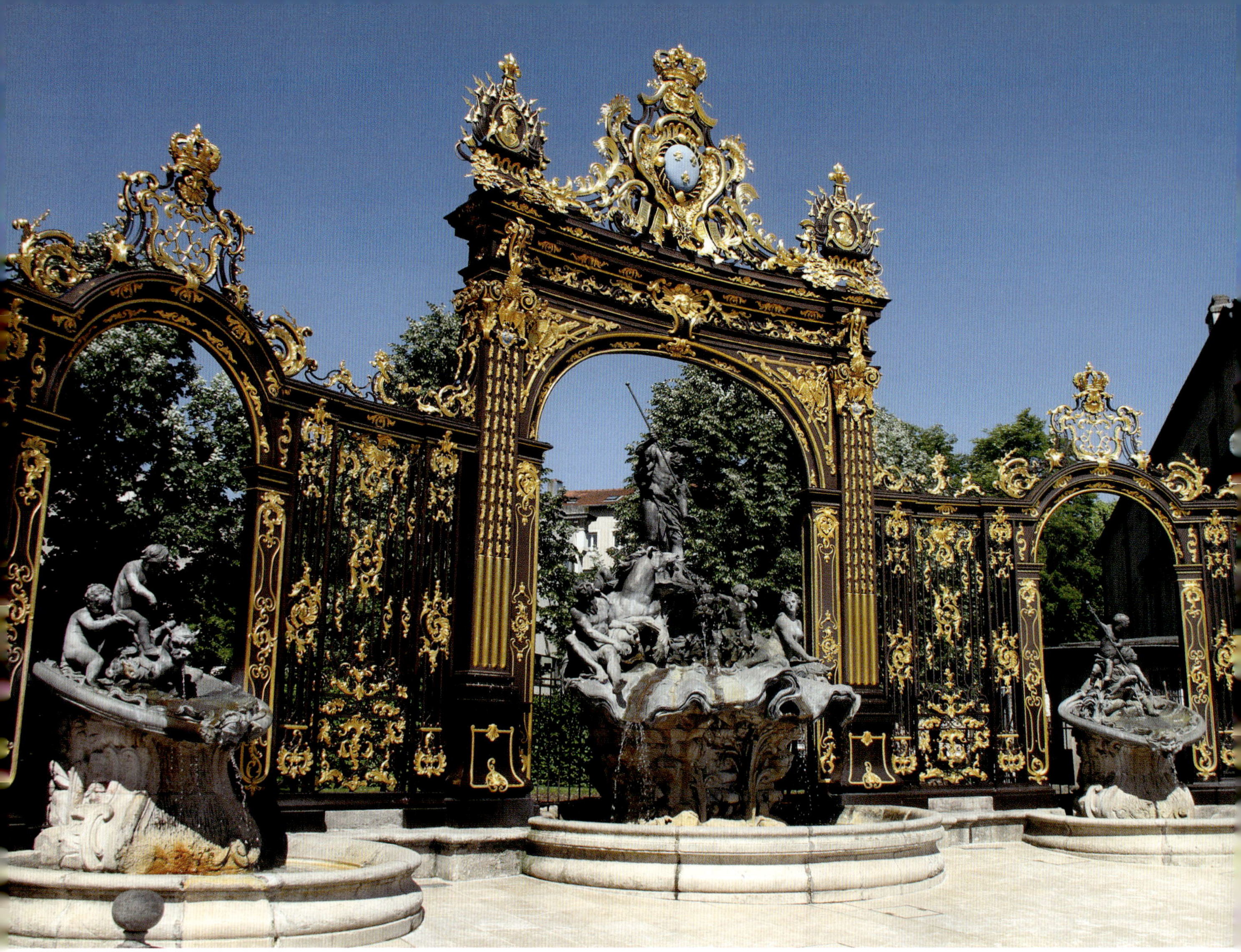

Ci-dessus
Deux fontaines de style rococo encadrent la place Stanislas, représentant Neptune et Amphitrite. Les grilles qui les surmontent, œuvres de Jean Lamour, font écho à celles qui entourent la place et qui valent à Nancy d'être surnommée la « ville aux portes d'or ».

Page de droite
La majestueuse place Stanislas, appelée initialement place Royale.

NANCY, PLACES STANISLAS, DE LA CARRIÈRE ET D'ALLIANCE

L'empreinte royale d'un monarque déchu

Situées au cœur de la ville, les places Stanislas – anciennement place Royale –, de la Carrière et de l'Alliance composent un ensemble architectural magistral, reflétant le génie créatif du XVIIIe siècle et matérialisant une pensée urbanistique tournée vers le bien public. Avec l'aménagement de ces trois places, le visage de Nancy se transforme. Elles ont été voulues par Stanislas Leszczynski, roi détrôné de Pologne, devenu duc de Lorraine en 1737 grâce à son gendre – qui n'est autre que Louis XV –, et mobilisèrent les talents de nombreux artistes, placés sous la houlette de l'architecte Emmanuel Héré. En homme éclairé du Siècle des Lumières, Stanislas souhaite embellir la capitale de son duché tout en unifiant l'ancienne et la nouvelle ville de Nancy que séparait une muraille. Son projet doit permettre de rassembler les services administratifs de la cité et d'offrir aux Nancéiens de vastes espaces, bien ordonnés et aux décors somptueux.

La place Royale, dont le chantier débute en 1752, est inaugurée en 1755. Entourée par l'hôtel de ville portant les armoiries de Stanislas et par plusieurs

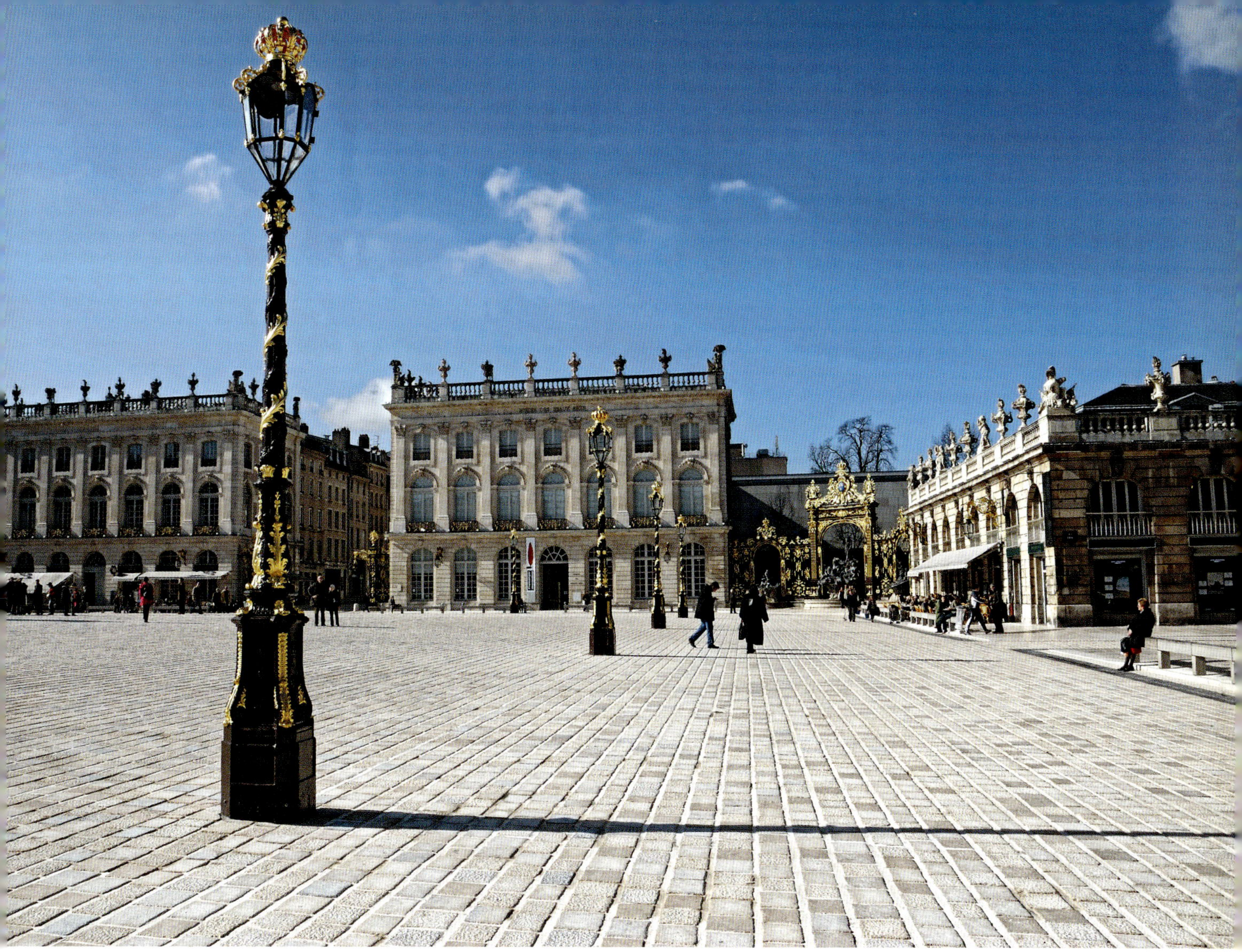

pavillons en pierre de taille, elle est marquée en son centre par la statue de Louis XV, œuvre de Guibal et Cyfflé, qui sera détruite à la Révolution française et remplacée en 1851 par une sculpture représentant Stanislas. Le serrurier et ferronnier Jean Lamour signe quant à lui les fastueux balcons et grilles en fer forgé, rehaussés d'une dorure à la feuille.

La place de la Carrière, fermée par les colonnades du palais du Gouverneur, existait depuis le XVIe siècle ; tournois et autres activités équestres s'y déroulaient. Elle s'intègre parfaitement dans le nouvel ordonnancement urbain grâce aux fontaines, aux sculptures et aux façades des hôtels particuliers, réalisées selon les plans d'Emmanuel Héré. L'arc de triomphe, élevé entre 1754 et 1756, assure quant à lui la jonction avec la place Royale.

Plus modeste que ses voisines, la place de l'Alliance possède pourtant la même harmonie architecturale, grâce aux façades XVIIIe siècle de ses hôtels, tournées vers la belle fontaine réalisée par Cyfflé. Elle célèbre l'alliance conclue entre la France et l'Autriche en 1756. Aujourd'hui encore, la majesté de ces trois places, créées par un roi sans trône, reste perceptible.

Critères de classement : I IV *(voir légendes sur le rabat de couverture)* - Inscription en 1983.

Office de tourisme de Nancy : Place Stanislas - BP 810 - 54011 Nancy Cedex - Tél. 03 83 35 22 41 - www.nancy-tourisme.fr.

GEO audioguides
ÉCOUTEZ !

Plongez parmi la foule lors de l'inauguration de la place Stanislas, en 1755.

CANAL DU MIDI

Un joyau du génie civil

Véritable prouesse technique, le canal du Midi a également été considéré comme une œuvre d'art à part entière lors de son classement par l'Unesco, l'aménagement du paysage soulignant la majesté du patrimoine architectural. Cet ouvrage remarquable, porté par l'énergie de Pierre-Paul Riquet, fermier des gabelles du Languedoc qui lui consacra sa vie et sa fortune, a donné corps au vieux rêve d'unir l'Atlantique et la Méditerranée. C'est en 1654 que Riquet se lance dans le projet, dessinant de nombreux tracés, entouré de Pierre Campmas, fontainier de la ville de Revel, et de François Andreossy, ingénieur civil spécialiste des questions hydrauliques. Le soutien qu'il obtient de Colbert, surintendant des Finances de Louis XIV, est décisif. En facilitant le transport de marchandises, le canal du Midi, baptisé alors « canal royal en Languedoc », représente non seulement un enjeu économique, mais incarne également un symbole prestigieux de la monarchie française.

En octobre 1666, un édit royal annonce sa construction, qui commence par le creusement d'un tronçon reliant la Garonne, à Toulouse, et l'Aude, à Trèbes, prolongé jusqu'à Sète à partir de 1669. La principale difficulté que doit surmonter Riquet est d'assurer l'alimentation permanente du canal en eau. Pour cela, il détourne les ruisseaux de la Montagne Noire, conduits par des rigoles et des bassins de provision jusqu'au seuil Naurouze, où se trouve la ligne de partage des eaux entre Méditerranée et Atlantique.

Le canal, inauguré en 1681 peu de temps après la mort de Riquet, connaîtra des améliorations effectuées par Vauban, les derniers aménagements datant de 1694. Il sera ensuite prolongé par le canal de la Jonction jusqu'à Narbonne, et celui de la Robine jusqu'à Port-la-Nouvelle. La réalisation totale de la vision de Riquet ne verra le jour qu'avec le creusement du canal de la Garonne, décidé au XIXe siècle et qui relie Toulouse à Bordeaux.

Doté de 328 ouvrages, le canal du Midi révèle aux bateliers amateurs d'aujourd'hui les solutions techniques mises en place pour permettre à l'eau de continuer sa traversée. Écluses, tunnels, aqueducs et ponts-canaux ponctuent la voie navigable. Parmi les réalisations de cet ingénieux système, l'impressionnante digue de Saint-Ferréol constitue la pièce maîtresse.

Critères de classement : I II IV VI *(voir légendes sur le rabat de couverture)*
Inscription en 1996.

Office de tourisme du canal du Midi : Maison Cantonnière - Quai Élie Amouroux - 34310 Capestang - Tél. 04 67 37 85 29 - www.tourismecanaldumidi.fr. **L'officiel du canal du Midi :** www.plan-canal-du-midi.com.

GEO audioguides
ÉCOUTEZ !

Admirez le spectacle des plaisanciers qui empruntent les sept écluses de Fonseranes, ouvrage majeur du canal du Midi près de Béziers.

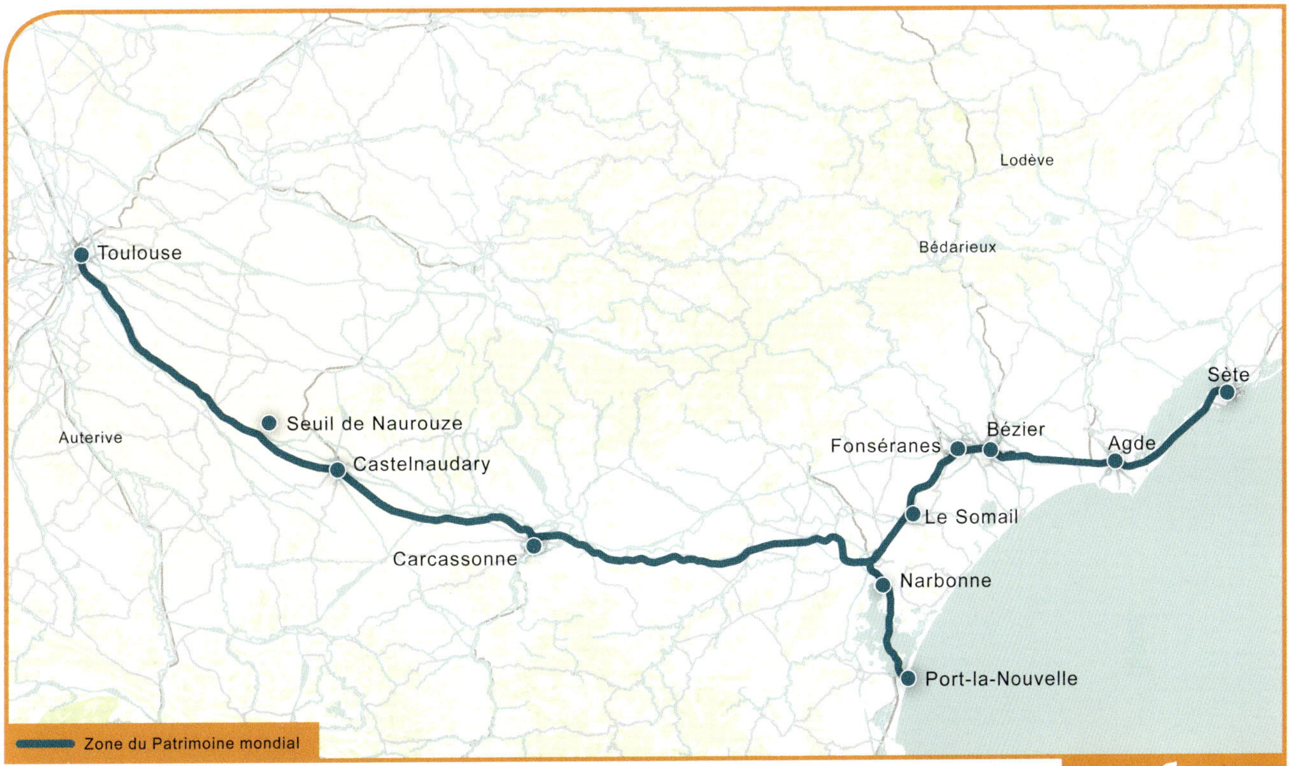

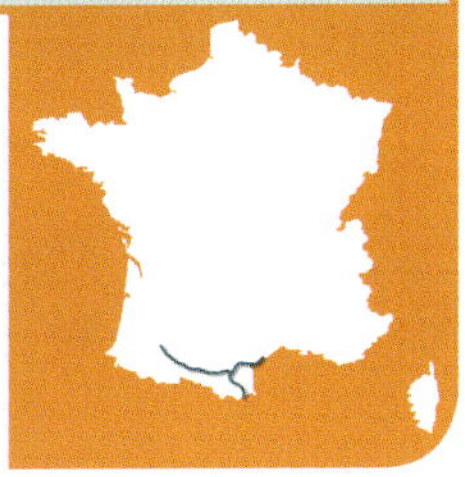

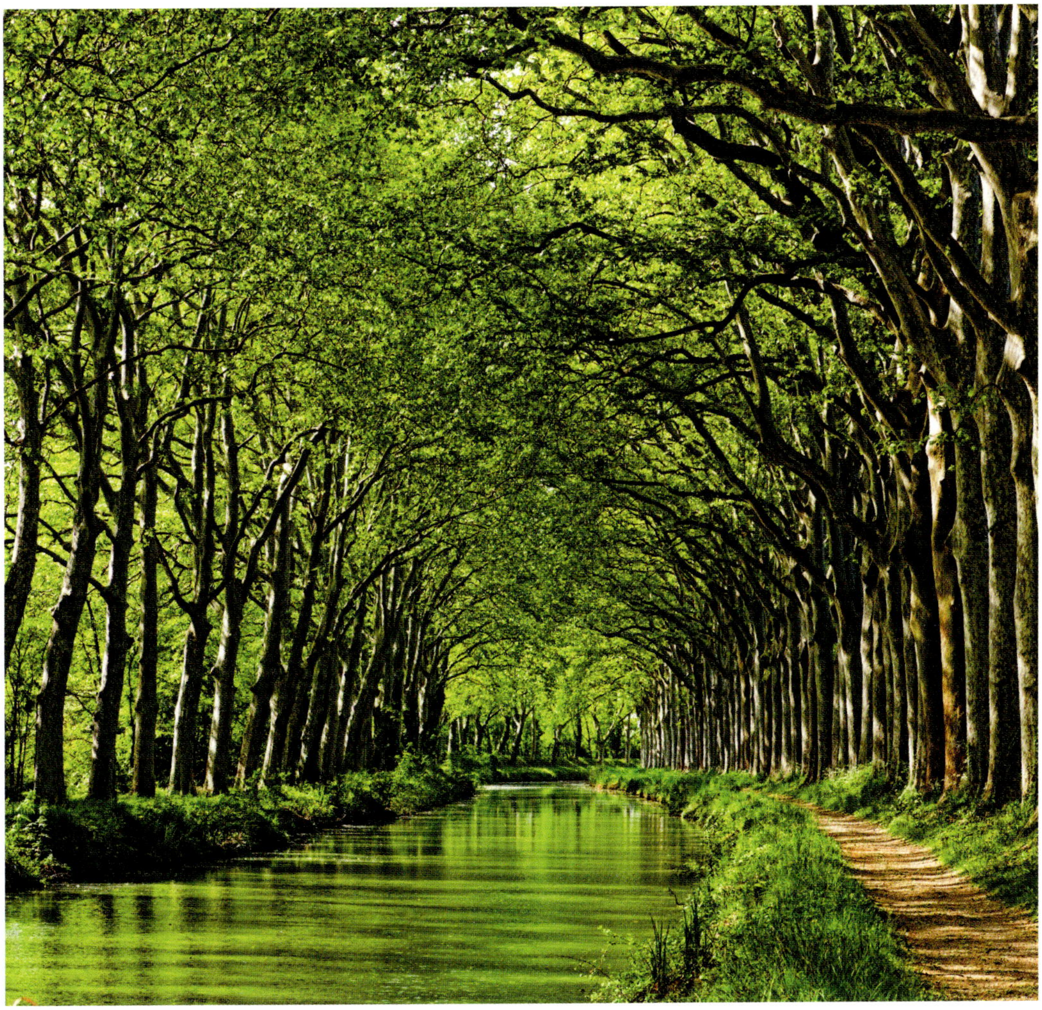

Ci-contre
Empruntés aujourd'hui par les bateaux de plaisance, les 360 km navigables du canal du Midi sont ombragés par des milliers de platanes et de cyprès plantés sur les berges. Douze mille ouvriers travaillèrent sur le chantier.

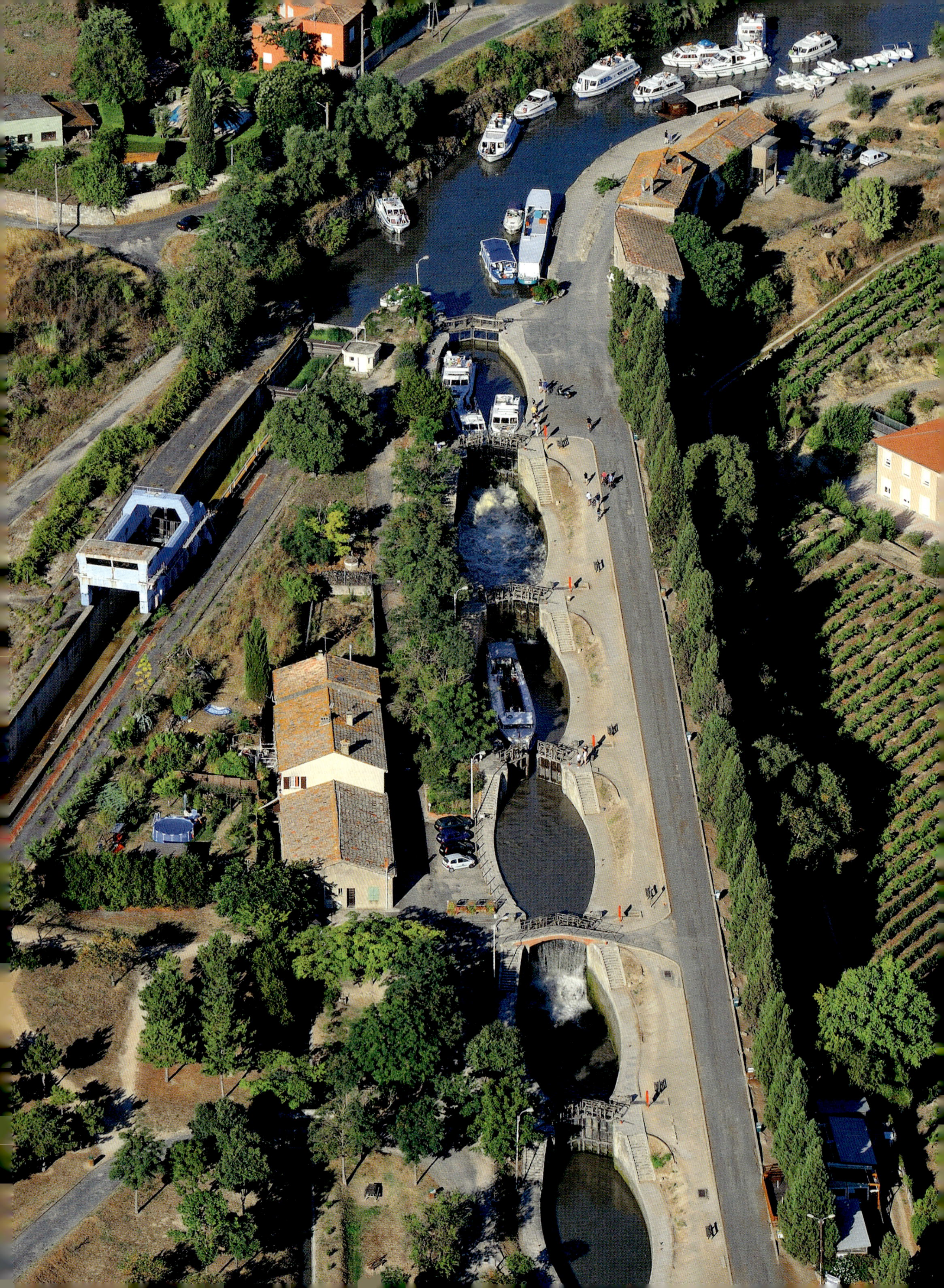

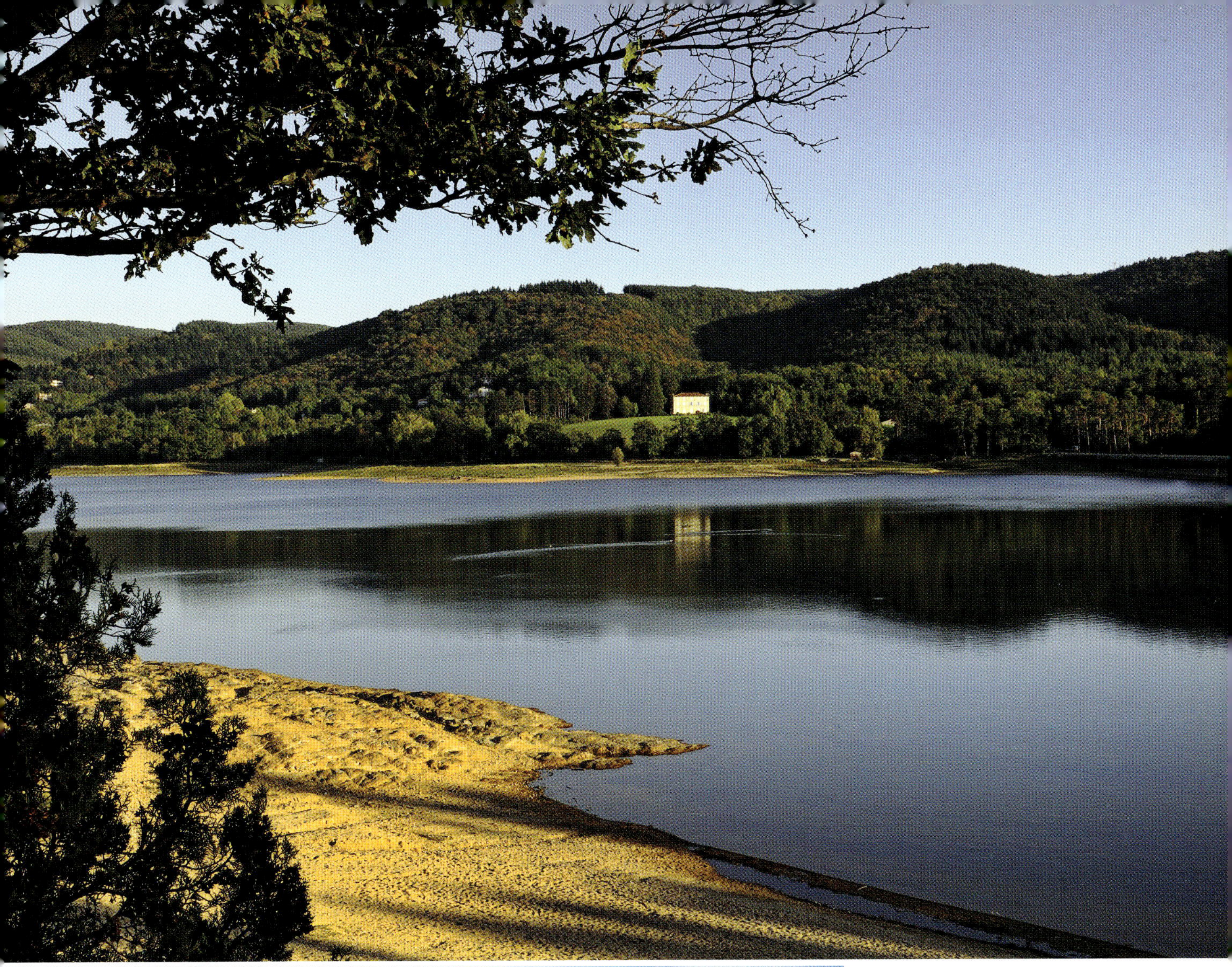

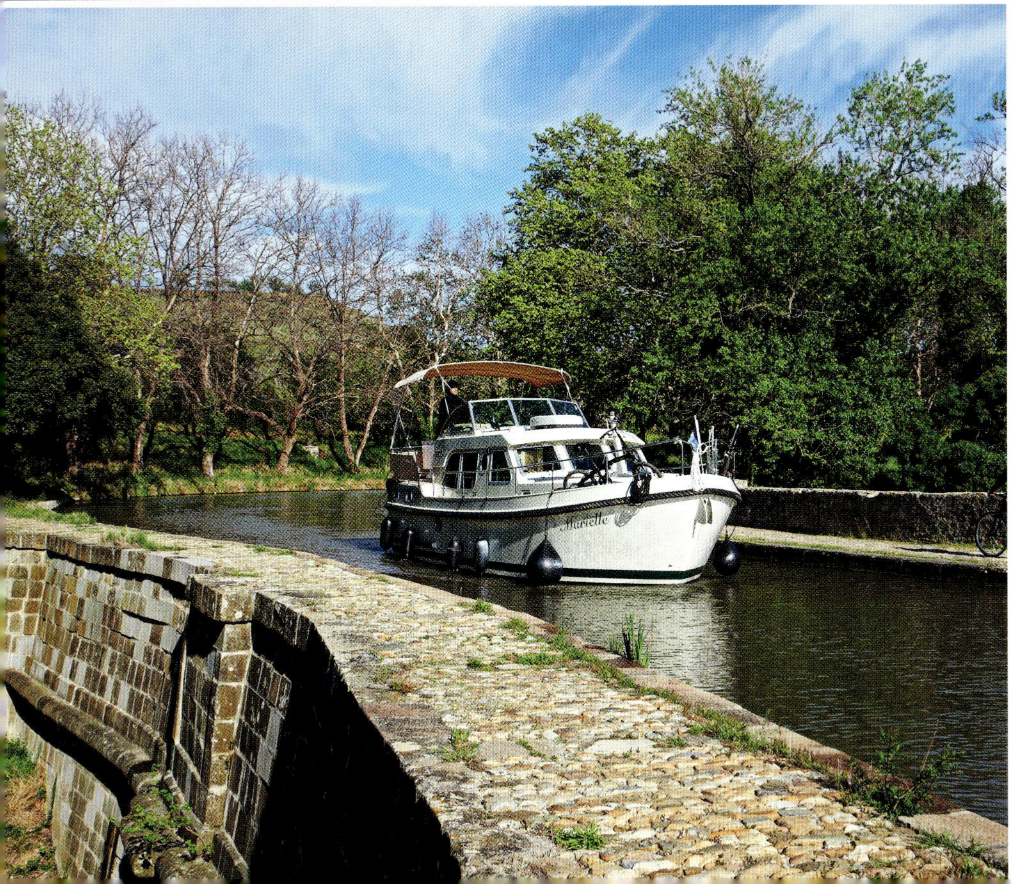

Page de gauche
Les neuf écluses de Fonseranes, à Béziers, se succèdent pour franchir un dénivelé de 21,50 m.

Ci-dessus
Le bassin de Saint-Ferréol, couvrant 67 ha, ainsi que l'imposante digue, élevée entre 1667 et 1672 par Riquet, comptent parmi les ouvrages les plus remarquables du système d'alimentation en eau du canal du Midi.

Ci-contre
Le pont-canal du Répudre, datant de 1676, est le premier pont-canal construit en France et le plus ancien d'Europe. L'eau du canal s'écoule au-dessus de la rivière grâce à un aqueduc mesurant 300 m de longueur.

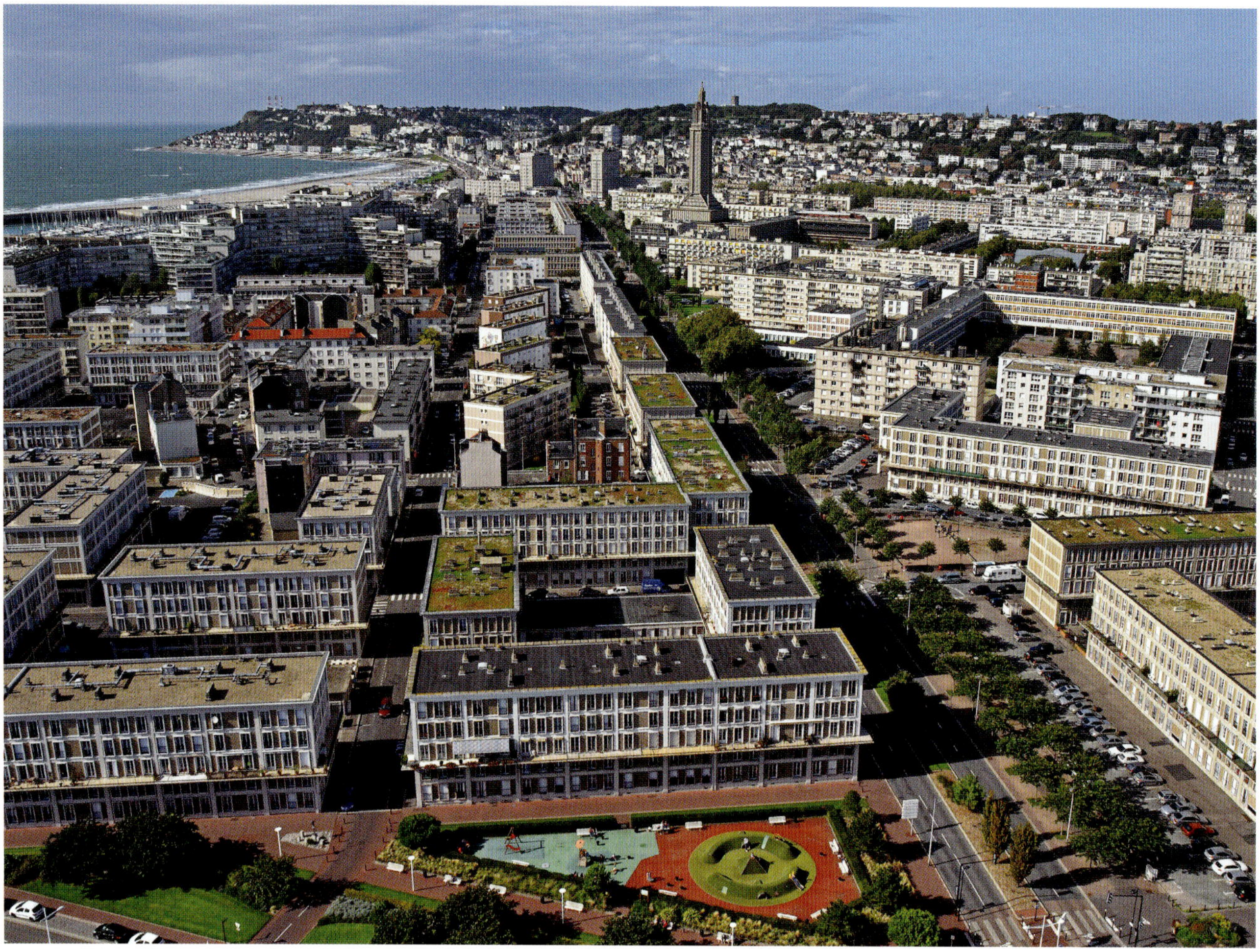

Ci-dessus
Vue partielle du centre-ville reconstruit selon un plan en damier qui permettait l'alignement des façades. Au loin, l'église Saint-Joseph, tel un phare spirituel, domine la nouvelle ville avec ses 107 m de hauteur.

LE HAVRE, LA VILLE RECONSTRUITE PAR AUGUSTE PERRET

L'essor du béton armé

Au lendemain de la Seconde Guerre mondiale, Le Havre détient un triste record. Avec plus de 10000 bâtiments détruits, un port inexploitable et des dizaines de milliers de personnes à reloger, c'est la ville de France la plus touchée par le conflit. Auguste Perret, nommé architecte en chef de la reconstruction du Havre en 1945, projette alors la rénovation d'une ville neuve, moderne et rationnelle. Les travaux s'étaleront sur vingt ans et feront l'apologie du béton armé, matériau privilégié pour des raisons techniques et économiques, auquel Perret conférera une nouvelle esthétique. Dans son projet approuvé en 1946, l'architecte redessine les trois axes principaux d'avant-guerre, la rue de Paris, l'avenue Foch et le boulevard François Ier, pour former un triangle d'or reliant les trois pôles identitaires du Havre : le centre-ville, la mer et le port (Porte Océane). La rue de Paris, inspirée de la rue de Rivoli, et l'avenue Foch, l'une des plus larges d'Europe, ne sont pas sans rappeler le *Cardo* et le *Decumanus* de la Rome antique.

Suivant un plan orthogonal, l'urbanisme prôné par Perret privilégie des immeubles d'habitation de faible hauteur, caractérisés par une fonctionnalité novatrice pour l'époque. Ils sont dotés d'un système de cloisons coulissantes

GEO audioguides ÉCOUTEZ !

Connaissez-vous le « volcan » havrais ?

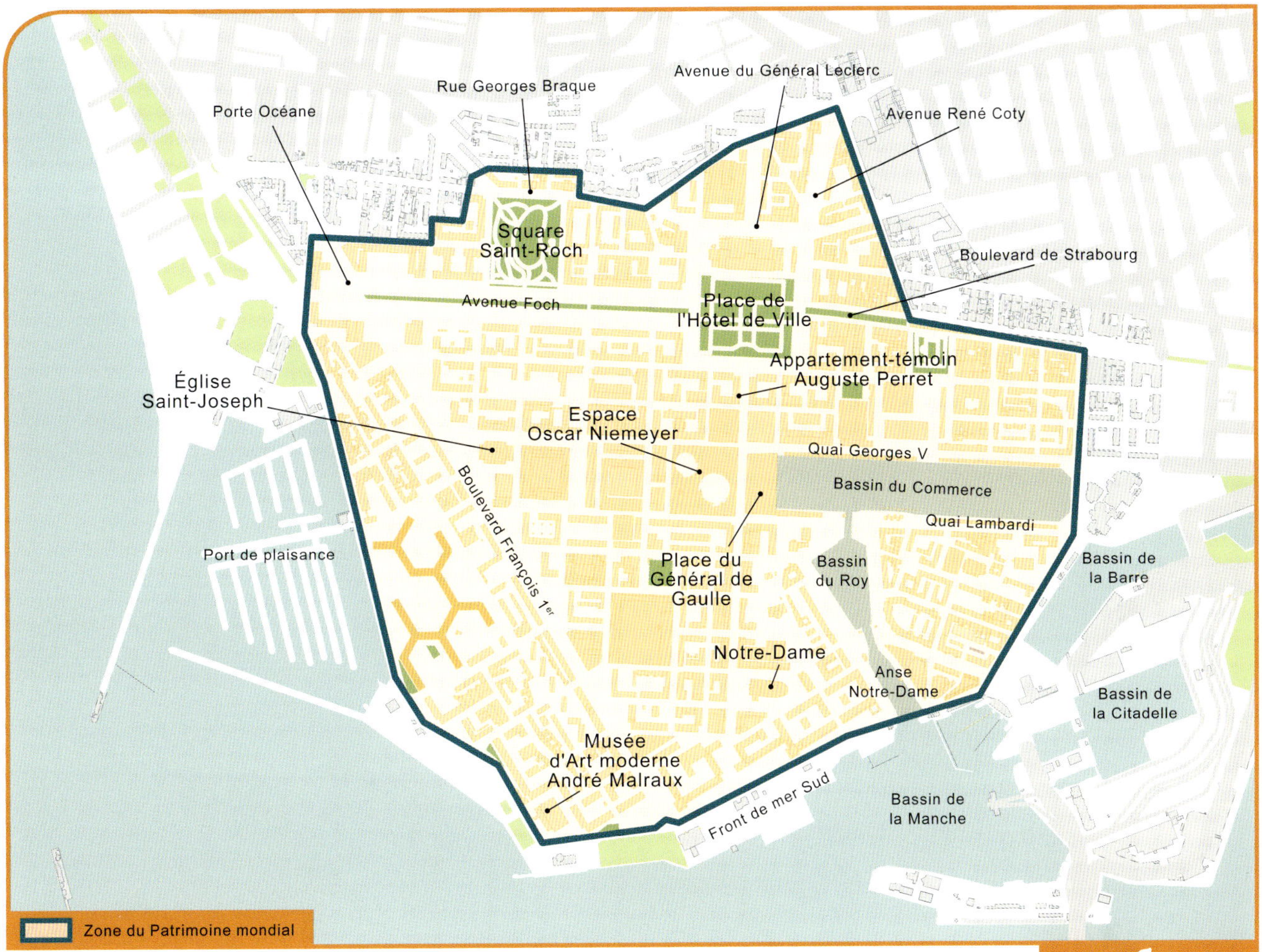

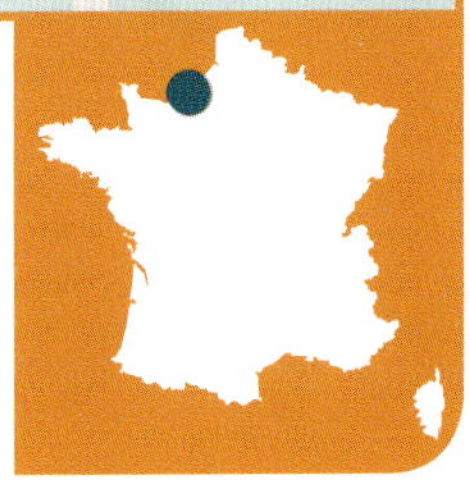

fermant le *living room*, de portes-fenêtres, de balcons, du chauffage central et de vide-ordures ; des matériaux nobles comme le bois et le métal sont utilisés. À l'extérieur, ils reprennent les idées du classicisme en hiérarchisant les niveaux de construction : commerces au rez-de-chaussée, logements avec balcon filant, toit-terrasse. Quant aux symboles de la cité, comme l'Hôtel de Ville (72 mètres) ou l'église Saint-Joseph (107 mètres), ils percent le ciel tels des phares pour servir de signaux urbains et dégager des perspectives magistrales.

Rare site contemporain à être classés par l'Unesco, Le Havre incarne un exemple de reconstruction exceptionnel grâce à la cohérence d'un programme architectural qui, sans renier l'héritage du passé, a su mettre en valeur les possibilités d'un nouveau matériau à l'échelle d'une ville où priment l'homme et son confort. Professeur de renom, Auguste Perret a engendré une école brillante, celle du classicisme structurel, dont la reconstruction du Havre constitue le chef-d'œuvre. Grâce à lui et à ses élèves, Le Havre n'est plus associée à une ville martyre et à la tragédie de la guerre, mais à une expérience urbanistique et à une qualité architecturale qui la font rayonner dans toute l'Europe.

Critères de classement : I IV *(voir légendes sur le rabat de couverture)*
Inscription en 2005.

Office de tourisme du Havre : 186, boulevard Clemenceau - 76600 Le Havre - Tél. 02 32 74 04 04 - www.lehavretourisme.com.

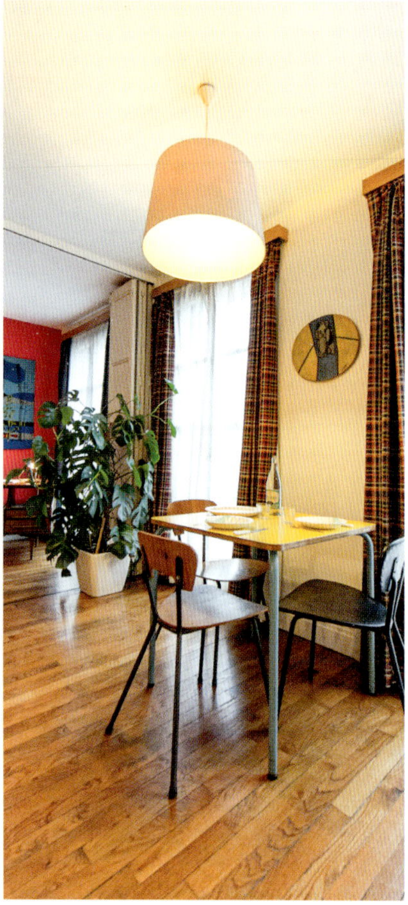

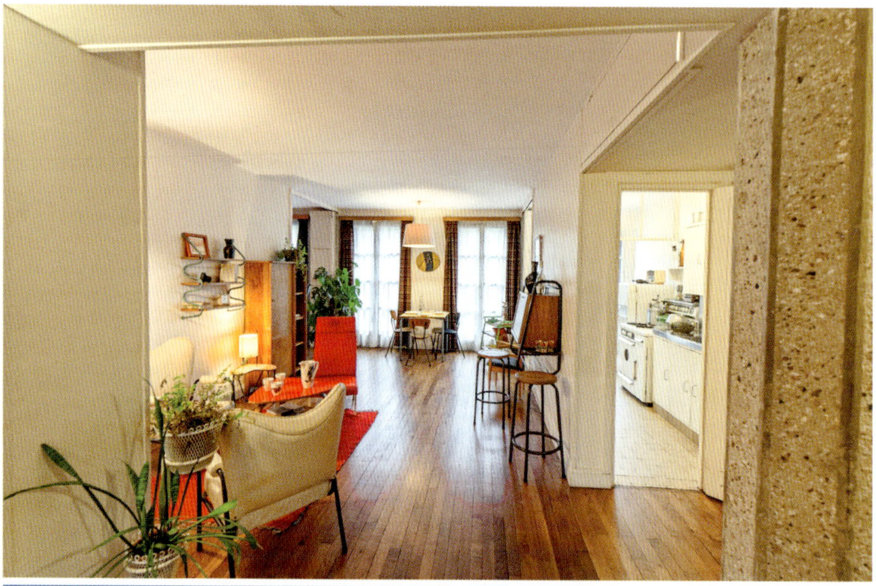

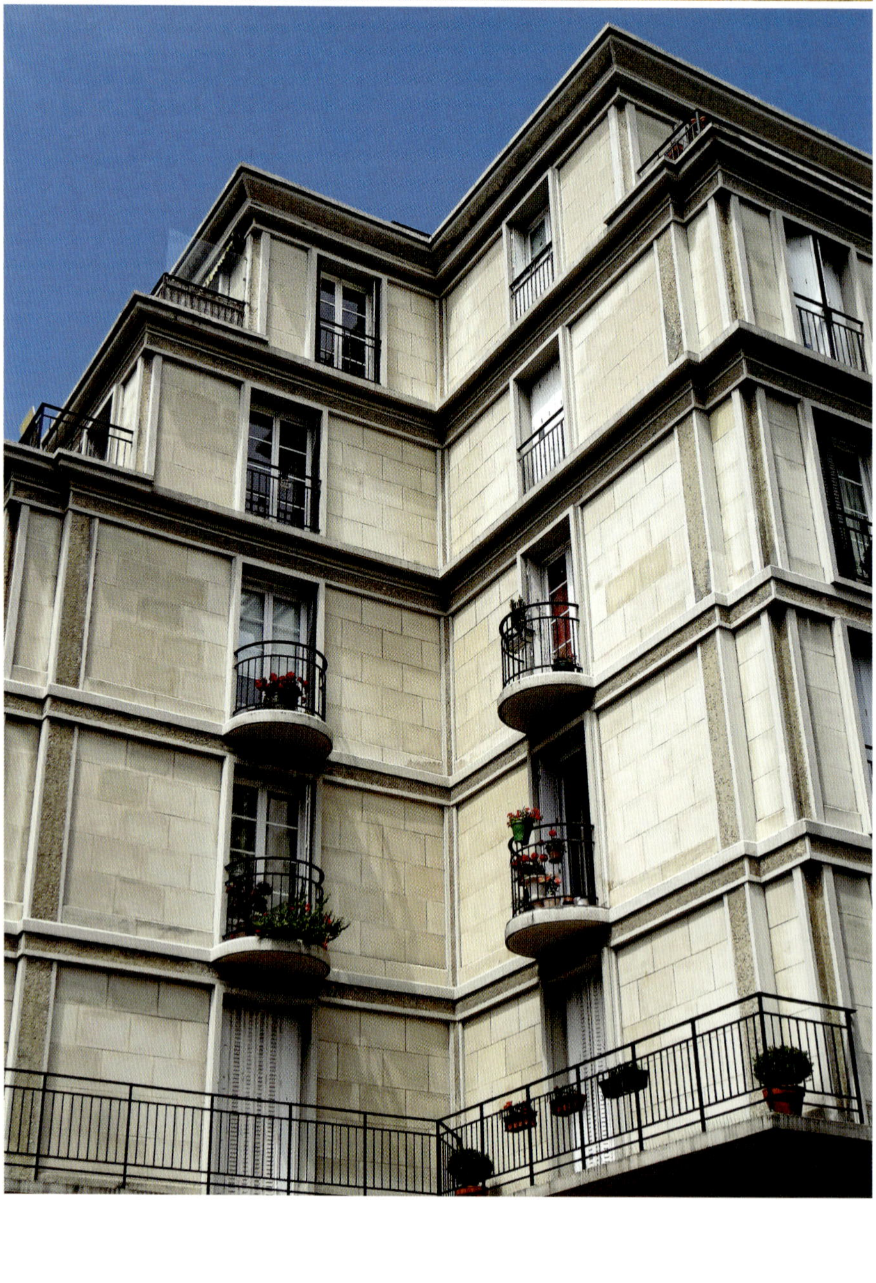

Ci-dessus, à droite et à gauche
Reconstitution d'un appartement témoin au design des années 1950, réalisé par l'atelier Perret dès 1946.

Ci-contre
Façade d'un immeuble d'habitation dessiné par Perret. Pour optimiser la luminosité dans les foyers, l'architecte préconisait le recours aux fenêtres hautes et à la double orientation.

Page de droite, en haut
Inauguré en 1958, l'hôtel de ville arbore une tour à étages, qui évoque un beffroi.

Page de droite, en bas
Des vitraux multicolores conçus par Marguerite Huré, maître verrier, laissent filtrer une lumière généreuse dans l'église Saint-Joseph.

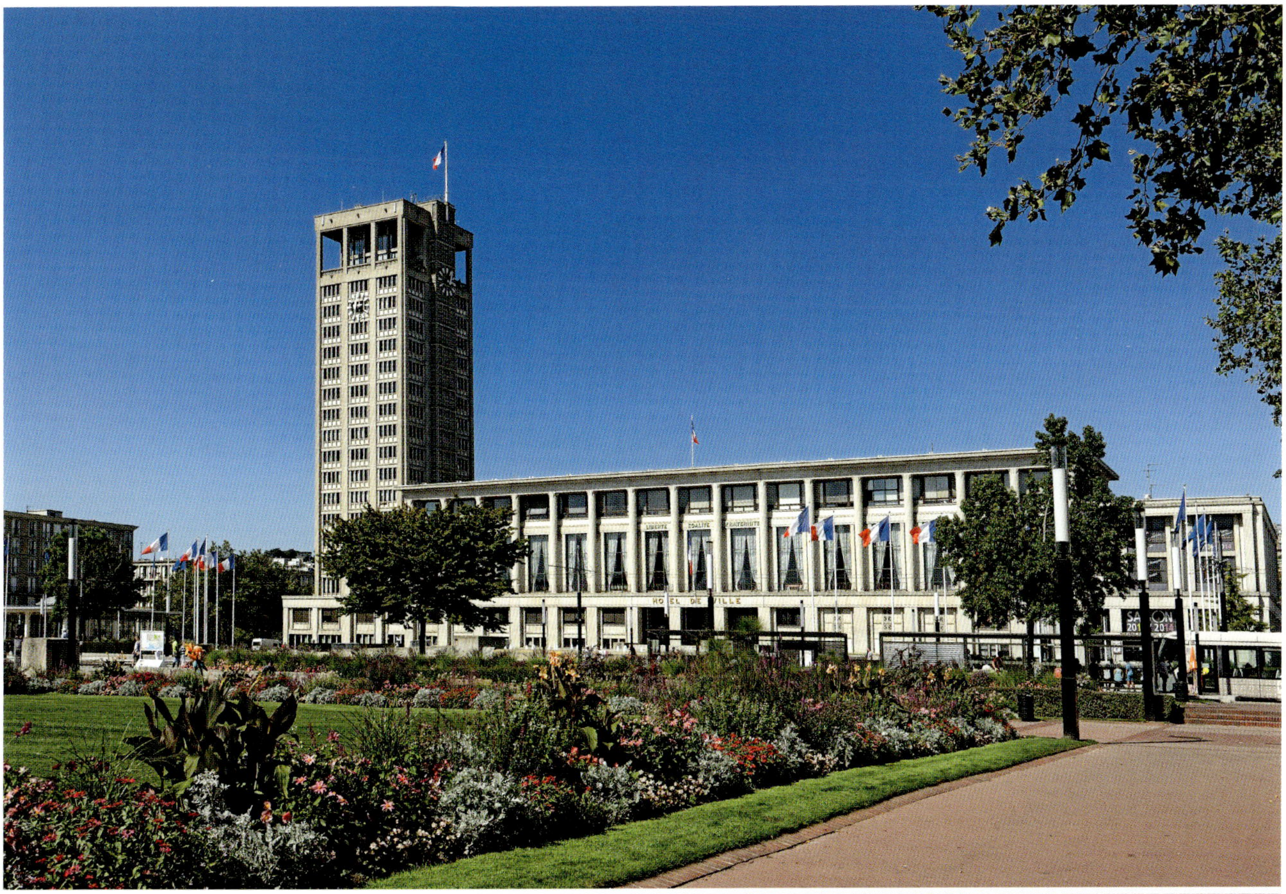

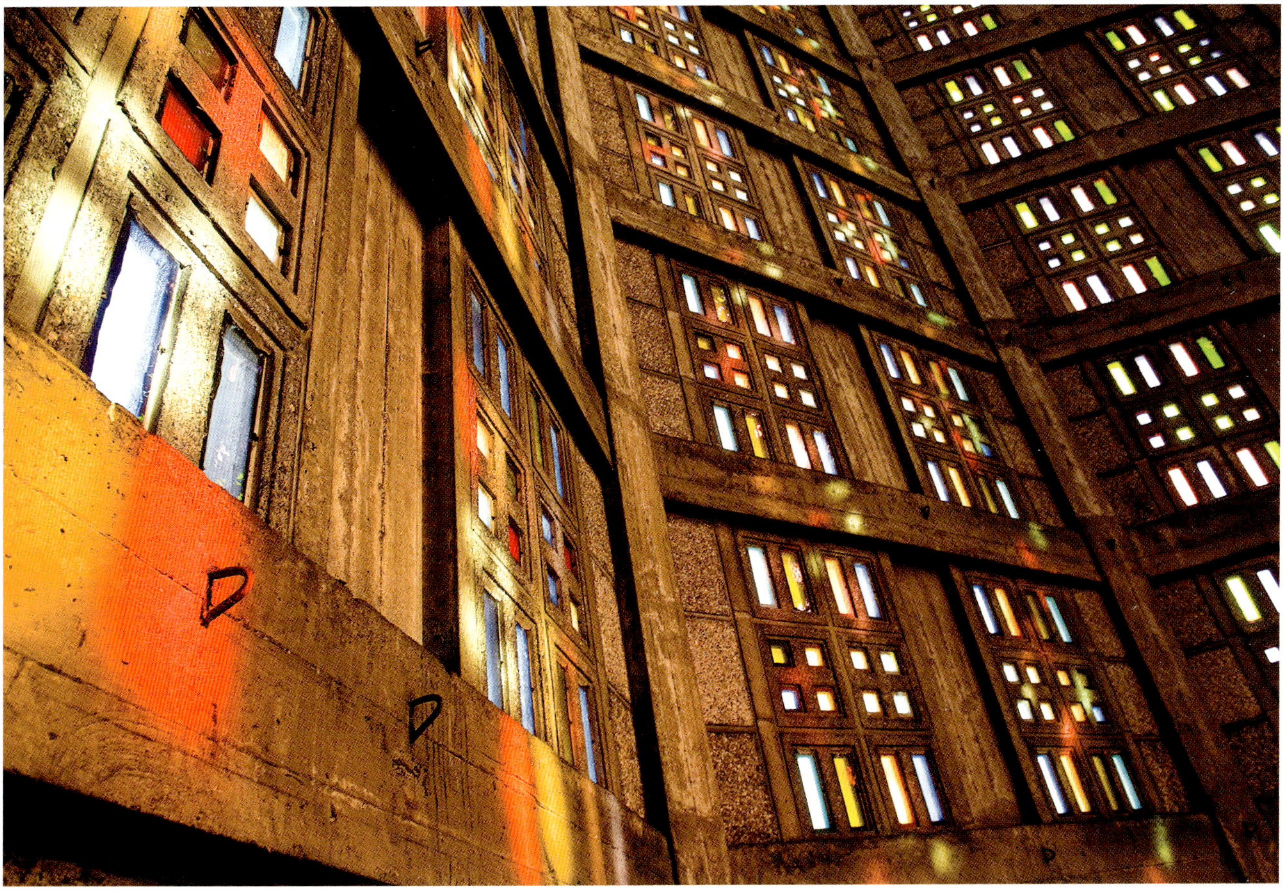

ILS SONT CANDIDATS !

Avant son inscription sur la liste du Patrimoine mondial par l'Unesco, un site doit avoir figuré au préalable sur la liste indicative qu'établit chaque pays annuellement. Chaque État est en effet chargé de recenser sur son territoire les biens dont la valeur patrimoniale culturelle ou naturelle est considérée comme universelle, avant de demander leur classement auprès de l'Unesco. La liste indicative de la France compte actuellement 39 sites, dont certains y figurent depuis 1996. Si les biens présentés ici n'ont pas encore vu leur candidature aboutir, leur valeur, elle, n'est plus à démontrer. Découvrez-en quelques-uns qui seront, peut-être, inscrits demain au Patrimoine mondial.

CHÂTEAU DE VAUX-LE-VICOMTE

L'expression absolue du classicisme français

Commandé par Nicolas Fouquet, alors surintendant des Finances de Louis XIV, le château de Vaux-le-Vicomte a vu le jour entre 1656 et 1661. Avec ses somptueux décors signés par Le Brun, son architecture classique due à Le Vau et ses jardins dessinés par Le Nôtre, Vaux-le-Vicomte est considéré comme une source d'inspiration de Versailles. Le Roi-Soleil fera d'ailleurs appel aux mêmes artistes pour diriger la construction de sa résidence royale.

Après avoir emprisonné Fouquet, Louis XIV ordonne la saisie des biens de Vaux-le-Vicomte : tapisseries, mobilier, peintures – et même les orangers – sont récupérés.

Critères de demande d'inscription : I II IV *(voir légendes sur le rabat de couverture)* - Inscription sur la liste indicative en 1996.

Château de Vaux-le-Vicomte : 77950 Maincy - Tél. 01 64 14 41 90
www.vaux-le-vicomte.com.

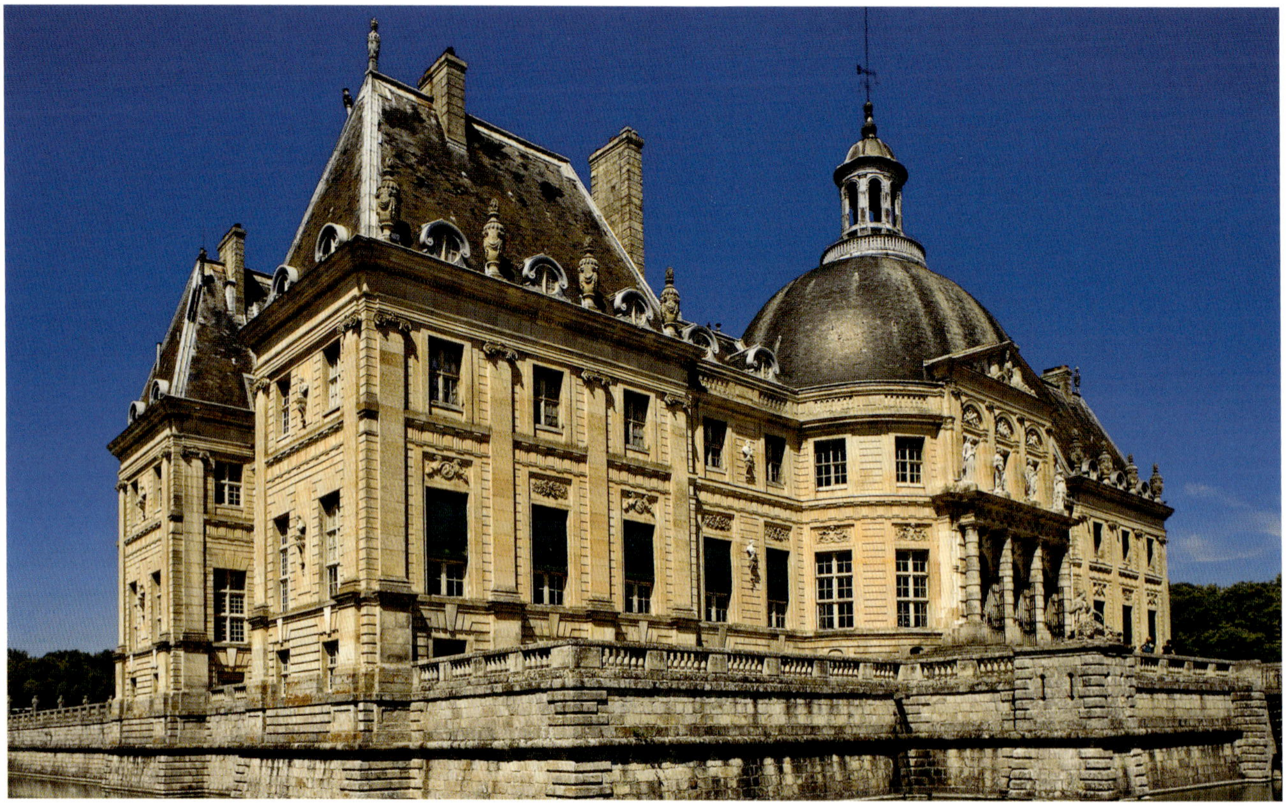

PHARE DE CORDOUAN

La vigie de l'Aquitaine

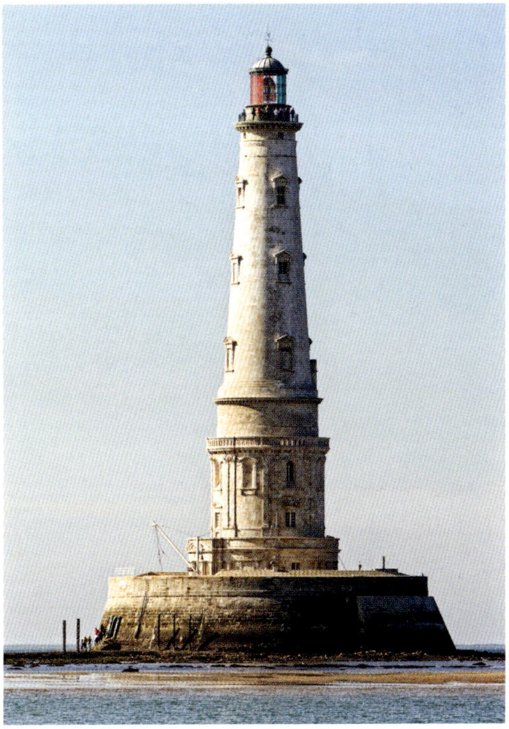

Dressé en pleine mer, battu par les vents, le phare de Cordouan veille depuis le XVIe siècle sur l'estuaire de la Gironde. Encore en activité aujourd'hui, ce bâtiment grandiose, surélevé de 20 mètres au XVIIIe siècle, n'avait pas qu'une vocation maritime lors de sa construction. Il a été conçu par l'architecte Louis de Foix, à la demande du roi Henri III, pour magnifier la grandeur de la royauté française. On y trouve une chapelle et de superbes décors utilisant des matériaux nobles (marbre, boiseries…).

Critère de demande d'inscription : IV *(voir légende sur le rabat de couverture)* Inscription sur la liste indicative en 2002.

Phare de Cordouan : accessible en bateau depuis Royan, Meschers et Verdon-sur-Mer. **Syndicat mixte pour le développement durable de l'Estuaire de la Gironde :** 12, rue Saint-Simon - 33390 Blaye - Tél. 05 57 42 28 76 - www.estuaire-gironde.fr.

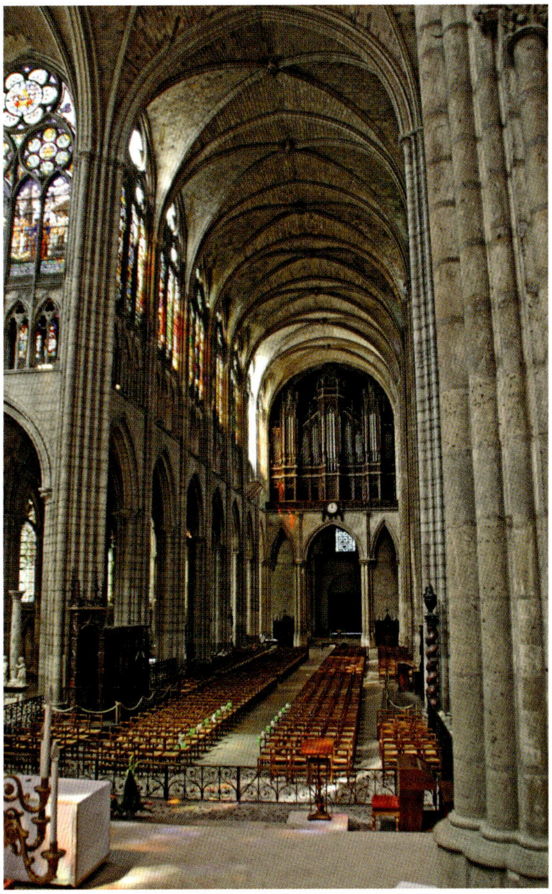

CATHÉDRALE-BASILIQUE DE SAINT-DENIS

La nécropole royale

Aux portes de Paris, l'ancienne basilique de Saint-Denis, devenue cathédrale au XXe siècle, abrite l'un des plus vastes ensembles de monuments funéraires de France. Plus de 70 tombeaux de rois et reines qui ont fait l'histoire de France y reposent, dont les remarquables gisants en métal émaillé de deux des enfants de Saint Louis. Ce chef-d'œuvre de l'art gothique, commandé par l'abbé Suger, est doté de magnifiques vitraux datant, pour les plus anciens, du XIIe siècle. La lumière, symbole du divin, devient ainsi un matériau architectural parfaitement utilisé.

Critères de demande d'inscription : I II IV *(voir légendes sur le rabat de couverture)* - Inscription sur la liste indicative en 1996.

Cathédrale Saint-Denis : 1, rue de la Légion d'Honneur - 93200 Saint-Denis. **Office de Tourisme de Plaine Commune Grand Paris :** 1, rue de la République - 93200 Saint-Denis - Tél. 01 55 870 870 - www.saint-denis-tourisme.com.

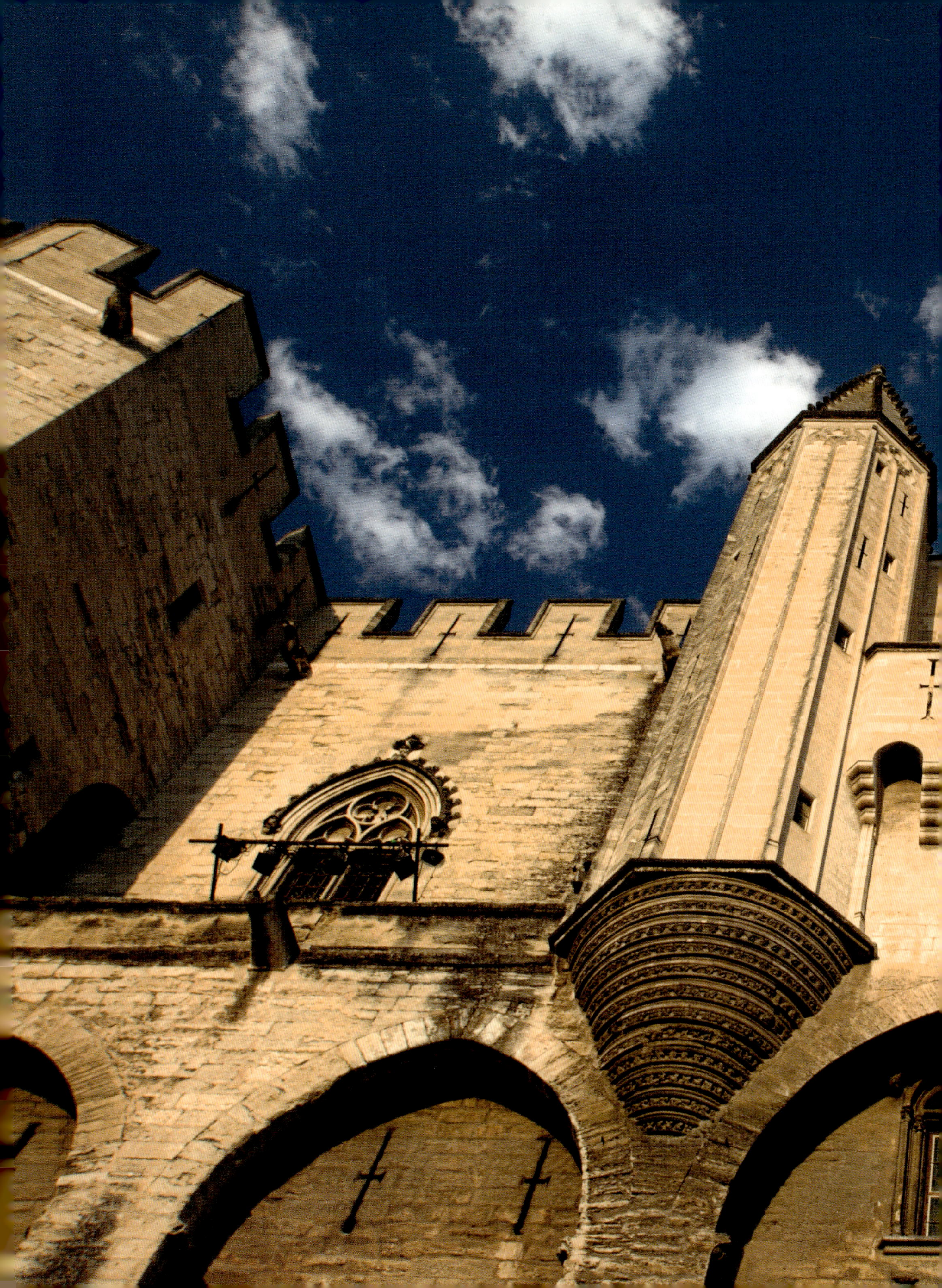

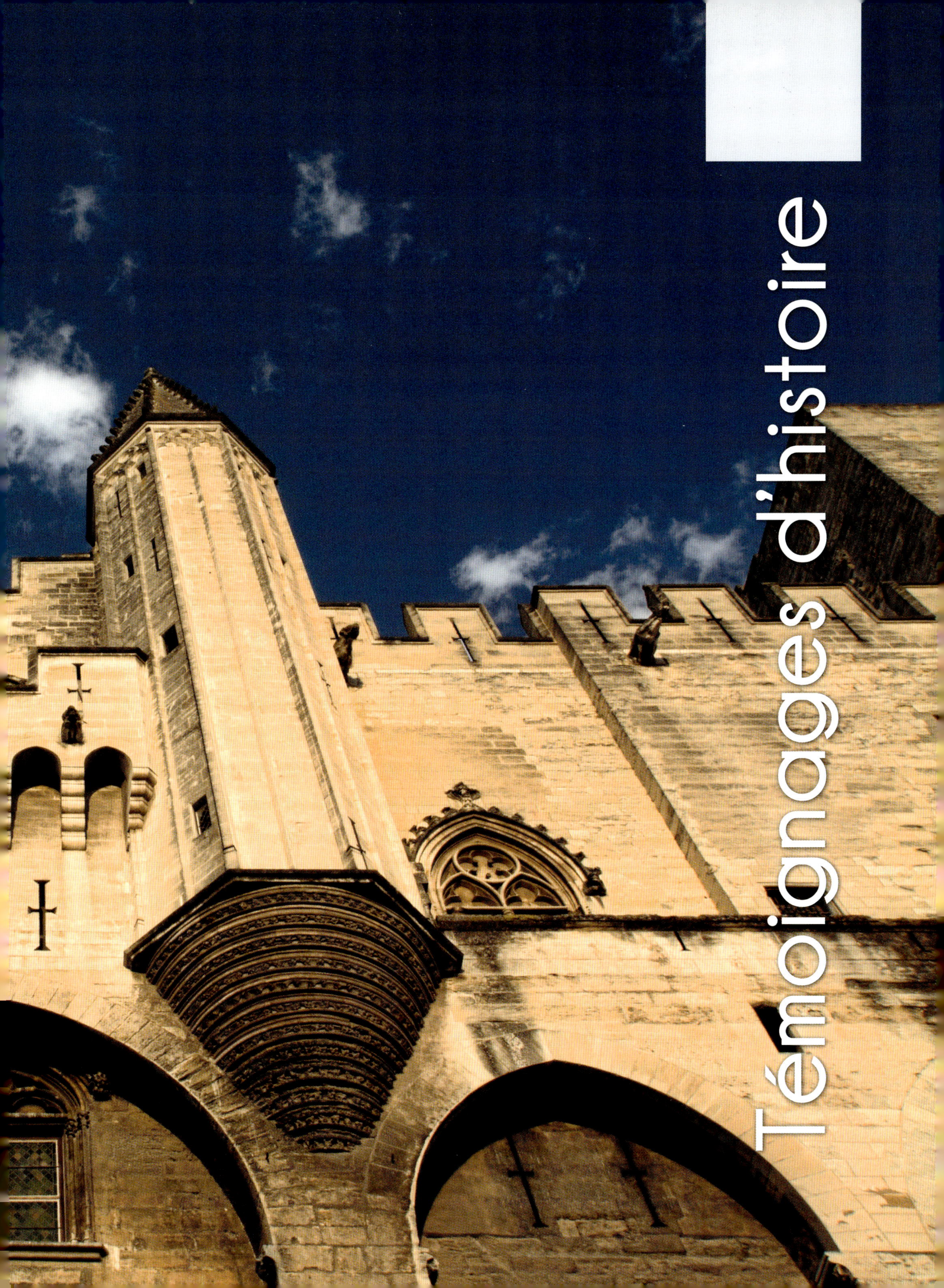

Témoignages d'histoire

Page de droite, en haut
Les fresques de Lascaux sont dominées par les représentations de bovins, qui côtoient bisons, aurochs, félins, rhinocéros, ours, cerfs… Réalisées selon diverses techniques artistiques (estompes, polychromie…), elles témoignent de l'habileté artistique dont faisait preuve l'homme de Cro-Magnon il y a 17000 ans !

Page de droite, en bas
Découvert en 1908, l'abri du Cap Blanc dévoile des sculptures en haut relief, qui remontent à 17000 ans. Sous la frise sculptée repose un squelette de femme âgée d'environ 30 ans quasiment complet.

Pages suivantes
La spectaculaire grotte du Grand Roc, nichée dans une falaise surplombant la Vézère, offre une grande variété de cristallisations naturelles : stalagmites, stalactites, gours, fistuleuses et triangles de calcite.

SITES PRÉHISTORIQUES ET GROTTES ORNÉES DE LA VÉZÈRE

Berceau de la créativité humaine

Située en Dordogne, la vallée de la Vézère abrite 147 gisements archéologiques dont 25 grottes ornées qui se répartissent sur un plateau calcaire de 40 kilomètres le long de la rivière éponyme. Uniques au monde, ces sites préhistoriques ont livré des vestiges qui nous renseignent sur le mode de vie de nos ancêtres. Différentes périodes du Paléolithique y sont très bien représentées, attestant plus de 300000 ans de présence humaine sur les lieux. Les plus anciennes traces d'occupation par l'homme ont été retrouvées dans le gisement de la Micoque daté du Paléolithique inférieur, l'un des 15 sites préhistoriques de la vallée classés par l'Unesco. Des fouilles ont permis d'y découvrir des silex vieux de 450000 ans, probablement façonnés par l'Homo erectus à qui l'on doit la maîtrise du feu !
Haut lieu de la culture néandertalienne, l'abri supérieur du Moustier, autre site classé, a donné son nom à la période moustérienne, une culture du Paléolithique moyen (300000 à 30000 ans avant J.-C.) caractérisée par le recours à un outillage lithique abondant, l'apparition des premières sépultures et des préoccupations esthétiques. Ces dernières s'amplifieront avec Cro-Magnon qui développera l'art pariétal.
La vallée de la Vézère est particulièrement riche en grottes ornées appartenant à la période magdalénienne, une des cultures du Paléolithique supérieur (-30000 à -12000 ans) qui doit son nom à l'abri de la Madeleine situé sur la commune de Tursac. La plus célèbre, la grotte de Lascaux, est un chef-d'œuvre pour la qualité esthétique de ses peintures réalistes. Surnommée la « Chapelle Sixtine de la Préhistoire », ses peintures illustrent une faune variée. Autre sanctuaire majeur de la culture magdalénienne, la grotte des Combarelles sur la commune des Eyzies-de-Tayac-Sireuil représente plus de 800 figurations dont la majorité sont des gravures. Celle de Font de Gaume en affiche environ 200 avec une surreprésentation du bison, et celle de Rouffignac, l'une des plus longues grottes du monde avec 8 kilomètres de galeries, comprend environ 160 mammouths. La sculpture est également un art maîtrisé par Cro-Magnon comme le révèlent le saumon en relief, grandeur nature, de l'abri du Poisson aux Eyzies et la frise de l'abri du Cap Blanc à Marquay, commune sur laquelle fut également exhumé un autre chef-d'œuvre de la préhistoire : la Vénus de Laussel, un bas-relief représentant une femme callipyge daté de 25000 ans !

Critères de classement : I III *(voir légendes sur le rabat de couverture)*
Inscription en 1979.

Musée national de la Préhistoire : 1, rue du Musée - 24620 Les Eyzies-de-Tayac-Sireuil - Tél. 05 53 06 45 65 - www.musee-prehistoire-eyzies.fr. **Office de tourisme Terre de Cro-Magnon :** Place de la Mairie - 24580 Rouffignac-Saint-Cernin-de-Reilhac - Tél. 05 53 05 39 03. **Office de Tourisme Lascaux Dordogne Vallée de la Vézère :** Place Bertran de Born - 24290 Montignac - Tél. 05 53 51 82 60 - www.lascaux-dordogne.com.

GEO audioguides
ÉCOUTEZ !

Engouffrez-vous dans la grotte de Rouffignac à bord d'un petit train et admirez le cortège de mammouths qui ornent les parois.

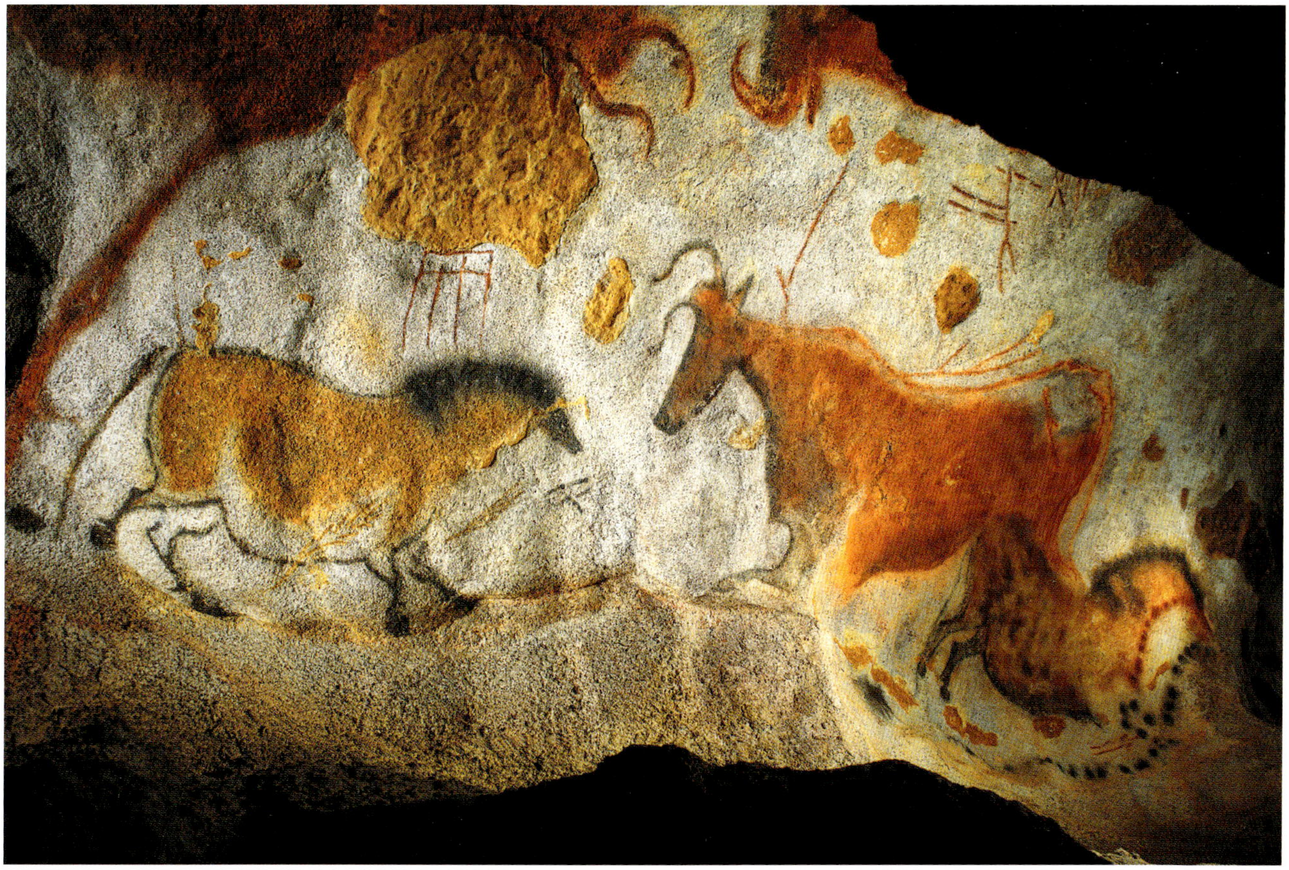

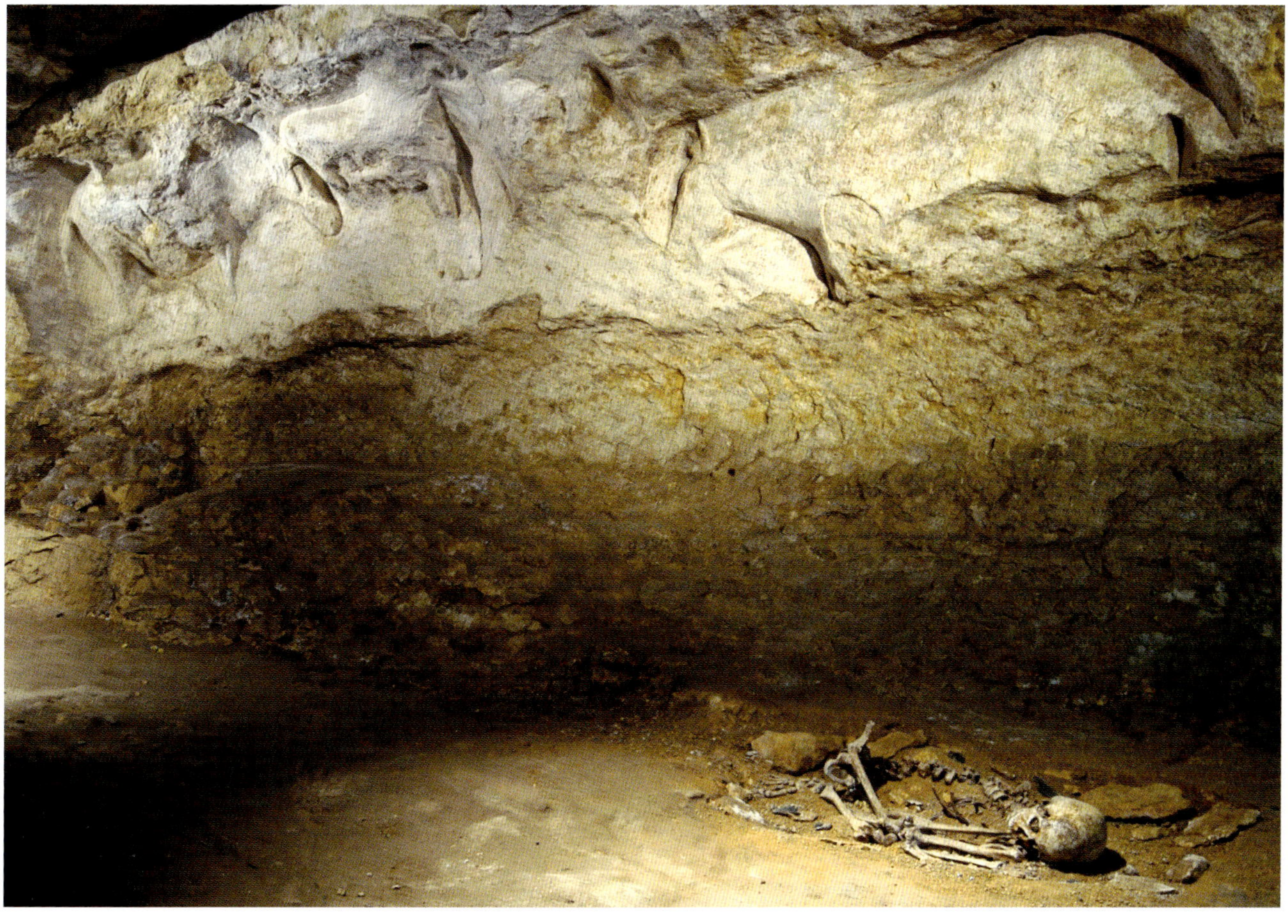

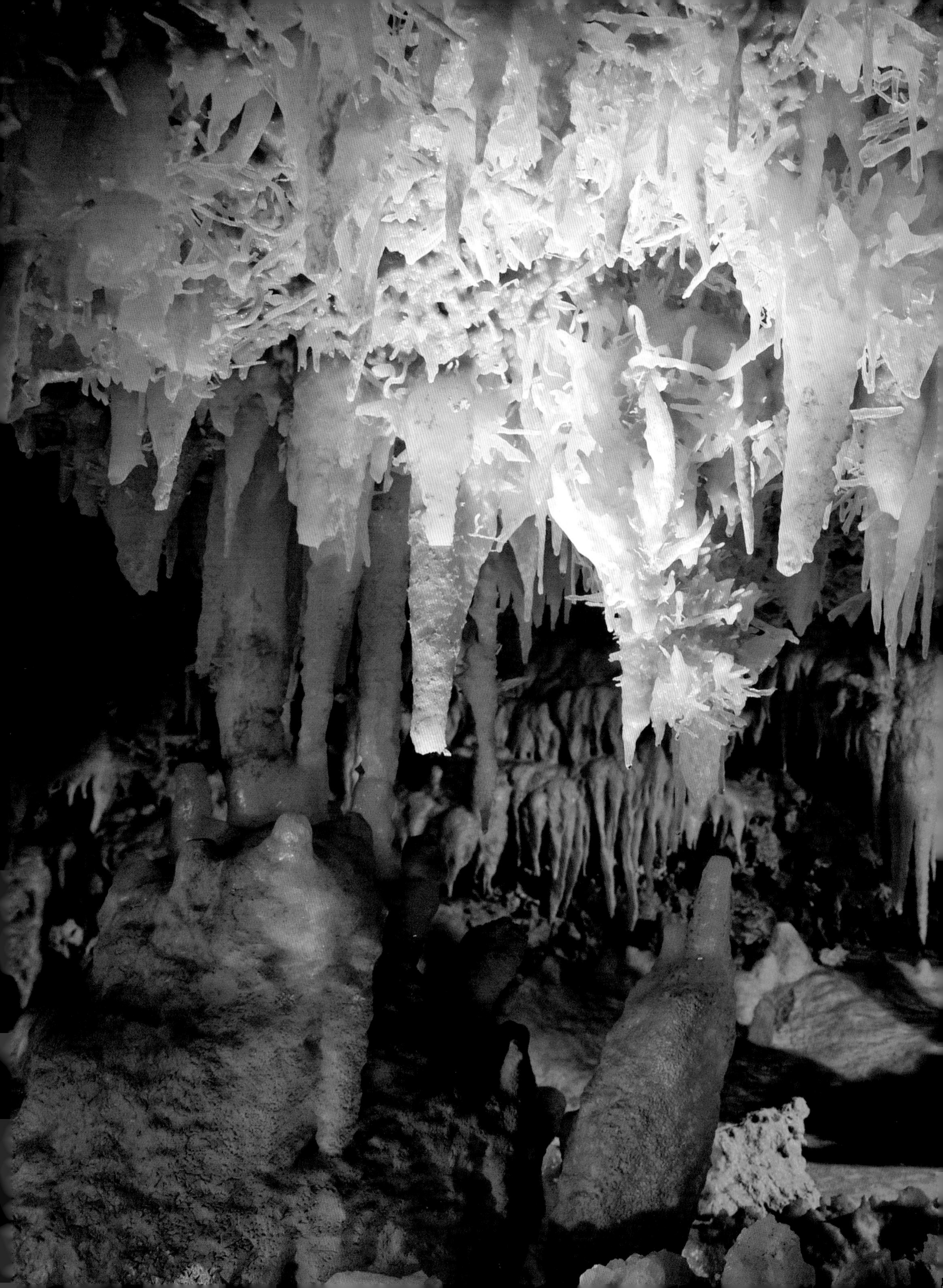

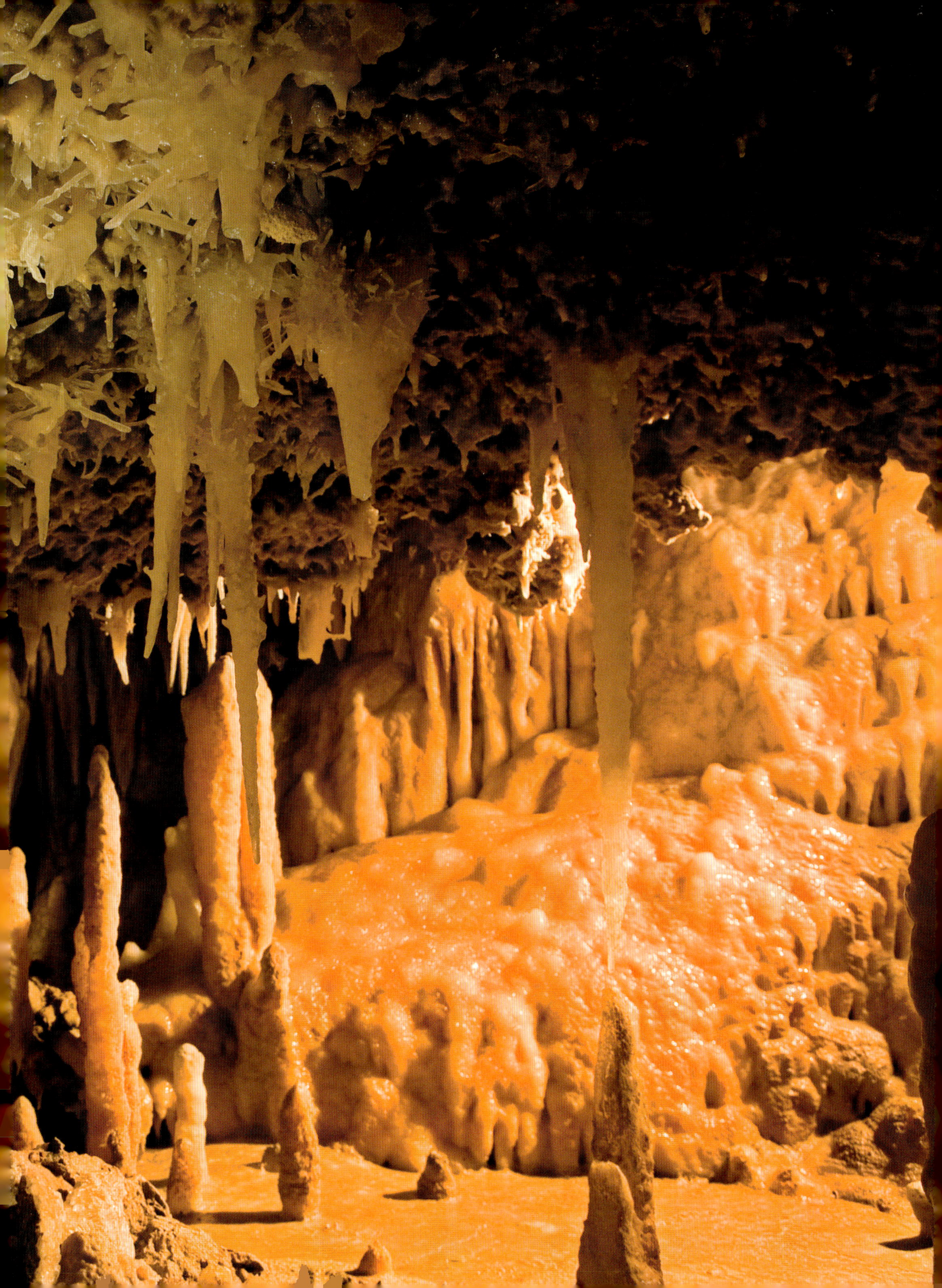

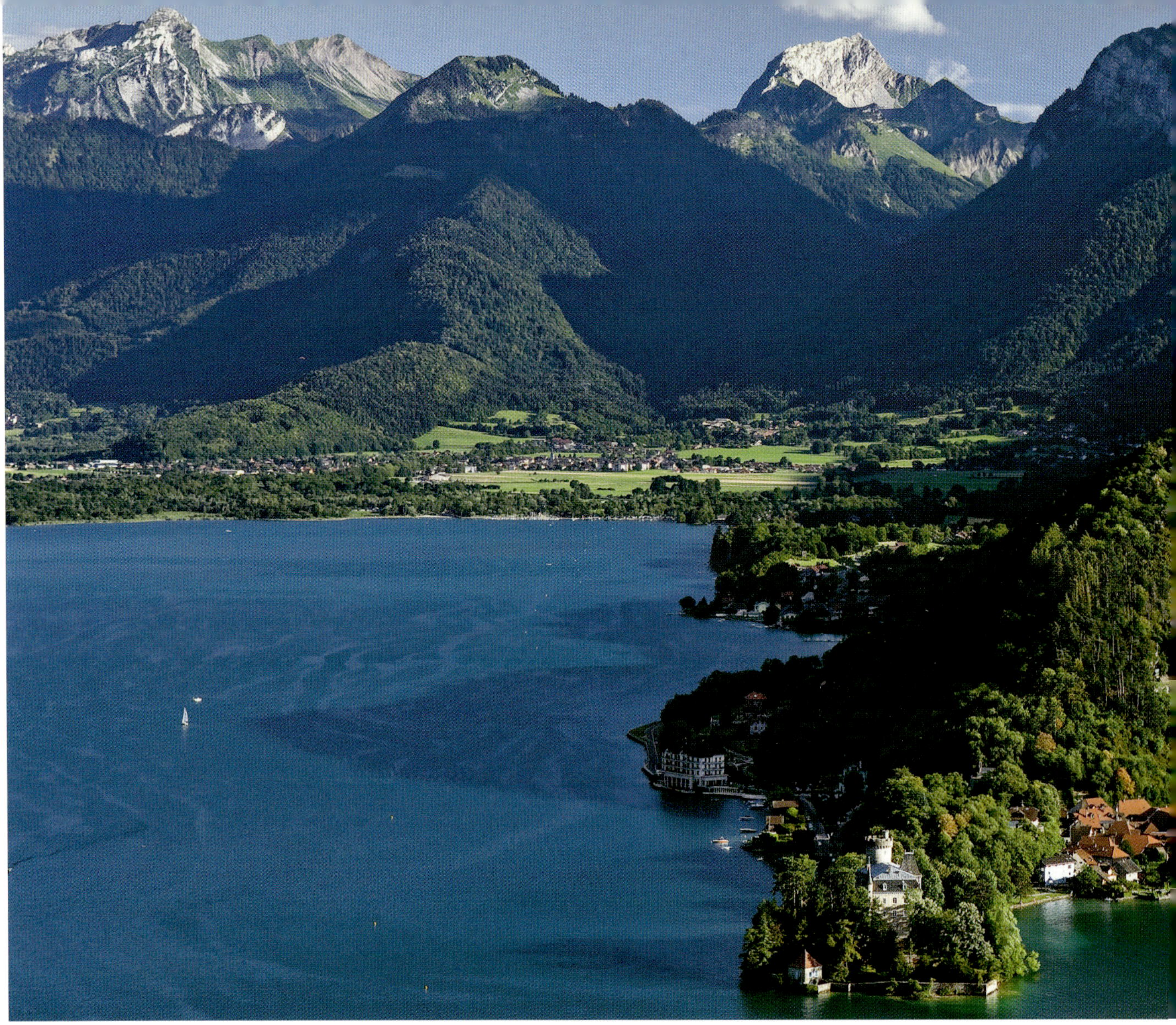

Ci-dessus
Également nommée le Semnoz, le Crêt de Chatillon, montagne culminant à 1660 m, surplombe le lac d'Annecy. À 800 m du bord de cette étendue d'eau, des fouilles ont permis de retrouver des pilotis et un four de potier, témoignages exceptionnels d'un habitat lacustre datant de l'ère du bronze.

SITES PALAFITTIQUES PRÉHISTORIQUES AUTOUR DES ALPES

L'héritage des villages lacustres

Situés en bordure de lacs, de rivières ou de zones marécageuses, les sites palafittiques préhistoriques désignent des habitats sur pilotis – « palafittique » signifiant « pieux fichés » en italien. Ils sont considérés comme l'une des premières formes d'habitat en Europe. Immergés dans les eaux, parfois sous d'épaisses couches de sédiments terrestres, ils ont été repérés au milieu du XIXe siècle grâce au progrès de la plongée en scaphandre autonome. Des centaines de stations lacustres ont ainsi été localisées en Allemagne, en Suisse, en Autriche, en Italie, en Slovénie et en France. Elles livrent toutes de précieux témoignages sur la vie quotidienne de nos ancêtres et les activités qu'ils pratiquaient (pêche, chasse, agriculture et développement de la métallurgie) à l'époque du Néolithique ou de l'âge du bronze. La dendrochronologie (datation des cernes du bois) est venue éclairer l'étude de matières organiques (os, textile ou bois) retrouvées parfois dans un excellent état de conservation et a permis de dater ces habitats sur une période allant de -5000 à -800 avant J.-C.

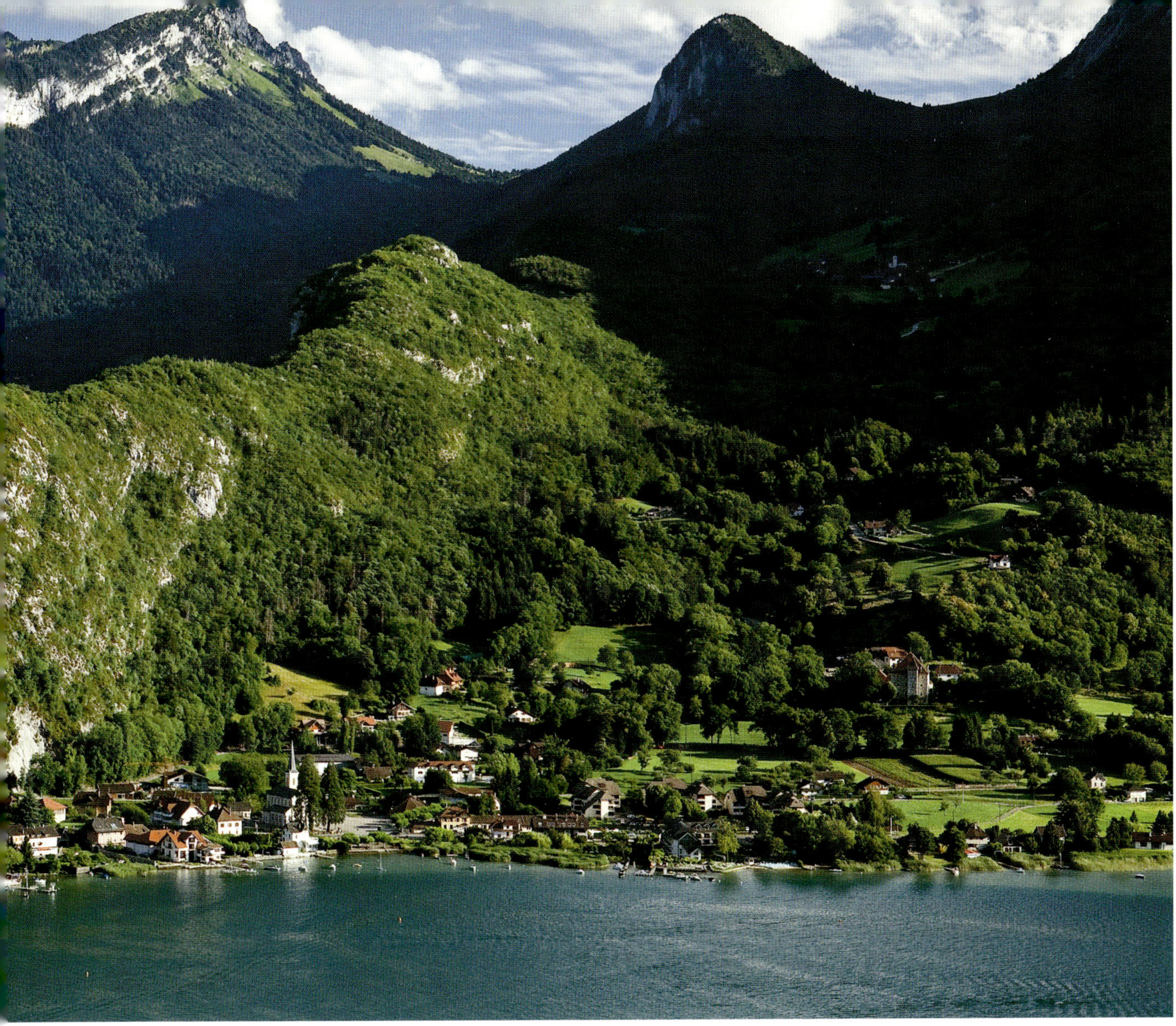

Sur les 111 sites palafittiques classés par l'Unesco, onze se trouvent sur le territoire français. Deux d'entre eux sont situés en Franche-Comté, près des lacs de Chalain et de Clairvaux dans le Jura. Sur ce dernier plan d'eau, on évalue à 32 le nombre de villages lacustres, avec une prédominance de sites datant de l'âge du bronze. Des outils, tessons de céramiques et dépotoirs avec ossements d'animaux y ont été découverts. Les autres plans d'eau concernent les lacs d'Aiguebelette, du Bourget, d'Annecy et le lac Léman, en Rhône-Alpes. Les fouilles du gisement du Crêt de Chatillon, sur les bords du lac d'Annecy, ont livré deux pièces rarissimes : une pirogue en chêne datant du bronze final et un four de potier. Sur l'un des sites du Bourget, un crâne de la même période a été exhumé. Patrimoine invisible et fragile, ces sites palafittiques constituent une source archéologique primordiale pour connaître les civilisations du Néolithique et de l'âge du bronze, et en particulier leur style d'habitat, leur économie ainsi que leurs moyens de transport.

GEO audioguides
ÉCOUTEZ !

Revivez le temps des villages lacustres des Alpes à l'âge du bronze.

Critères de classement : IV V *(voir légendes sur le rabat de couverture)* - Inscription en 2011.

Observatoire régional des lacs alpins (ORLA) : Place du château - 74000 Annecy - Tél. 04 50 33 87 30. **Maison du Lac d'Aiguebelette :** Cusina - 73470 Nances - Tél. 04 79 36 00 02 - www.maisondulac-aiguebelette.com.

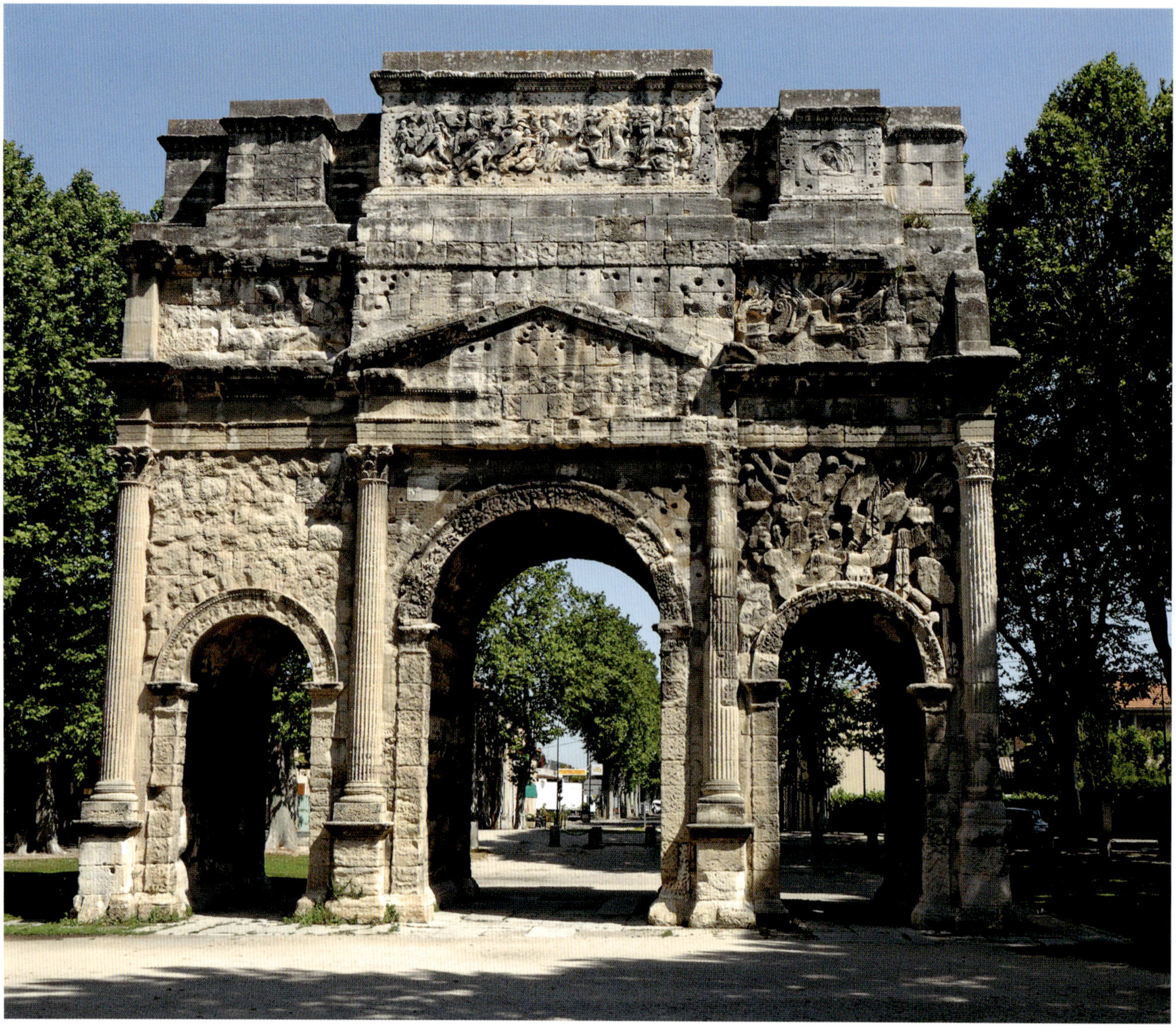

Ci-dessus
L'arc de triomphe.

Page de droite
Orange possède le théâtre antique le mieux préservé d'Europe. Son exceptionnel mur de scène se déroule sur 103 m de long et s'élève jusqu'à 37 m de hauteur.

ORANGE, THÉÂTRE ANTIQUE ET ARC DE TRIOMPHE

Un témoignage presque intact

Située sur la Via Agrippa reliant Lyon à Arles, Orange fut fondée en 35 avant J.-C. par des vétérans romains de la IIe légion, qui la nommèrent *Arausio*. Ceinte de murailles, la cité a tranquillement prospéré lors de cette période d'établissement de la *Pax romana* que relate l'arc de triomphe à trois baies. Les bas-reliefs du monument, point d'entrée au nord de la ville, louent les victoires romaines, racontent la fondation de la cité et vantent la pacification de la Gaule. C'est une véritable exaltation de la puissance de l'empire romain qui est à l'œuvre dans la pierre, qu'elle soit terrestre – à travers la représentation de Celtes enchaînés – ou maritime – évoquée par le décor aquatique fait de poupes, d'ancres ou encore de sirènes.
De l'arc, une avenue menait droit au monumental théâtre adossé contre la colline Saint-Eutrope. Les gradins, conçus pour accueillir 9000 personnes, ont été creusés dans la roche, faisant face à un imposant mur de scène,

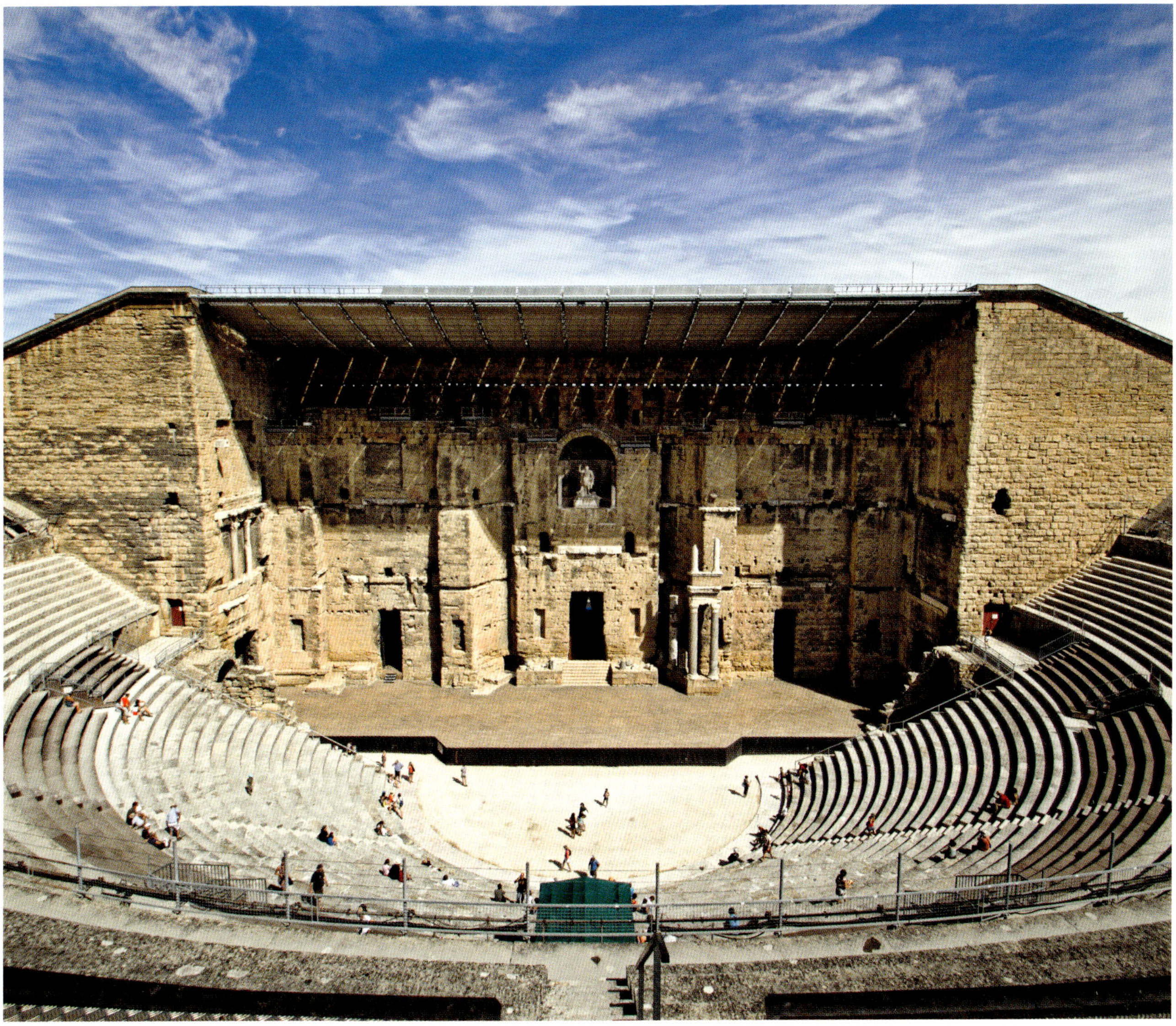

long de 103 mètres, qui nous est parvenu presque intact. Bâti sous le règne d'Auguste au Ier siècle de notre ère, le théâtre était un lieu de divertissement où se retrouvaient Romains et Gaulois. Mais le destin de l'édifice ne fut pas de tout repos après la chute de l'empire. Pillé au Moyen Âge par les habitants de la ville, qui réutilisèrent ses pierres, il fut ensuite transformé en place forte, servant de refuge aux Orangeois pendant les Guerres de Religion. Ce n'est qu'au XIXe siècle, sous l'impulsion de Prosper Mérimée, que sa restauration est entreprise. En 1902, les premières Chorégies ont lieu : de grands artistes, telle Sarah Bernhardt, s'y produisent. En 1971, les Nouvelles Chorégies, dévolues à l'art lyrique, prennent le relai. Aujourd'hui encore, sous le toit de verre installé en 2006, les amateurs d'opéra viennent profiter de la fabuleuse acoustique et du cadre incomparable du théâtre antique, impressionnant vestige de la civilisation romaine.

Critères de classement : III VI *(voir légendes sur le rabat de couverture)* - Inscription en 1981.

Office de tourisme d'Orange : 5, cours Aristide Briand - 84100 Orange - Tél. 04 90 34 70 88
www.otorange.fr.

GEO audioguides
ÉCOUTEZ !

Montez sur les planches avec un acteur antique et découvrez Orange et son théâtre !

Page de droite, en bas
Les toits du vieux Lyon.

SITE HISTORIQUE DE LYON

Un musée à ciel ouvert

C'est sur l'actuelle colline de Fourvière que fut fondée en 43 avant J.-C. la cité romaine de *Lugdunum*. Sous le règne de l'empereur Auguste, cette dernière devint la capitale des Trois Gaules et se dota de nombreux monuments dont il reste, deux mille ans plus tard, de remarquables vestiges comme le théâtre – le plus ancien de France –, l'amphithéâtre, l'odéon ou encore l'aqueduc du Gier. Cette colline aujourd'hui coiffée par la basilique Notre-Dame de Fourvière, bâtie au XIXe siècle dans un style néobyzantin, offre une vue imprenable sur les environs de la ville.

C'est à ses pieds, sur la rive droite de la Saône, que s'est développé le Vieux-Lyon au Moyen Âge. Il constitue, avec Fourvière, une partie de la presqu'île et les pentes de la Croix-Rousse, le périmètre classé par l'Unesco pour sa richesse architecturale dans laquelle se lit le brassage des époques. Articulé autour des quartiers Saint-Paul au nord, Saint-Jean au centre et Saint-Georges au sud, le Vieux-Lyon conserve de splendides édifices religieux, publics et privés du Moyen Âge, tels que la basilique-abbaye Saint-Martin-d'Ainay de style roman, la cathédrale Saint-Jean, qui mêle roman et gothique, ou encore l'église Saint-Nizier, où s'épanouit le gothique flamboyant. Les nombreux bâtiments d'époque Renaissance traduisent quant à eux le prestige dont jouissait la ville au XVe siècle, lorsqu'elle comptait parmi les plus peuplées et les plus riches de France. Sous les règnes de Charles VII puis de Louis XI, de grandes foires voient le jour, attirant les négociants de toute l'Europe. C'est le début de la prospérité de Lyon qui voit se développer les activités bancaires (la première bourse de France y est inaugurée en 1540) et le commerce de la soie. Avec les lettres de change, les Médicis introduisent la mode italienne. Fleurissent alors de somptueuses résidences rappelant la Toscane, qui arborent des façades colorées, des escaliers à vis, des galeries italiennes et des cours intérieures, comme en témoignent l'hôtel Bullioud ou encore l'ensemble Gadagne. Des centaines de traboules, passages couverts créés pour faciliter la circulation des piétons, contribuent à façonner l'identité architecturale de cet ensemble Renaissance considéré comme le plus beau de France. Les siècles suivants, forts de l'essor de l'industrie textile (marqué par l'invention du métier à tisser Jacquard), de la métallurgie ou encore de la gastronomie, imprègneront aussi l'urbanisme de cette ville qui n'a jamais cessé d'être habitée depuis sa fondation.

Critères de classement : II IV *(voir légendes sur le rabat de couverture)*
Inscription en 1998.

Office de tourisme de Lyon : Place Bellecour - 69002 Lyon - Tél. 04 72 77 69 69
www.lyon-france.com.

GEO audioguides
ÉCOUTEZ !

Engouffrez-vous dans les ruelles du vieux Lyon pour dénicher les traboules dissimulées au regard des promeneurs.

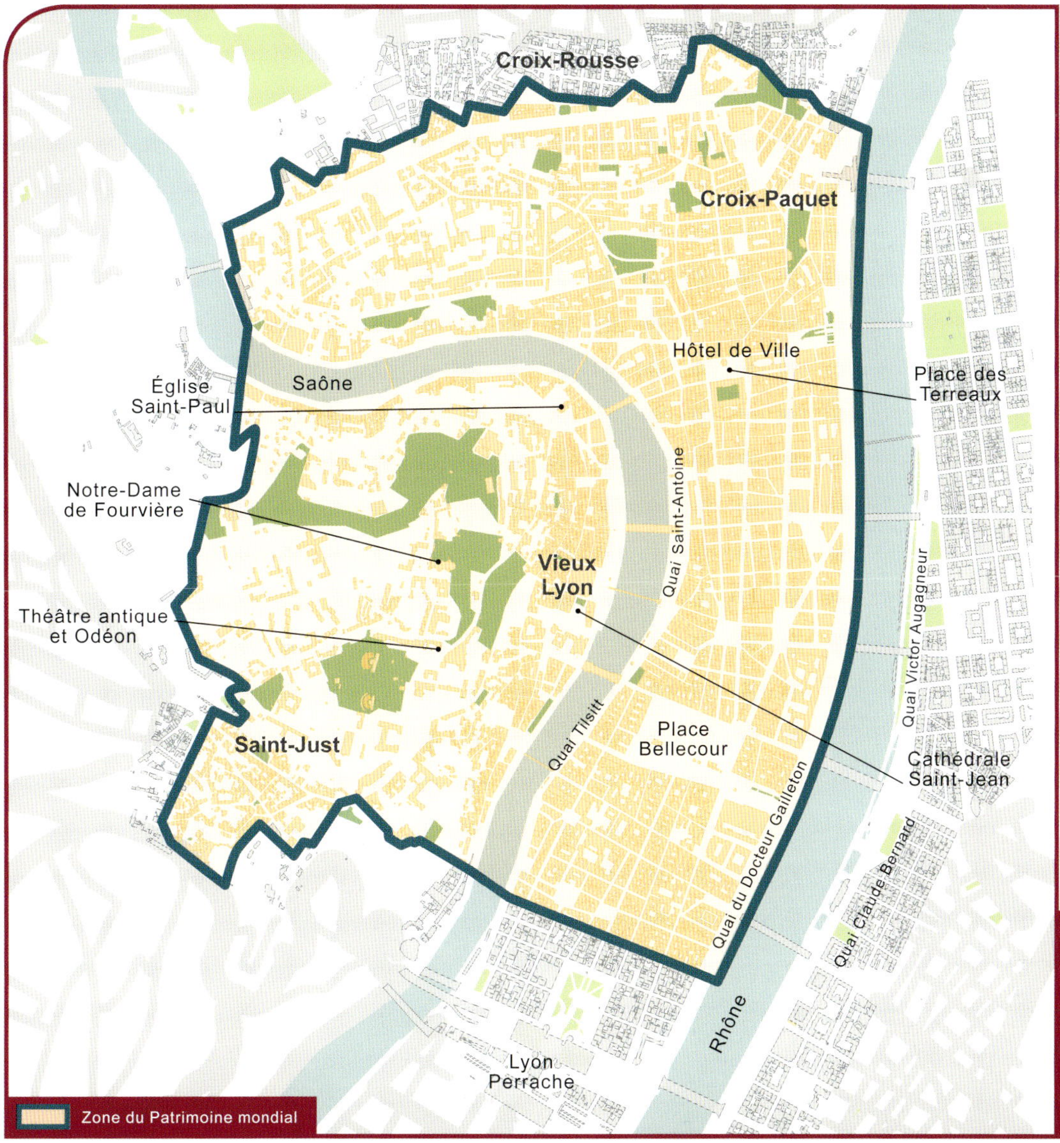
Croix-Rousse
Croix-Paquet
Hôtel de Ville
Place des Terreaux
Église Saint-Paul
Saône
Notre-Dame de Fourvière
Vieux Lyon
Quai Saint-Antoine
Théâtre antique et Odéon
Quai Victor Augagneur
Saint-Just
Quai Tilsitt
Place Bellecour
Cathédrale Saint-Jean
Quai du Docteur Gailleton
Quai Claude Bernard
Rhône
Lyon Perrache
Zone du Patrimoine mondial

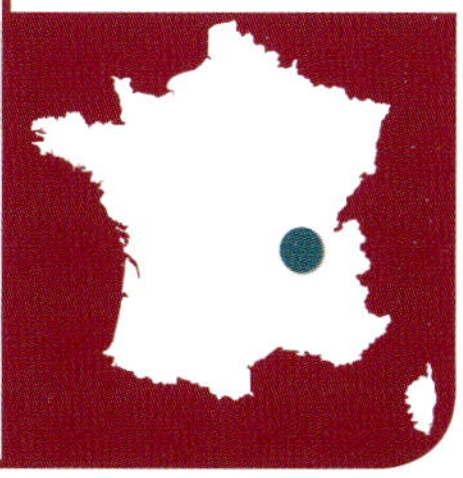

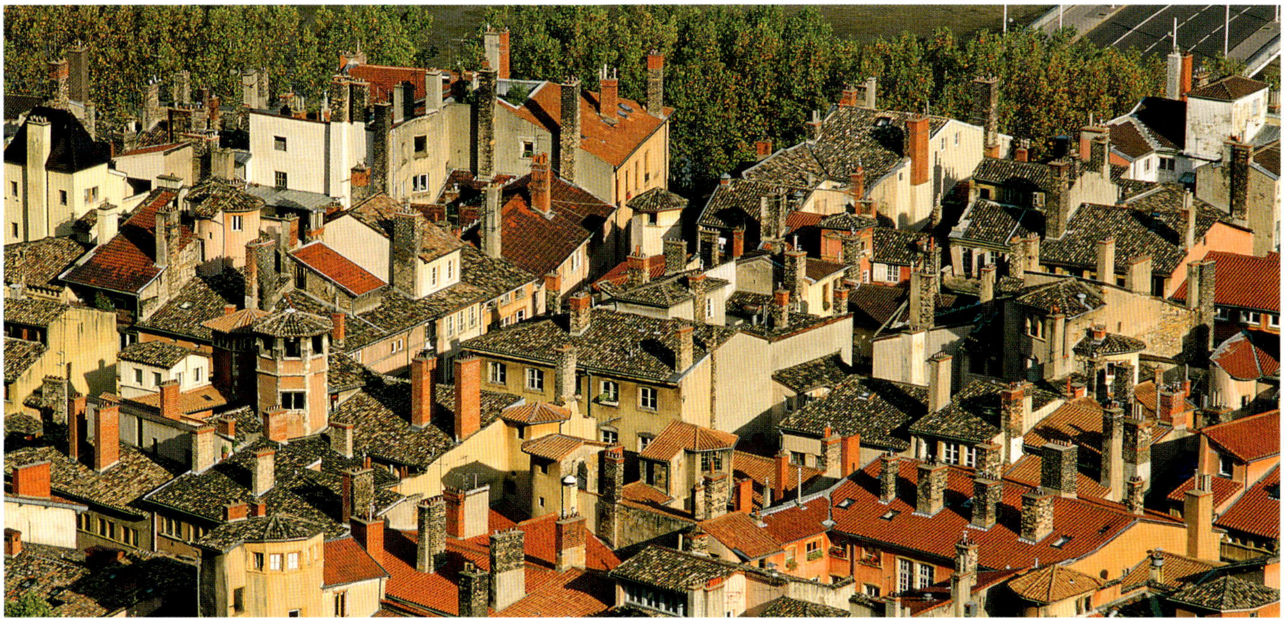

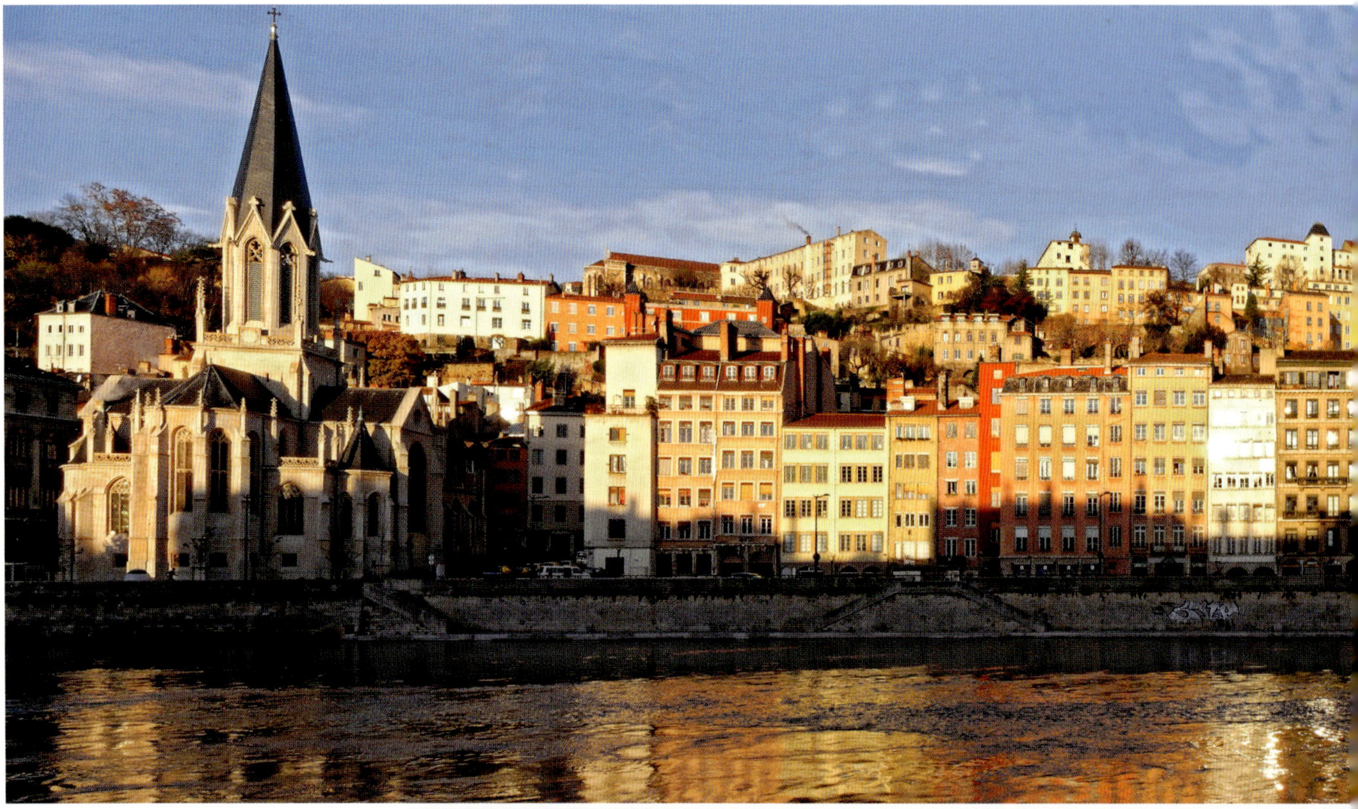

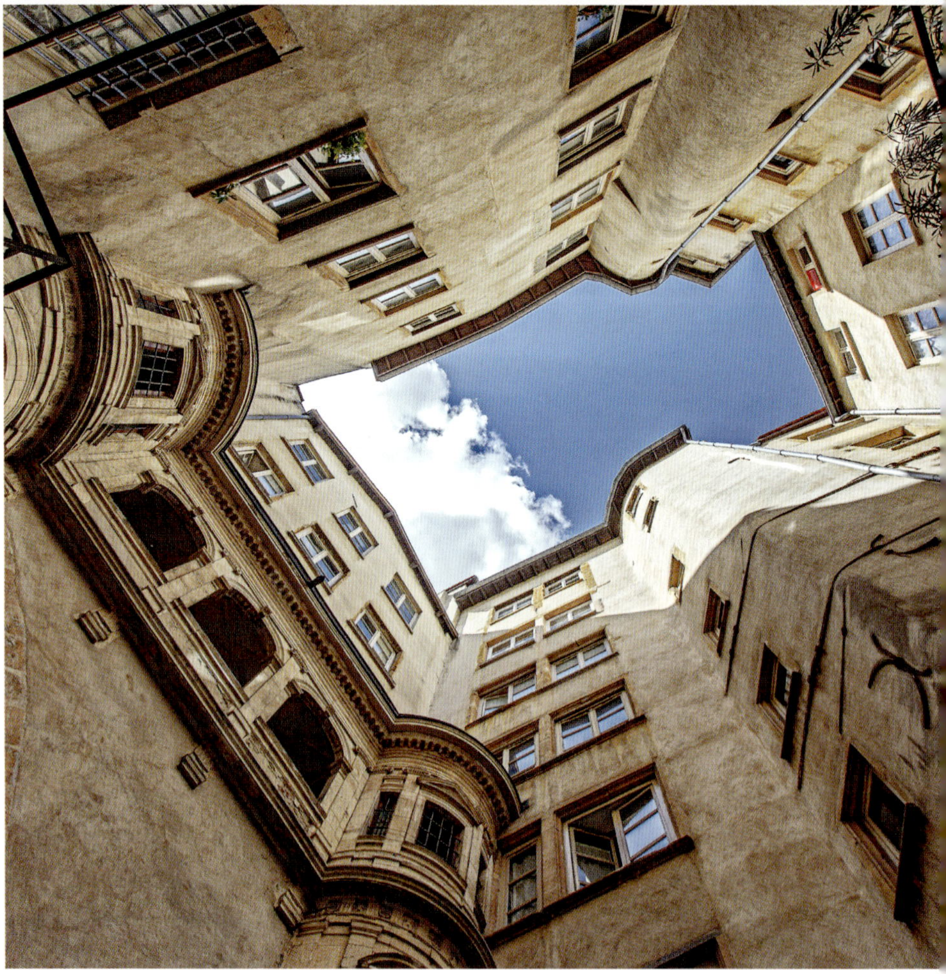

Ci-dessus
Niché entre la Saône et la colline de Fourvière, que domine la basilique éponyme, le quartier du vieux Lyon est mondialement réputé pour son architecture Renaissance, remarquablement préservée.

Ci-contre
Voies étroites réservées aux piétons, les traboules permettent de passer d'une rue à une autre en traversant plusieurs immeubles. On en dénombre environ 400 dans la ville, dont 200 uniquement dans le vieux Lyon.

Page de droite, en bas
Situé sur la colline de Fourvière, le théâtre antique pouvait accueillir, sous le règne de l'empereur Hadrien, plus de 10000 spectateurs.

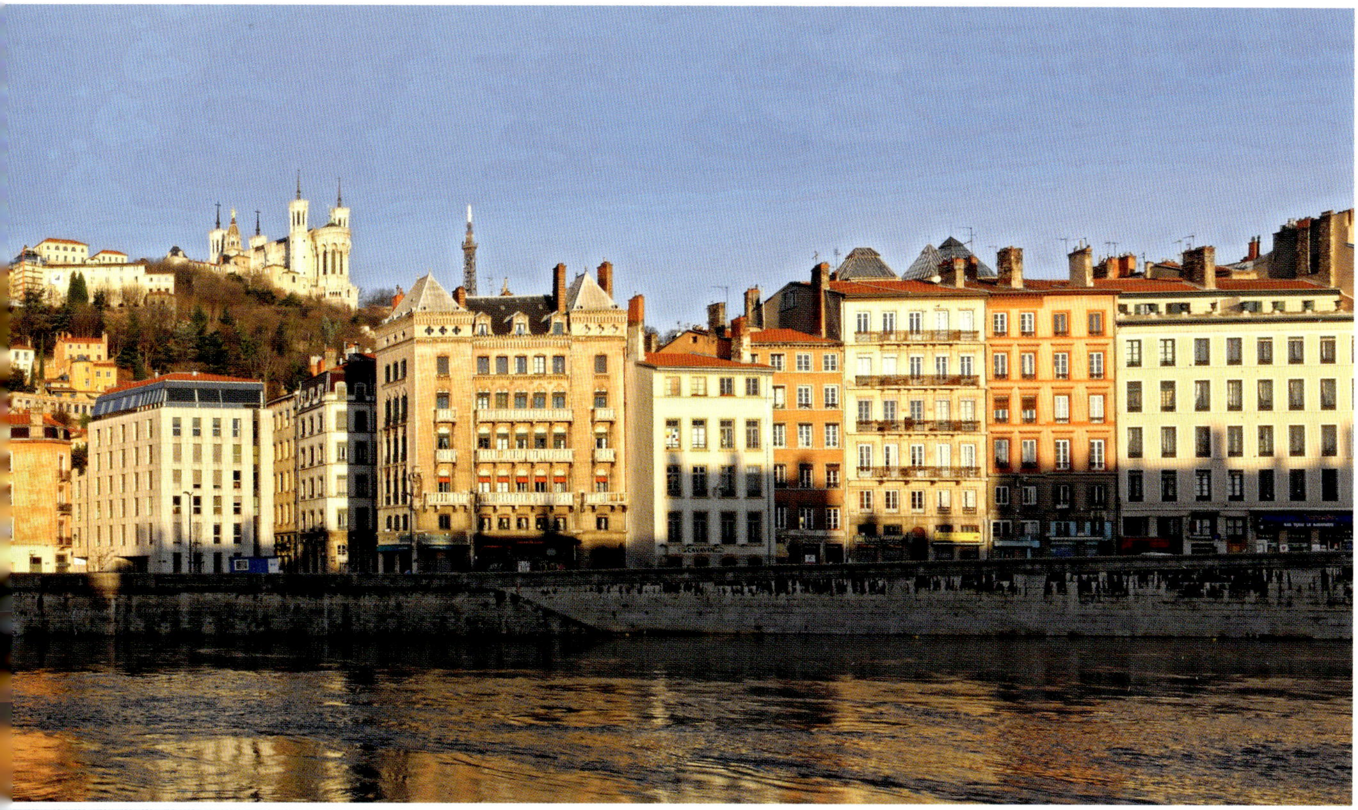

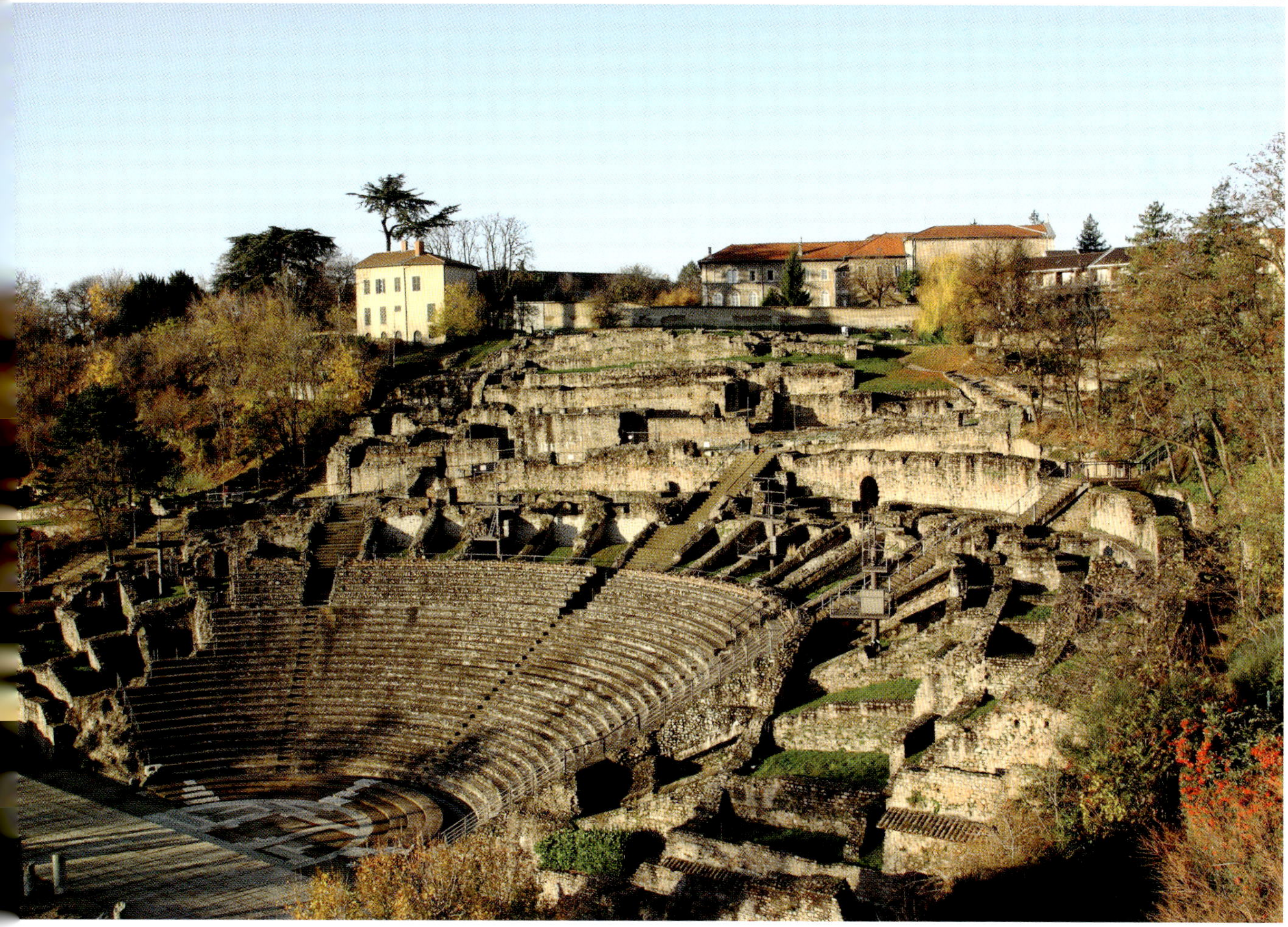

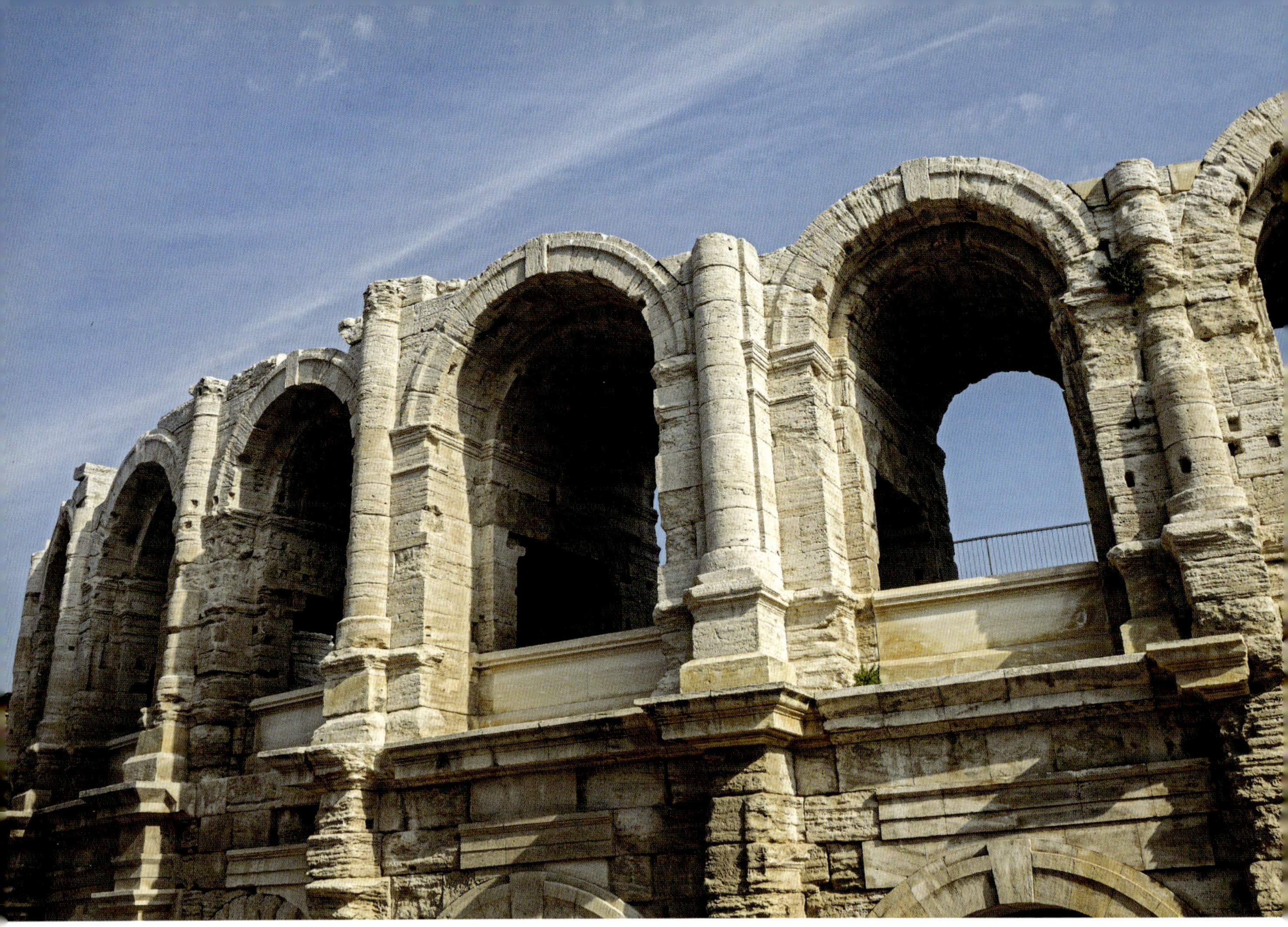

Ci-dessus
Soixante arcades percent les deux niveaux qui s'élèvent à 21 m de haut et comprennent près de 20000 places. Inspiré du Colisée de Rome, l'amphithéâtre, aujourd'hui qualifié d'« arènes » en raison des corridas qui y sont organisées, est l'un des plus grands construits dans l'empire romain.

ARLES, MONUMENTS ROMAINS ET ROMANS

Une histoire millénaire

Arles la provençale, c'est aussi Arles la romaine et Arles la romane. En 46 avant J.-C., Jules César crée une colonie baptisée *Arelate*, récompensant les habitants d'un comptoir phocéen de leur aide lors du siège de Marseille. Ainsi commence l'histoire romaine d'Arles. Sa position géographique stratégique explique l'important développement qu'elle connaît : située sur la route entre l'Italie et l'Espagne, elle est aussi un point d'ancrage capital sur le Rhône pour les bateaux remontant vers le nord de l'Europe. Au fil de son essor, la ville voit fleurir les monuments emblématiques de toute cité romaine : théâtre, cirque, thermes… Au Ier siècle avant J.-C., un vaste forum sort de terre. Cœur de la vie administrative, commerciale et religieuse, il se compose de plusieurs places, aujourd'hui disparues. Seules deux colonnes témoignent de son emplacement sur l'actuelle place du Forum. Toutefois, il est encore possible d'admirer les galeries de soutènement de la place principale, les cryptoportiques, accessibles par l'hôtel de ville. Et qui dit cité romaine, dit lieux de divertissement. Arles n'en manque pas. Le théâtre antique pouvait accueillir 10000 spectateurs, venus profiter des comédies et des tragédies que l'on y donnait gratuitement. Mais c'est dans l'imposant amphithéâtre, bâti à la fin du Ier siècle après J.-C., que les Arlésiens se rendaient pour frissonner devant les combats de gladiateurs et autres chasses

GEO audioguides ÉCOUTEZ !

Le théâtre antique accueille aujourd'hui les Rencontres de la photographie d'Arles qu'évoque Lucien Clergue.

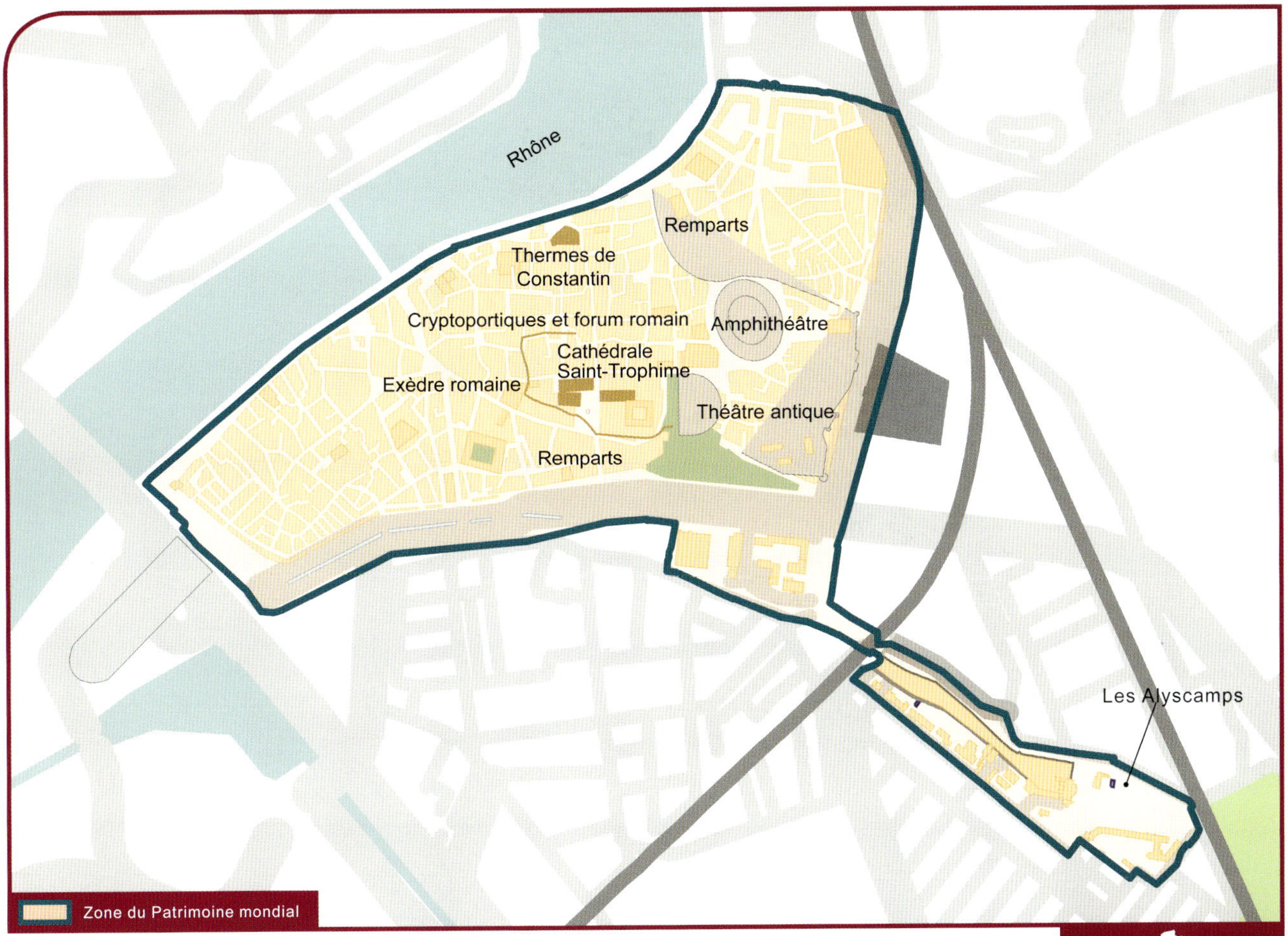

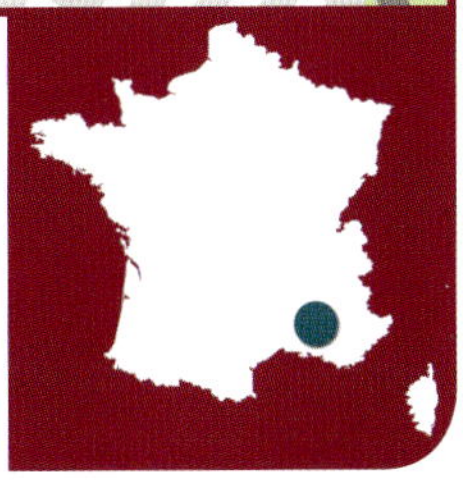

aux animaux. Se doute-t-on que ce monument, symbole du passé antique de la cité, fut transformé en place forte au Vᵉ siècle ? C'est à l'abri de ses hautes murailles que près de 200 maisons et deux chapelles trouvèrent refuge… jusqu'en 1825, date à laquelle il fut décidé de redonner aux arènes leur vocation première.

Illustre durant la période romaine, Arles ne le fut pas moins au Moyen Âge, livrant quelques-uns des plus beaux exemples de l'art roman provençal. Au bout de l'allée des Alyscamps bordée de sarcophages se tient la poétique église Saint-Honorat, datant du XIIᵉ siècle. Saint-Trophime, quant à elle, offre un bel exemple d'édifice roman, dont on admire le portail sculpté et le cloître attenant. C'est la présence encore perceptible aujourd'hui de l'Arles romaine et de l'Arles romane durant ses âges d'or qui fait le charme de la ville et justifie son inscription au Patrimoine mondial par l'Unesco. Mais a-t-elle livré tous ses secrets ? Rien n'est moins sûr ! En 2007, une fouille archéologique a permis de découvrir un imposant buste de César, reposant dans le lit du Rhône depuis des siècles.

Critères de classement : II IV *(voir légendes sur le rabat de couverture)* - Inscription en 1981.

Musée départemental Arles antique : Avenue de la 1ʳᵉ division France libre - Presqu'île du cirque romain - 13200 Arles - Tél. 04 13 31 51 03 - www.arles-antique.cg13.fr. **Office de tourisme d'Arles :** Boulevard des Lices - 13200 Arles - Tél. 04 90 18 41 20 www.arlestourisme.org.

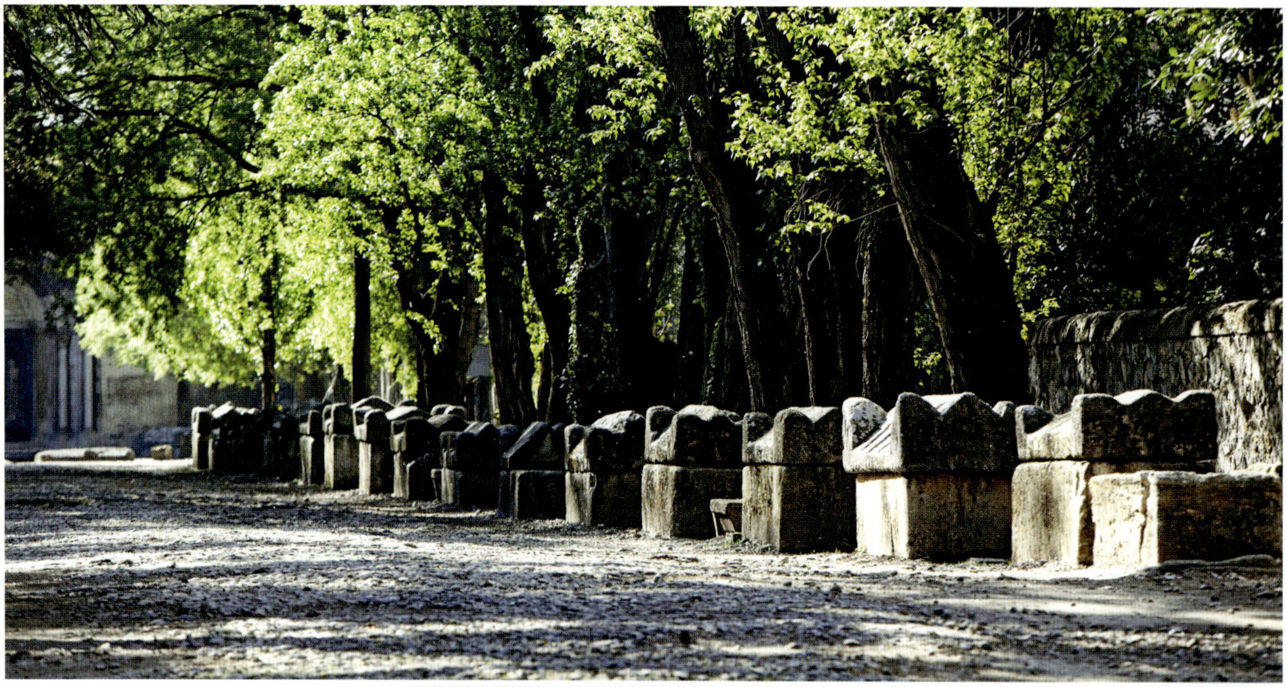

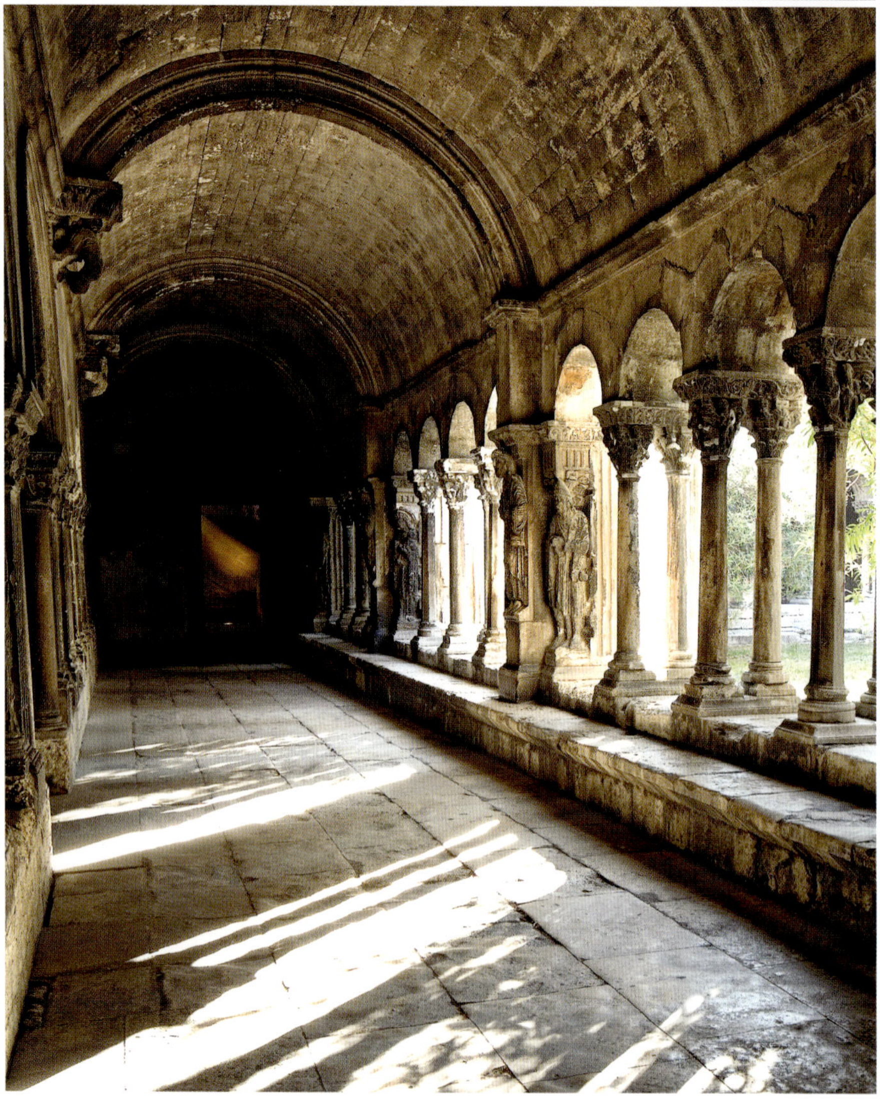

Ci-dessus
Derniers vestiges d'une vaste nécropole d'abord païenne puis chrétienne, les Alyscamps (« Champs Élysées ») étaient le passage obligé des visiteurs arrivant à Arles par la voie Aurélienne. À la fin du Moyen Âge, la nécropole est délaissée. Van Gogh et Gauguin captèrent la poésie du lieu dans plusieurs de leurs toiles.

Ci-contre
Le cloître attenant à l'église Saint-Trophime.

Page de droite
Le portail de l'église Saint-Trophime, ajouté à l'édifice au XIIe siècle, frappe par le dialogue instauré entre l'art antique et l'art roman provençal. Intégré dans une structure d'arc de triomphe, le Christ trône au milieu du tympan. Les scènes sculptées que nimbe le soleil méridional évoquent l'Apocalypse.

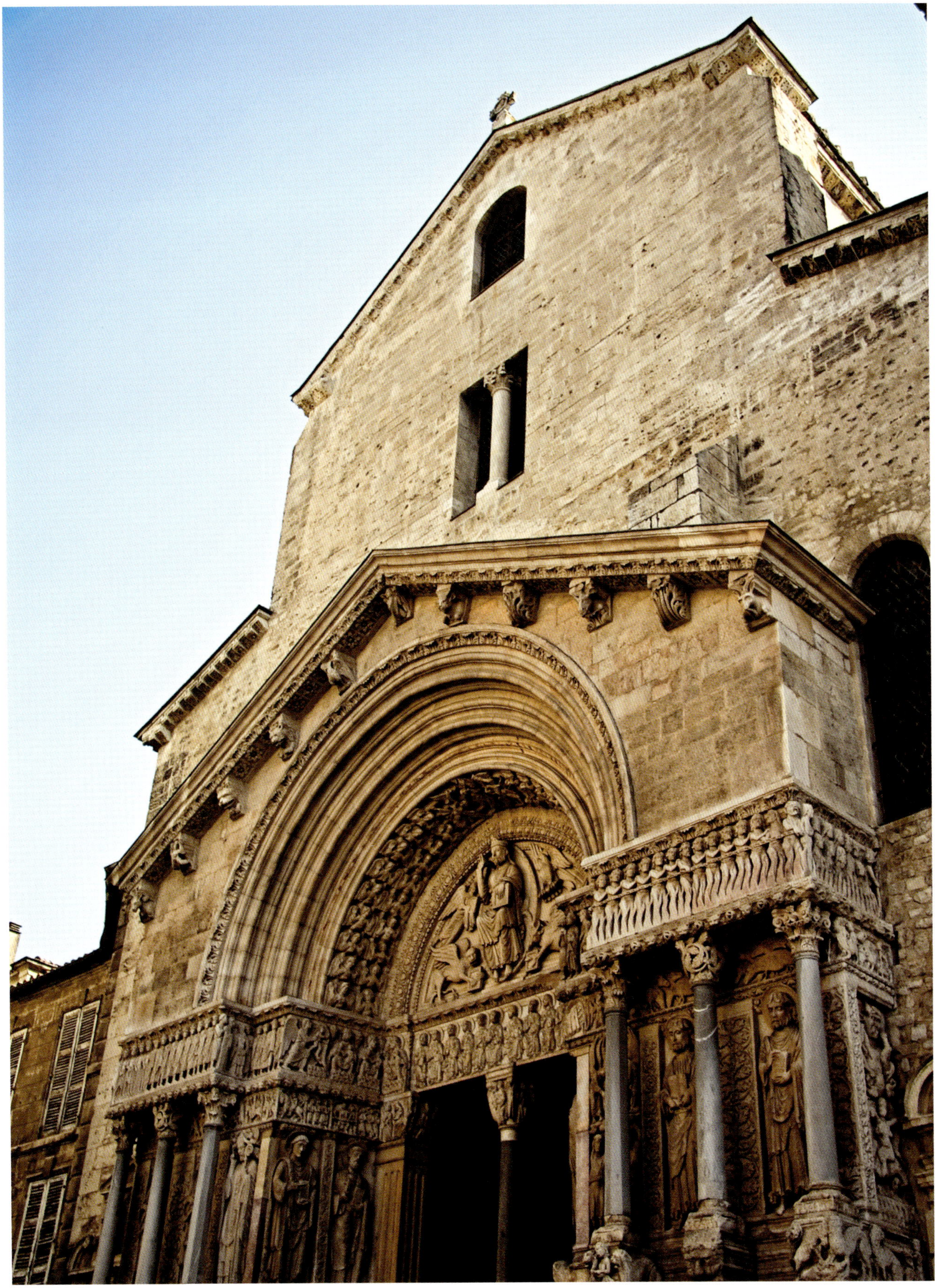

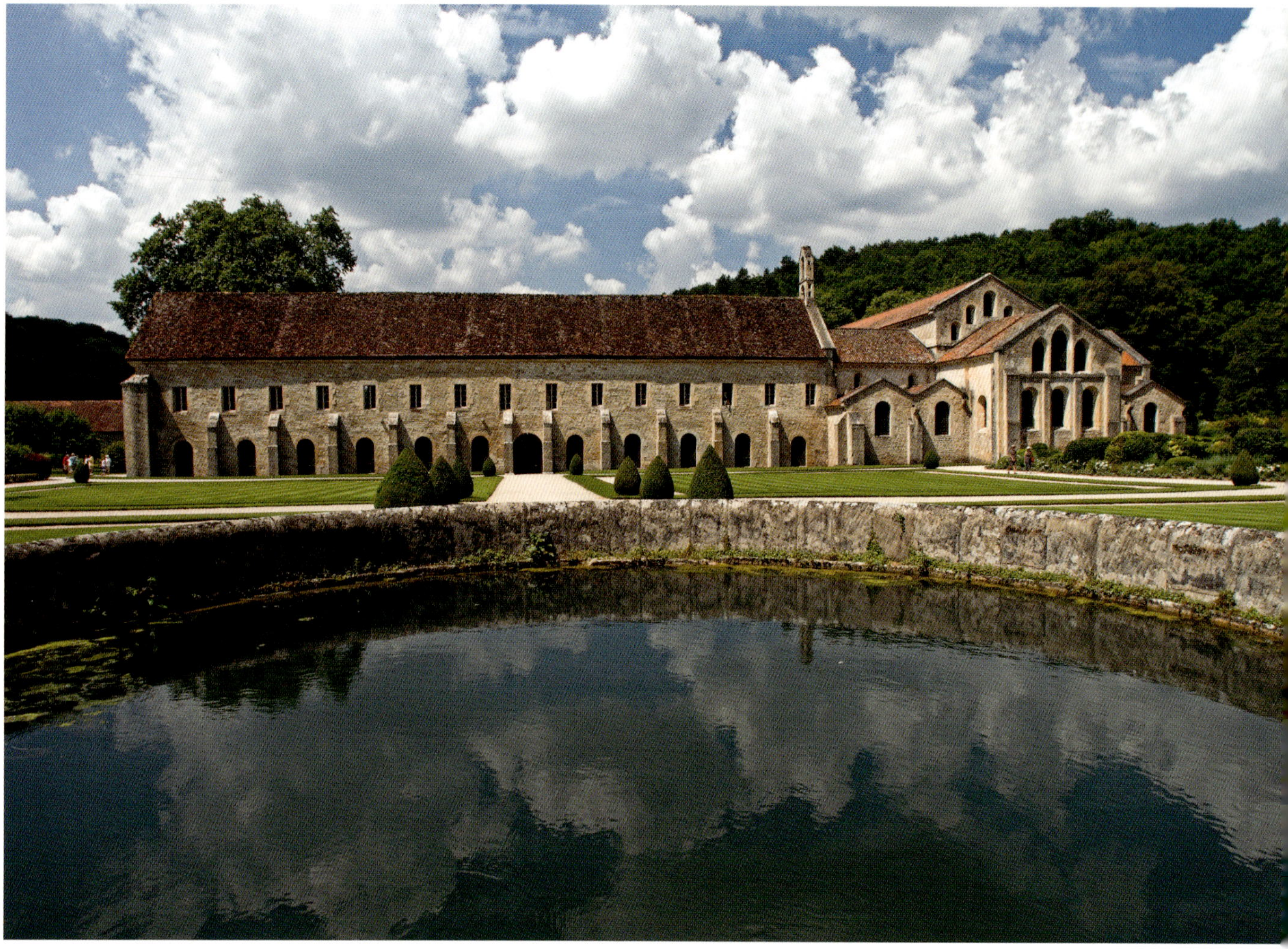

Ci-dessus
Fondée en 1118 par Bernard de Clairvaux, qui sera canonisé en 1174, l'abbaye est implantée dans un vallon où l'eau et la forêt forment des ressources indispensables.
La vie autarcique des cisterciens ne les empêche pas de prendre part aux événements de leur temps : au XIIe siècle, ils participent à la lutte contre le catharisme et prêchent pour les croisades.

Page de droite
Le cloître.

ABBAYE CISTERCIENNE DE FONTENAY

Dans les pas des moines cisterciens

À travers son dépouillement décoratif et son organisation architecturale, l'abbaye de Fontenay permet aux visiteurs d'aujourd'hui d'entrapercevoir le mode de vie des premières communautés cisterciennes. Rejetant la magnificence de l'Église, et notamment celle de l'abbaye de Cluny, les moines de cet ordre né au XIe siècle à Cîteaux mènent ici une existence austère, qui s'appuie sur la règle bénédictine. L'isolement, la pauvreté, le jeûne et le travail manuel sont les principes fondamentaux qui régissent leur quotidien.
Lorsque Bernard de Clairvaux, chevalier de grande piété, fonde Fontenay au XIIe siècle avec une poignée de compagnons, il estime que rien ne doit venir détourner les religieux de leur dévotion spirituelle. Voilà pourquoi la superbe abbatiale, construite entre 1139 et 1147, affiche une sobriété édifiante, tout comme le cloître, lieu de méditation silencieuse. L'autarcie des moines est complète ainsi qu'en témoignent divers bâtiments et aménagements. Fontenay est dotée d'un pigeonnier – un privilège au Moyen Âge –, d'une boulangerie et d'un jardin, où sont cultivées les plantes potagères et les herbes simples. Dans la forge, on travaille le fer, extrait non loin de là, et les copistes œuvrent

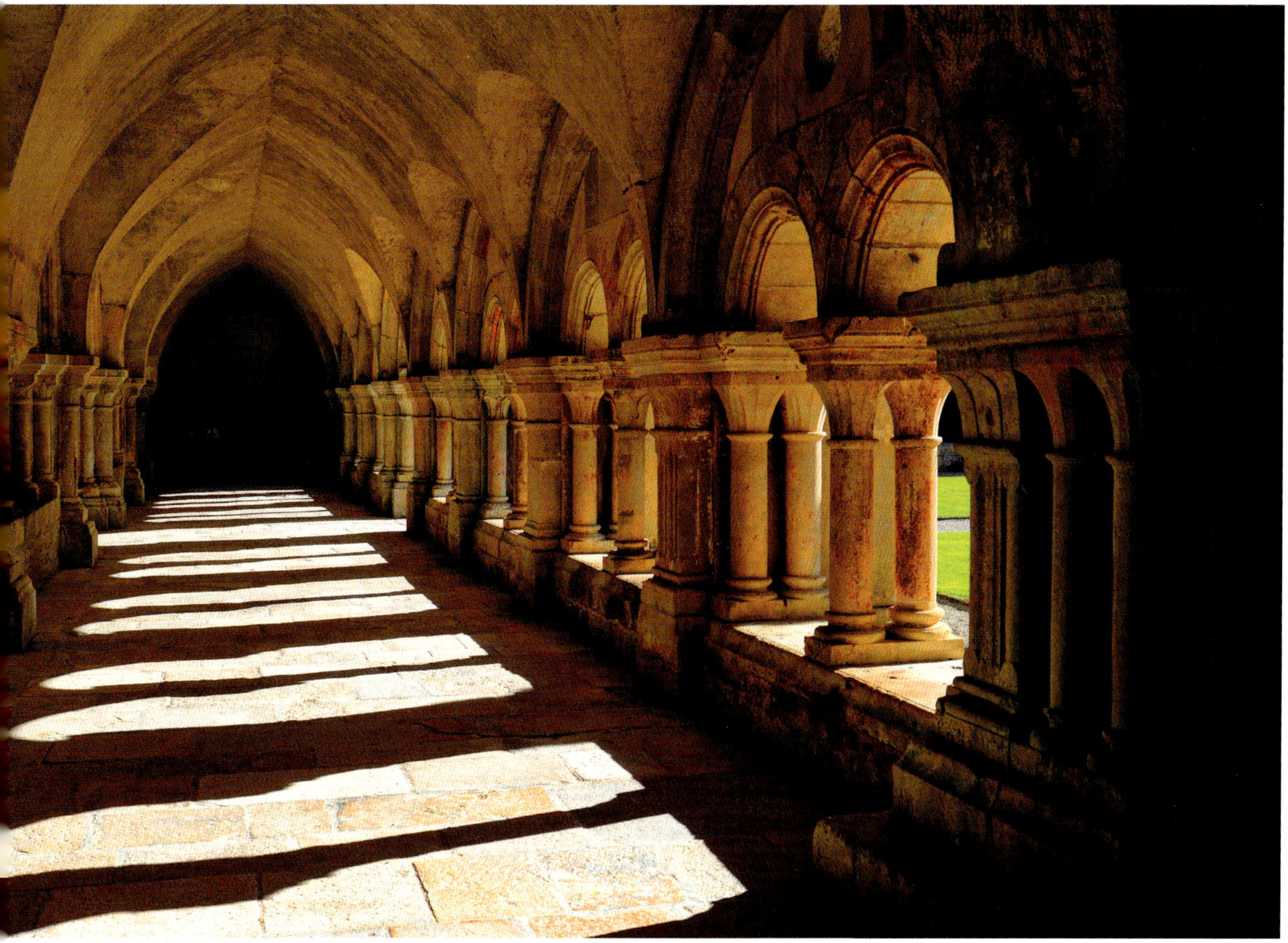

dans la salle des moines. Chaque matin, un extrait de la règle de saint Benoît est lu sous les voûtes de la grande salle capitulaire. Et c'est dans le dortoir, dépourvu de chauffage, que les moines s'allongent sur des paillasses, tandis que les visiteurs et les pèlerins sont accueillis dans l'hostellerie.
Fleuron de l'art roman cistercien, incarnation de l'idéal de rigueur de Bernard de Clairvaux, l'abbaye donne également à voir le rayonnement de cet ordre, qui intervint dans la vie religieuse, politique et artistique, essaimant dans toute l'Europe à partir du XIIe siècle. Fontenay est exemptée de tout droit fiscal par Saint Louis en 1259 et devient abbaye royale dix ans plus tard. Mais l'établissement du régime de la « Commende », qui instaure le choix du père abbé par le roi et non plus selon une élection par les moines, marque le déclin de la communauté. La dizaine de moines qui vivaient encore là au début de la Révolution française quittent les lieux, et l'abbaye est transformée en manufacture de papier. Il faudra attendre le début du XXe siècle et la restauration entreprise par le banquier Édouard Aynard pour que Fontenay retrouve l'éclat qui fit d'elle l'une des abbayes les plus importantes de l'ordre cistercien.

GEO audioguides ÉCOUTEZ !

Être moine au XIIe siècle, tentant ou pas ? Ecoutez l'avis de frère Roger à Fontenay.

Critère de classement : IV *(voir légende sur le rabat de couverture)* - Inscription en 1981.

Abbaye de Fontenay : À 6 km de Montbard (21500) - Tél. 03 80 92 15 00
www.abbayedefontenay.com.

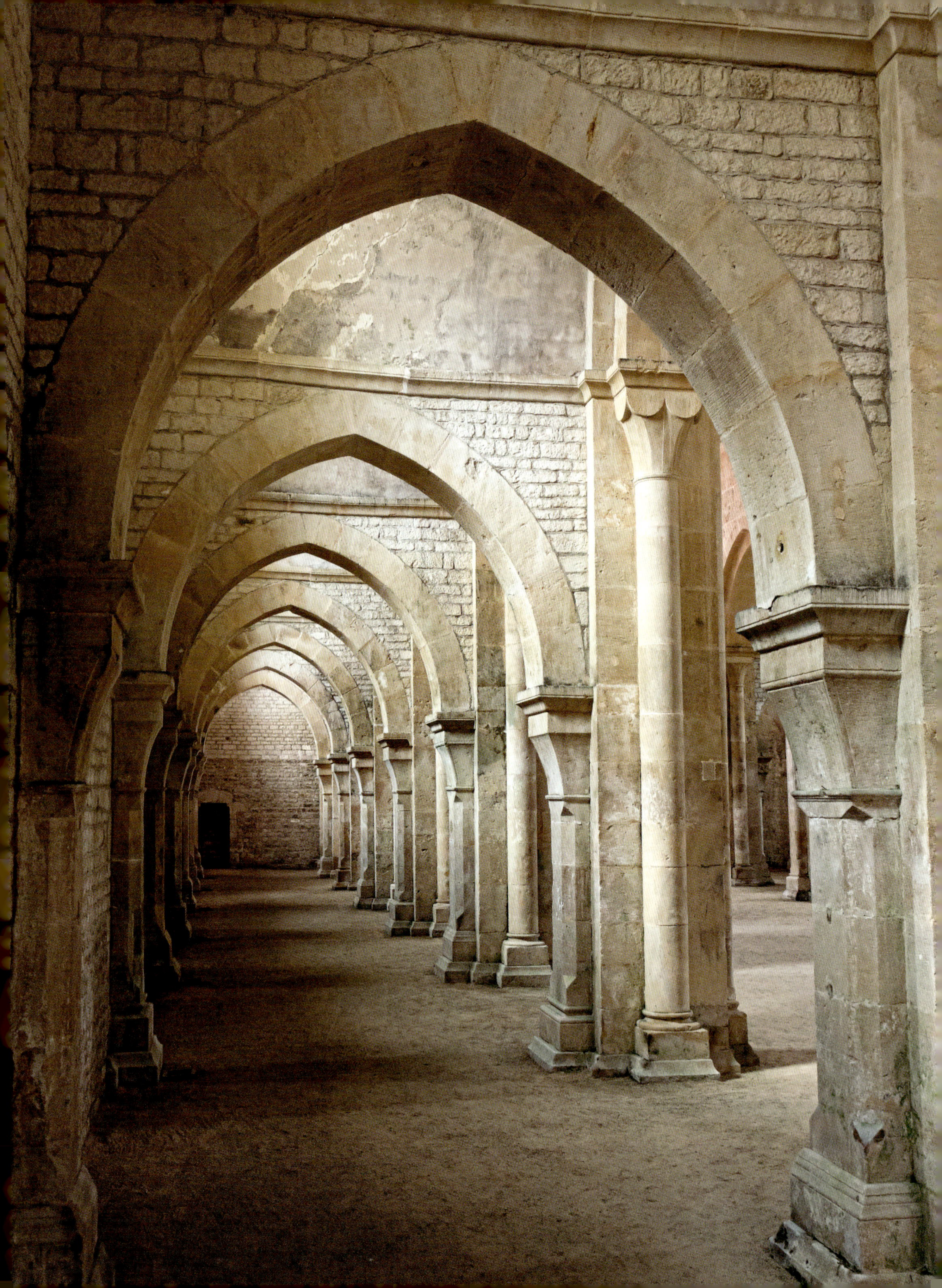

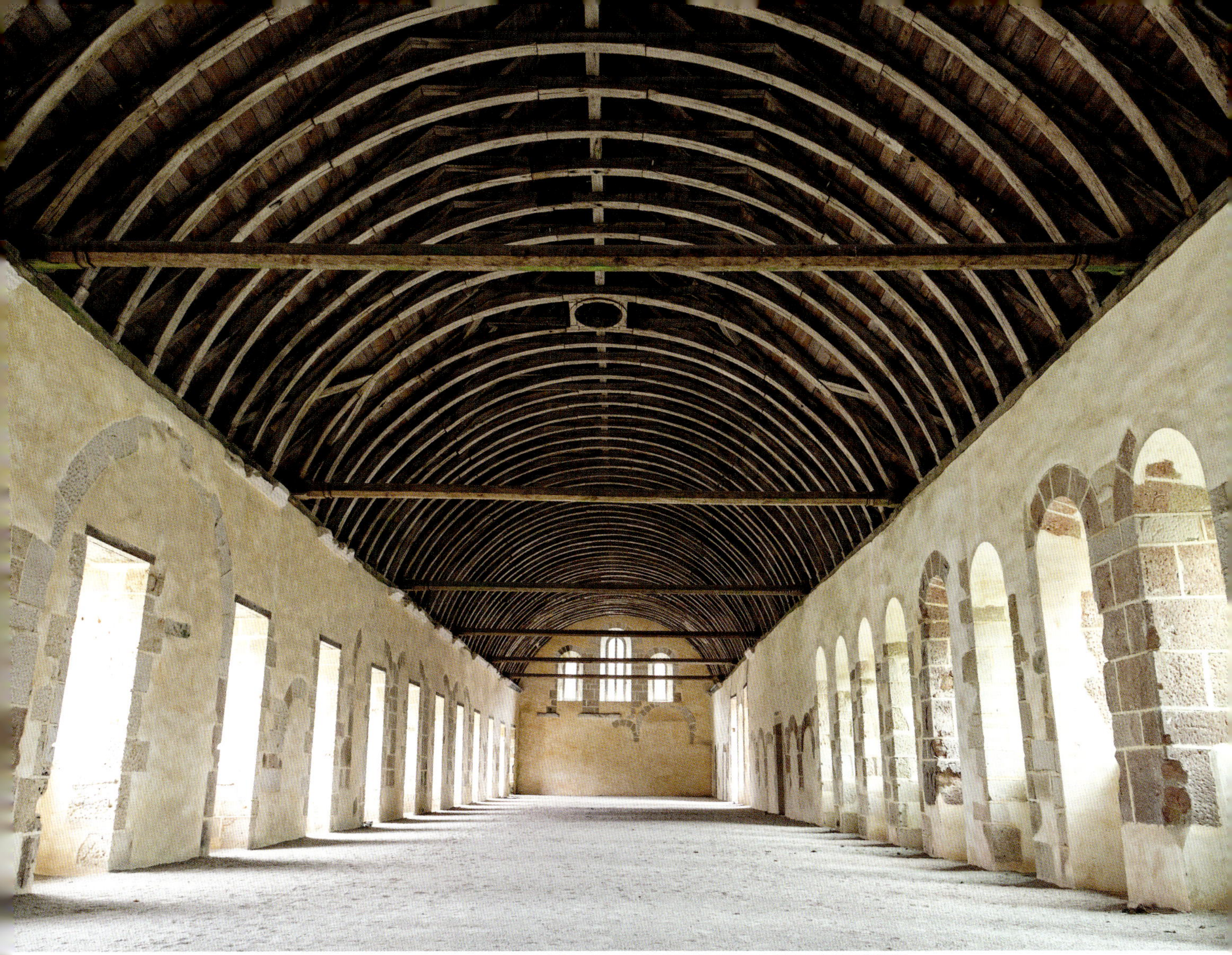

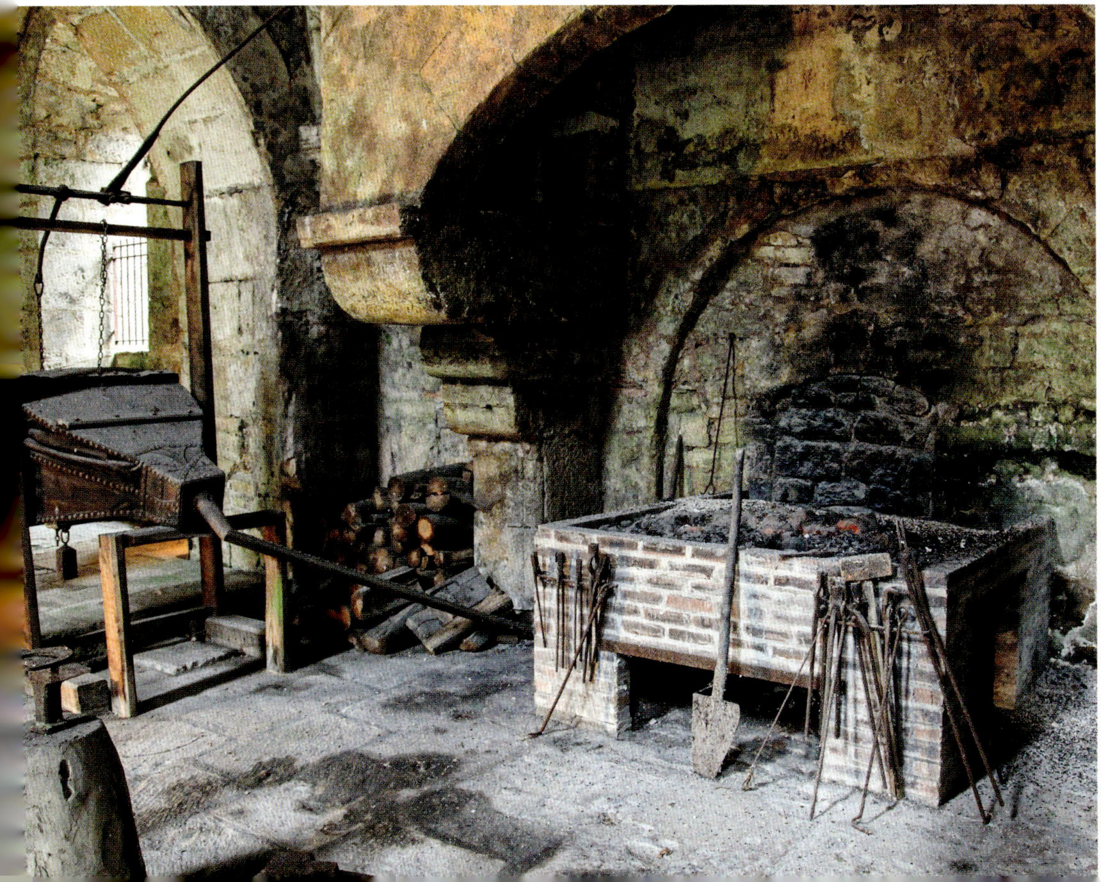

Page de gauche
Dans l'abbatiale baignée de lumière, les chapiteaux à feuilles d'eau sont typiques de l'art cistercien. Ce dépouillement décoratif, qui fait écho aux vitraux en grisaille à motifs géométriques, répond à l'idéal de saint Bernard, qui souhaitait que rien ne vienne distraire les moines de leurs prières.

Ci-dessus
C'est dans ce vaste dortoir que se retrouvaient les moines chaque soir, dormant à même le sol sur des paillasses, séparées par de simples cloisons. La charpente en chêne date du XVe siècle.

Ci-contre
La forge permit aux moines forgerons de produire des outils, vendus ensuite aux alentours.

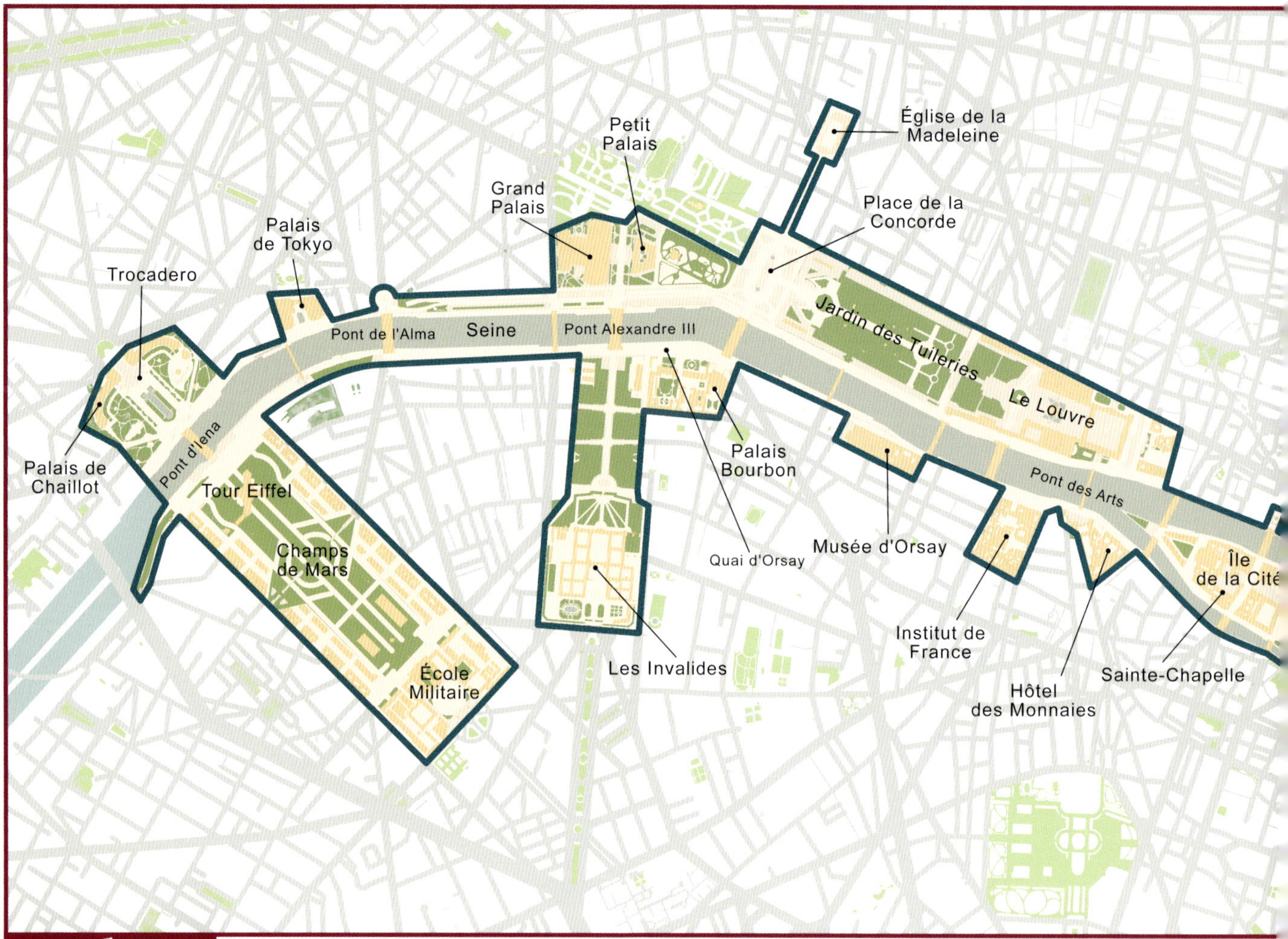

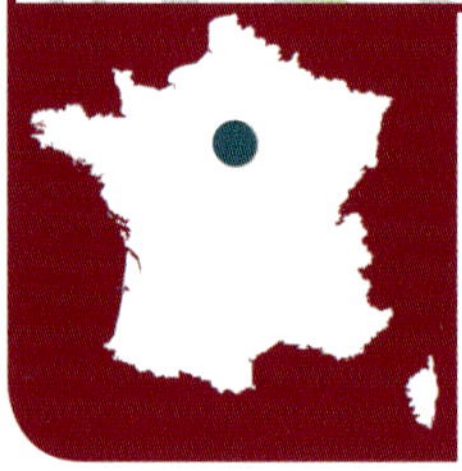

PARIS, LES RIVES DE LA SEINE

Et au milieu coule un fleuve

Il n'y a pas que du haut des pyramides que l'histoire se laisse contempler. Le temps se déroule aussi le long de la Seine et Paris se dévoile au gré de ses monuments prestigieux. Du pont de Sully marquant la pointe de l'île Saint-Louis jusqu'au pont d'Iéna, veillé par la tour Eiffel, les gouvernements ont fait des rives du fleuve la démonstration de leur pouvoir, façonnant un Paris royal et aristocratique. Il faut dire que l'antique Lutèce, fondée par Jules César en 52 avant Jésus-Christ, a fait du chemin ! Mais la Seine fut et demeure le point d'ancrage de la cité, à partir duquel s'est développé le tissu urbain. Enjeu économique majeur qui a favorisé le commerce, le fleuve a également assuré la défense de la population. Les menaces extérieures grondaient et les Parisii, réfugiés depuis le ve siècle à l'abri des murailles qui ceignaient l'île de la Cité, attendront avant d'étendre la ville sur la rive droite et la rive gauche. Toutefois, les organes politiques et religieux, telles Notre-Dame et la Sainte-Chapelle, chefs-d'œuvre de l'art gothique, ou encore la Conciergerie, vestige du Palais de la Cité, restent concentrés au plus près de la Seine.

C'est là, aux abords du fleuve, que l'on peut embrasser d'un regard les plus beaux aménagements urbains de la capitale. Le Pont-Neuf, premier pont de

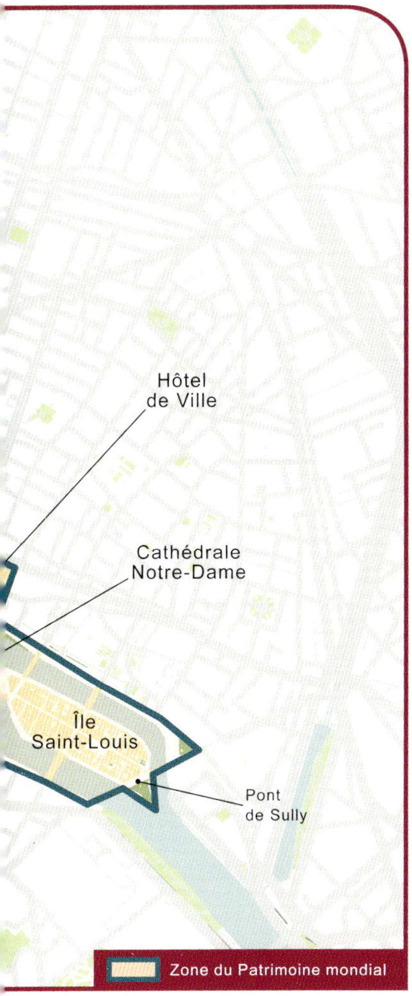

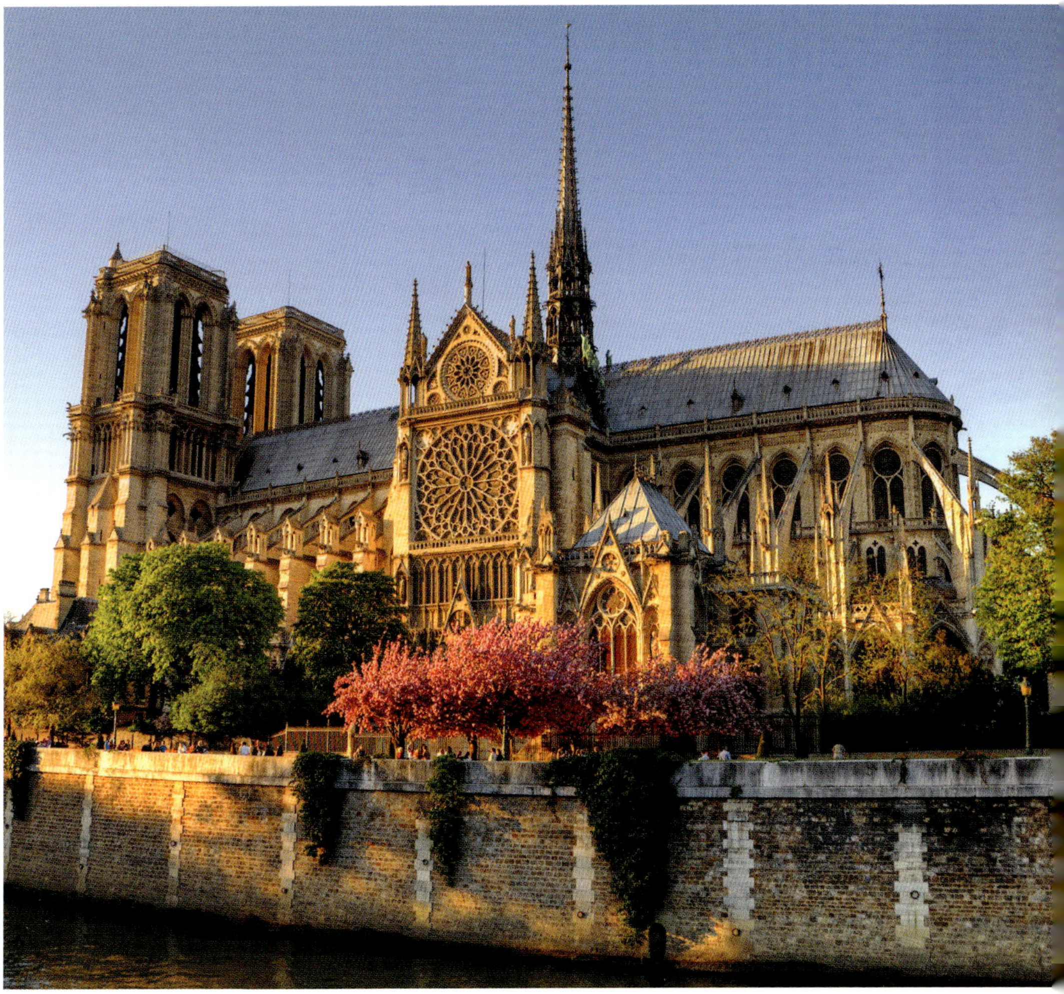

pierre bâti en 1578, enjambe la pointe de l'île de la Cité. L'élégant hôtel des Invalides, né de la volonté de Louis XIV, incarne le style classique. Les hôtels particuliers du Marais et de l'île Saint-Louis, les quais Malaquais et Voltaire, l'Institut de France ou encore l'hôtel des Monnaies témoignent de l'architecture des XVIIe et XVIIIe siècles. Le long de la grande perspective qui prend naissance au Louvre, le Petit et le Grand Palais ainsi que la vaste place de la Concorde, commandée sous Louis XV, se laissent admirer. Un arrêt par la Madeleine, dont Napoléon Ier voulait faire un temple à la gloire de la Grande Armée et qui ne sera consacrée qu'en 1842, et nous atteignons la tour Eiffel et le palais de Chaillot, démonstrations architecturales et techniques des Expositions universelles de 1889 et 1937. L'urbanisme du XXe siècle sera fortement marqué par les aménagements effectués par le baron Haussmann dans la capitale française.

Indissociable du fleuve qui l'a nourri et a œuvré à son enrichissement, Paris a pris pour devise celle des « marchands de l'eau » qui ont fait son histoire (*Fluctuat nec mergitur*, « il flotte mais ne coule pas ») et l'a inscrite sur son blason arborant un navire majestueux.

Critères de classement : II II IV *(voir légendes sur le rabat de couverture)*
Inscription en 1991.

Office de tourisme et des congrès de Paris : 25, rue des Pyramides - 75001 Paris
www.parisinfo.com.

Ci-dessus
La cathédrale Notre-Dame est dotée d'une innovation technique d'importance pour l'époque de sa construction : les gargouilles, qui permettent de rejeter l'eau de pluie loin des murs.

GEO audioguides
ÉCOUTEZ !

Découvrez les polémiques que suscita la construction de la tour Eiffel en 1889.

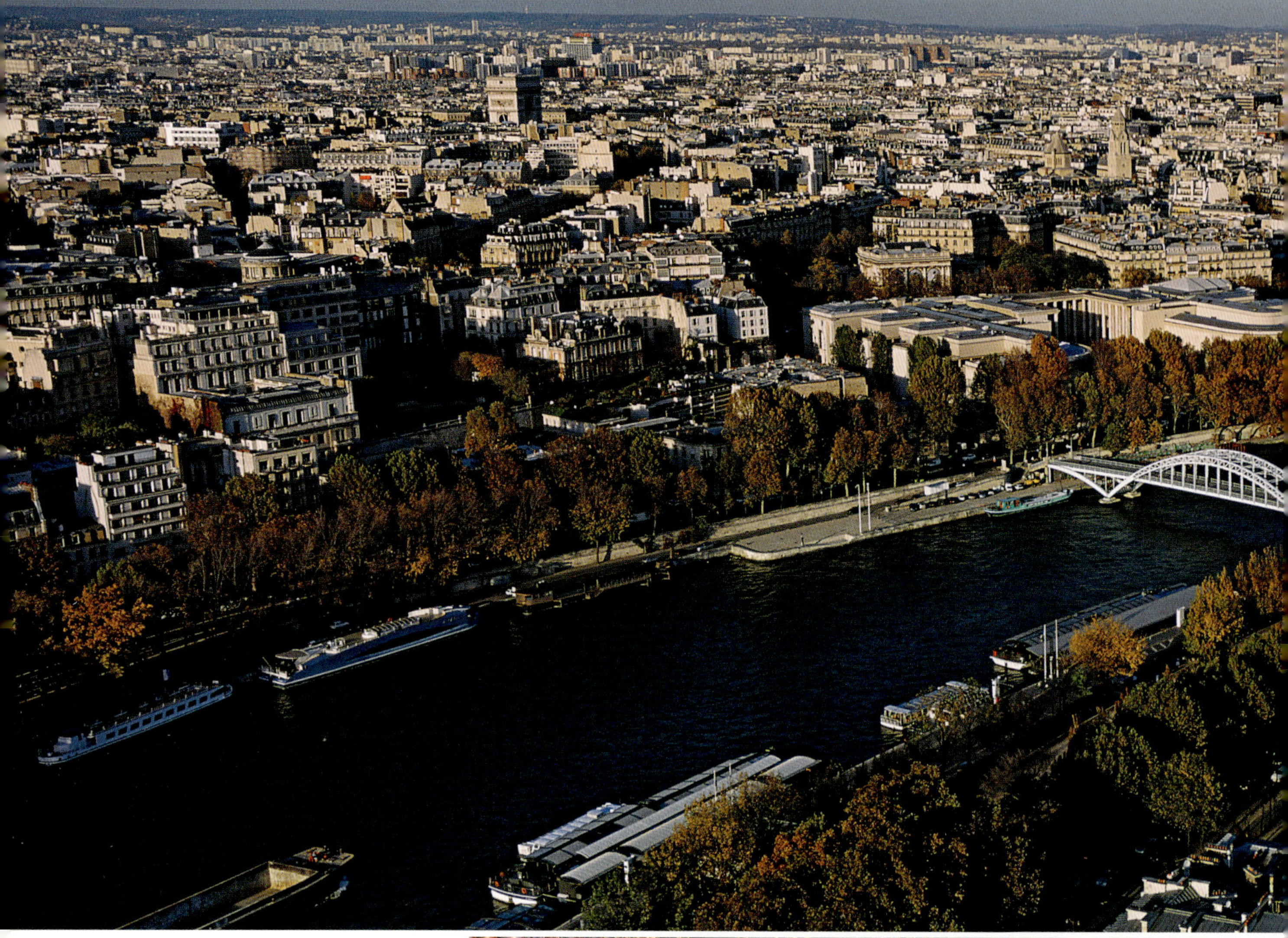

Ci-dessus
La Seine, cœur économique de Paris.

Ci-contre
L'architecture de pierre et de verre de la Sainte-Chapelle en fait un chef-d'œuvre du gothique rayonnant. Elle a été bâtie au XIIIe siècle sur ordre de Saint-Louis, au sein de son palais de la Cité, pour abriter les reliques de la Passion.

Page de droite
Douze kilos d'or furent nécessaires lors de la réfection du dôme de l'église des Invalides en 1989. Dû à Jules Hardouin-Mansart, l'édifice sert de nécropole militaire, hébergeant les tombeaux de Vauban, du maréchal Foch et, dans la crypte, celui de l'empereur Napoléon Ier.

Pages suivantes, à gauche
La tour Eiffel veille depuis plus de 120 ans sur les rives de Paris.

Pages suivantes, en haut à droite
Le pont Alexandre III enjambe la Seine et mène au Grand Palais, édifié à l'occasion de l'Exposition universelle de 1900.

Pages suivantes, en bas à droite
La place de la Concorde.

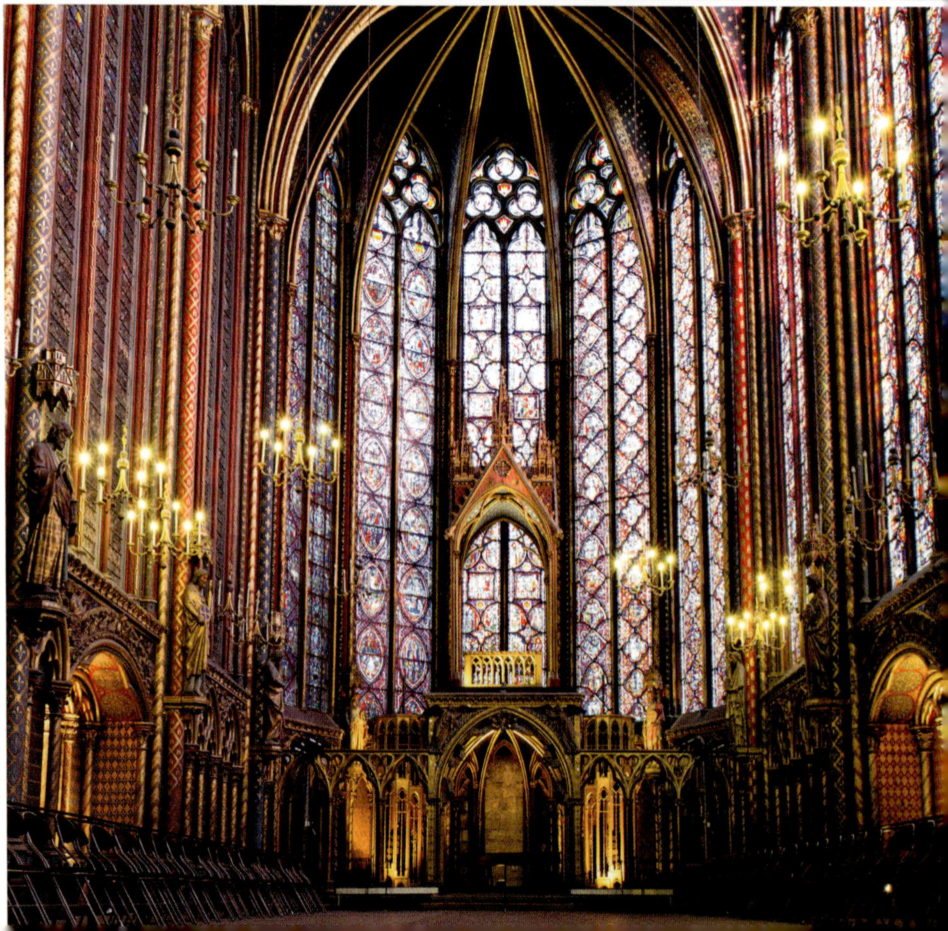

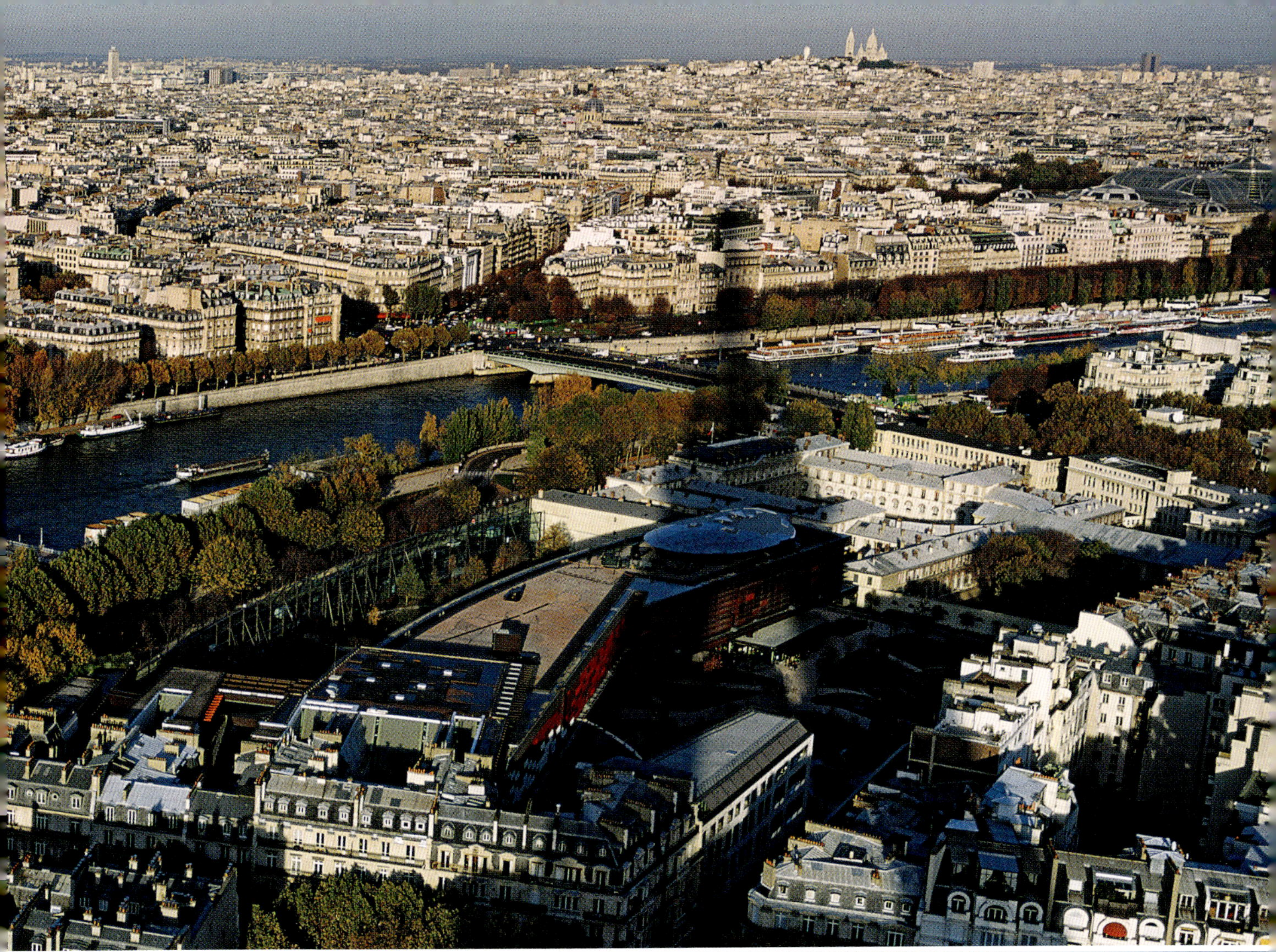

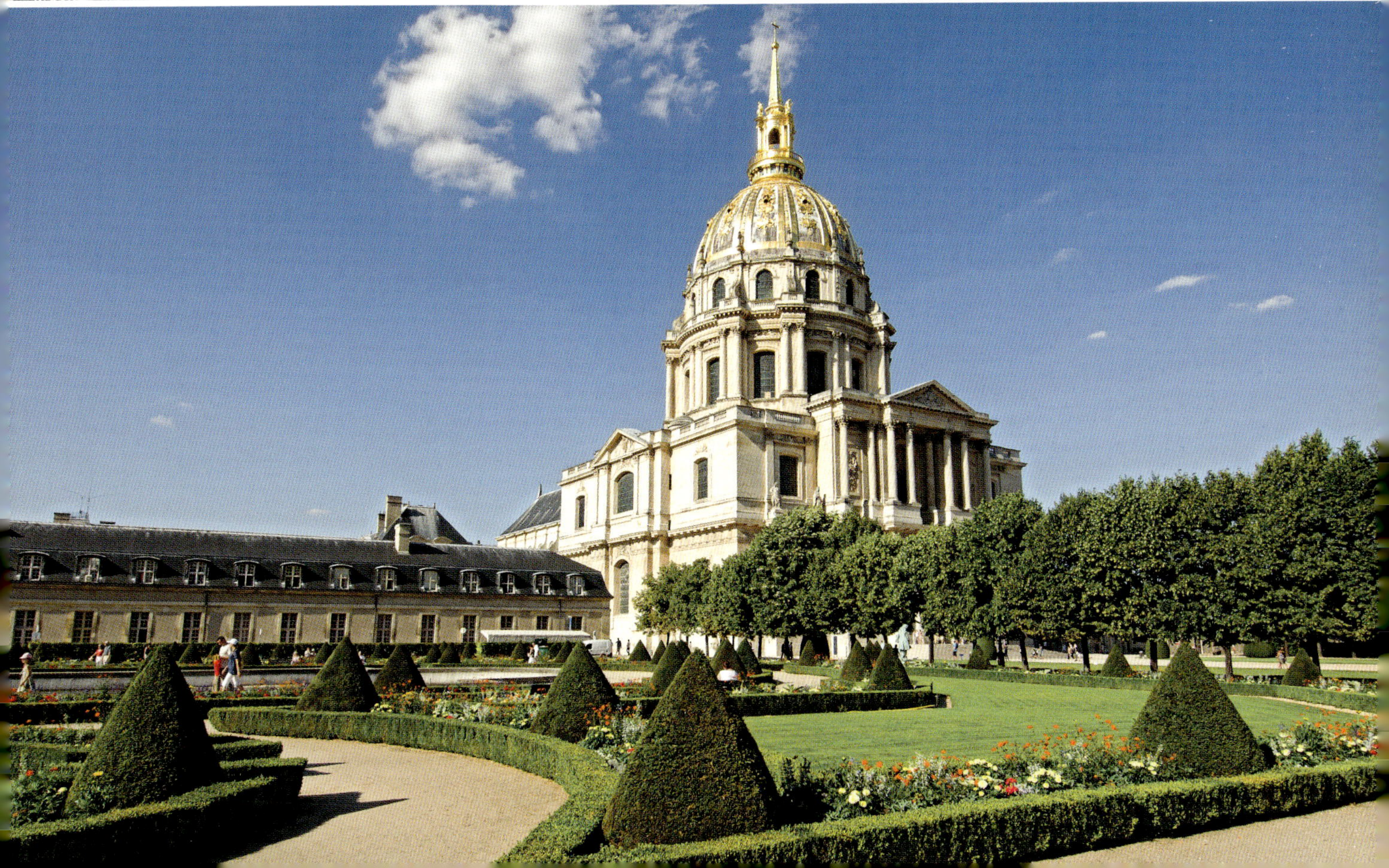

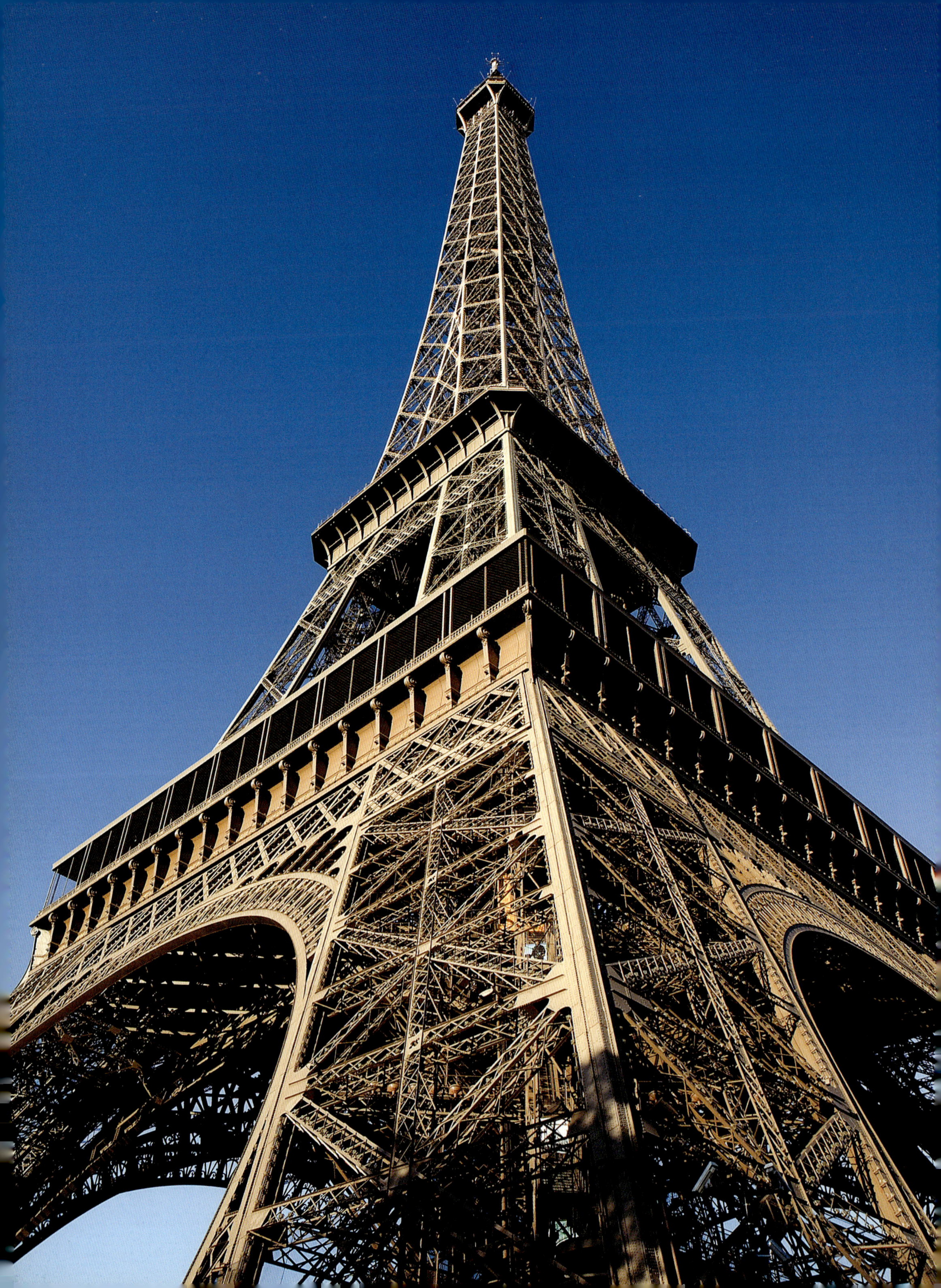

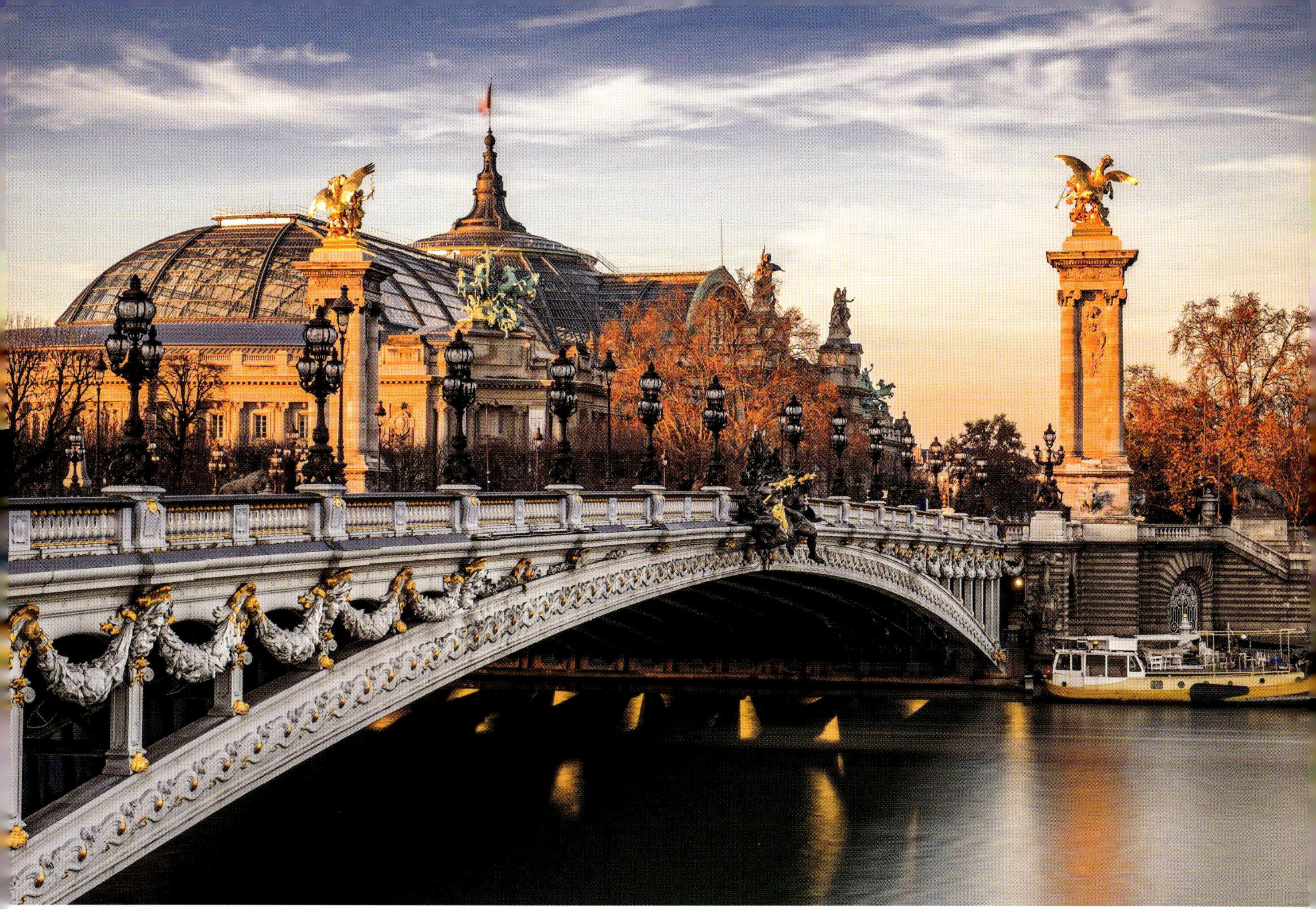
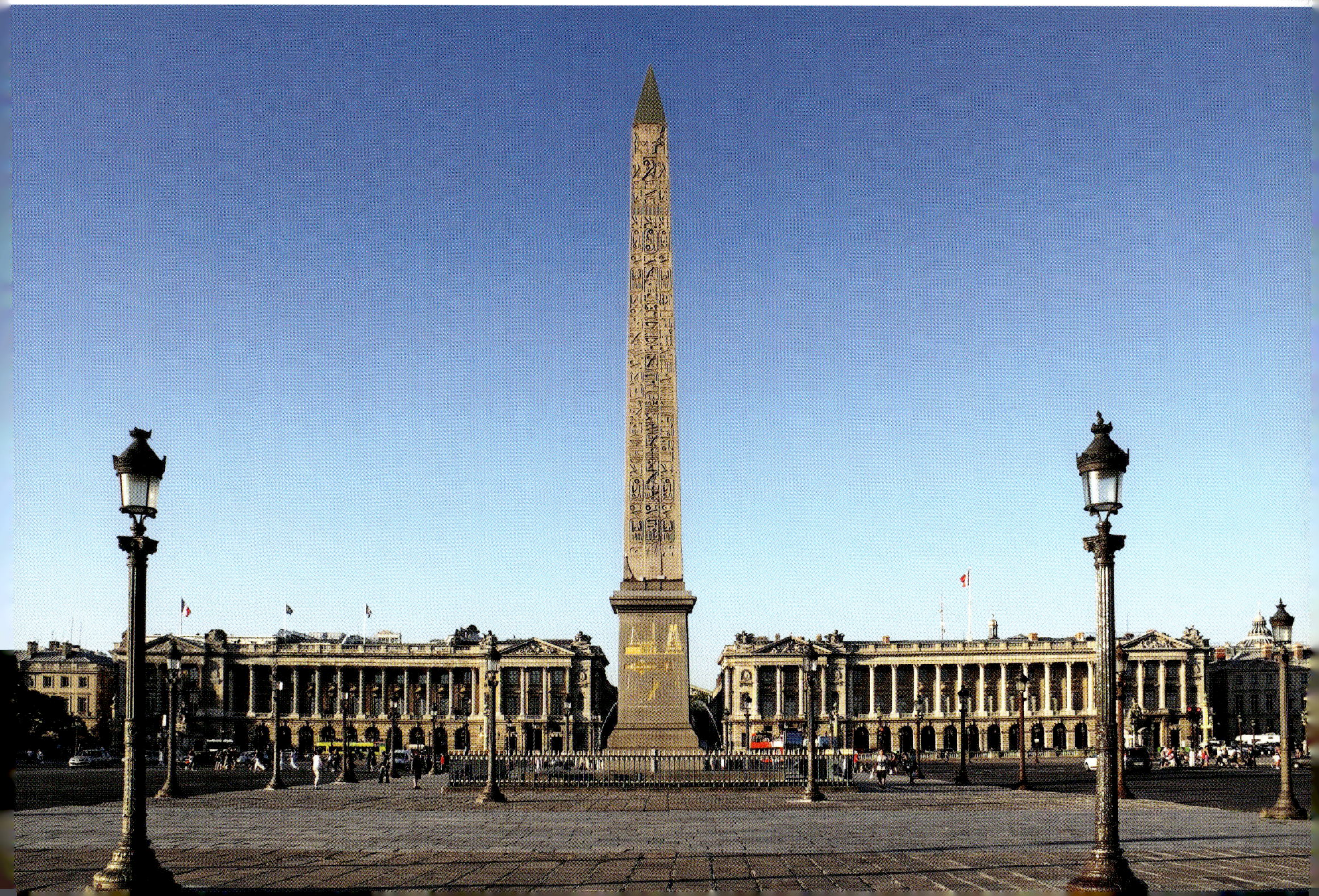

Page de droite, en haut
Les trois portails richement décorés de la cathédrale.

Page de droite, en bas
L'Ange au sourire est le plus célèbre des anges qui ornent Notre-Dame de Reims, lui valant son surnom de « cathédrale des anges ».

REIMS

Sacrée cité !

Grâce aux bâtiments inscrits sur la liste du Patrimoine mondial par l'Unesco, Reims offre un témoignage précieux sur l'histoire de France. L'ensemble que composent la cathédrale Notre-Dame, le palais du Tau et l'abbaye Saint-Remi a tissé des liens étroits avec la royauté française au fil des siècles. Comptant parmi les foyers du christianisme en Gaule, Reims accueille Clovis, roi des Francs, en 498 lors de son baptême par l'évêque Remi. L'événement est d'importance : il lie l'Église et l'État, instaurant une monarchie de droit divin. De Louis le Pieux, en 816, à Charles X, en 1825, en passant par Charles VII au XVe siècle qu'accompagnait Jeanne d'Arc, trente-trois souverains sont oints d'huile sainte dans la cathédrale de la cité champenoise.

C'est au cours d'une cérémonie de plusieurs heures que l'héritier du trône prêtait serment et recevait le sceptre ainsi que les autres insignes royaux. Un festin était ensuite organisé dans le palais du Tau, qui tire son nom de son plan en forme de T, évocation des premières crosses épiscopales. Bien qu'en grande partie remanié en 1690, ce qui fut l'ancien palais épiscopal possède encore une chapelle du XIIIe siècle et la grande salle du banquet.

C'est dans le cadre majestueux de Notre-Dame, qui a vu le jour en moins d'un siècle, que se déroule le sacre. L'ancienne cathédrale, incendiée en 1210, laisse la place à un chef-d'œuvre de l'art gothique classique, commandé par l'archevêque Aubry de Humbert. Les nouvelles techniques architecturales mises en œuvre sont rehaussées par une statuaire exceptionnelle. Plus de 2 300 sculptures composent la décoration, dont le célèbre Ange au sourire qui veille sur le portail gauche de la façade. L'intérieur, achevé en 1285, dégage cette même impression d'élan vers le ciel que l'on retrouve à Chartres et à Amiens. La cathédrale traversera les siècles sans encombres jusqu'à la Première Guerre mondiale, durant laquelle elle recevra plus de 300 obus. Si certaines verrières du XIIIe siècle ont survécu, telle la grande rosace, d'autres ont été remplacées.

Enfin, dernier ensemble remarquable, l'ancienne abbaye bénédictine, aménagée en musée, et son abbatiale sont placées sous le patronage de saint Remi. La dépouille de l'évêque rémois, mort en 533, repose dans le chœur de l'église, bâtie à partir du XIe siècle pour accueillir également la sainte ampoule, contenant l'huile d'onction des rois de France.

Critères de classement : I II VI *(voir légendes sur le rabat de couverture)*
Inscription en 1991.

Cathédrale Notre-Dame : Place Cardinal Luçon - 51100 Reims. **Palais du Tau :** 2, place Cardinal Luçon - 51100 Reims. **Basilique Saint-Remi :** Place Chanoine Ladame - 51100 Reims. **Musée-abbaye de Saint-Remi :** 53, rue Simon - 51100 Reims. **Office de tourisme de Reims :** 2, rue Guillaume de Machault - 51000 Reims - Tél. 03 26 77 45 00 www.reims-tourisme.com.

GEO audioguides
ÉCOUTEZ !

Revivez l'ambiance des sacres royaux dans la cathédrale avec l'historien Patrick Demouy.

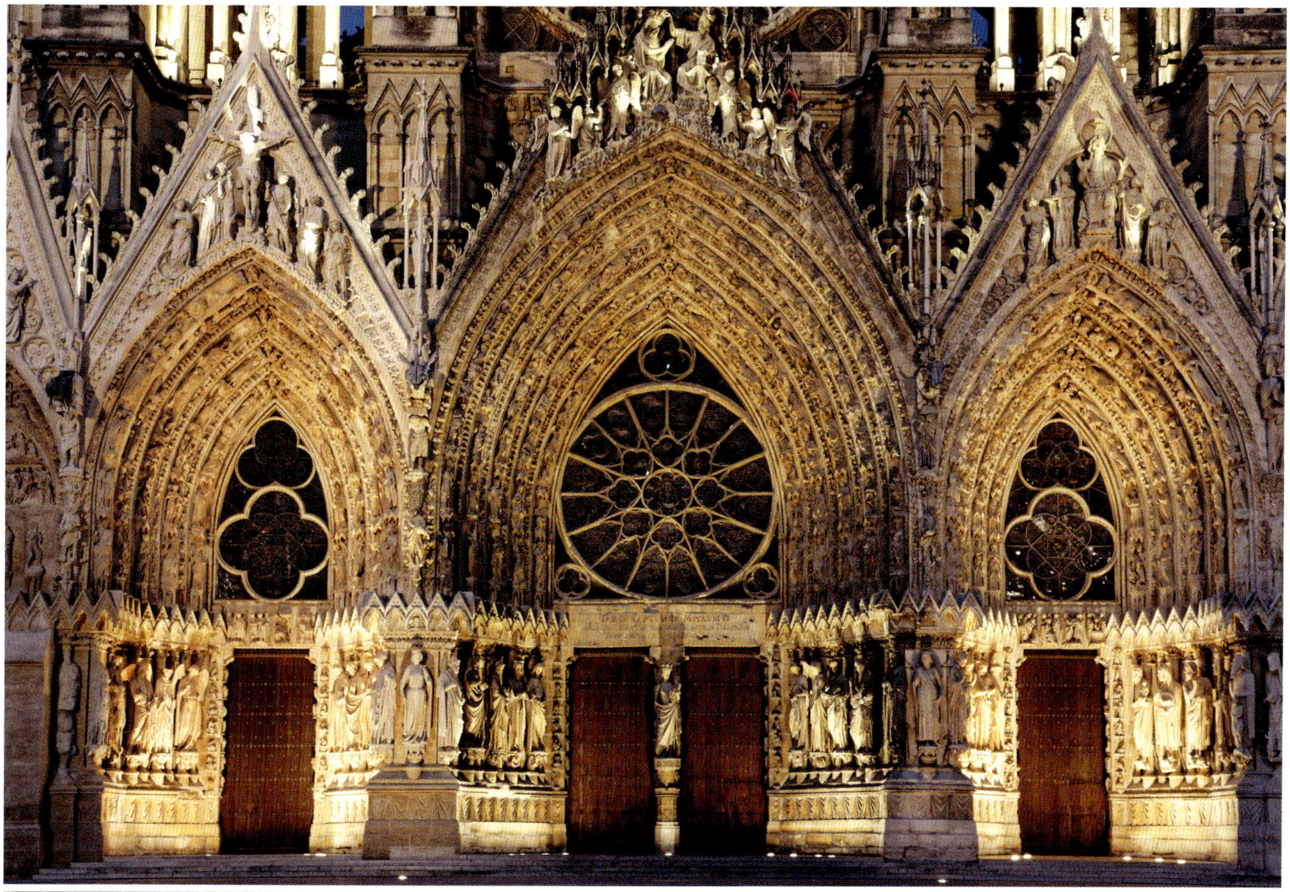

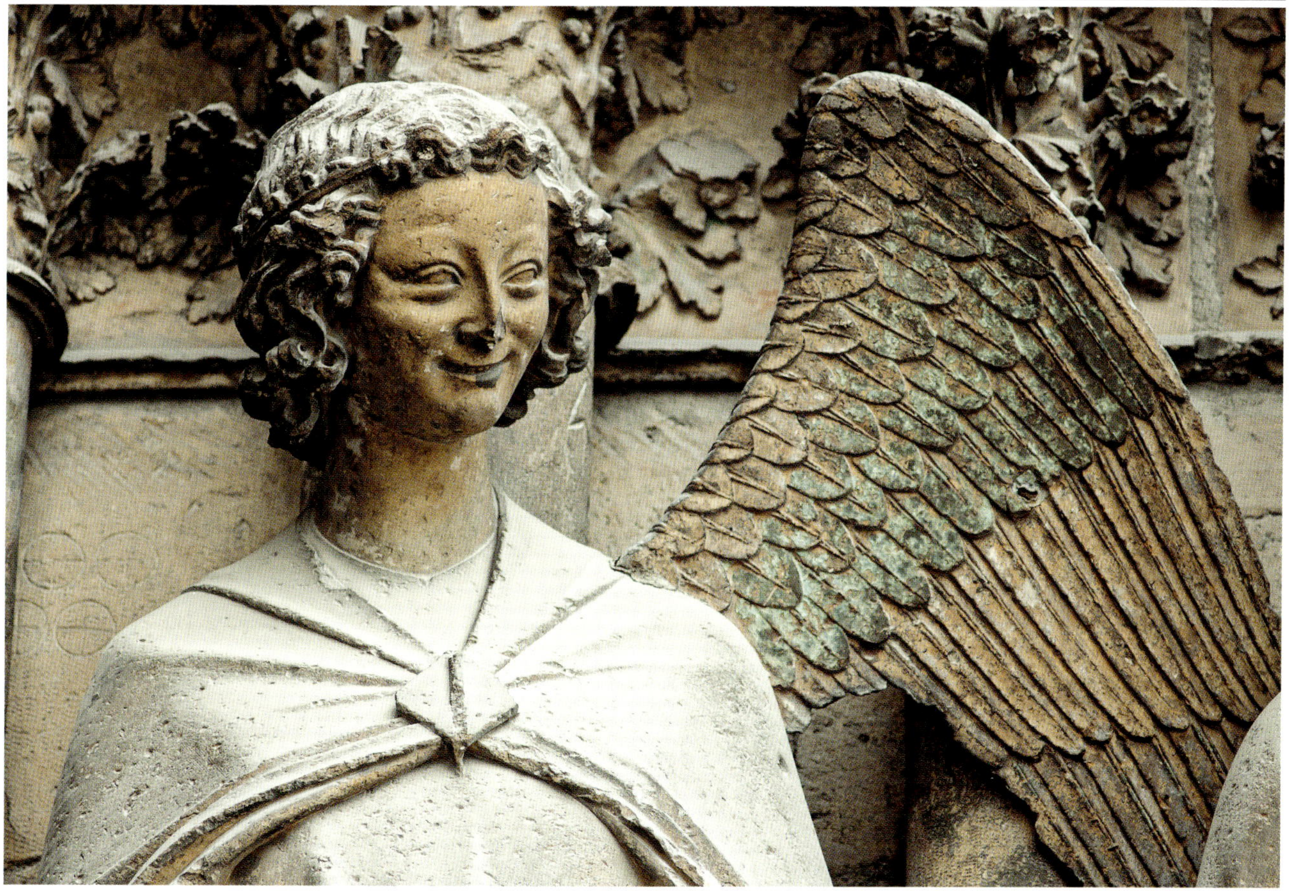

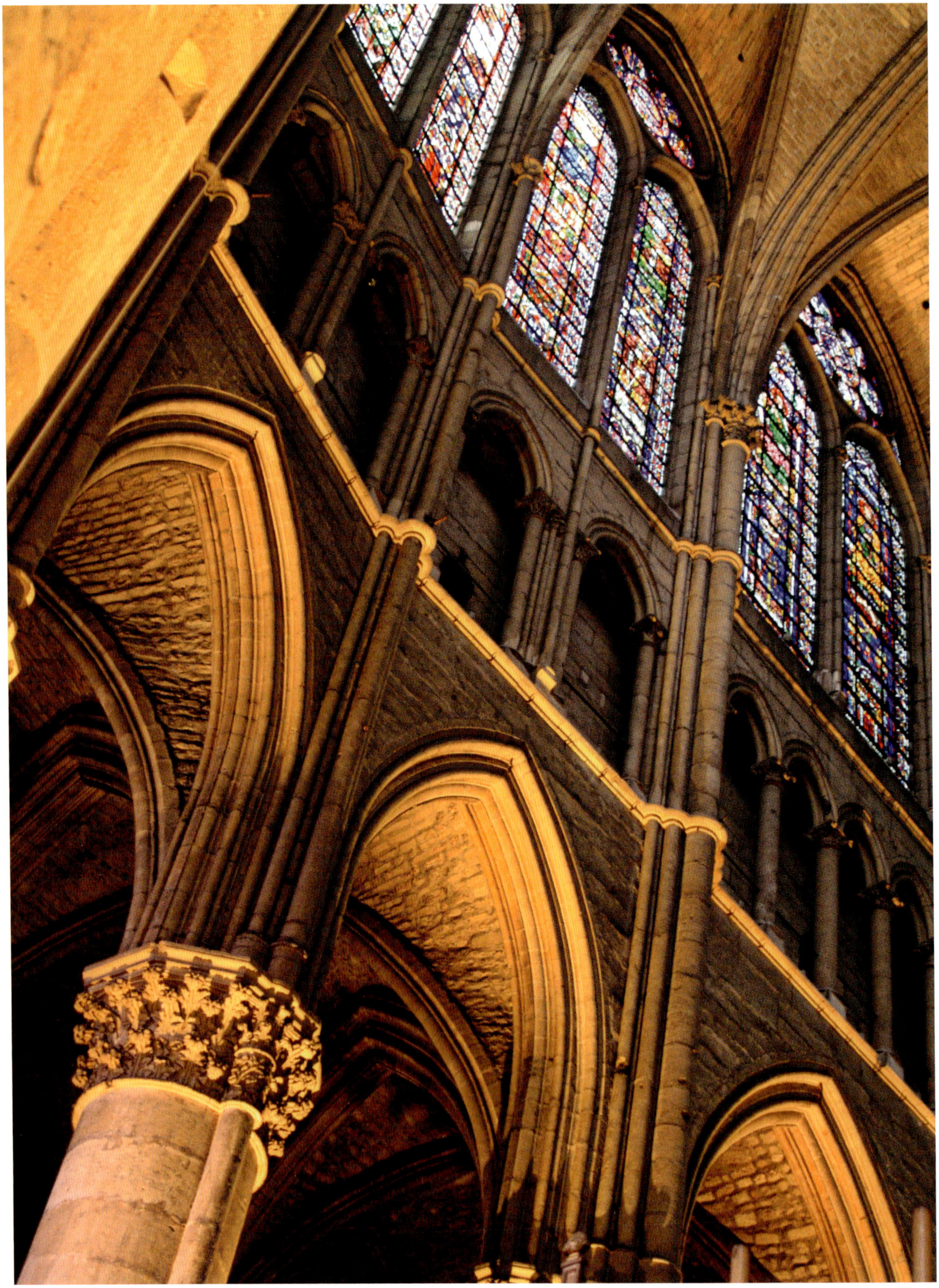

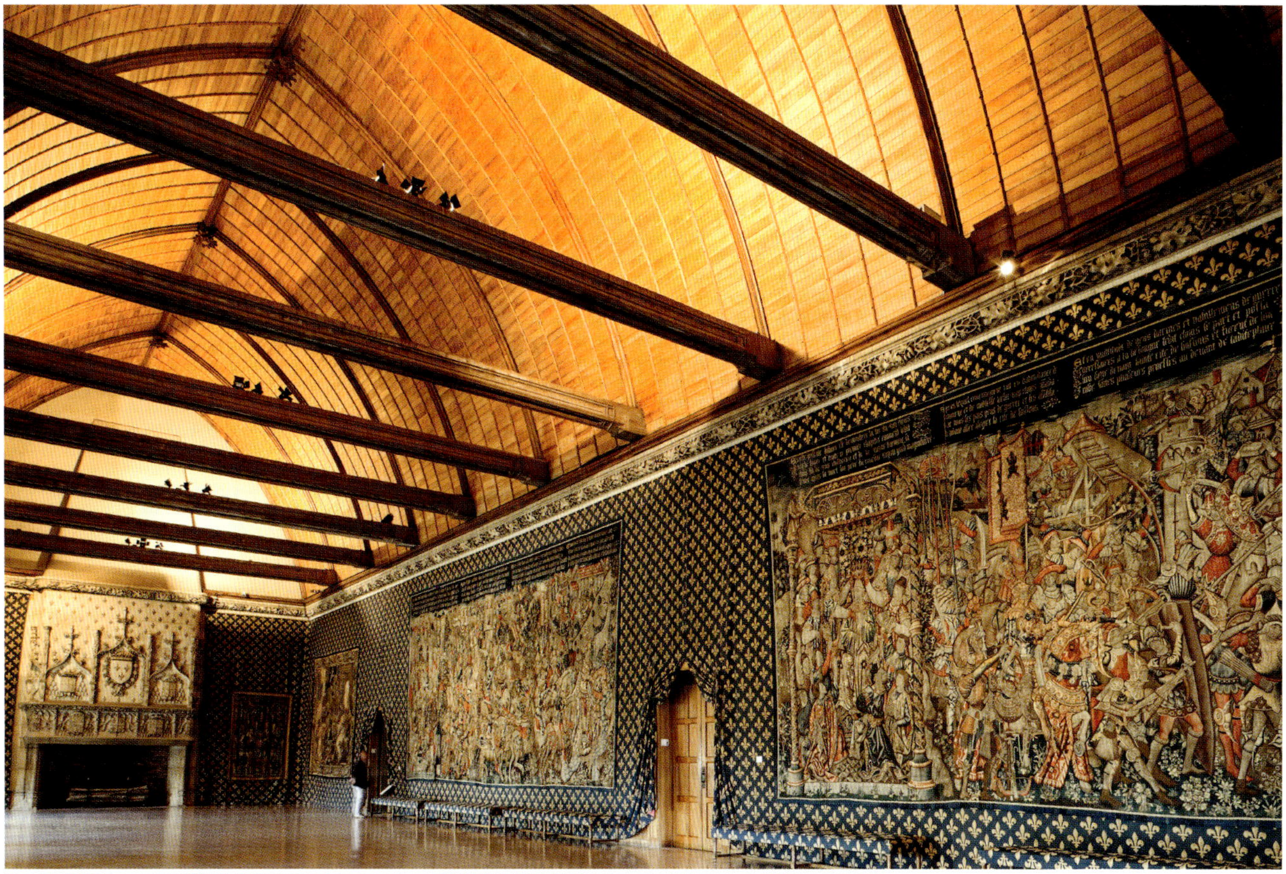

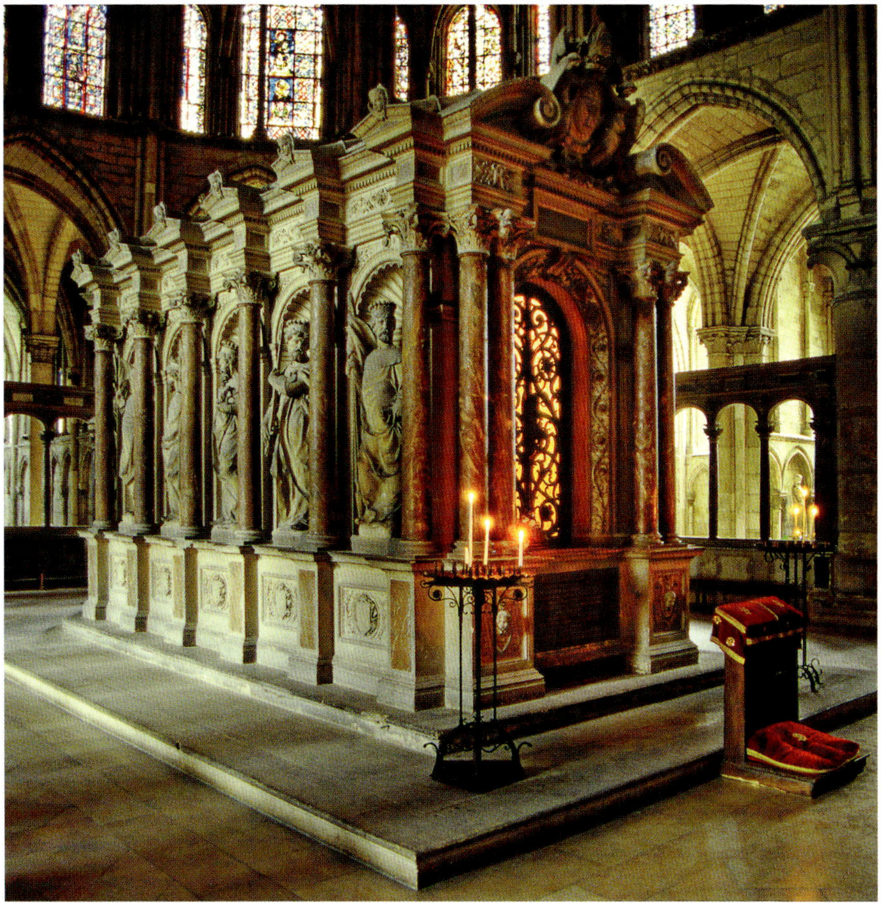

Page de gauche
Sur les chapiteaux qui soutiennent la voûte, perchée à 38 m de hauteur, se déploie une décoration végétale. Nombre de vitraux n'ont pas survécu aux bombardements de la guerre de 1914-1918. Ceux dessinés par Marc Chagall sont visibles dans la chapelle absidiale.

Ci-dessus
L'ancien palais épiscopal, jouxtant la cathédrale Notre-Dame, abrite aujourd'hui le trésor de la cathédrale et de nombreuses statues. De belles tapisseries d'Arras ornent les murs de la salle du Tau (XVe siècle), où était organisé un banquet après la cérémonie du sacre.

Ci-contre
Nimbée dans la pénombre, la nef romane de l'abbatiale Saint-Remi, devenue basilique au XIXe siècle, a été bâtie au XIe siècle. Vouée à saint Remi, dont le tombeau repose dans le chœur de style gothique, réalisé en 1847, elle abritait la sainte ampoule qui, selon la légende, fut apportée à l'évêque de Reims par une colombe.

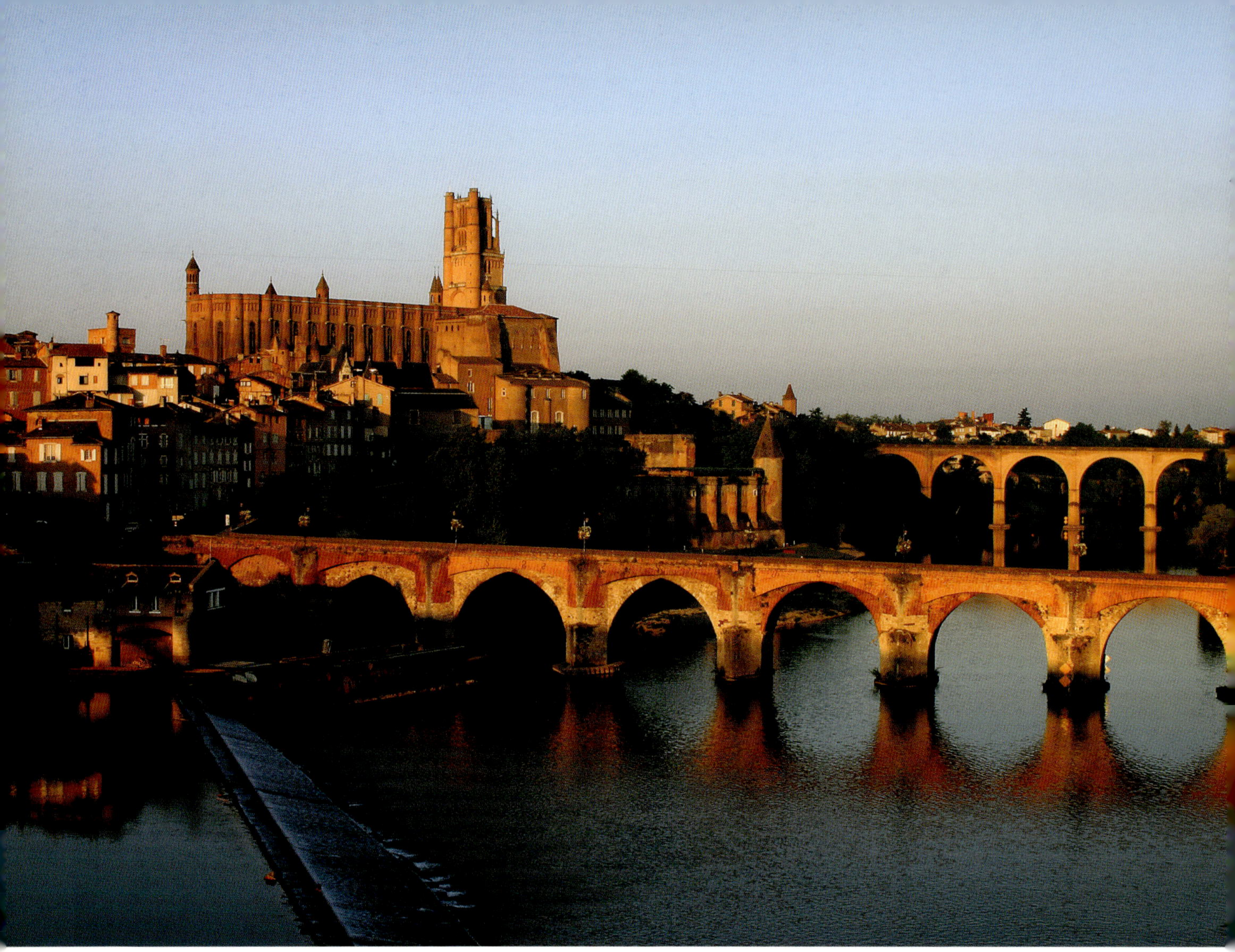

Ci-dessus
La cathédrale Sainte-Cécile, élevée à partir de 1282, se détache au-dessus de la vieille-ville d'Albi. De style gothique méridional, elle affiche des dimensions impressionnantes – 113 m de longueur et 35 m de largeur – et constitue le plus vaste édifice religieux construit en brique languedocienne.

CITÉ ÉPISCOPALE D'ALBI

Albi la flamboyante

Sa couleur est unique. L'harmonie et la puissance qui s'en dégagent en font un ensemble urbain exceptionnel, surplombant le Tarn, avec sa cathédrale qui émerge, tel un vaisseau, d'une marée de briques rouges. La cité épiscopale d'Albi, ancienne résidence des évêques dès le Moyen Âge, se découvre en empruntant les petites ruelles du Castelviel, du Castelnau (le « quartier nouveau ») ou encore du bourg Saint-Salvi. Les maisons médiévales à pans de bois et en encorbellements ainsi que les hôtels particuliers de la Renaissance relatent l'histoire de cette ville florissante. La construction du pont-vieux, en 1035, a permis à la ville de s'étendre de l'autre côté du Tarn. Véritables enjeux économiques, la rivière et son port, qui facilitent les échanges, participent de l'essor de la cité. Nombre de marchandises transitent par Albi, dont la fortune reposera sur le pastel et le safran à partir du XVe siècle. Parmi les quartiers de la vieille-ville, le bourg Saint-Salvi est marqué par une intense activité commerciale et artisanale. Il s'est développé autour de la collégiale dédiée au premier évêque d'Albi. Dans l'église comme dans le cloître, bâtis entre les XIe et XIIIe siècles, se mêlent judicieusement styles roman et gothique.

GEO audioguides
ÉCOUTEZ !

Promenez-vous le long des berges du Tarn pour admirer le panorama sur la ville et les fortifications.

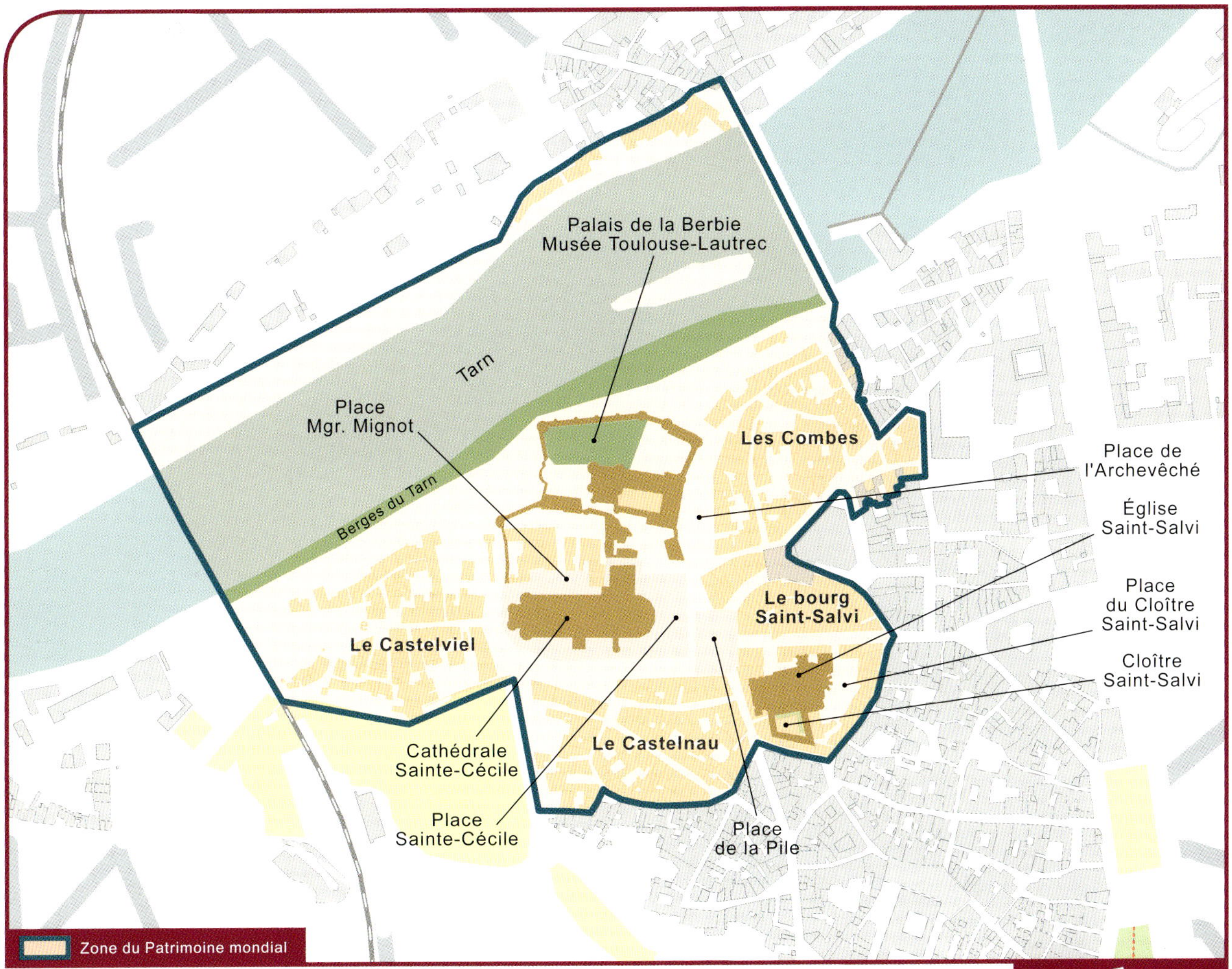

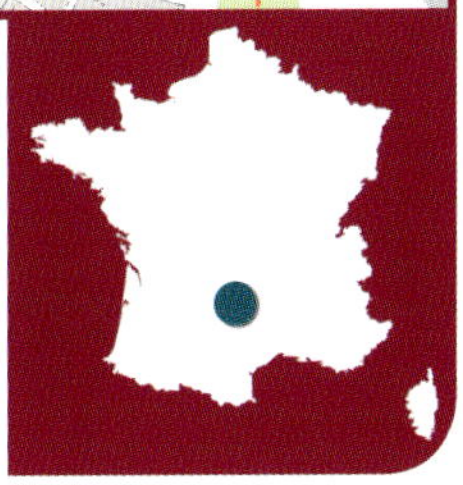

Mais ce sont surtout la cathédrale Sainte-Cécile et le palais fortifié de la Berbie qui attirent les regards. Élevés au sortir de la croisade contre les Cathares – aussi appelés Albigeois en raison de l'accointance de la ville avec ce mouvement jugé hérétique –, ils exaltent la puissance de l'église catholique romaine et en magnifient la grandeur. L'austérité qu'affiche la cathédrale rend d'autant plus saisissante la découverte de l'intérieur : murs et voûtes de la nef ont été entièrement peints par des artistes italiens au début du XVIe siècle. Sous l'orgue imposant, datant du XVIIIe siècle et abondamment décoré, se trouve l'une des plus grandes représentations du *Jugement dernier*, occupant plus de 200 m^2.

En contrebas de la cathédrale, bordé par le Tarn, le palais de la Berbie fut le lieu de résidence des évêques d'Albi à partir du XIIIe siècle. Protégé par des murs épais et dominé par un haut donjon culminant à 50 mètres, il a tout du château médiéval. Son aspect défensif s'atténua pourtant à partir du XVe siècle. Il abrite aujourd'hui un musée consacré à Toulouse-Lautrec, enfant du pays.

Critères de classement : IV V *(voir légendes sur le rabat de couverture)* - Inscription en 2010.

Cathédrale Sainte-Cécile : 5, boulevard Sibille - 81000 Albi. **Palais de la Berbie - Musée Toulouse-Lautrec :** Place Sainte-Cécile - 81000 Albi. **Office de tourisme d'Albi :** Place Sainte-Cécile - 81000 Albi - Tél. 05 63 36 36 00 - www.albi-tourisme.fr.

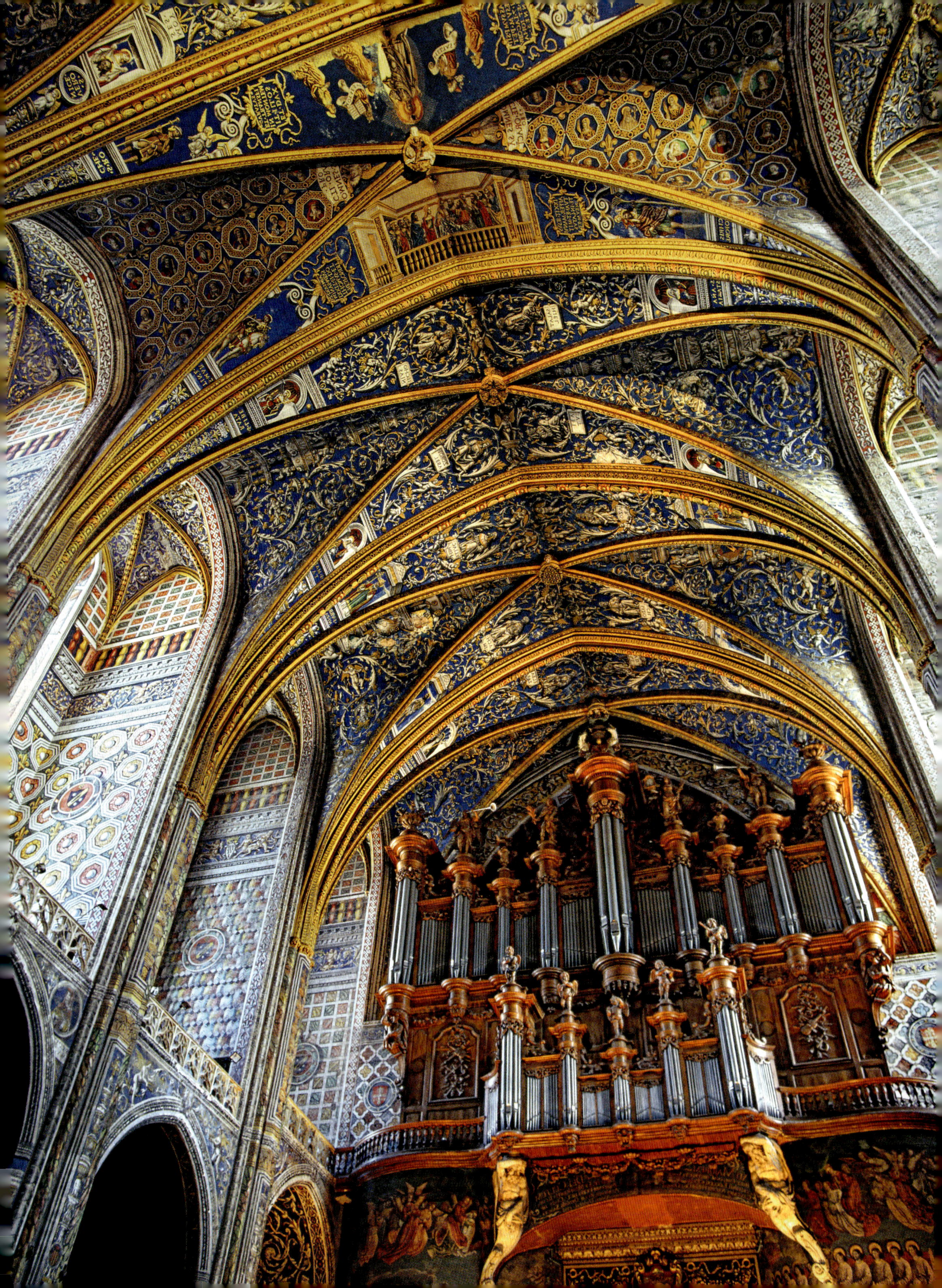

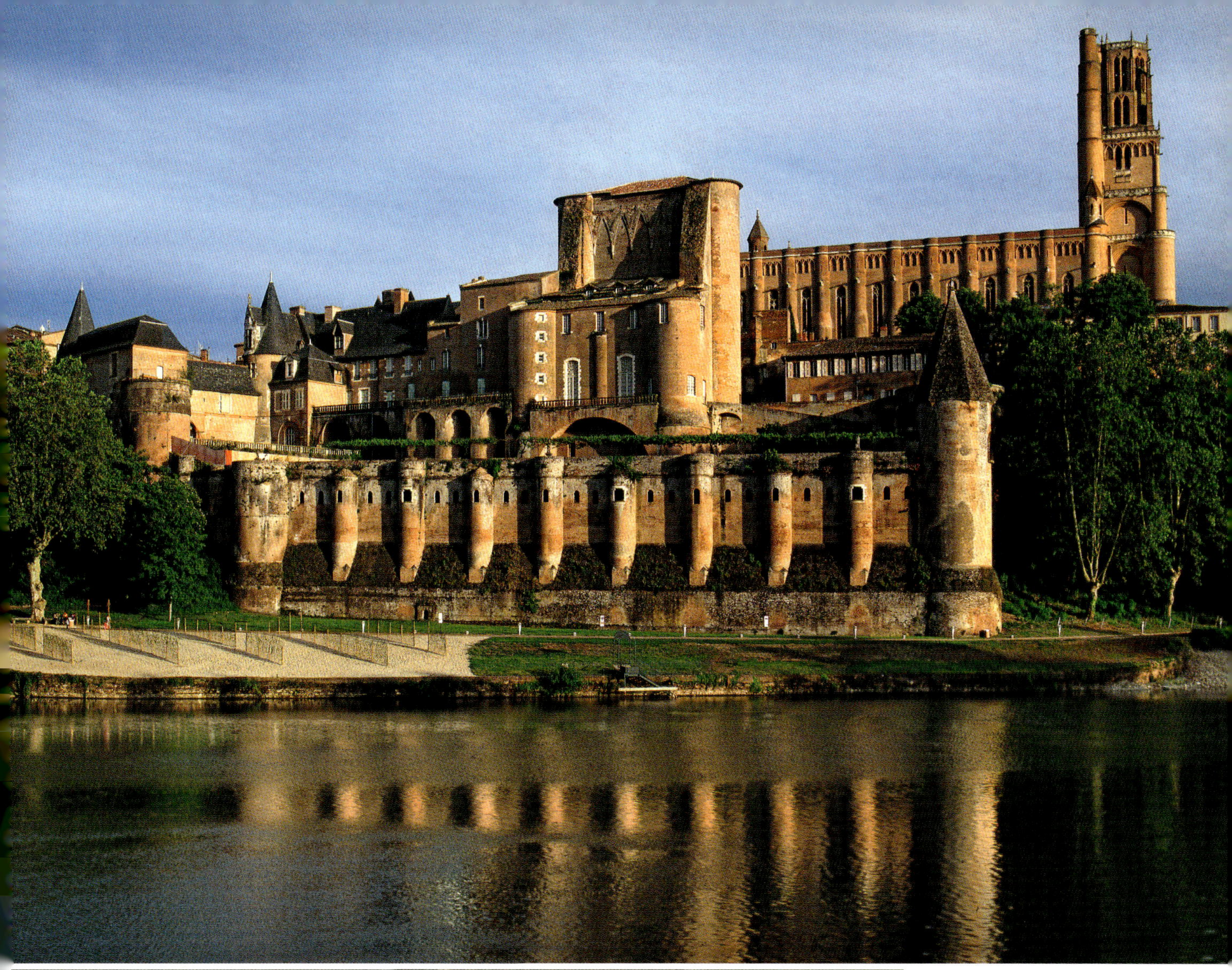

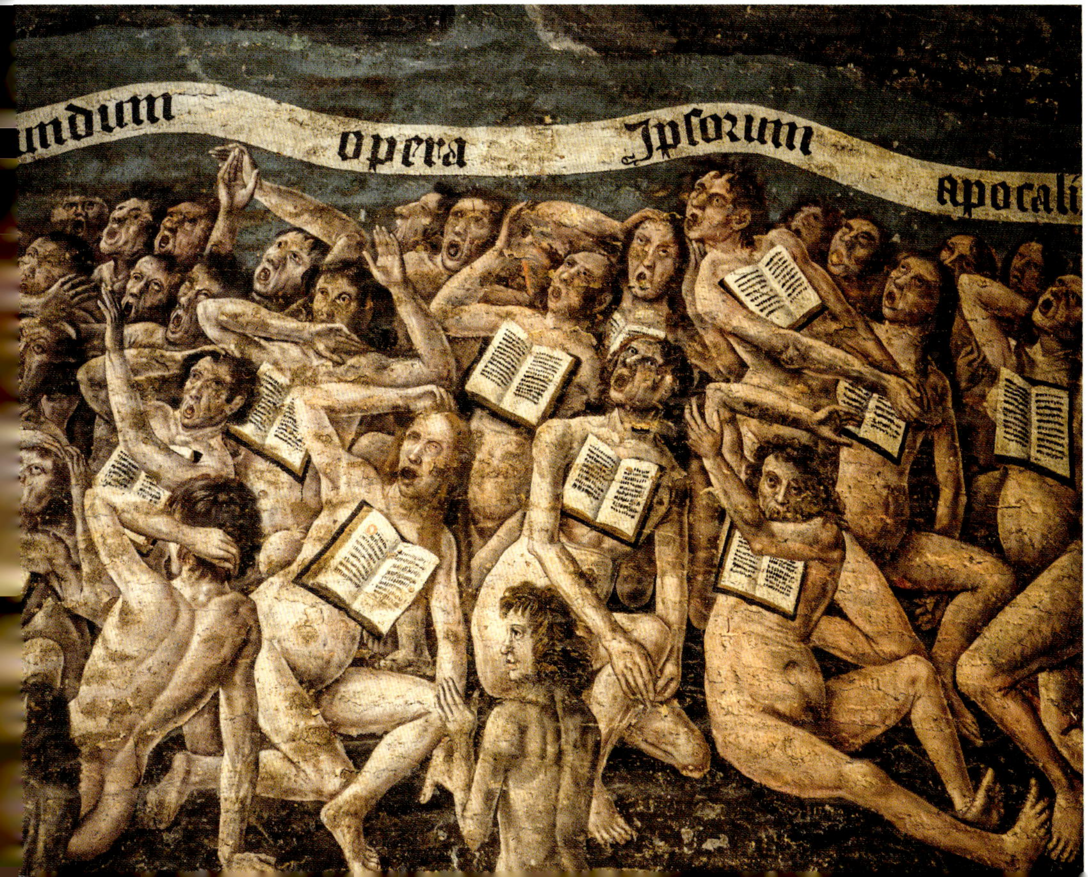

Page de gauche
La voûte peinte de la nef de la cathédrale Sainte-Cécile.

Ci-dessus
La résidence des évêques d'Albi, le palais de la Berbie, tire son nom de l'occitan « Bisbia » qui signifie « évêché ». La visite du musée Toulouse-Lautrec, installé entre les murs épais du palais, peut être suivie par une promenade sur le chemin de ronde ou dans le jardin classique aménagé sur la place d'armes.

Ci-contre
La fresque du Jugement dernier, dans la cathédrale.

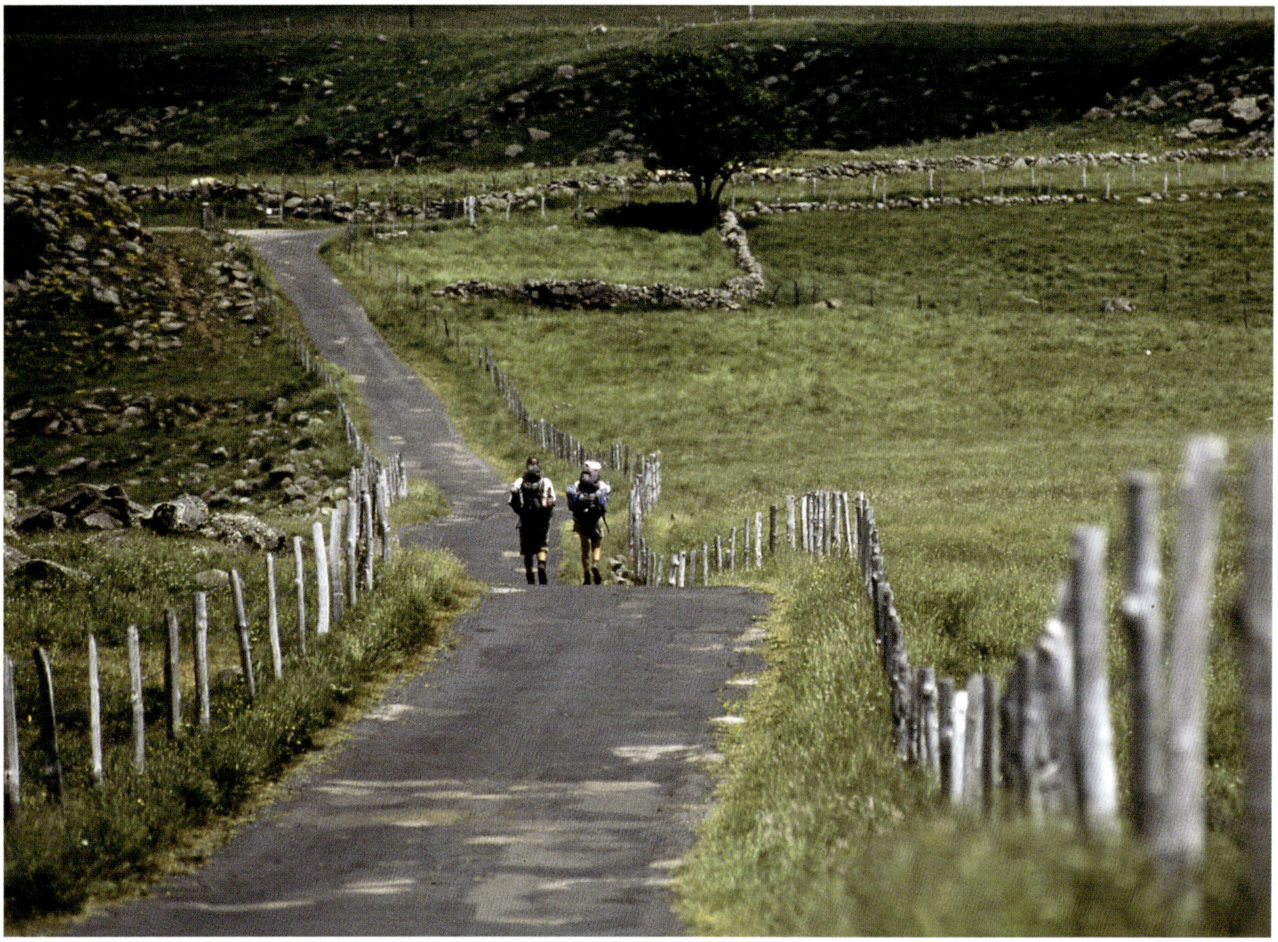

Ci-dessus
Sur le haut-plateau d'Aubrac, situé sur la via Podiensis, il reste plus de 1 000 kilomètres à parcourir pour les pèlerins jusqu'à leur but ultime : Saint-Jacques-de-Compostelle.

CHEMINS DE SAINT-JACQUES-DE-COMPOSTELLE EN FRANCE

Routes initiatiques

Dominée par les Maures, l'Espagne est en pleine Reconquista lorsqu'est découvert en 810 un tombeau attribué à saint Jacques le Majeur, l'un des douze apôtres de Jésus. La légende raconte qu'un ermite de Galice nommé Pélage aurait suivi une étoile pour découvrir son emplacement dans un champ, d'où le nom de Compostelle (*Campus Stellae*). Cette découverte constitue une aubaine pour les autorités ecclésiastiques chrétiennes, qui développent le culte des reliques de ce saint martyr. Pour accueillir les fidèles qui viennent de toute l'Europe à pied ou à cheval, une église est construite sur l'emplacement de sa tombe. Une cathédrale suivra au XIe siècle, période durant laquelle le pèlerinage de Saint-Jacques-de-Compostelle connaîtra son âge d'or. Il deviendra, au même titre que celui de Jérusalem ou de Rome, l'un des lieux de pèlerinage les plus importants de la Chrétienté médiévale. Les épidémies de peste et les réformes de Luther (qui réfute le culte des reliques) l'affecteront néanmoins. Il n'attire plus les foules à partir du XIVe siècle. Il faudra attendre la fin du XXe siècle et le classement de ses chemins par l'Unesco pour qu'il suscite de nouveau un engouement, aussi bien auprès des croyants que des amateurs de randonnée pédestre ou d'art roman.
Si les routes empruntées par les pèlerins sont nombreuses, quatre d'entre elles

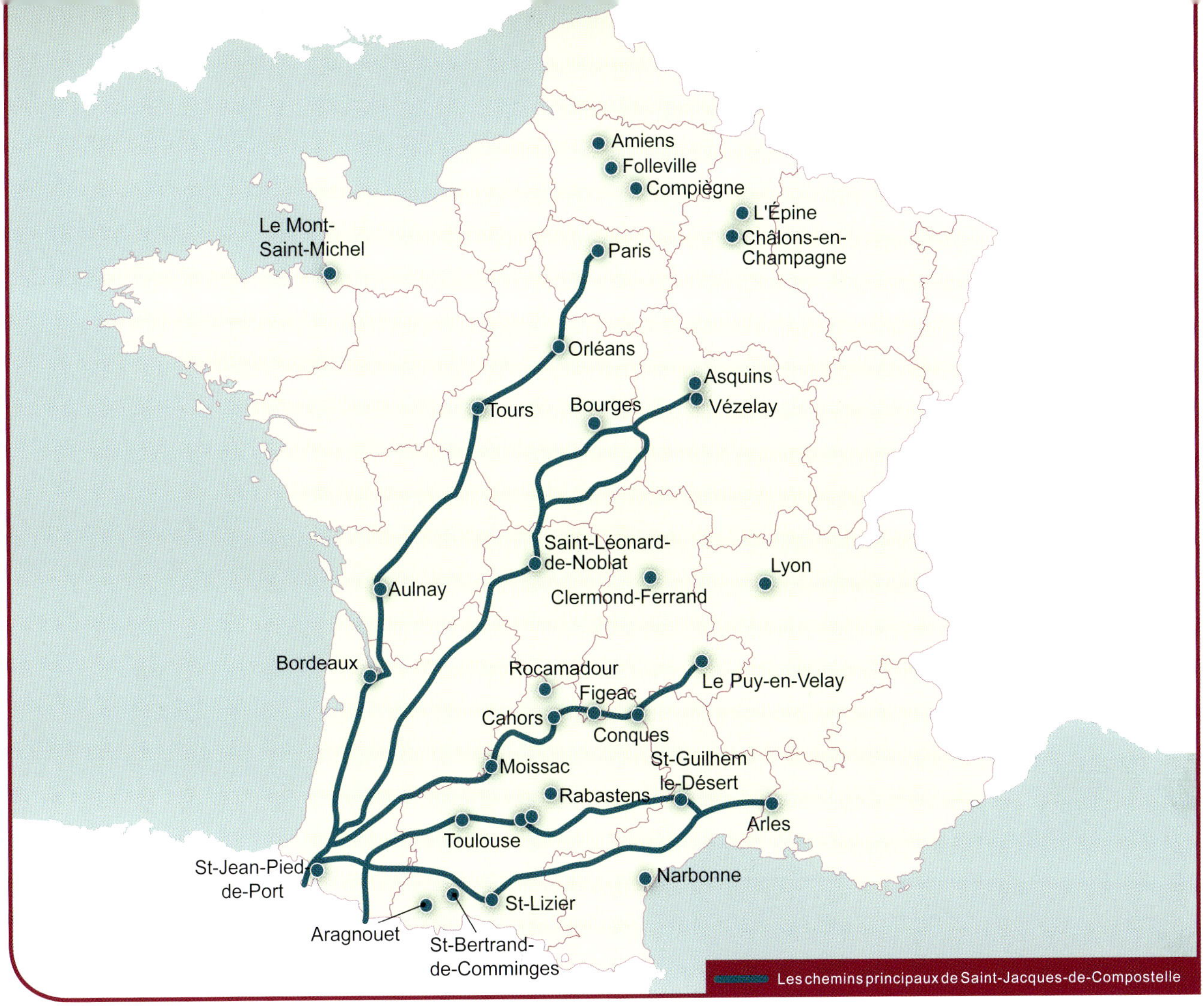

Les chemins principaux de Saint-Jacques-de-Compostelle

sont identifiées comme étant les plus fréquentées : la Via Lemovicensis, qui part de Vézelay et passe par Limoges, la Via Turonensis, qui commence à la tour Saint-Jacques à Paris et passe par Tours, la Via Tolosana, débutant à Arles et traversant Toulouse, et, enfin, la plus ancienne, la Via Podiensis, qui part du Puy-en-Velay. Sur cette dernière qui suit le GR 65, sept sections représentant 160 kilomètres sont inscrites sur la liste du Patrimoine mondial par l'Unesco, qui comprend par ailleurs 64 monuments et 7 ensembles, dont Le Mont-Saint-Michel, représentatifs des chemins de Compostelle. Parmi les sites labellisés figurent non seulement des abbayes, des basiliques, des cathédrales, des églises et des ponts, mais aussi des hospices. Ces derniers s'inscrivent dans le système d'entraide mis en place sous l'impulsion des grandes abbayes pour protéger les pèlerins qui, en plus de courir les dangers liés à la route, étaient parfois exposés à des maladies. Toujours empruntés de nos jours, les chemins de Saint-Jacques-de-Compostelle témoignent de 1000 ans d'histoire. Au-delà de leur valeur spirituelle, ils incarnent aussi l'évolution de l'architecture européenne sur plusieurs siècles.

Rejoignez Éliane et Mauricette lors de leur arrêt à Saint-Jean-Pied-de-Port, l'une des dernières étapes françaises sur les chemins de Saint-Jacques avant l'Espagne.

Critères de classement : II IV VI *(voir légendes sur le rabat de couverture)*
Inscription en 1998.

Association de coopération interrégionale « Les Chemins de Saint-Jacques-de-Compostelle » : 4, rue Clémence Isaure - 31000 Toulouse - Tél. 05 62 27 00 05 www.chemins-compostelle.com. **Société française des Amis de Saint-Jacques :** 8, rue des Canettes - 75006 Paris - Tél. 01 43 54 32 90 - www.compostelle.asso.fr.

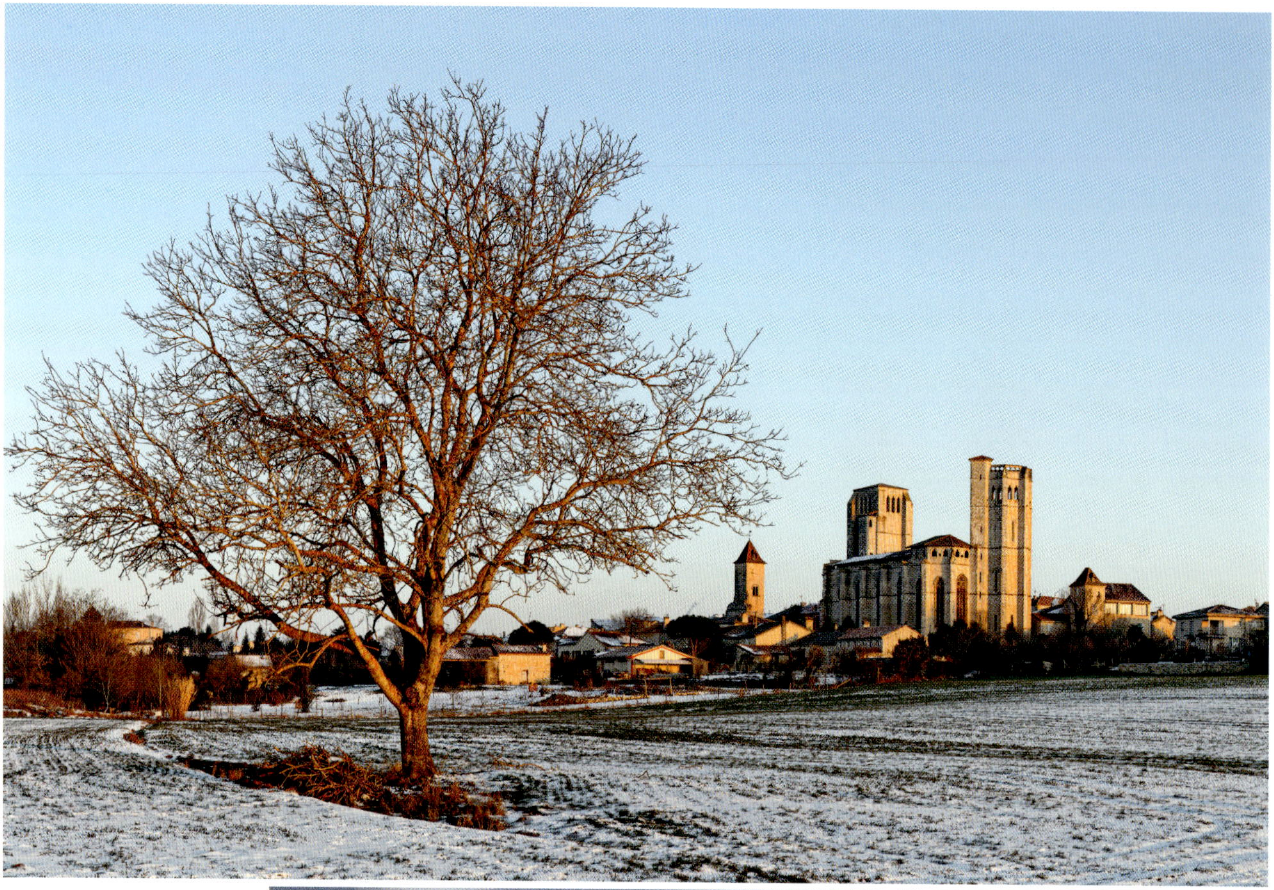

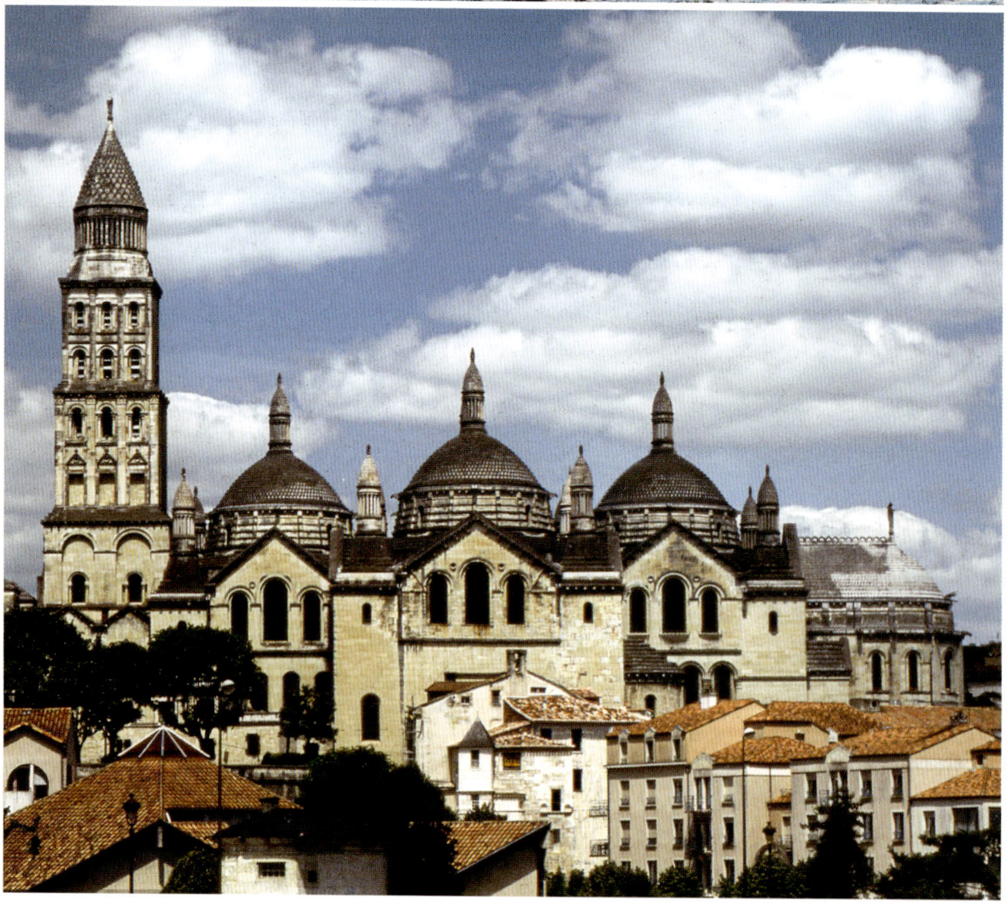

Ci-dessus
La cathédrale Sainte-Marie de Saint-Bertrand-de-Comminges, de style romano-gothique, fut édifiée entre le XIe et le XIIe siècle.

Ci-contre
Bâtie selon un plan en croix grecque, la cathédrale de Saint-Front de Périgueux perpétue la mémoire de saint Front, premier évangélisateur du Périgord qui vécut vers le Ve siècle.

Page de droite
Architecture simple et dépouillée du cloître de l'abbaye de Saint-Guilhem-le-Désert. Étape jacquaire, l'abbaye abrite les reliques du saint éponyme ainsi qu'un morceau de la croix du Christ, offert par Charlemagne.

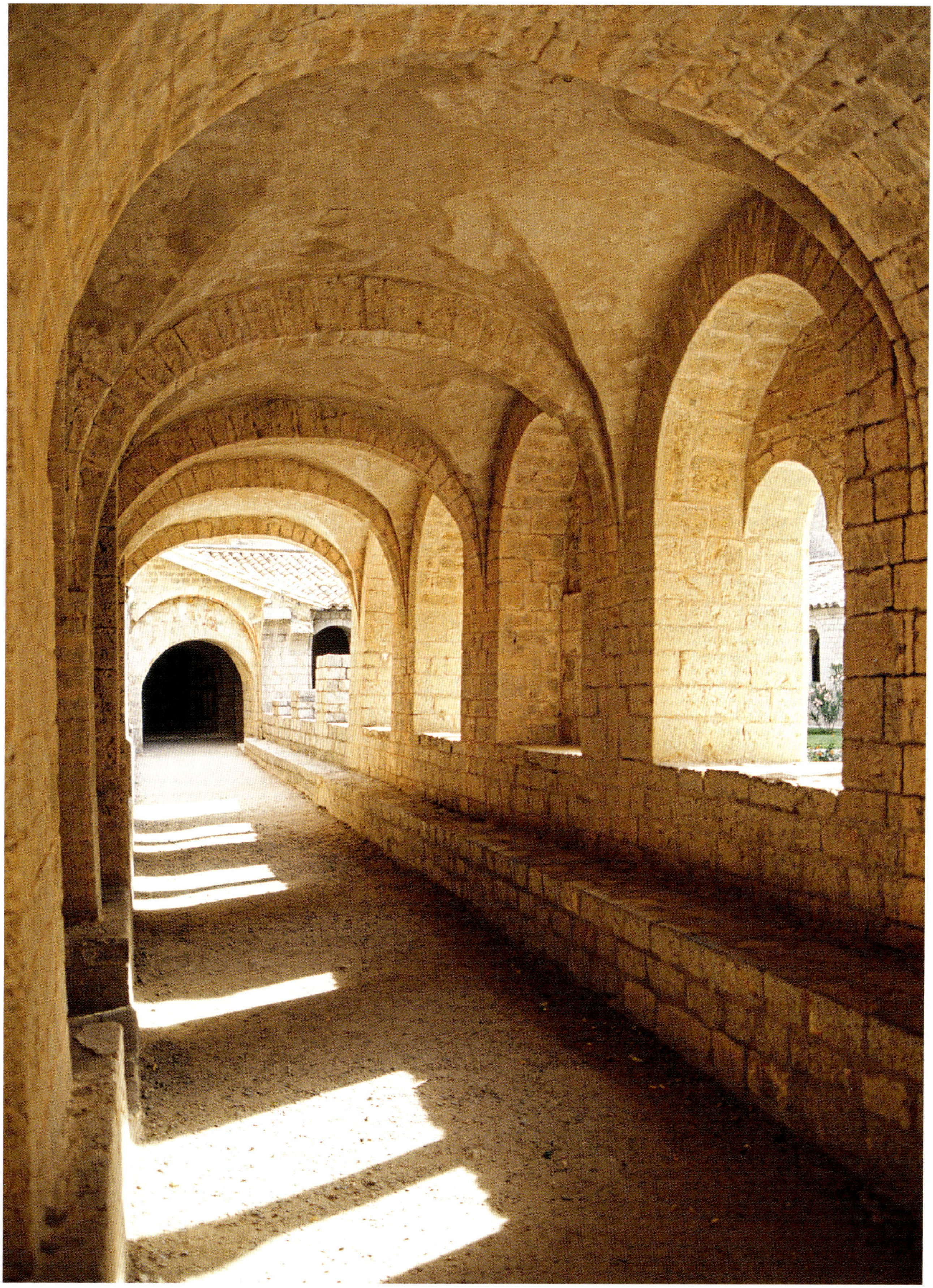

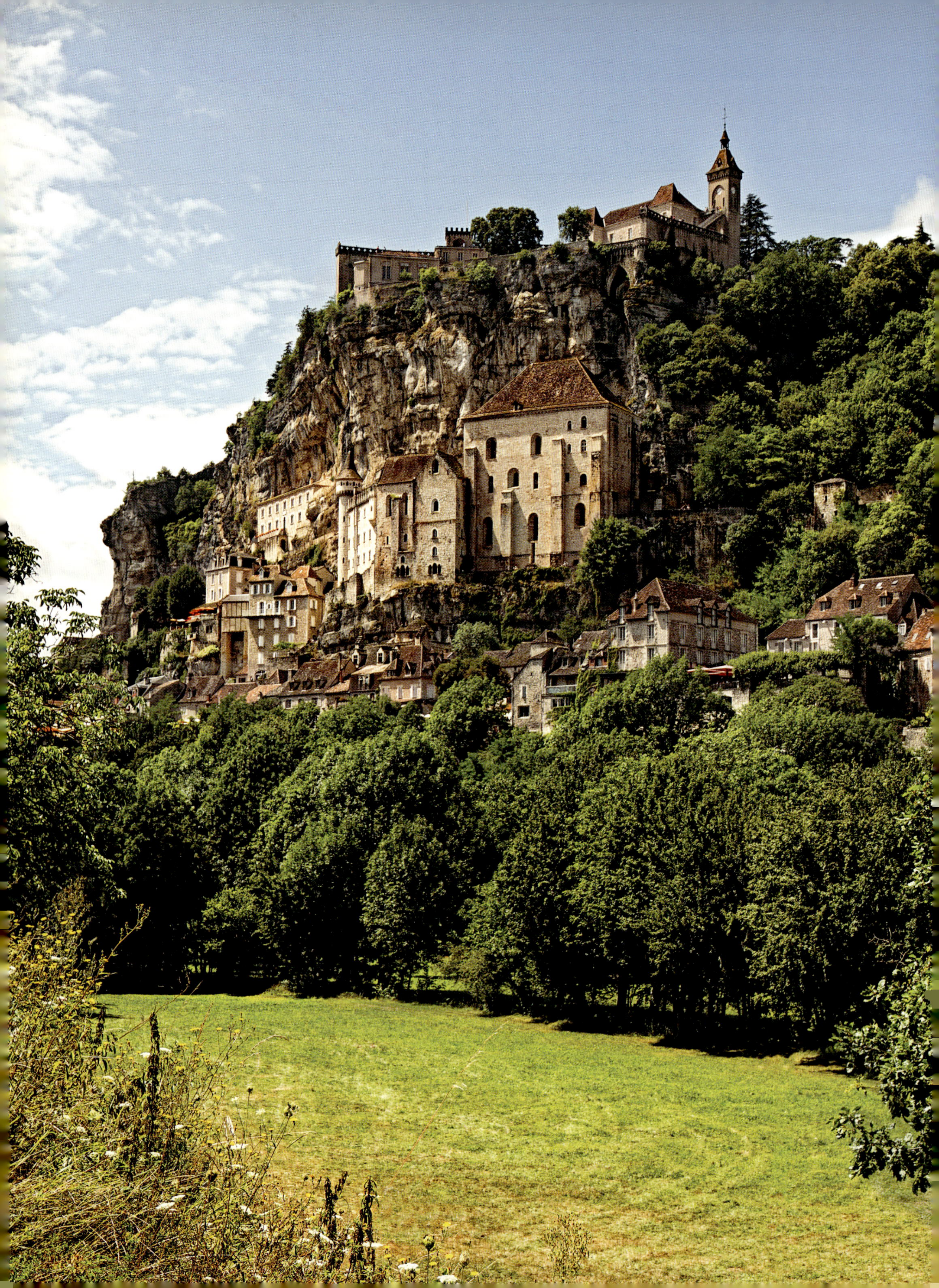

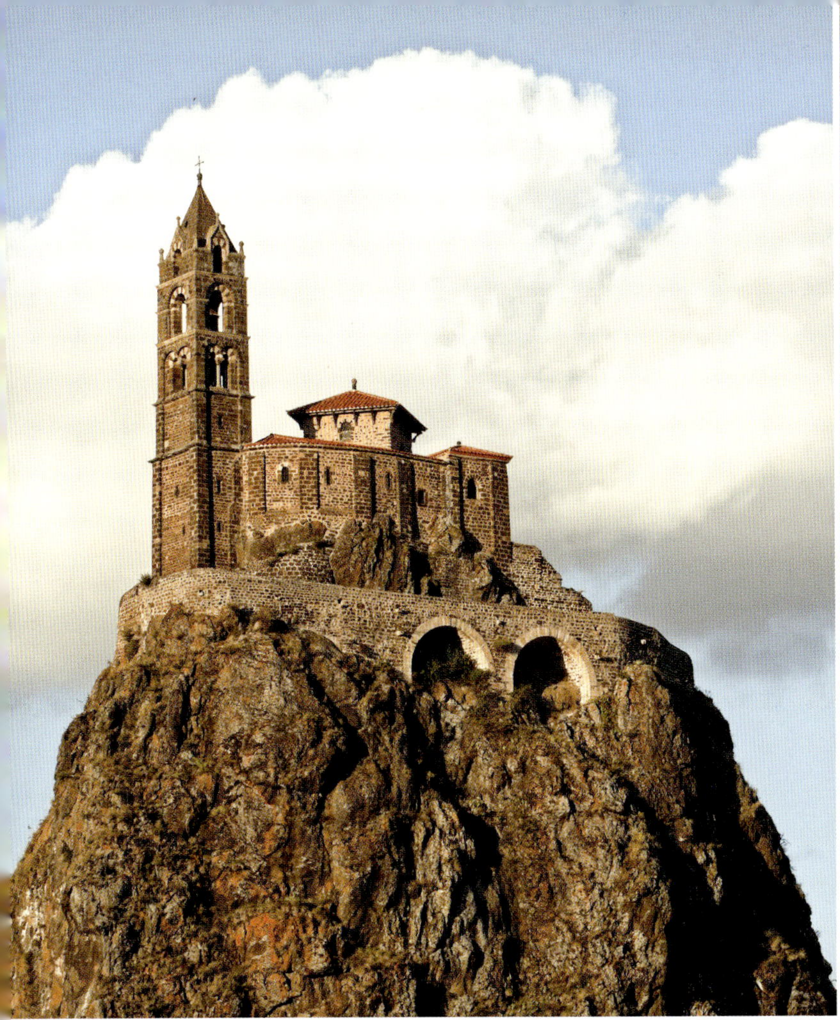

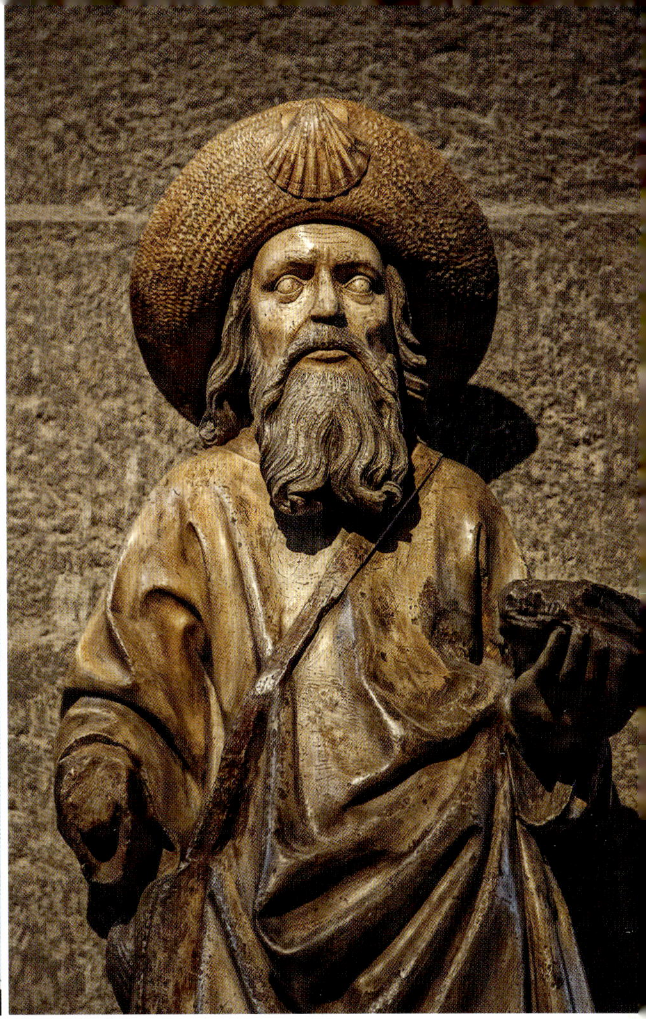

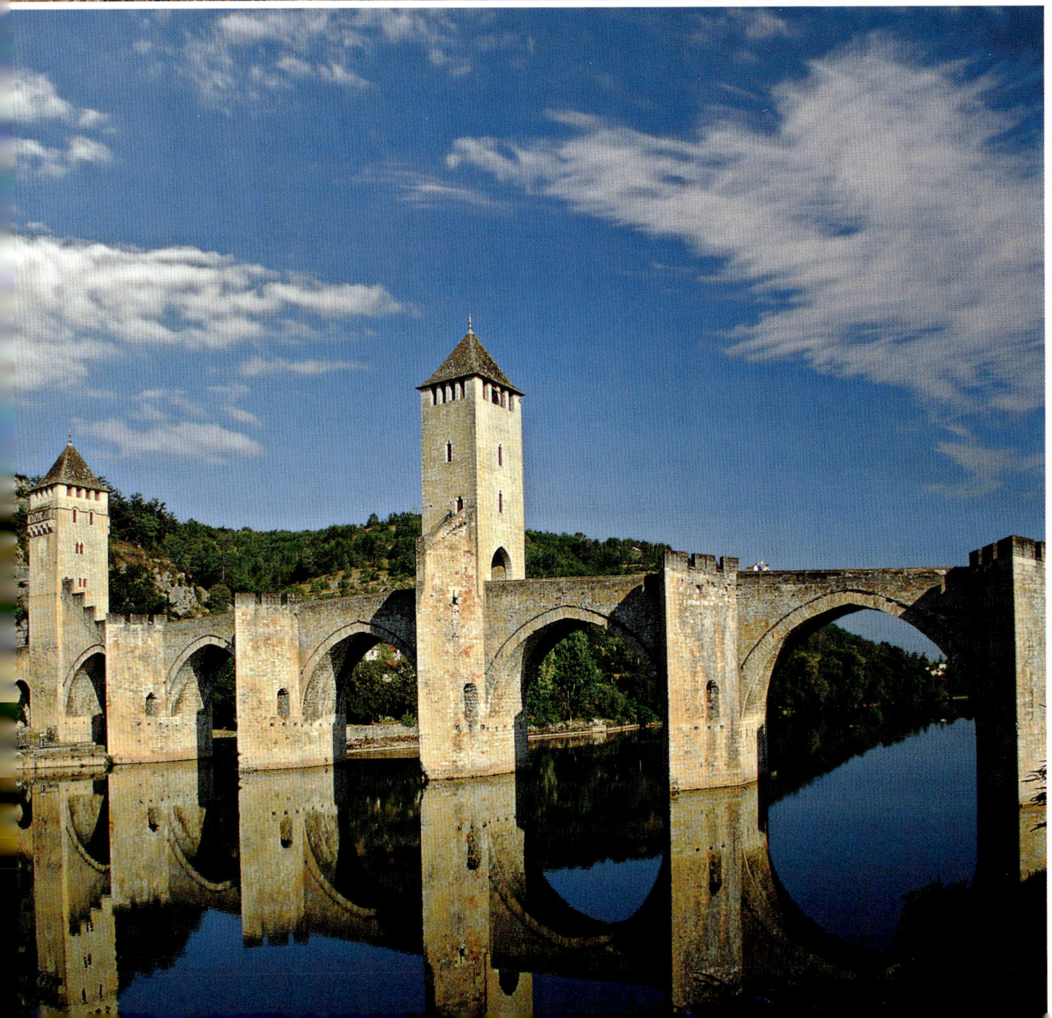

Page de gauche
Situé dans le Parc naturel régional des Causses du Quercy, la cité médiévale de Rocamadour fait l'objet d'un pèlerinage très ancien : celui de la Vierge Noire. Deux monuments sont classés par l'Unesco : la basilique Saint-Sauveur et la crypte de saint Amadour, nommée ainsi en mémoire d'un disciple du Christ.

Ci-dessus à gauche
Située au sommet d'une aiguille de lave dans le village d'Aiguilhe, la chapelle Saint-Michel fut édifiée en 961 par Gothescalk, évêque du Puy-en-Velay.

Ci-dessus à droite
Saint Jacques, représenté avec certains de ses attributs comme la pèlerine et le chapeau à bords relevés frappé de la coquille.

Ci-contre
Datant du XIVe siècle, le pont Valentré de Cahors a nécessité 70 ans de construction. Exemple d'architecture médiévale exceptionnel, il est le seul pont au monde à être doté de trois tours carrées à trois étages. Il s'élève à 40 m au-dessus du Lot et possède six arches gothiques.

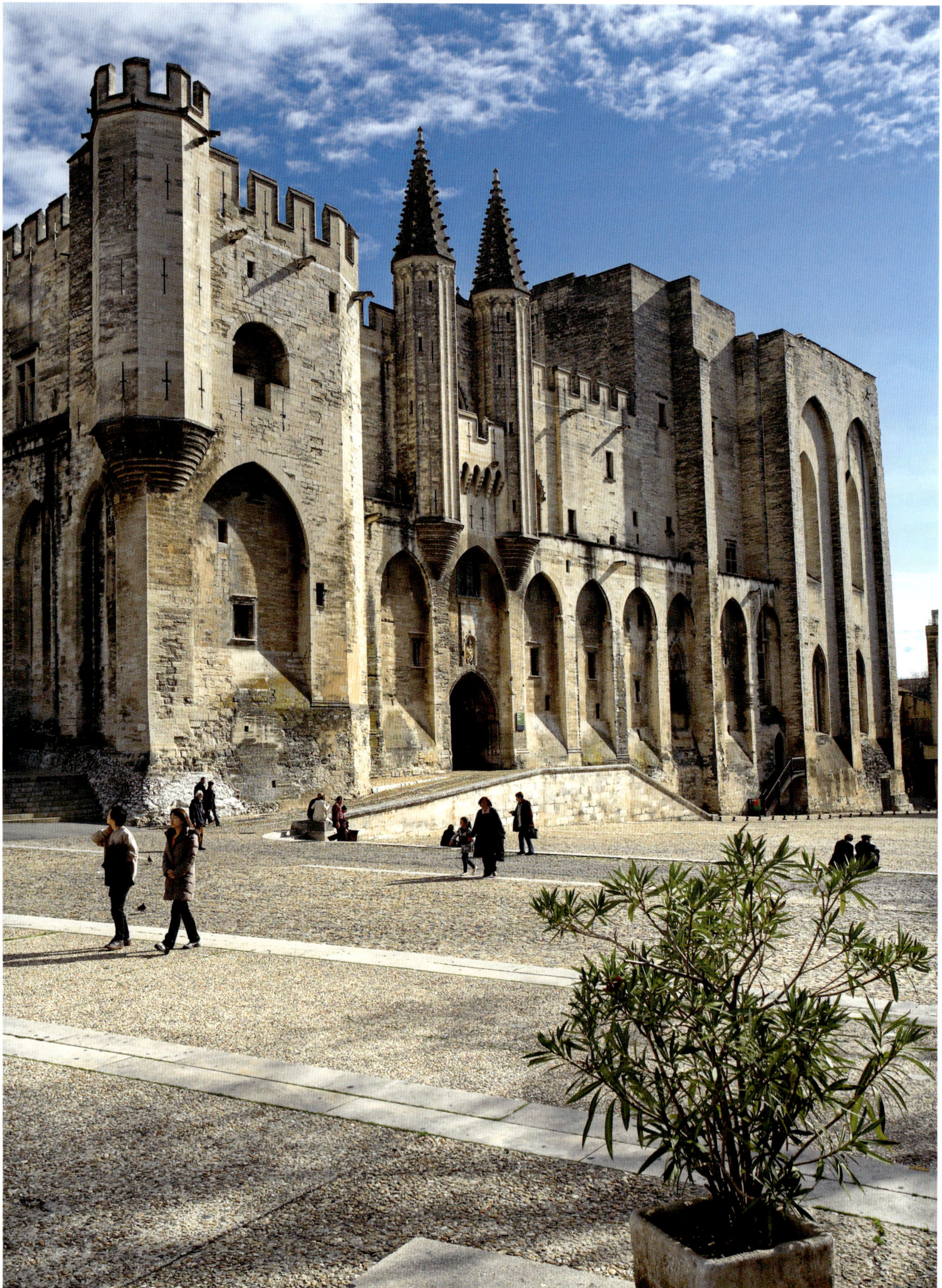

Page de gauche
Symbole de la puissance de la Chrétienté, le palais des Papes est le plus grand palais gothique au monde.

CENTRE HISTORIQUE D'AVIGNON

La cité des Papes

Une chanson populaire a rendu son pont célèbre et un festival d'art dramatique anime chaque été les rues de son cœur historique… Si la ville d'Avignon est une muse pour les artistes, elle a aussi exercé son pouvoir d'attraction sur les papes ! Lorsqu'il est élu souverain pontife sous le nom de Clément V en 1309, Bertrand de Got la préfère à Rome, alors en proie à des querelles entre guelfes, partisans de la suprématie papale, et gibelins, qui soutiennent le pouvoir impérial. Il s'installe donc à Avignon qui devient la capitale de la Chrétienté. Auréolée d'un nouveau prestige qui durera près d'un siècle, durant lequel sept papes se succéderont, la cité papale prospère, s'agrandit et se dote de nouvelles structures. Les pieds dans le Rhône, le pont Saint-Bénézet (celui qui inspira la chanson) est rénové, et, tout proche, sur le rocher des Doms, le palais des Papes est érigé. Résultat de l'imbrication du Palais Vieux initié par Benoît XII, qui en confia la construction à l'architecte Pierre Poisson et du Palais Neuf réalisé sous Clément VI par le maître du gothique, Jean de Louvres, il domine la cité avec son allure de forteresse inexpugnable. Sa superficie au sol de 15000 m^2 lui vaut d'être considéré comme le plus grand édifice gothique du monde !

Le séjour continu des papes dans cette ville de Provence a constitué un événement exceptionnel dans l'histoire du monde chrétien et a largement contribué au rayonnement d'Avignon. Au même titre que le palais des Papes ou le pont Saint-Bénézet, d'autres monuments sont distingués par l'Unesco, comme le Petit Palais, la cathédrale des Doms ou encore une partie des remparts. Ancien siège épiscopal sous Jean XXII, le Petit Palais est aujourd'hui un musée réputé pour sa collection de peintures de primitifs italiens, l'une des plus importantes du globe. Chef-d'œuvre de l'art provençal roman, la cathédrale du XIIe siècle abrite les tombeaux des papes Jean XXII et Benoît XII, et a conservé des traces du travail de Simone Martini, notamment sur le tympan du porche. Cet artiste originaire de Sienne, maître de la technique de la fresque, forma Matteo Giovanetti qui réalisa les fabuleux décors des appartements privés du plus fastueux des papes, Clément VI. Enfin, Avignon a préservé intacts ses remparts construits sous Innocent VI en 1355. D'une longueur de 4 kilomètres, ils ceinturent depuis près de sept siècles un ensemble architectural exceptionnel et unique.

Critères de classement : I II IV *(voir légendes sur le rabat de couverture)*
Inscription en 1995.

Palais des Papes : place du Palais - 84000 Avignon - Tél. 04 32 74 32 74 - www.palais-des-papes.com. **Office de tourisme d'Avignon :** 41, cours Jean Jaurès - 84000 Avignon Tél. 04 32 74 32 74 - www.avignon-tourisme.com.

GEO audioguides
ÉCOUTEZ !

Aux côtés de Gérard Philipe, installez-vous sur la place du palais des Papes pour balayer d'un regard les grands monuments de la cité et revivre les premiers pas du festival de théâtre.

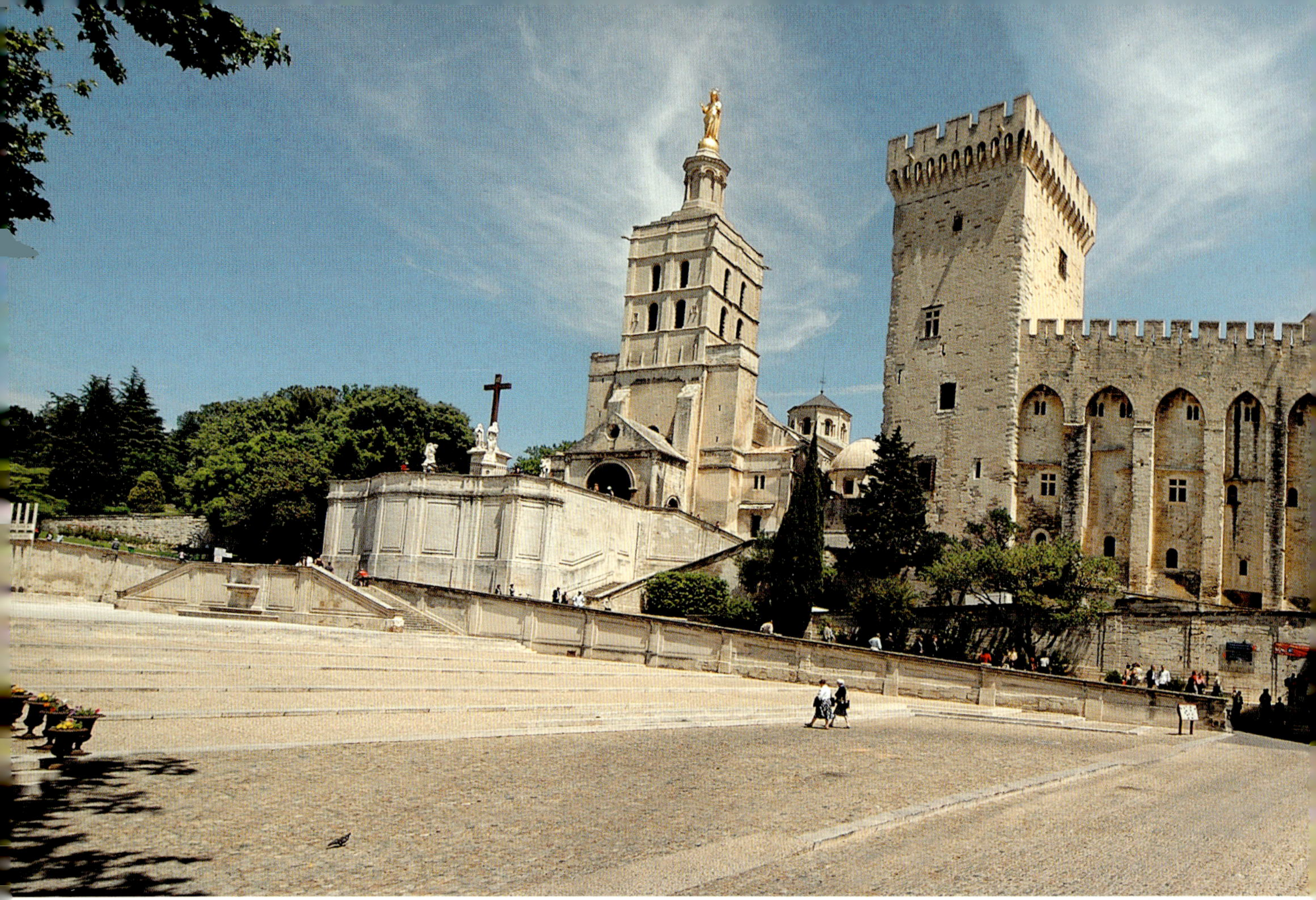

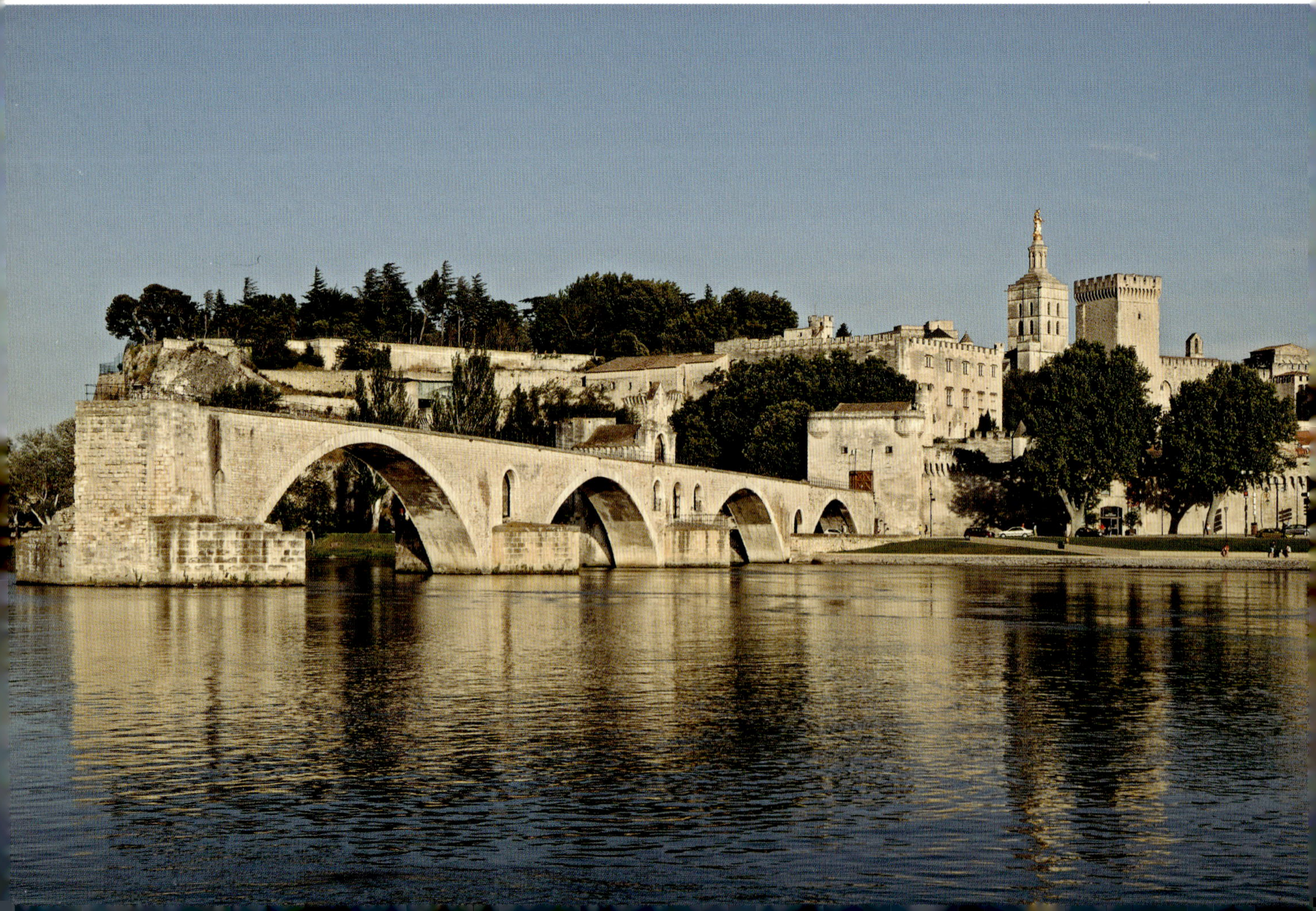

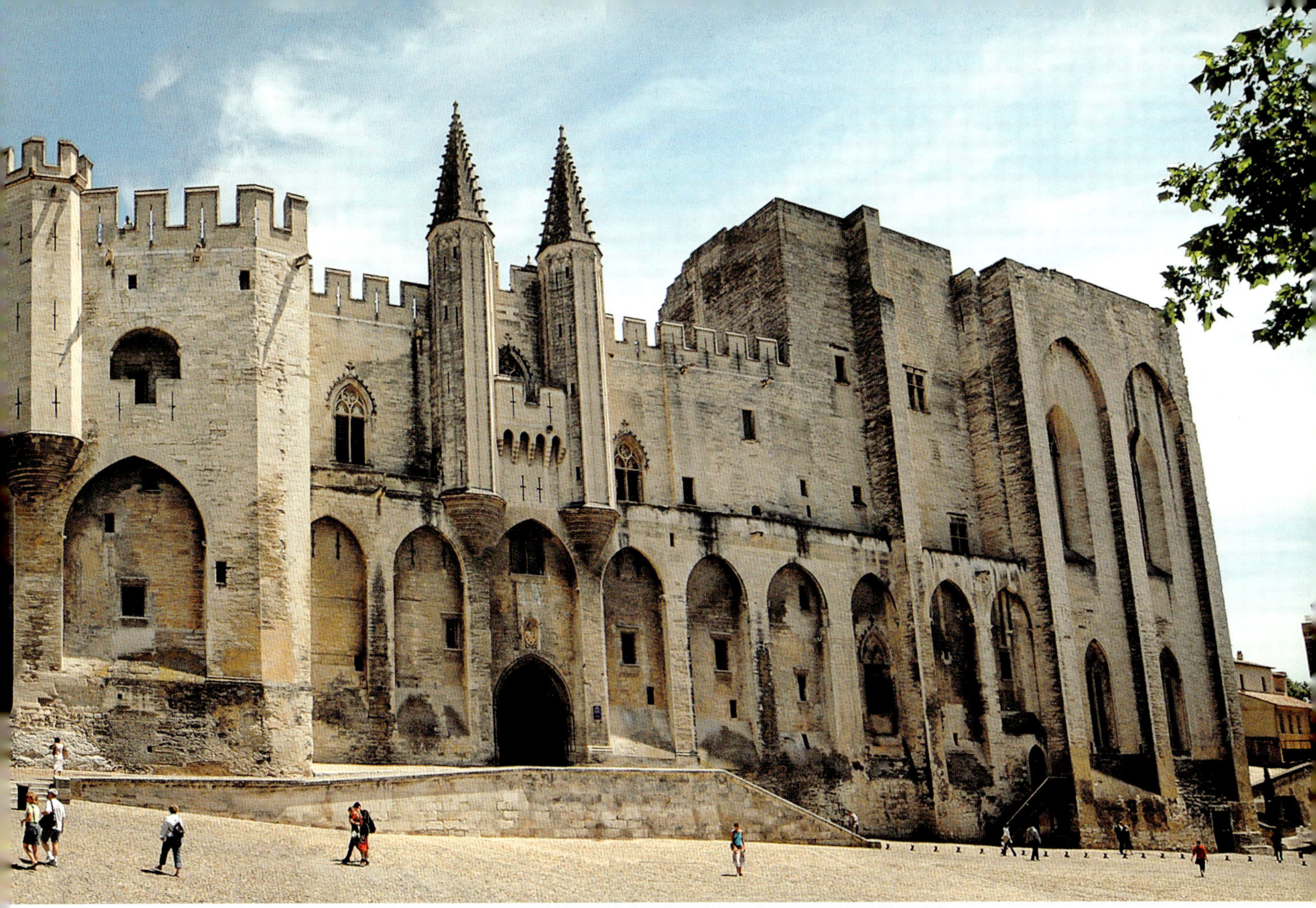

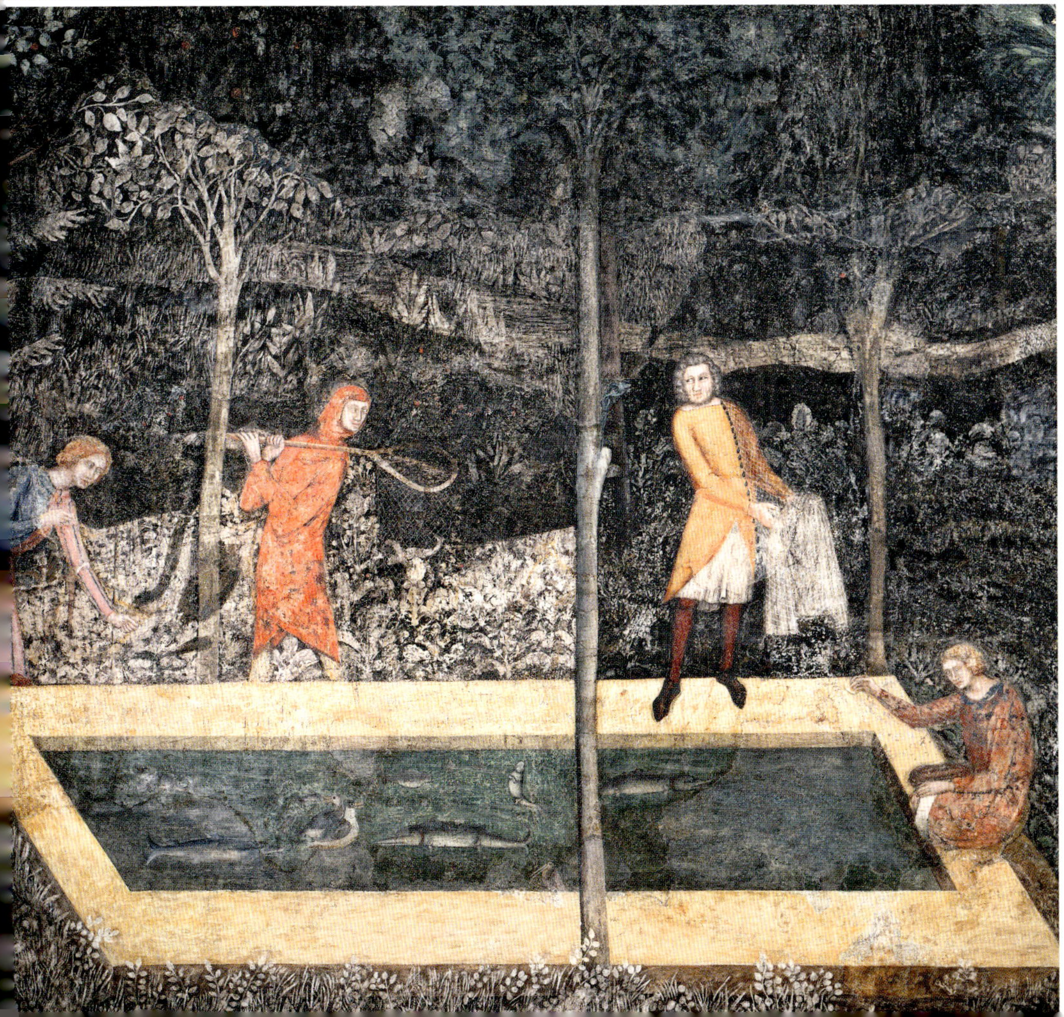

Page de gauche, en bas
Sur les 22 arches qu'il comptait à l'origine, le pont Bénézet en a conservé seulement quatre. Il mesurait jadis 920 m de long pour 4 m de large, mais n'a jamais servi de piste de danse, contrairement à ce que suggère la chanson.

Ci-dessus
Le palais des Papes et la cathédrale des Doms, couronnée d'une statue dorée de la Vierge Marie.

Ci-contre
Fresque de la chambre du Cerf où le pape Clément VI fit installer son lit. Ce dernier, surnommé « le Magnifique » pour ses goûts de luxe, fit venir de nombreux artistes de renom à Avignon, dont Simone Martini qui forma Matteo di Giovanetto, l'auteur des fresques des appartements privés du pape.

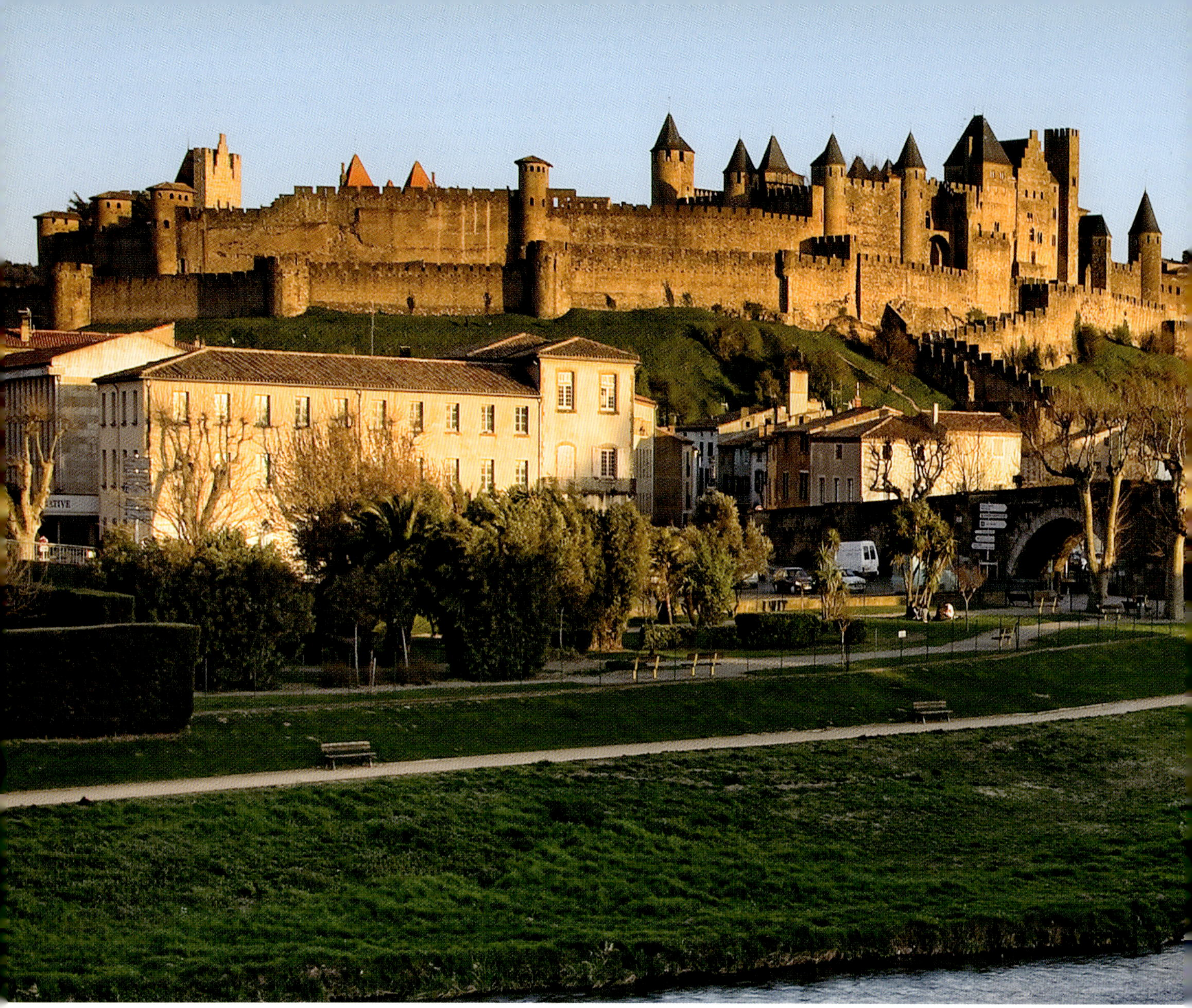

Ci-dessus
L'Aude coule paisiblement aux pieds de la cité de Carcassonne, retranchée derrière sa double enceinte. Le château et la basilique Saint-Nazaire rappellent la puissance de cette forteresse, qui connut son heure de gloire au Moyen Âge… avant d'être remise au goût du jour à l'époque romantique, au XIXe siècle.

VILLE FORTIFIÉE DE CARCASSONNE

La reine des forteresses médiévales

Perchée en haut d'une colline surplombant l'Aude, la citadelle de Carcassonne offre un exemple exceptionnel de ce qu'était une cité défensive au Moyen Âge. De la ville basse qui s'est développée à ses pieds, il faut admirer tout d'abord le panorama saisissant que forme la forteresse, massive silhouette de pierre dentelant le ciel languedocien. La position de Carcassonne est éminemment stratégique : sur la route entre l'Atlantique et la Méditerranée, c'est aussi un point de liaison entre l'Europe et la péninsule ibérique. L'enjeu est donc de taille et le site, occupé dès le VIe siècle avant J.-C., sera soigneusement fortifié par les Romains. Mais c'est aux XIIe et XIIIe siècles que la cité prendra sa physionomie actuelle. Le château comtal voit le jour sous l'impulsion des Trencavel – le vicomte Raimond-Roger accueillera les Cathares, subissant les représailles de Simon de Montfort, à la tête de la croisade contre les hérétiques ordonnée par le pape Innocent III. La basilique

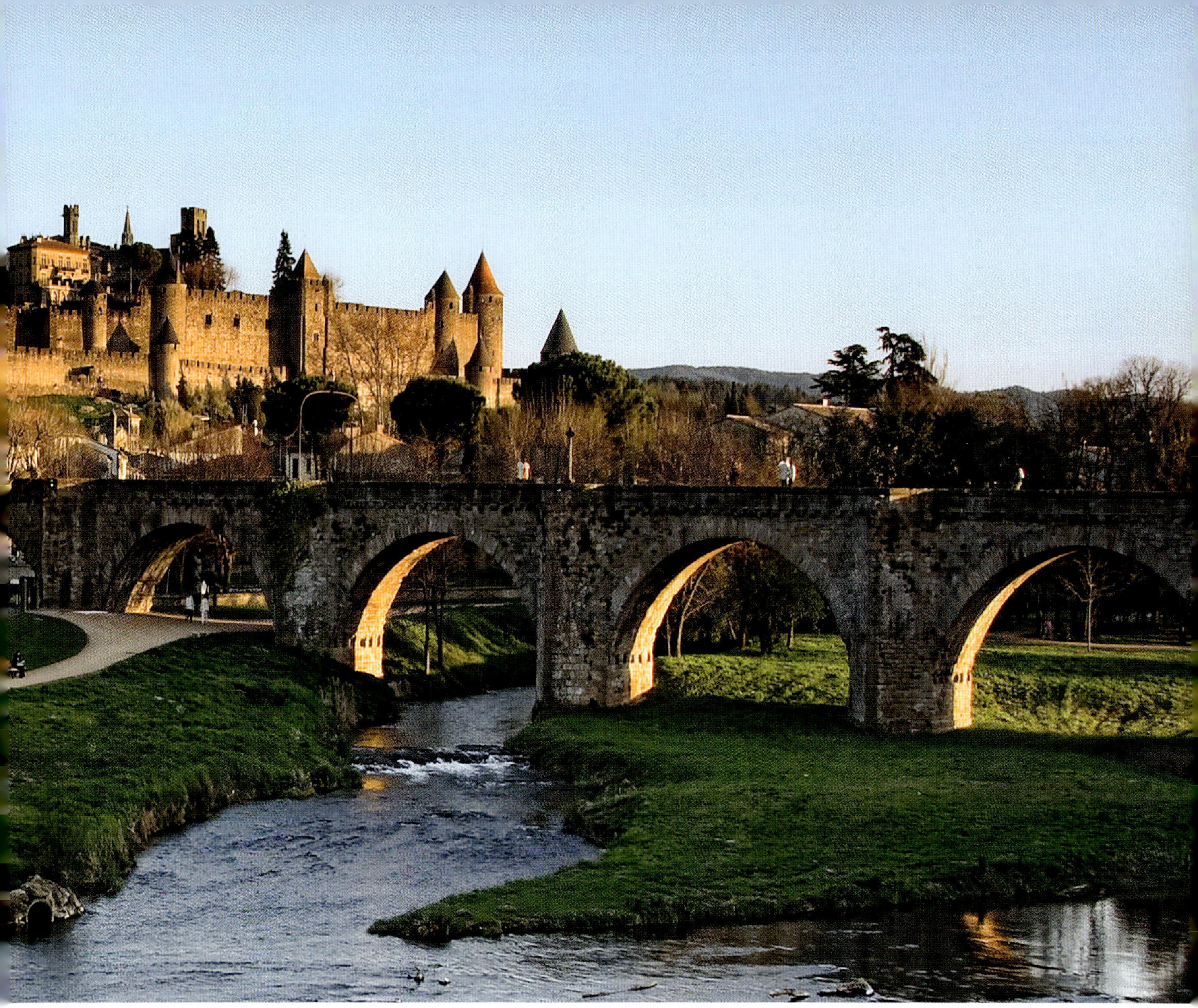

Saint-Nazaire, édifiée dans un style roman au XIe siècle, est également remaniée et laisse place à un chœur et à un transept gothiques, mis en lumière par l'ensemble de vitraux, chefs-d'œuvre des XIIIe, XIVe et XVIe siècles. L'enceinte intérieure, séparée de la muraille extérieure par les lices, s'appuie en grande partie sur les anciens murs romains : dotée de créneaux, elle est ponctuée de bastions. Le double pont-levis de la superbe Porte Narbonnaise, dont la Porte d'Aude, à l'ouest, fait pendant, défend la cité à partir de 1280.

Mais Carcassonne ne serait pas ce qu'elle est sans l'intervention de l'architecte Viollet-le-Duc, chargé par les Monuments historiques de redonner vie à ce qui, délaissé, n'était que ruines. À partir de 1853, il entreprend un vaste programme de restauration, qui s'achèvera au début du XXe siècle. Aux visiteurs d'aujourd'hui de découvrir le site pittoresque de Carcassonne, témoin de 2600 ans d'histoire.

ÉCOUTEZ !

Pénétrez derrière les remparts de la cité médiévale pour une balade par les chemins de traverse.

Critères de classement : II IV *(voir légendes sur le rabat de couverture)* - Inscription en 1997.

Office de tourisme de Carcassonne : 28, rue de Verdun - 11890 Carcassonne
Tél. 04 68 10 24 30 - www.carcassonne-tourisme.com.

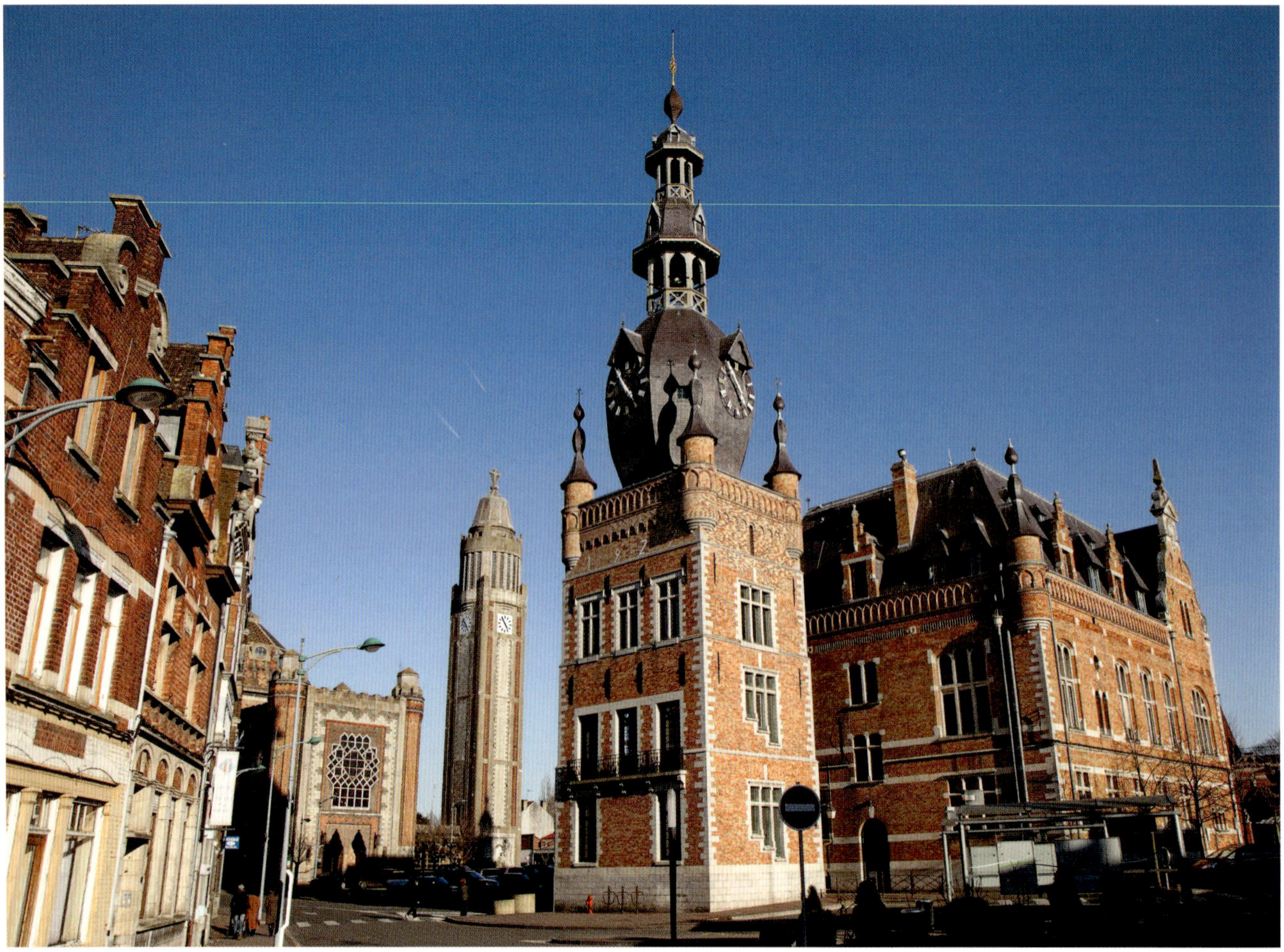

Ci-dessus
Adoptant la forme d'une tour quadrangulaire, le beffroi de Comines arbore un style néo-flamand. Il atteint une hauteur de 22 m. Son clocher original, en forme de bulbe, est recouvert d'ardoises.

LES BEFFROIS

Fiertés communales

En 1999, l'Unesco classait 32 beffrois belges auxquels se sont ajoutés, six ans plus tard, celui de Gembloux et 23 beffrois français situés dans les départements du Nord, du Pas-de-Calais et de la Somme sous un ensemble rebaptisé Beffrois de Belgique et de France.
Marquées par une topographie sans grand relief, les villes du Nord ont utilisé les beffrois comme tours de guet. Depuis leur sommet, généralement doté d'un chemin de ronde, un veilleur, hébergé dans une loge au-dessus de la bretèche, était chargé de monter la garde et d'alerter les populations en cas de danger imminent. Outre sa fonction sécuritaire, le beffroi fut aussi un symbole politique. Il était à la ville ce que le donjon était au seigneur et le clocher à l'église.
C'est à partir du XIe siècle que les communes ayant obtenu le droit de s'administrer elles-mêmes érigent ces tours qui incarnent la conquête des libertés civiques face au pouvoir féodal. Les beffrois, souvent construits au moins sur trois étages, font alors office de salle d'auditoire, de tribunal, d'archives, de salle du trésor… parfois même de prison ! Les proclamations publiques sont annoncées par leurs cloches, qui – fait nouveau – sonnent aussi les heures profanes, rompant ainsi avec les heures canoniales du clergé (laudes, vêpres…), qui rappelaient le peuple à la prière plusieurs fois par jour.

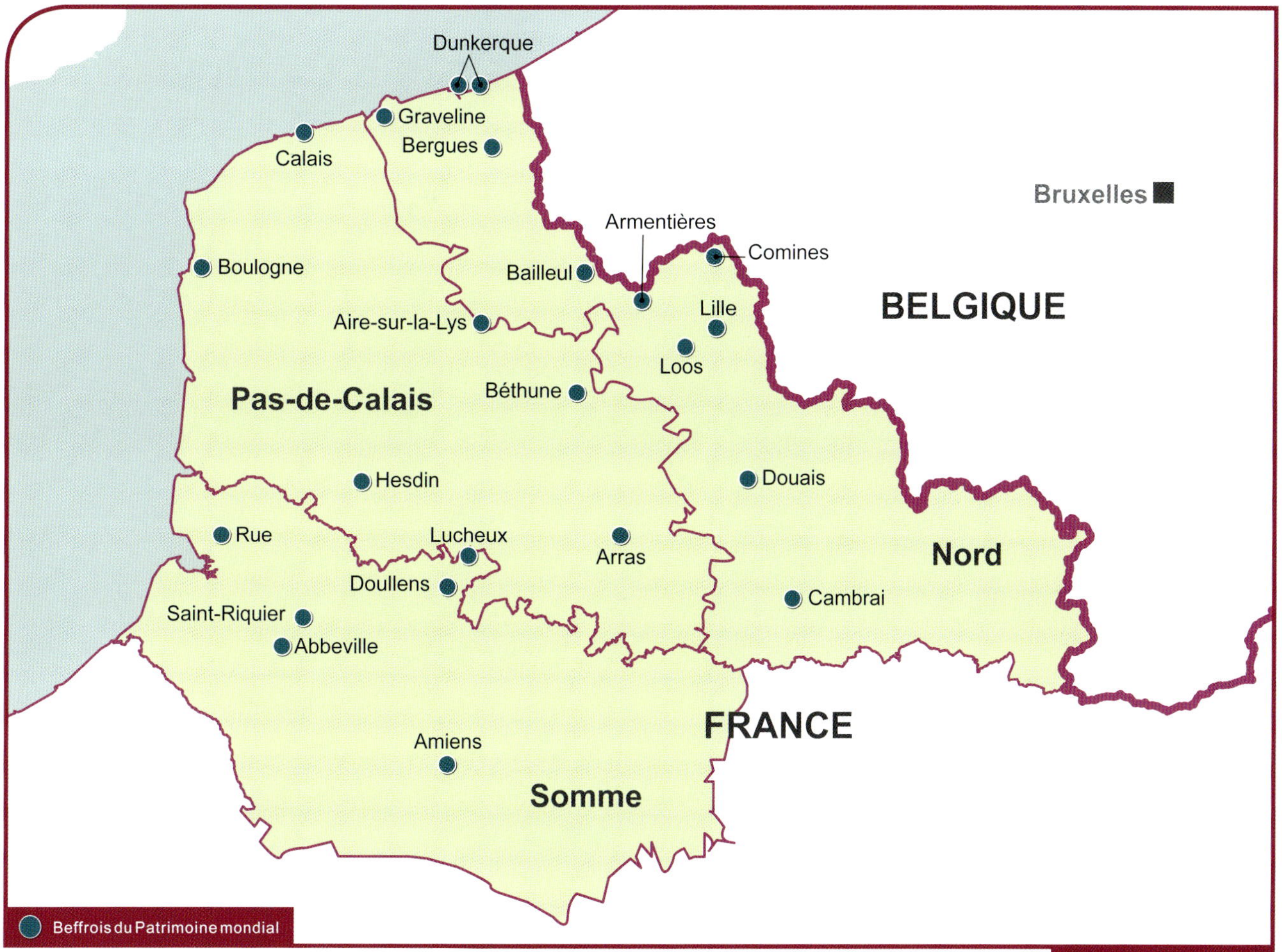

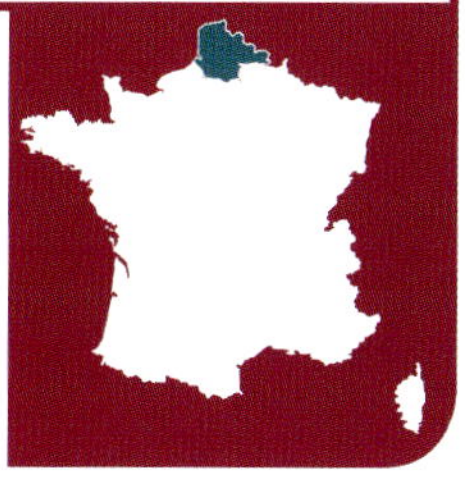

Bâtis entre les XIe et XVIIe siècles, ces beffrois ont adopté divers styles architecturaux. Si la plupart d'entre eux ont subi de grands dommages au cours de l'histoire en raison d'incendies ou de bombardements, ils sont nombreux à avoir été reconstruits à l'identique. Parmi les plus anciens, celui d'Abbeville construit en 1209 ou celui de Saint-Riquier, à peine plus tardif, arborent des allures massives, proches du donjon médiéval. Tandis que le beffroi d'Arras (75 mètres de hauteur) illustre le style gothique flamboyant, celui de Calais est représentatif de la Renaissance flamande. Certains, comme ceux de Béthune, de Bailleul, de Bergues ou de Dunkerque, possèdent encore un carillon, invention flamande qui permet de jouer des ritournelles à l'aide d'un clavier. Le beffroi de Douai, avec ses 62 cloches, abrite l'un des plus beaux du pays. Souvent juxtaposé à l'hôtel de ville – édifice qui fera son apparition au XVe siècle –, le beffroi incarne la fierté de la commune et de ses habitants. Monuments municipaux remarquables (celui de Comines avec son bulbe de 11 mètres couvert d'ardoises est exceptionnel), ils sont aussi le symbole du déclin de la société féodale qui marquera la fin du Moyen Âge.

Critères de classement : II IV *(voir légendes sur le rabat de couverture)* - Inscription en 2005.

Association Beffrois & Patrimoine : Hôtel de ville - Place des Héros - 62000 Arras
Tél. 03 21 50 24 60 - www.beffrois.com.

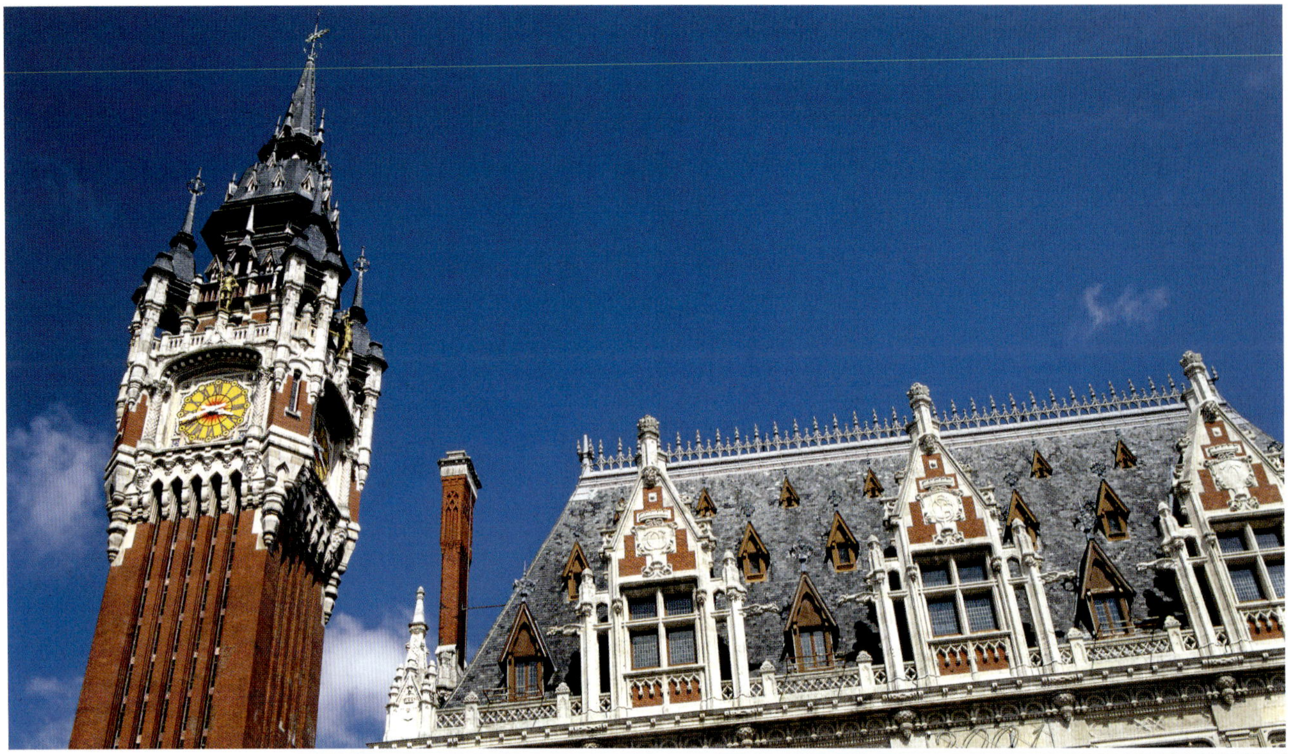

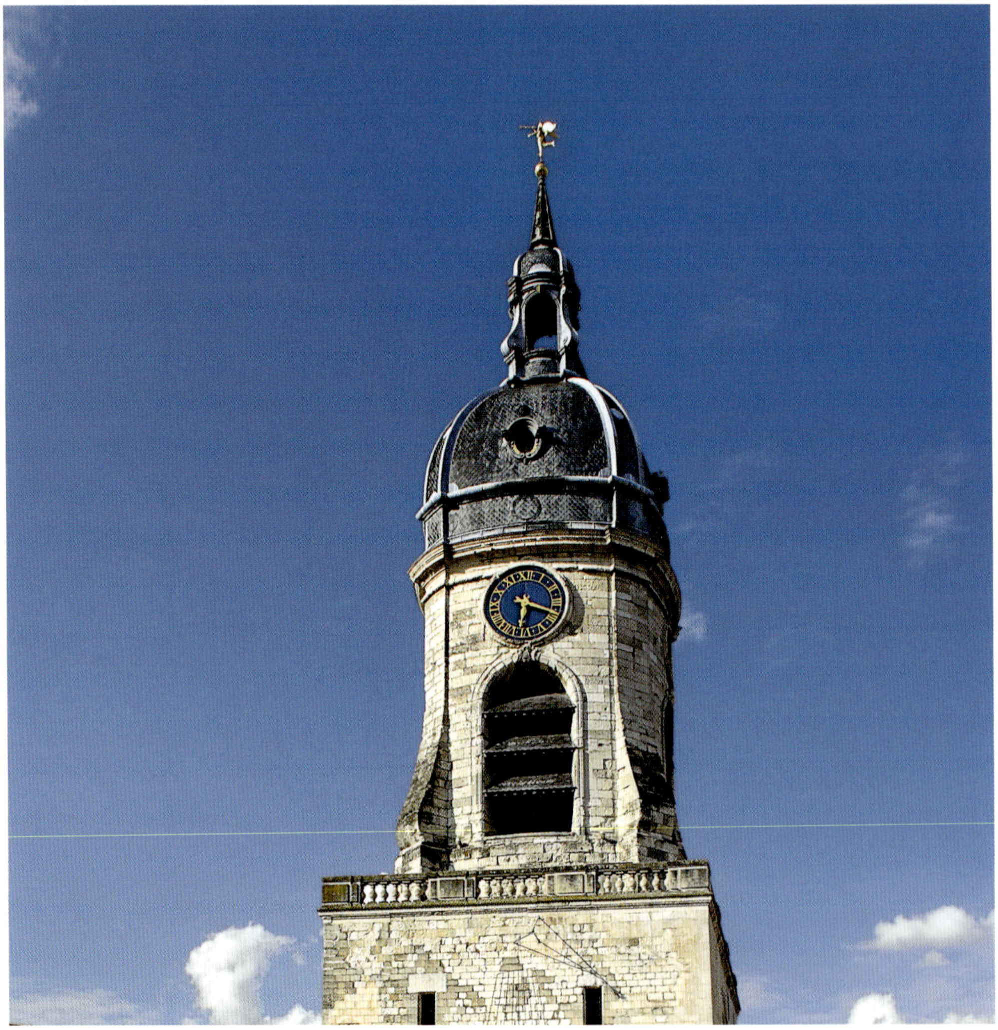

Ci-dessus
Le beffroi de Calais, s'élevant à 75 m de hauteur, a été réalisé par l'architecte dunkerquois Louis Debrouwer en 1925 dans un style néo-flamand.

Ci-contre
Dépourvu d'ornementation, le beffroi d'Amiens possède une base carrée de style gothique réalisée en pierres de taille blanches, tandis que son clocher est de style baroque avec un dôme recouvert d'ardoises. Sa hauteur atteint 52 m.

Page de droite
Tour carrée de briques de sable jaune, le beffroi de Bergues abrite 50 cloches dans son campanile. Son carillon a été rendu célèbre par le film Bienvenue chez les Cht'is.

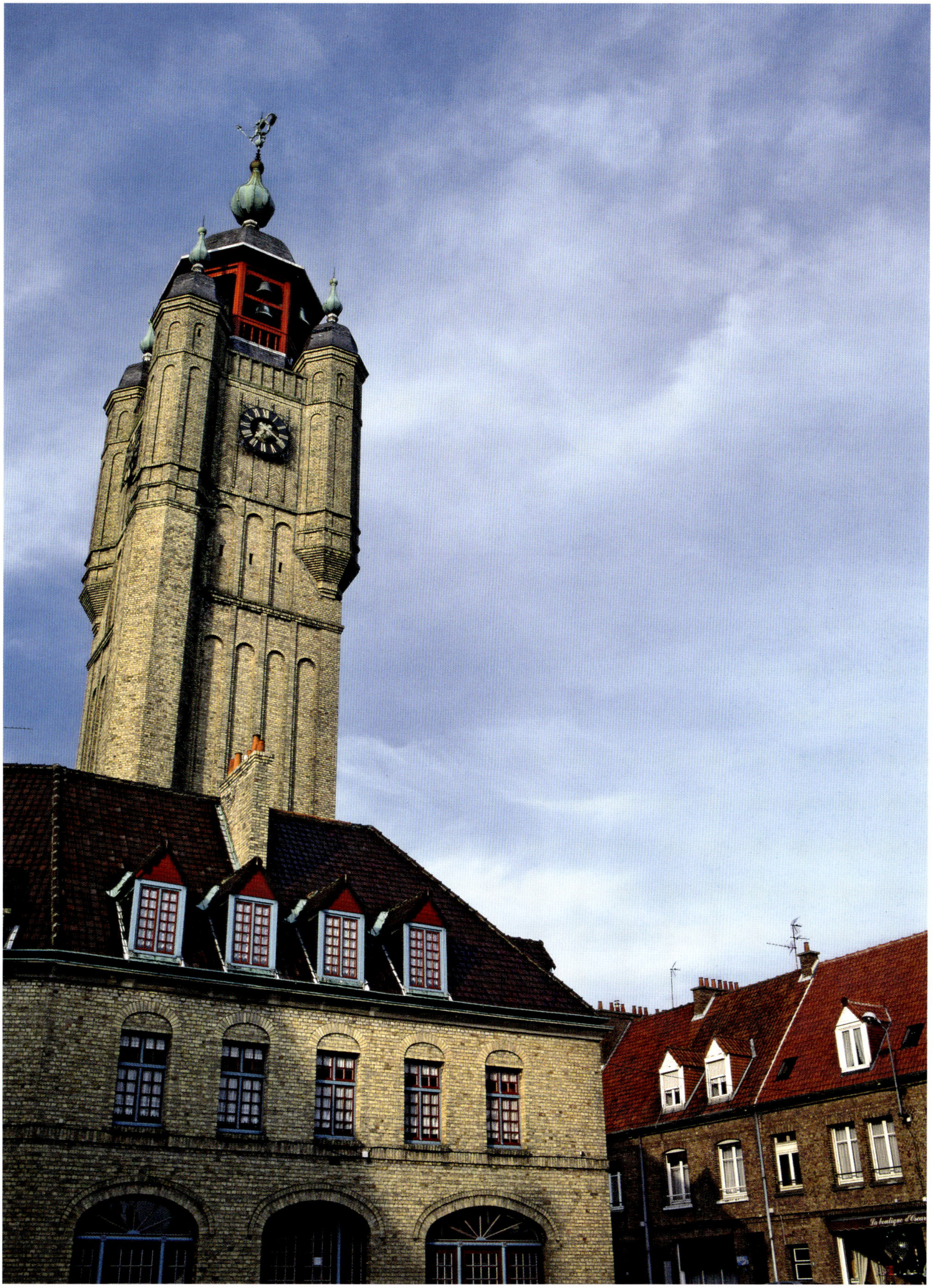

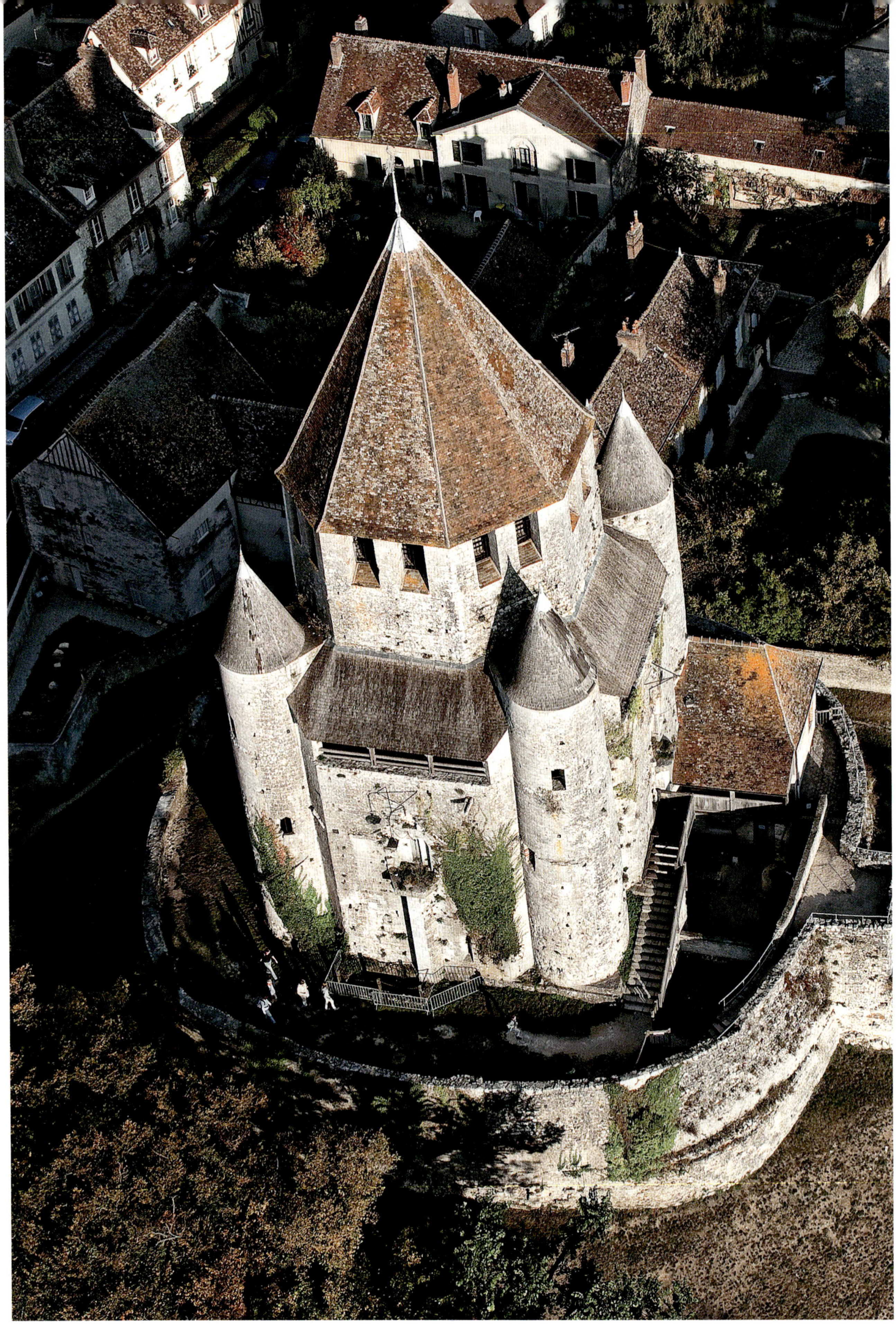

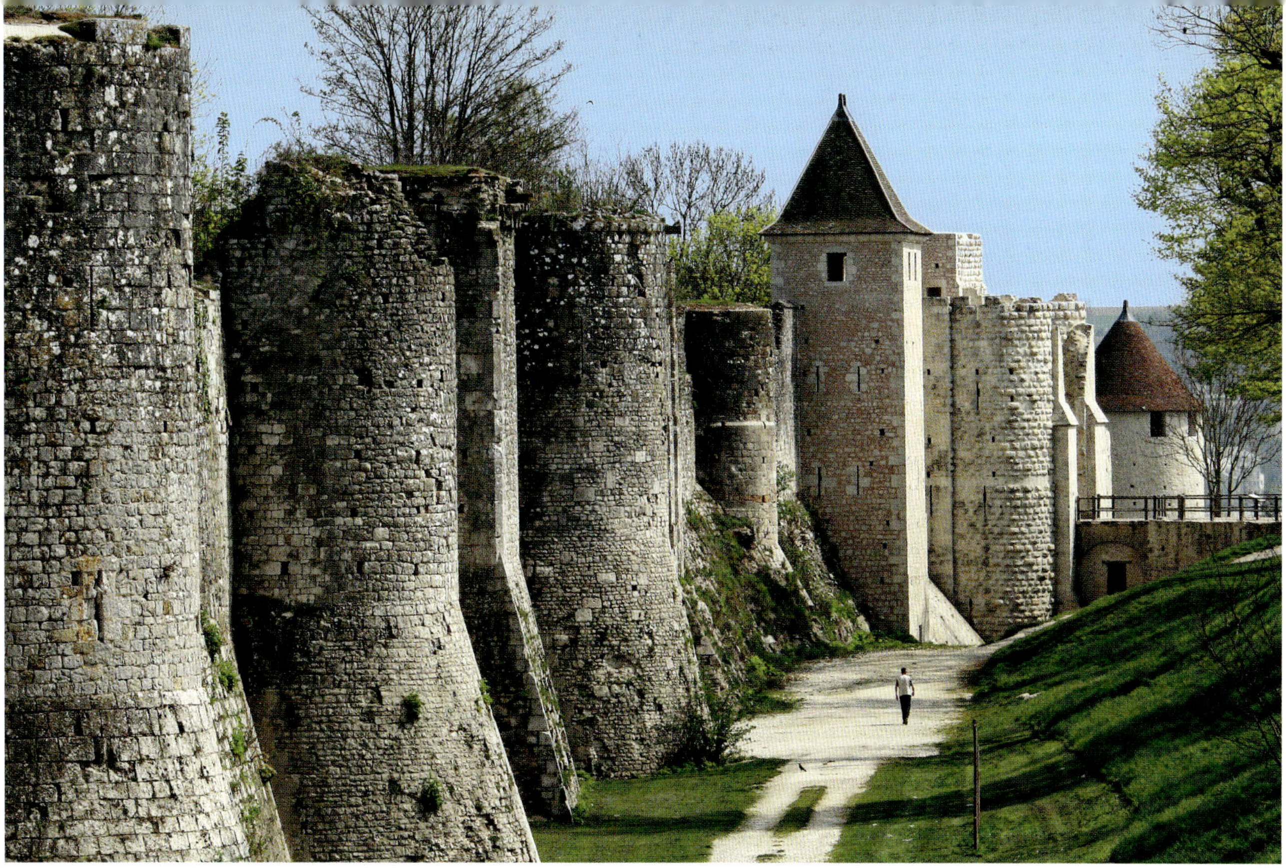

PROVINS, VILLE DE FOIRE MÉDIÉVALE

Un carrefour commercial de premier ordre

Bien que plus ancienne, l'existence de la ville de Provins n'est officiellement attestée qu'en 802 dans une ordonnance de Charlemagne. Ce qui n'est qu'une petite place forte va acquérir une envergure internationale, devenant un véritable poumon économique grâce aux foires commerciales qui y sont organisées à partir de l'an 1000. Provins doit son développement exceptionnel non seulement à sa situation géographique – la ville, implantée sur la route de l'Europe du Nord, est au carrefour entre Soissons, Troyes et Sens –, mais aussi aux ambitions des comtes de Champagne, qui veulent faire de leur territoire un véritable nœud économique. Marchands et négociants venus du nord, de la Méditerranée et même d'Orient s'y rencontrent donc pour vendre leurs précieux biens, des épices aux draps en passant par les fourrures, la laine, les vins…

Provins bat monnaie et se transforme peu à peu sous l'essor de l'activité commerciale. L'opulente cité se pare d'impressionnantes murailles, dont faisait partie la tour César. Les édifices religieux fleurissent, telle l'église romano-gothique Saint-Quiriace. Des espaces de stockage sont aménagés : dans la ville haute, de vastes caves voûtées permettent d'abriter les marchandises ; dans la ville basse, sise en bordure de rivières, elles sont semi-enterrées. Les chariots de transport se fraient un chemin parmi les ruelles bordées d'étals et de maisons à colombages. Si Provins constitue un foyer économique de premier ordre aux XIIe et XIIIe siècles ainsi qu'un pôle artistique – Chrétien de Troyes y séjournera –, son déclin s'amorce à l'aube du XIVe siècle. Rattachée au royaume de France, la ville s'endort quelque peu, mais son patrimoine bâti et son tracé urbain, admirablement bien conservés contrairement à d'autres places marchandes comme Troyes, Lagny ou Bar-sur-Aube, témoignent aujourd'hui encore de l'importance des foires dans l'Europe médiévale.

Critères de classement : II IV *(voir légendes sur le rabat de couverture)* - Inscription en 2011.

Tour César : Rue de la Pie - 77160 Provins. **Musée de Provins et du Provinois :** 7, rue du Palais - 77160 Provins.
Office de tourisme de Provins : Chemin de Villecran - BP 44 - 77482 Provins - Tél. 01 64 60 26 26 - www.provins.net.

Page de gauche
Emblème de la ville, la tour octogonale, dite « César », date du XIIe siècle.

Ci-dessus
L'enceinte bâtie par le comte Thibault IV de Champagne au XIIIe siècle s'élève à plus de 25 m de hauteur. De vocation défensive, elle avait également pour rôle d'affirmer la puissance de la cité, prospère au Moyen Âge.

Page de droite, en haut
La cathédrale Notre-Dame de Strasbourg.

Page de droite, en bas
Quartier historique et pittoresque, la Petite France était jadis le lieu de vie des tanneurs, pêcheurs et meuniers. Ses canaux et ses ruelles étroites jalonnées de maisons à colombages datant des XVIe et XVIIe siècles lui confèrent un charme unique.

STRASBOURG, GRANDE-ÎLE

L'île aux trésors

Noyau historique de la ville de Strasbourg, la Grande-Île était déjà connue des Romains, qui y installèrent un camp vers 12 avant J.-.C. On distingue encore dans l'urbanisme de la vieille cité, les traces du *cardo* et du *decumanus* (axes nord-sud), respectivement représentés par les actuelles rue des Hallebardes et rue des Dômes. À leur intersection fut érigée la cathédrale, une œuvre majeure qui, depuis 1000 ans, arbore une façade ciselée dans du grès rose à la manière d'un ouvrage en dentelle. Elle fut jusqu'au XIXe siècle le plus haut monument de la Chrétienté avec sa flèche de style gothique flamboyant qui culmine à 147 mètres ! La présence de voies navigables comme l'Ill et le Rhin a de tout temps facilité les échanges marchands et la circulation des idées dans la région. La cathédrale Notre-Dame contribua ainsi largement à la diffusion du style gothique vers l'est. Outre ses vestiges romains, la Grande-Île abrite également des églises médiévales comme celle de Saint-Thomas, berceau du protestantisme local. De formidables exemples d'architecture domestique ont été préservés, à l'instar de la maison Kammerzell, dont la façade à colombages présente un admirable décor de style Renaissance rhénane. Le goût français gagnera ensuite Strasbourg, qui bénéficiait du statut de ville libre du Saint-Empire romain germanique depuis 1262, lorsque le roi Louis XIV la rattache au royaume de France en 1681. Fleurissent alors dans la rue Brûlée ou la rue de la Nuée Bleue des hôtels particuliers inspirés de ceux de Paris. Ils sont contemporains du palais Rohan, ancienne résidence des cardinaux qui fait face au transept sud de la cathédrale. Ces nombreux monuments parfaitement conservés constituent un patrimoine urbain exceptionnel qui traduit dans la pierre toutes les périodes de l'histoire traversées par la capitale alsacienne.

Critères de classement : I II IV *(voir légendes sur le rabat de couverture)*
Inscription en 1988.

Office de tourisme de Strasbourg et sa région : 17, place de la Cathédrale 67082 Strasbourg - Tél. 03 88 52 28 28 - www.otstrasbourg.fr.

GEO audioguides
ÉCOUTEZ !

Étudiez le décor de la Maison Kammerzell d'où s'échappent les effluves du baeckeoffe, dont la recette vous est livrée par le restaurateur Guy-Pierre Baumann.

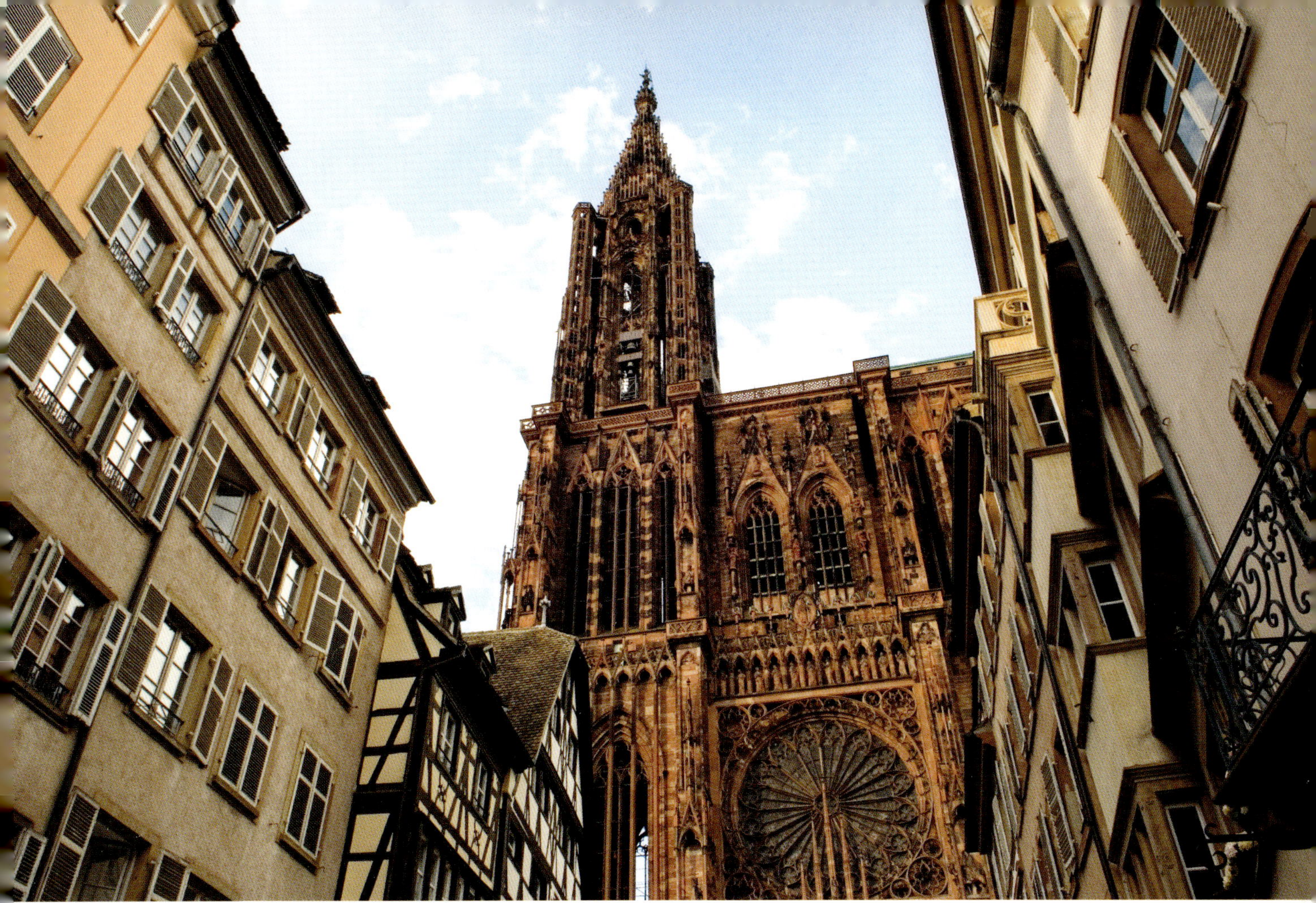

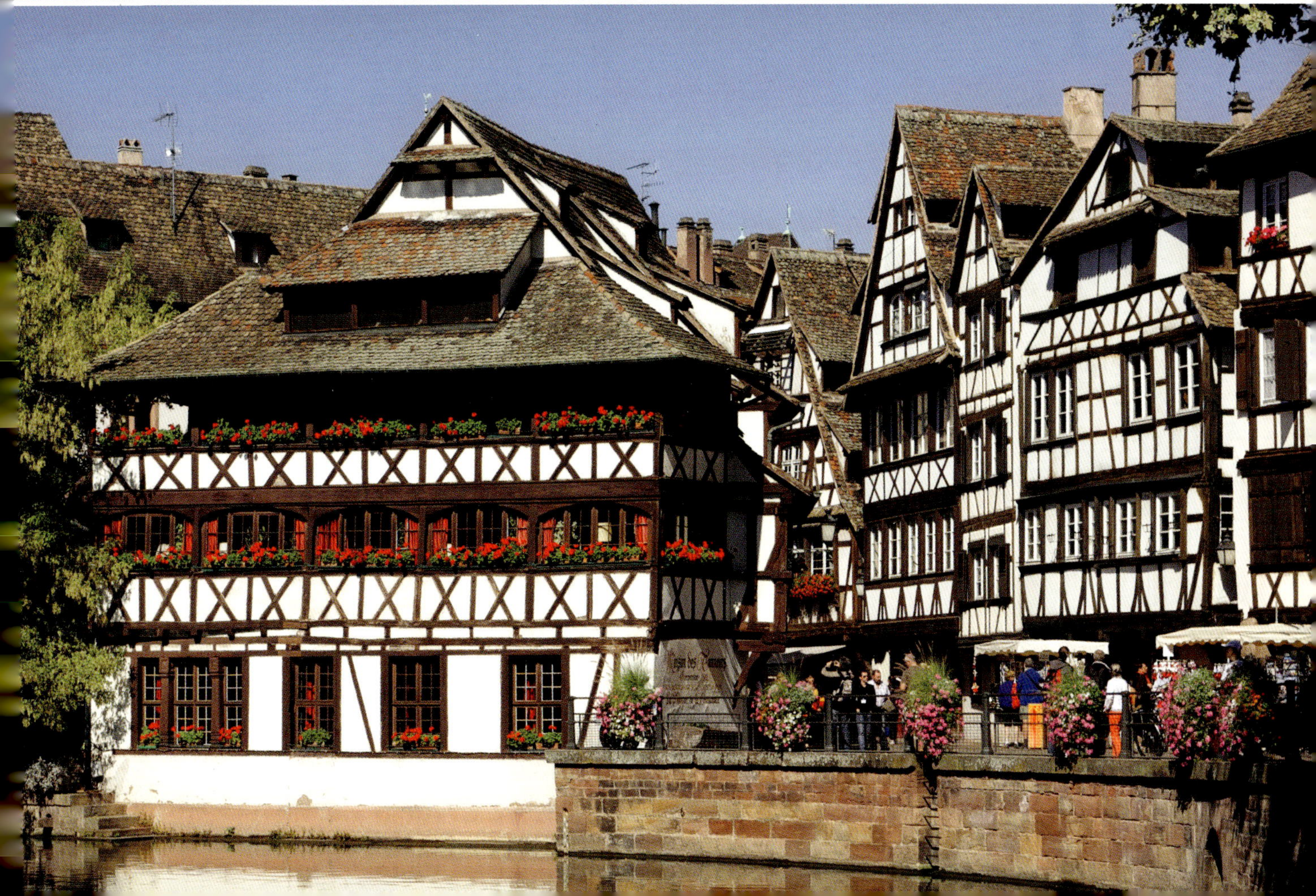

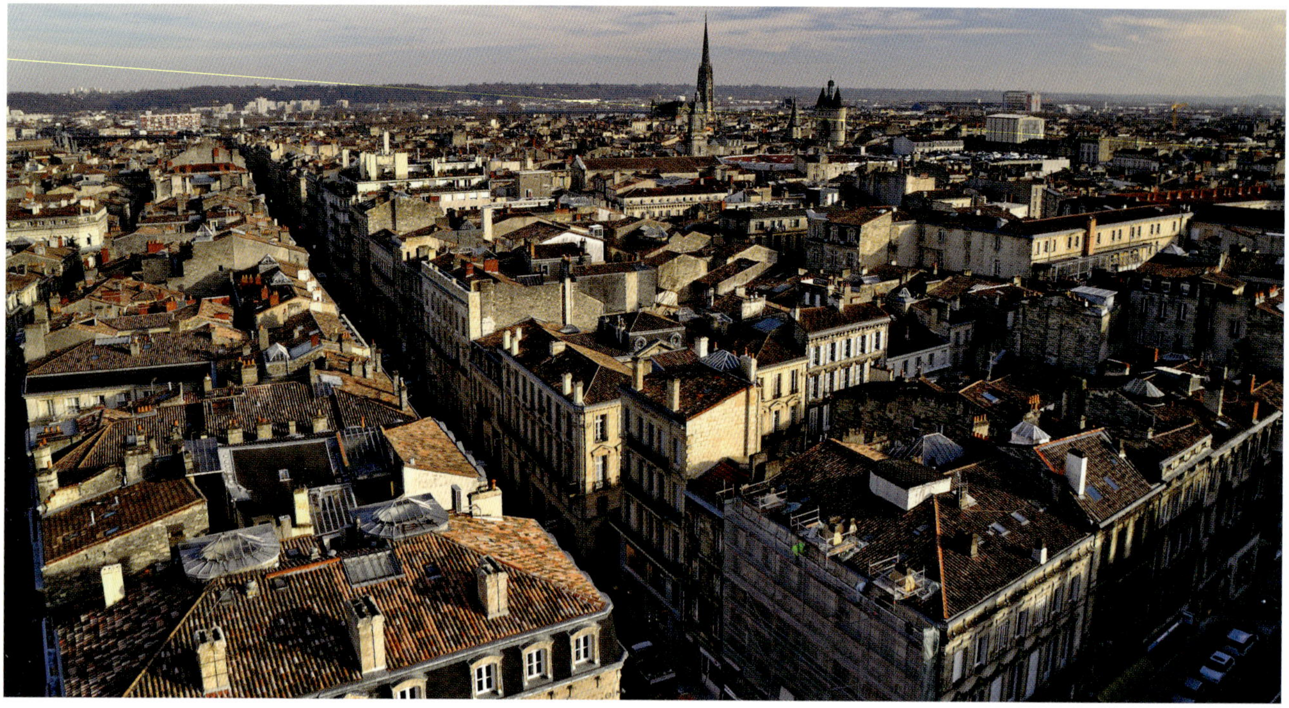

Ci-dessus
Vue sur les toits de Bordeaux.

Page de droite
Le Pont de Pierre, édifié entre 1810 et 1822, permettait de relier le centre historique de Bordeaux à la Bastide située sur la rive droite. Ses 17 arches répondraient au nombre de lettres composant le nom de l'homme qui est à l'origine de sa construction : Napoléon Bonaparte.

BORDEAUX, PORT DE LA LUNE

Un urbanisme éclairé

C'est à un méandre de la Garonne dessinant la forme d'un croissant de lune que le port de Bordeaux doit son nom. Ville portuaire depuis plus de deux millénaires, Bordeaux attendra cependant le XVIIIe siècle pour connaître son âge d'or. Sa prospérité repose alors sur le commerce du vin, du sucre, mais aussi sur la traite négrière… Ces négoces feront du port de la ville le premier de France et le deuxième d'Europe. Ses marchands enrichis bâtissent de somptueux hôtels particuliers et la municipalité met un point d'honneur à embellir son port pour émerveiller les visiteurs arrivant de la rive droite. Sous la direction d'architectes prestigieux tel Ange-Jacques Gabriel, qui dessina notamment la Place Royale au milieu du XVIIIe siècle (actuelle Place de la Bourse), Bordeaux se dote de monuments exceptionnels qui font aujourd'hui encore toute sa fierté : 347 d'entre eux sont classés. Au cœur de sa transformation urbaine, contemporaine des Lumières, figurent ses quais d'une longueur de 4,5 kilomètres, jalonnés de remarquables façades de style classique dont l'homogénéité s'apprécie pleinement depuis le Pont de Pierre.

Au-delà de la continuité de son architecture classique et néoclassique sur plus de deux siècles, sa renommée en tant que capitale mondiale du vin, sa participation au mouvement des idées humanistes – grâce, notamment, à des figures phares comme Montaigne ou Montesquieu – et l'importance de son port depuis l'Antiquité sont autant de critères qui ont valu à la capitale de l'Aquitaine un classement sans précédent : la moitié de sa superficie est concernée par le périmètre patrimonial. Le Port de la Lune est d'ailleurs le premier ensemble urbain à être distingué sur une surface aussi vaste. Une récompense dont Victor Hugo se serait félicité, lui qui écrivait, stupéfait par la beauté de la cité : « Bordeaux est une ville curieuse, originale et peut-être unique. Prenez Versailles et mêlez-y Anvers, vous aurez Bordeaux ! »

GEO audioguides
ÉCOUTEZ !

Poussez la porte de l'hôtel particulier de Lalande, devenu musée des Arts décoratifs, en compagnie de Bernadette de Boysson, conservatrice en chef, qui vous fait revivre le Bordeaux du XVIIIe siècle.

Critères de classement : II IV *(voir légendes sur le rabat de couverture)* - Inscription en 2007.

Office de tourisme de Bordeaux : 12, cours du 30 Juillet - 33080 Bordeaux - Tél. 05 56 00 66 00
www.bordeaux-tourisme.com.

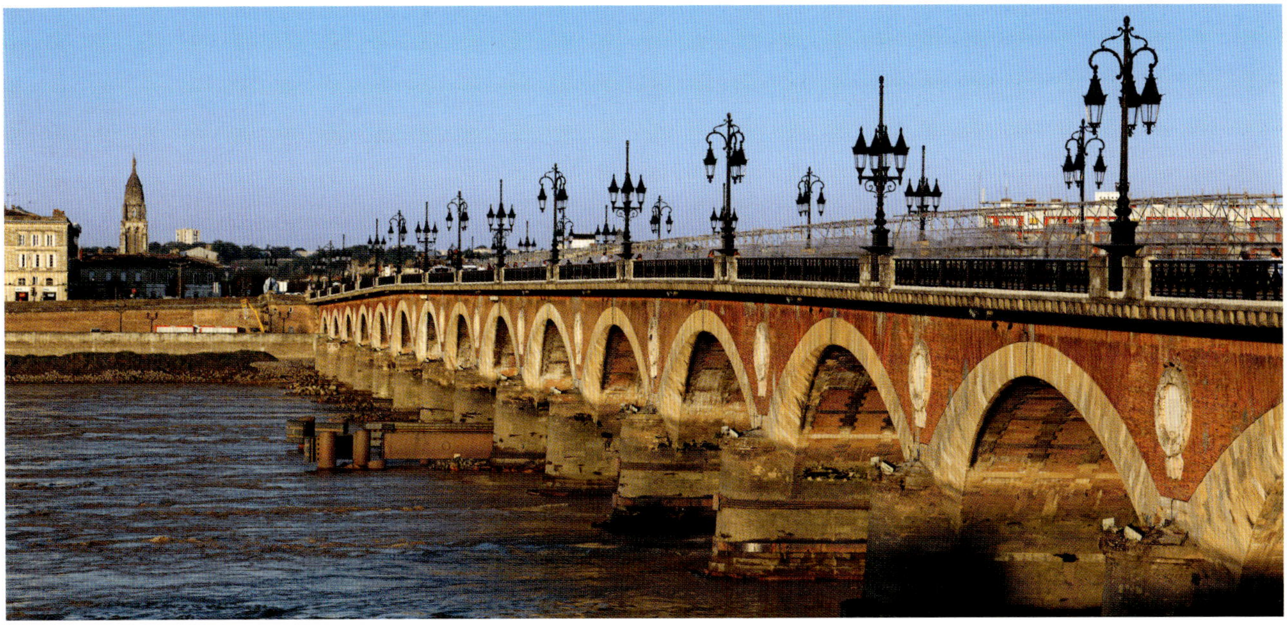

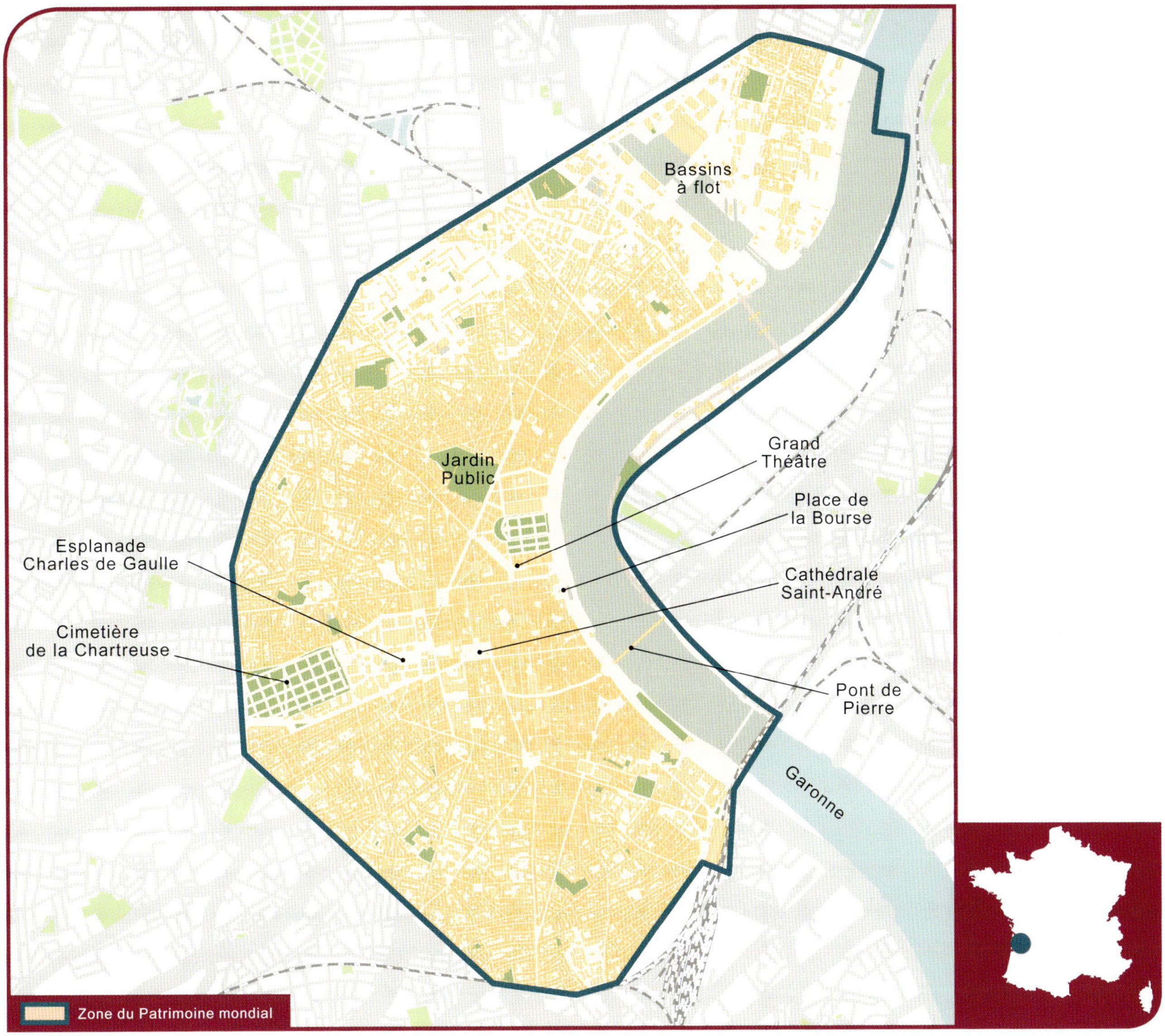
Bassins
à flot
Jardin
Public
Grand
Théâtre
Place de
la Bourse
Esplanade
Charles de Gaulle
Cathédrale
Saint-André
Cimetière
de la Chartreuse
Pont de
Pierre
Garonne
Zone du Patrimoine mondial

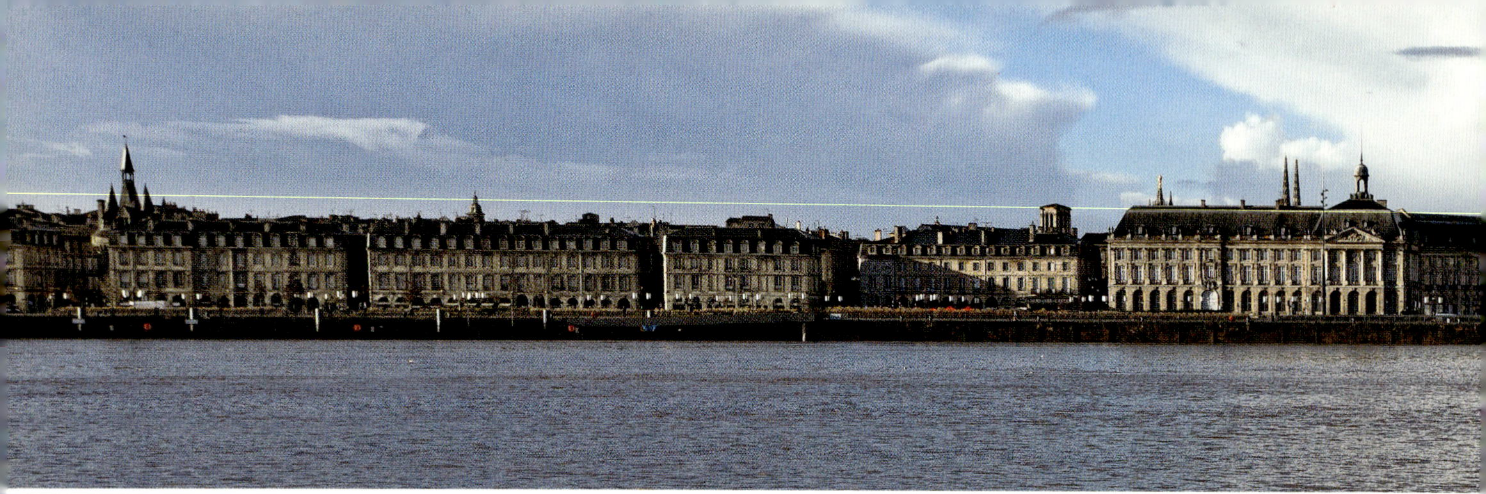
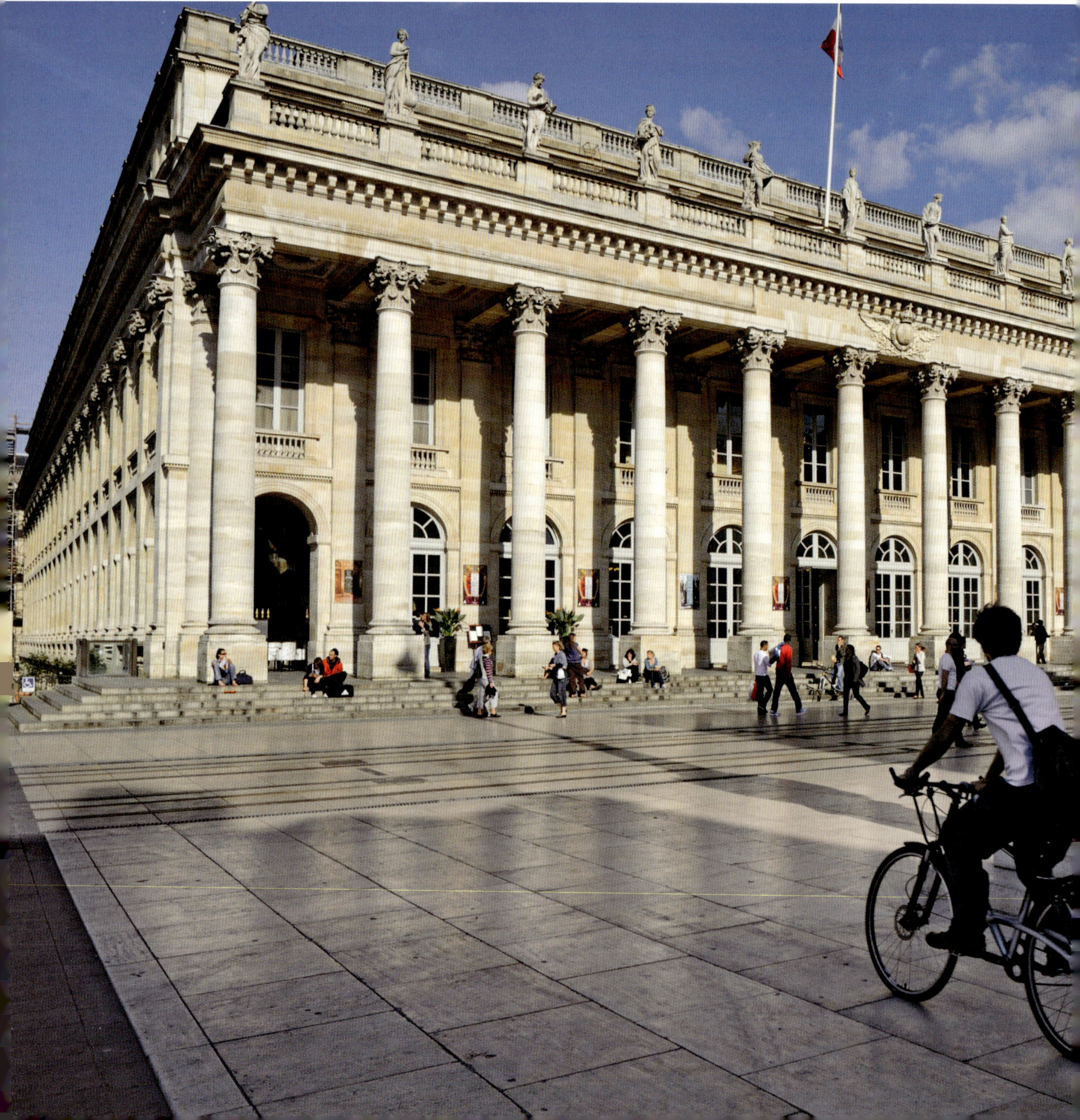

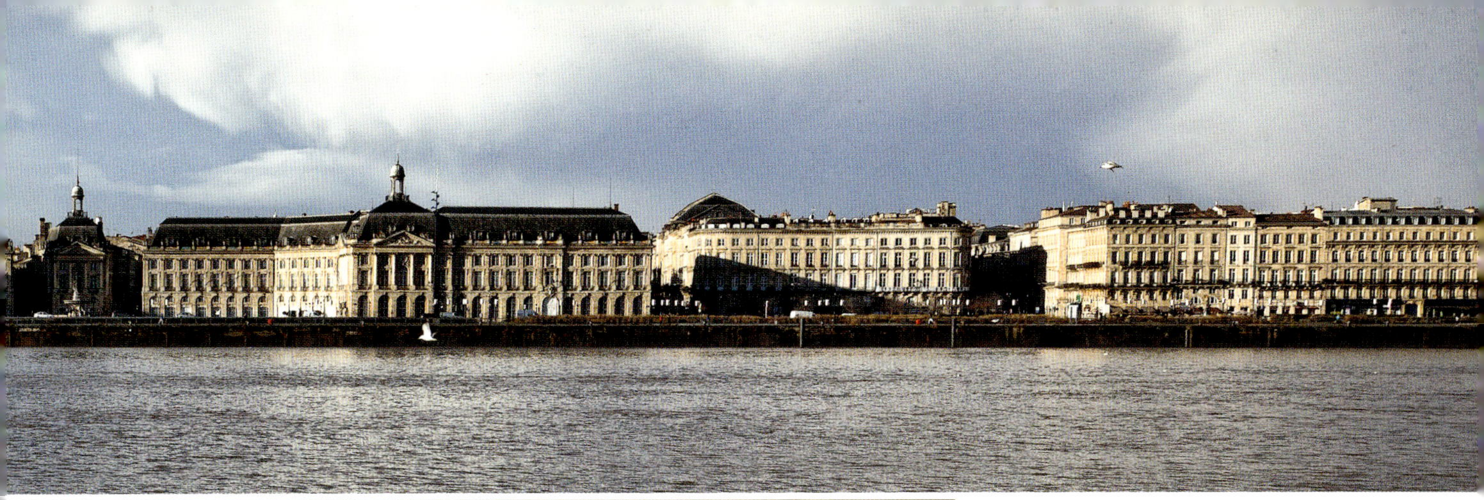

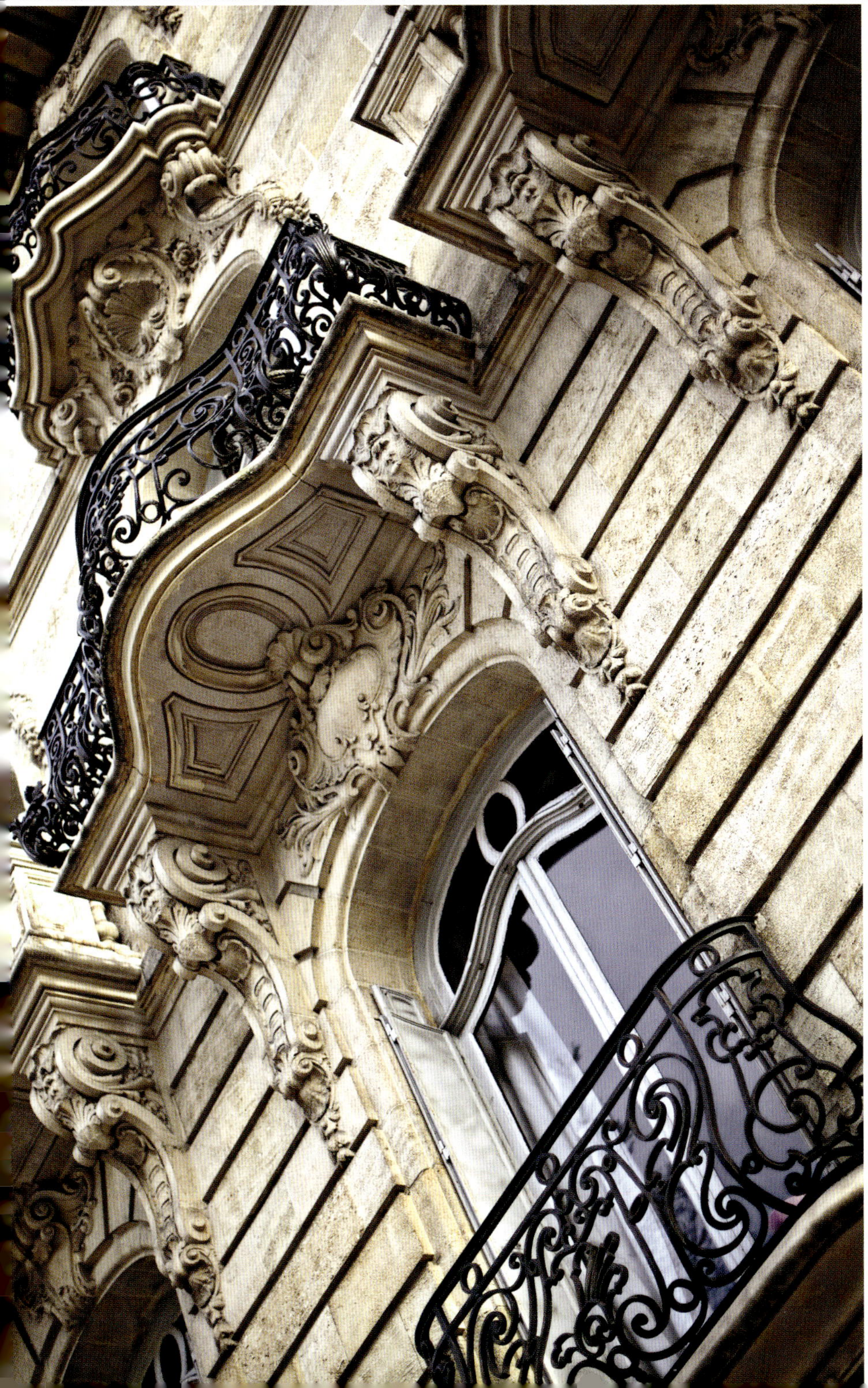

Page de gauche, en bas
Bâti en 1780 par Victor Louis, le grand théâtre de Bordeaux est l'un des plus anciens d'Europe.

Ci-dessus
Au début du XVIIIe siècle, une partie des remparts de la ville sont sacrifiés pour permettre des ouvertures sur le fleuve. Ainsi émergea la Place Royale, rebaptisée place de la Bourse. Elle fut créée à l'origine pour servir d'écrin à une statue équestre de Louis XV, aujourd'hui remplacée par la fontaine des Trois Grâces.

Ci-contre
Détail d'une façade d'un immeuble bourgeois.

ILS SONT CANDIDATS !

Avant son inscription sur la liste du Patrimoine mondial par l'Unesco, un site doit avoir figuré au préalable sur la liste indicative qu'établit chaque pays annuellement. Chaque État est en effet chargé de recenser sur son territoire les biens dont la valeur patrimoniale culturelle ou naturelle est considérée comme universelle, avant de demander leur classement auprès de l'Unesco. La liste indicative de la France compte actuellement 39 sites, dont certains y figurent depuis 1996. Si les biens présentés ici n'ont pas encore vu leur candidature aboutir, leur valeur, elle, n'est plus à démontrer. Découvrez-en quelques-uns qui seront, peut-être, inscrits demain au Patrimoine mondial.

SITES MÉGALITHIQUES DE CARNAC

Les géants de pierre de la préhistoire

Non loin du golfe du Morbihan se dresse un ensemble de mégalithes qui suscite les interrogations depuis des siècles. Protégés depuis 1830 grâce à l'action de Prosper Mérimée, alors inspecteur des Monuments historiques, ces milliers de mégalithes témoignent des civilisations du Néolithique, occupant 40 hectares d'une lande sauvage. Aménagé entre le Ve et le IIIe millénaire avant J.-C., le site de Carnac compte des alignements de menhirs, des cairns et des dolmens dont la disposition demeure aujourd'hui encore incomprise. Le mystère reste entier !

Inscription sur la liste indicative en 1996.

Office de tourisme de Carnac : 74, avenue des Druides - 56342 Carnac Cedex
Tél. 02 97 52 13 52 - www.ot-carnac.fr.

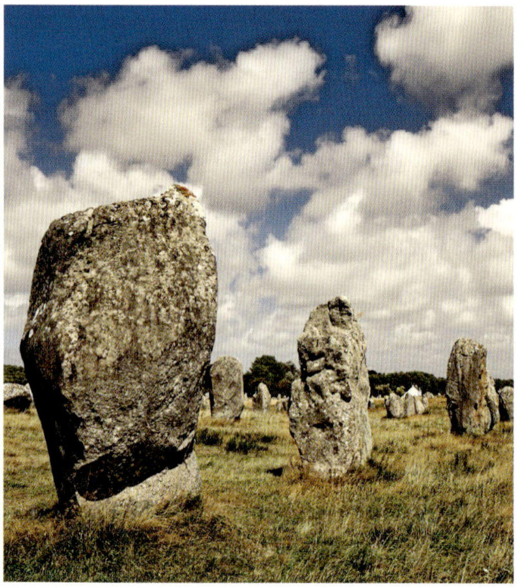

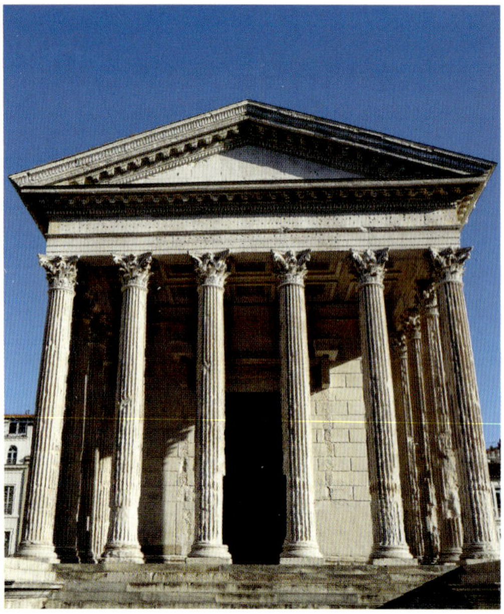

NÎMES, L'ANTIQUITÉ AU PRÉSENT

Ave, Nîmes !

Fondée par Auguste, Nîmes a conservé de nombreuses traces de la civilisation romaine du Ier siècle après J.-C. L'imposant amphithéâtre, qui pouvait accueillir plus de 20 000 spectateurs, côtoie la Maison Carré (un temple) ou encore la tour Magne, dominant les jardins de la Fontaine, vestige de l'enceinte romaine. C'est également vers la cité gardoise qu'étaient dirigées les eaux qui empruntaient un aqueduc dont faisait partie le pont du Gard. L'héritage antique imprègne tant la ville que les bâtiments des siècles suivants emprunteront au monde romain leurs codes architecturaux. Nîmes conjugue au présent son passé romain.

Critères de demande d'inscription : II IV *(voir légendes sur le rabat de couverture)* - Inscription sur la liste indicative en 2012.

Office de tourisme de Nîmes : 6, rue Auguste - 30020 Nîmes cedex 01
Tél. 04 66 58 38 00 - www.ot-nimes.fr.

CENTRE ANCIEN DE SARLAT

Un foyer de l'Humanisme

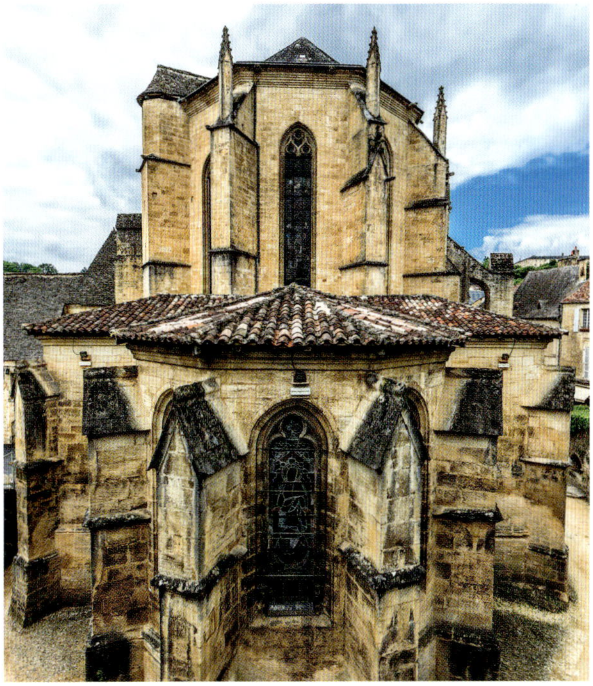

Fondée autour d'une abbaye bénédictine au Moyen Âge, le pittoresque village de Sarlat s'est enrichi au fil du temps, devenant une cité marchande importante. Les bâtiments de style roman puis gothique ainsi que les hôtels particuliers Renaissance sont venus agrémenter les charmantes ruelles. Aujourd'hui, ce sont près de 77 monuments qui sont protégés, dont la Lanterne des Morts dans l'ancien cimetière du XIIe siècle. Mais la grande fierté des Sarladais, c'est l'enfant du pays : Étienne de La Boétie. Membre du Parlement de Bordeaux et ami proche de Michel de Montaigne, il véhicula à travers ses écrits, comme le *Discours de la servitude volontaire*, les idées humanistes de son temps.

Critères de demande d'inscription : V VI *(voir légendes sur le rabat de couverture)* - Inscription sur la liste indicative en 2002.

Office de tourisme de Sarlat : 3, rue Tourny - BP 114 - 24203 Sarlat cedex - Tél. 05 53 31 45 45 - www.sarlat-tourisme.com.

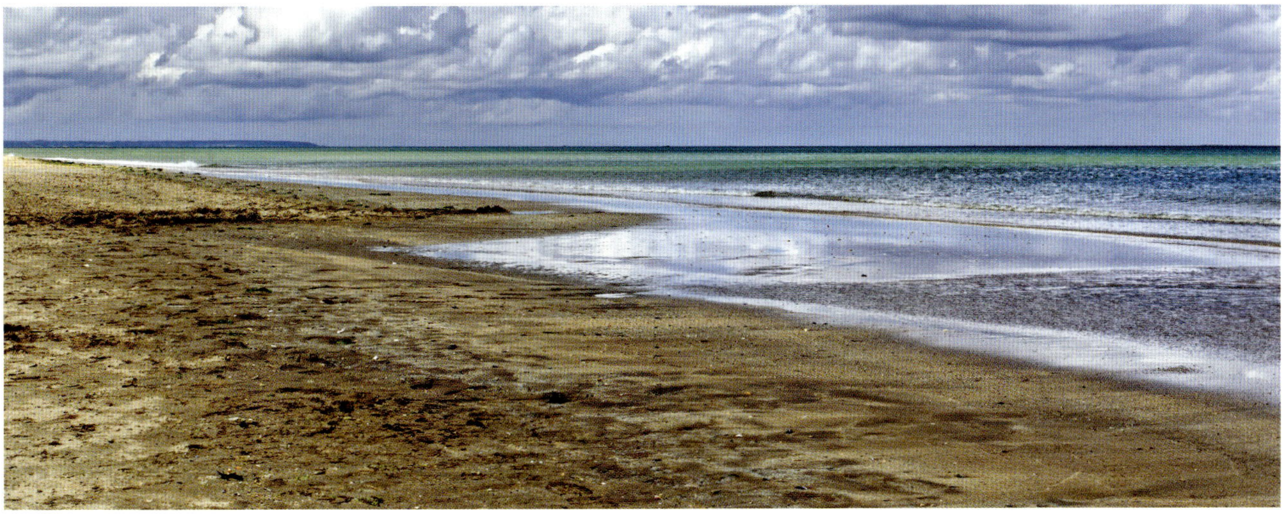

LES PLAGES DU DÉBARQUEMENT, NORMANDIE, 1944

En mémoire du D-Day

Les rivages de la Normandie furent le théâtre des opérations militaires des Alliés, qui, en 1944, entreprirent de libérer l'Europe de l'occupation allemande. Aux plages sur lesquelles se déroula le débarquement du 6 juin (Utah Beach, Omaha Beach, Gold Beach, Juno Beach et Sword Beach) s'ajoutent d'autres sites, comme la pointe du Hoc ou encore la batterie de Longues-sur-Mer. À travers les paysages, les aménagements militaires ainsi que les lieux de souvenir que constituent les cimetières et les mémoriaux se dessine un témoignage précieux sur l'histoire mouvementée du XXe siècle.

Critères de demande d'inscription : IV VI *(voir légendes sur le rabat de couverture)* - Inscription sur la liste indicative en 2014.

Association Normandie Mémoire : 88, rue Saint-Martin - 14000 Caen - Tél. 02 31 94 80 26 - www.normandiememoire.com.

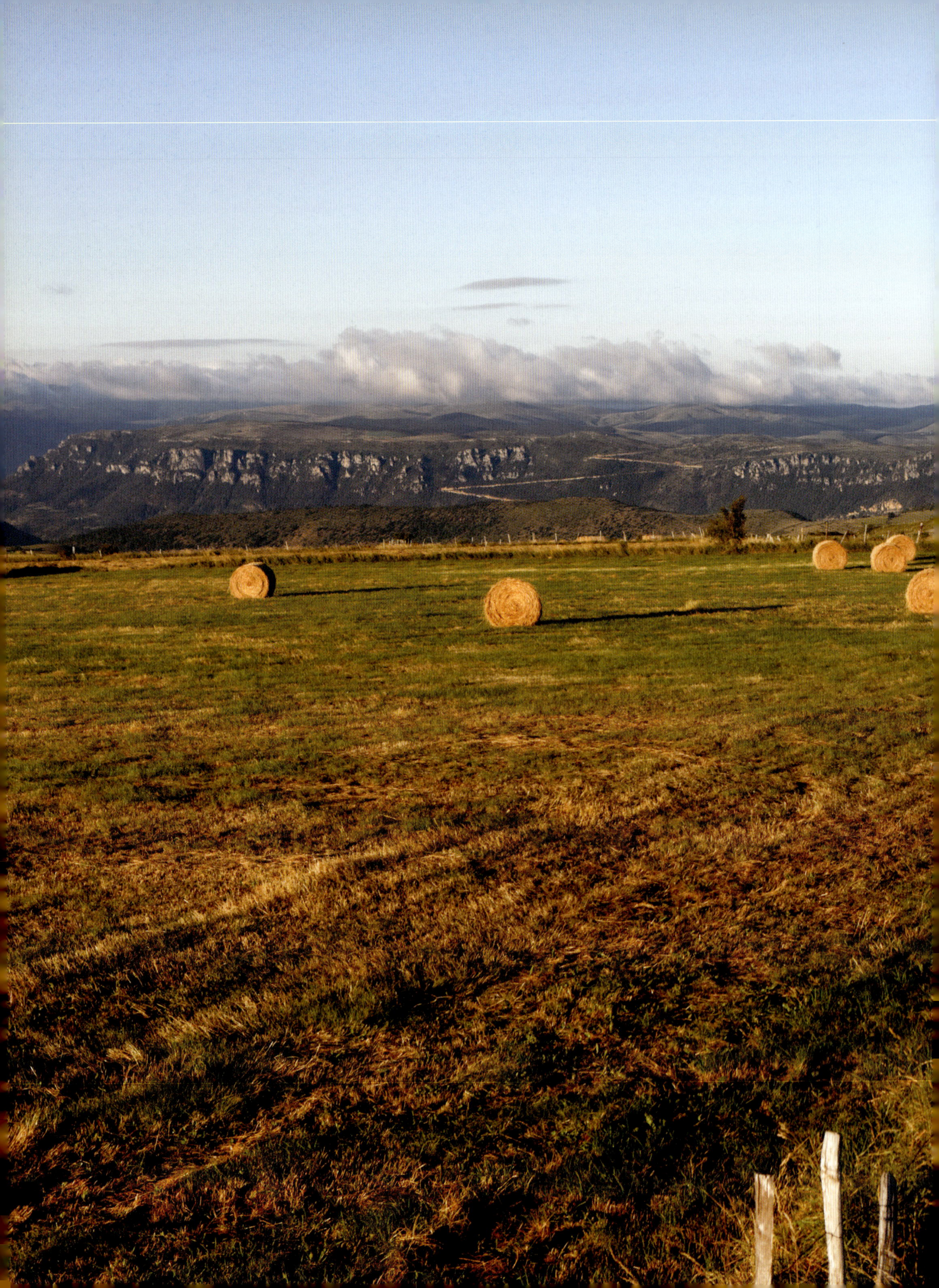

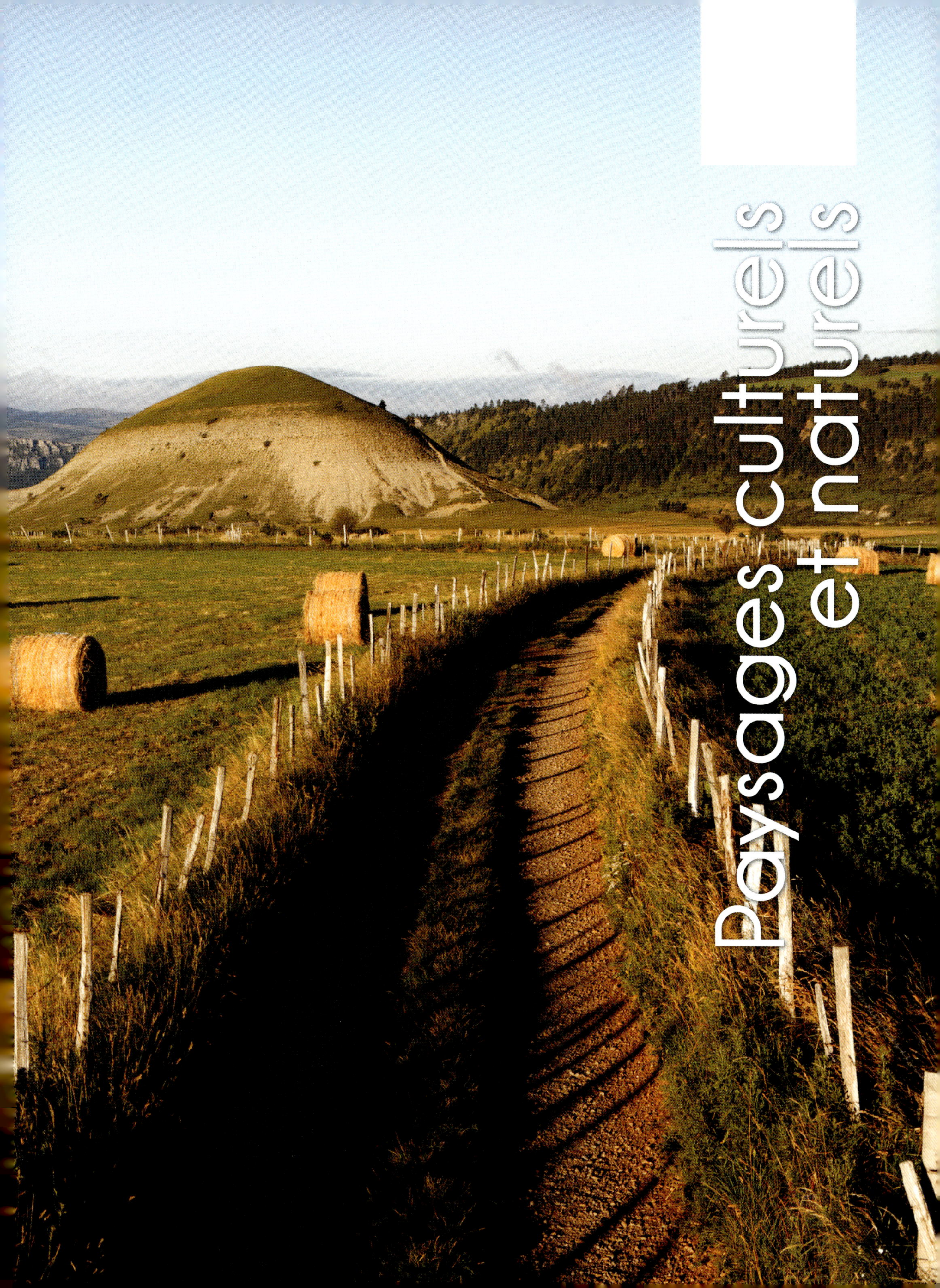

Paysages culturels et naturels

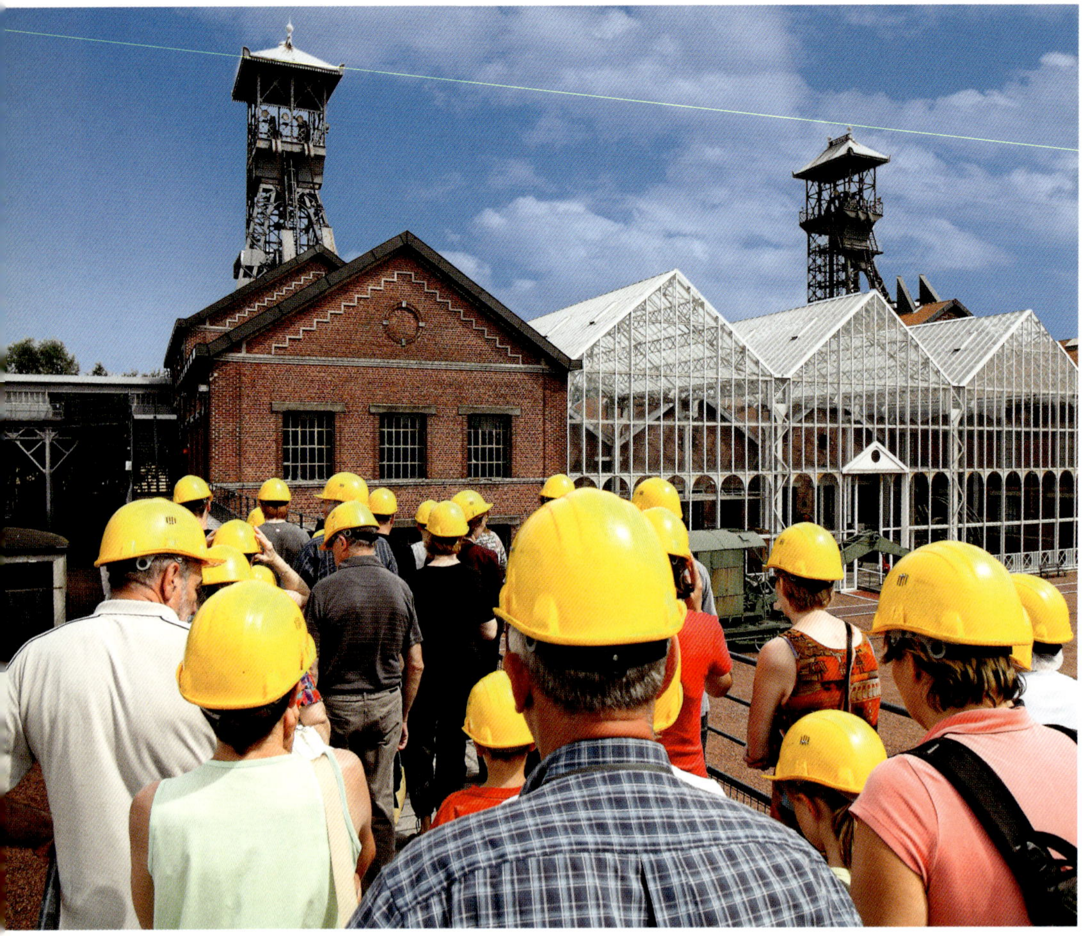

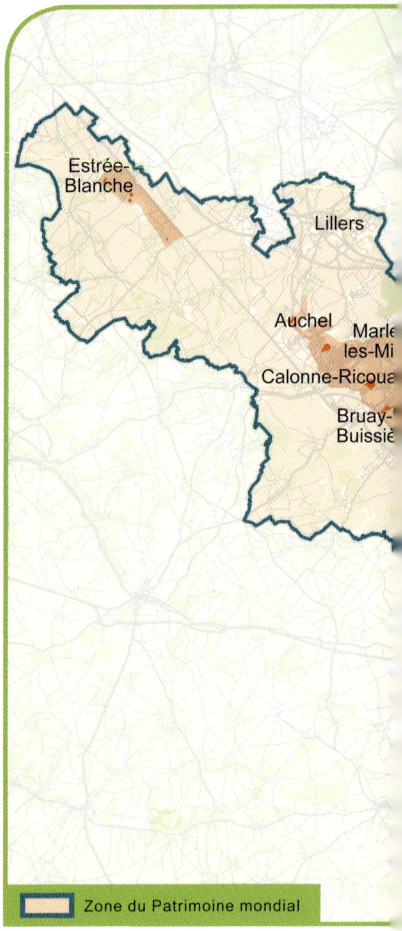

Ci-dessus
Le centre historique minier de Lewarde, implanté sur la fosse Delloye exploitée entre 1931 et 1971, possède 8000 m² de bâtiments qui racontent le monde de la mine : vestiaire, infirmerie, bains-douches, lampisterie où les femmes distribuaient les lampes…

BASSIN MINIER DU NORD-PAS-DE-CALAIS

Plongée dans la vie des mineurs

Parcourir les 120 kilomètres ponctués de puits d'extraction, de terrils et de cités minières entre Valenciennes et Bruay, c'est balayer près de trois siècles d'histoire industrielle européenne. L'exploitation du charbon dans le Nord-Pas-de-Calais remonte à 1720 lorsque la présence de houille est détectée à Fresnes-sur-Escaut, dans le Nord. Elles'achèvera en 1990 avec la fermeture de la fosse n°9-9 bis d'Oignies, située dans le Pas-de-Calais. Entre ces deux dates, deux milliards de tonnes de charbon seront extraites du sol, des centaines de milliers d'ouvriers auront travaillé dans les 100000 kilomètres de galeries creusées, et des entreprises florissantes auront été créées, dont la plus ancienne est la Compagnie des Mines d'Anzin, fondée en 1757.
Après une période consacrée à la recherche de gisements, l'exploitation du charbon explose à partir de 1840. La Révolution industrielle réclame de plus en plus de combustibles. Des concessions sont accordées, des cités minières voient le jour, généralement bâties non loin des fosses. Le bassin minier, dont les ressources souterraines constituent un enjeu économique primordial, souffrira grandement des combats de la Grande Guerre. Les installations sont reconstruites pendant l'entre-deux-guerres ; certains aménagements endommagés adoptent le style Art déco, telles la gare et la Maison syndicale de Lens.

GEO audioguides ÉCOUTEZ !

Un ancien mineur évoque les différents corps de métiers qui exploitèrent les dernières mines de Lens.

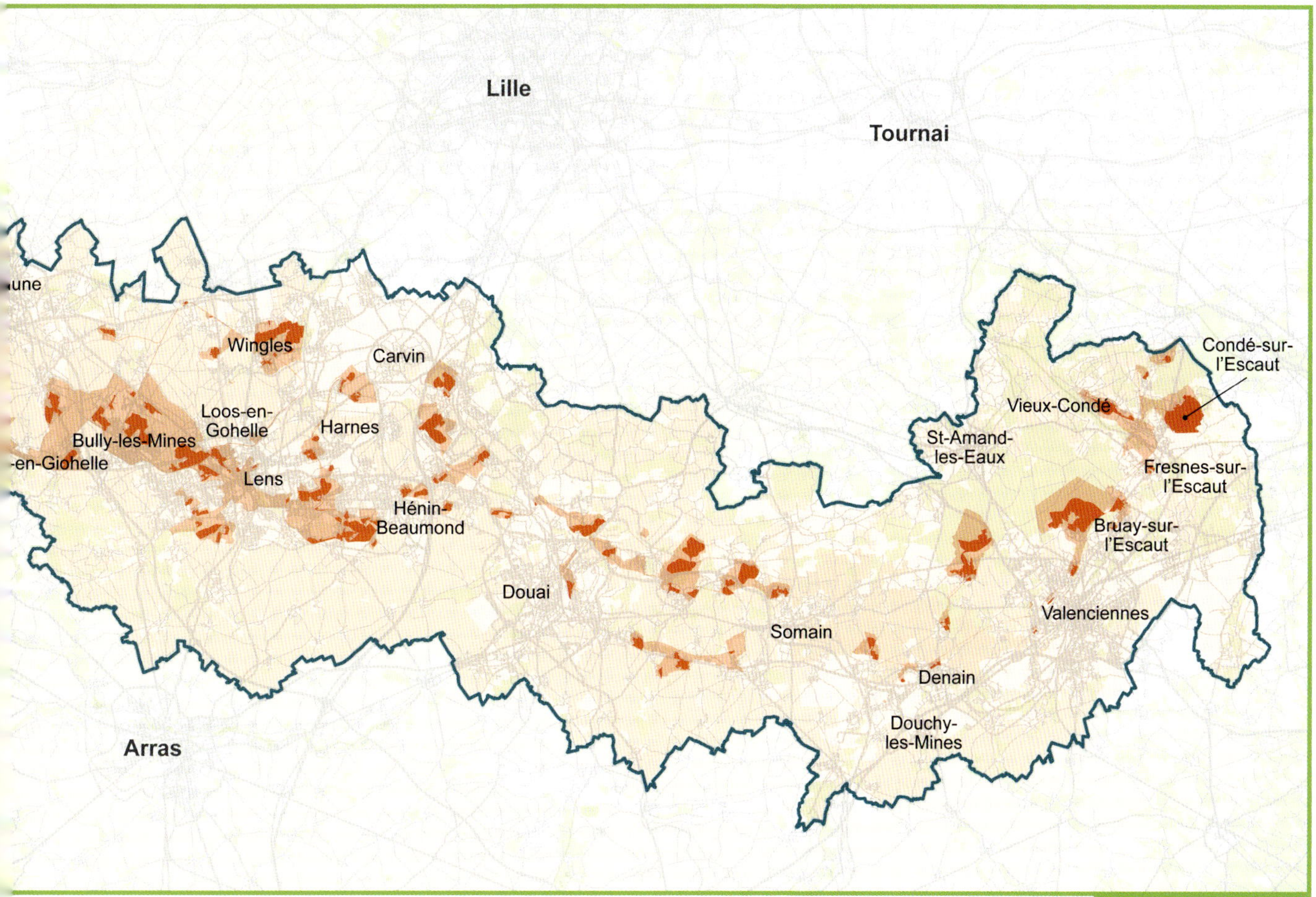

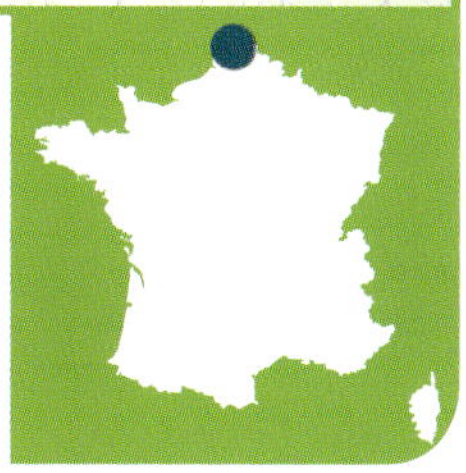

Après la Seconde Guerre mondiale, les compagnies minières sont nationalisées et deviennent « Les Houillères du Bassin Nord-Pas-de-Calais », puis les années 1960 amorcent le déclin de l'activité, qui s'éteindra définitivement trente ans plus tard.

La variété des ensembles « fosse-terril-cité minière » que l'on découvre au fil du bassin minier révèle la richesse de ce « paysage culturel évolutif » classé par l'Unesco. Les installations des carreaux de mines (chevalements, machines d'extraction, lavoirs, étangs d'affaissement…), que l'on peut voir à Lewarde, à Wallers ou à Oignies, ainsi que les terrils, plats ou coniques, racontent les améliorations techniques, les méthodes d'exploitation intensive de la houille et leurs conséquences sur le paysage. La vaste mosaïque composée par le patrimoine urbain et architectural révèle également les conditions de vie des hommes et femmes, ouvriers comme dirigeants, qui participèrent à l'activité charbonnière. Corons, cités-jardins, habitats pavillonnaires, salles des fêtes, équipements sportifs, hôpitaux ou encore écoles sont autant de témoins de l'histoire sociale et économique du bassin minier, devenu une terre de mémoire.

Critères de classement : II IV VI *(voir légendes sur le rabat de couverture)*
Inscription en 2012.

Comité régional du tourisme du Nord-Pas de Calais : 6, place Pierre Mendès-France
BP 60317 - 59026 Lille Cedex - Tél. 03 20 14 57 57 - www.tourisme-nordpasdecalais.fr.
Centre historique minier de Lewarde : Rue d'Erchin - 59287 Lewarde - Tél. 03 27 95 82 82
www.chm-lewarde.com.

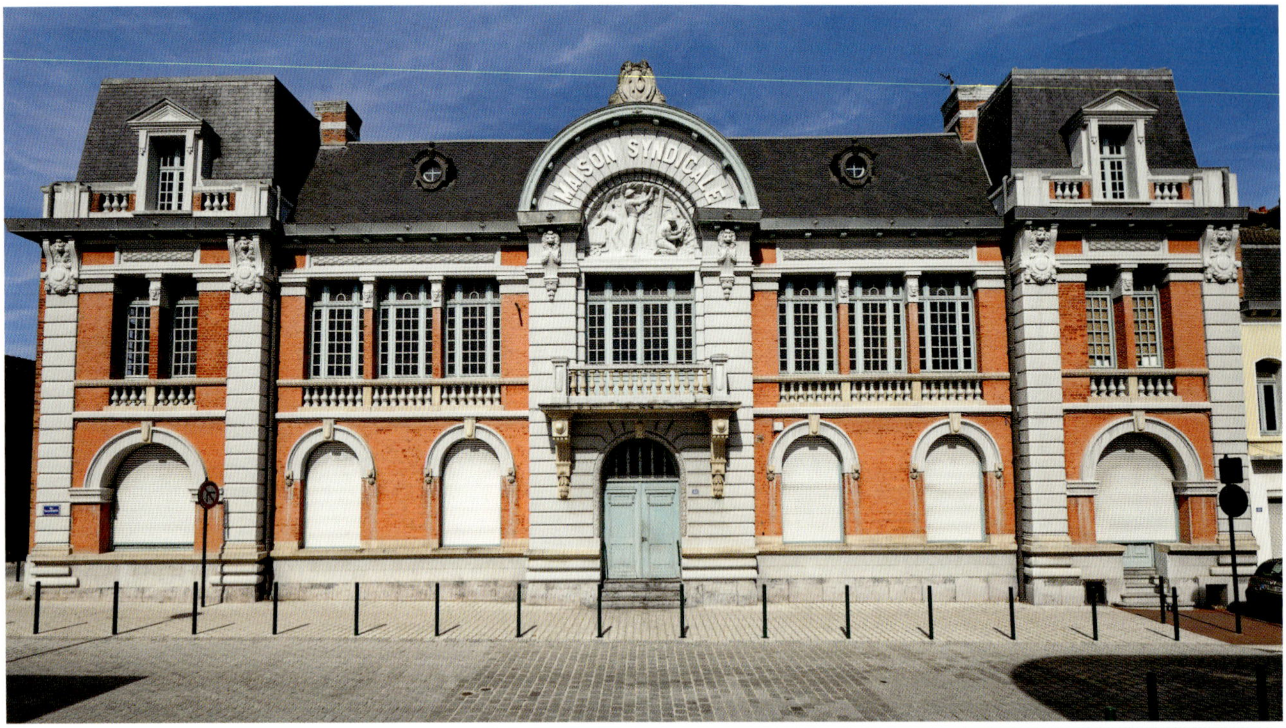

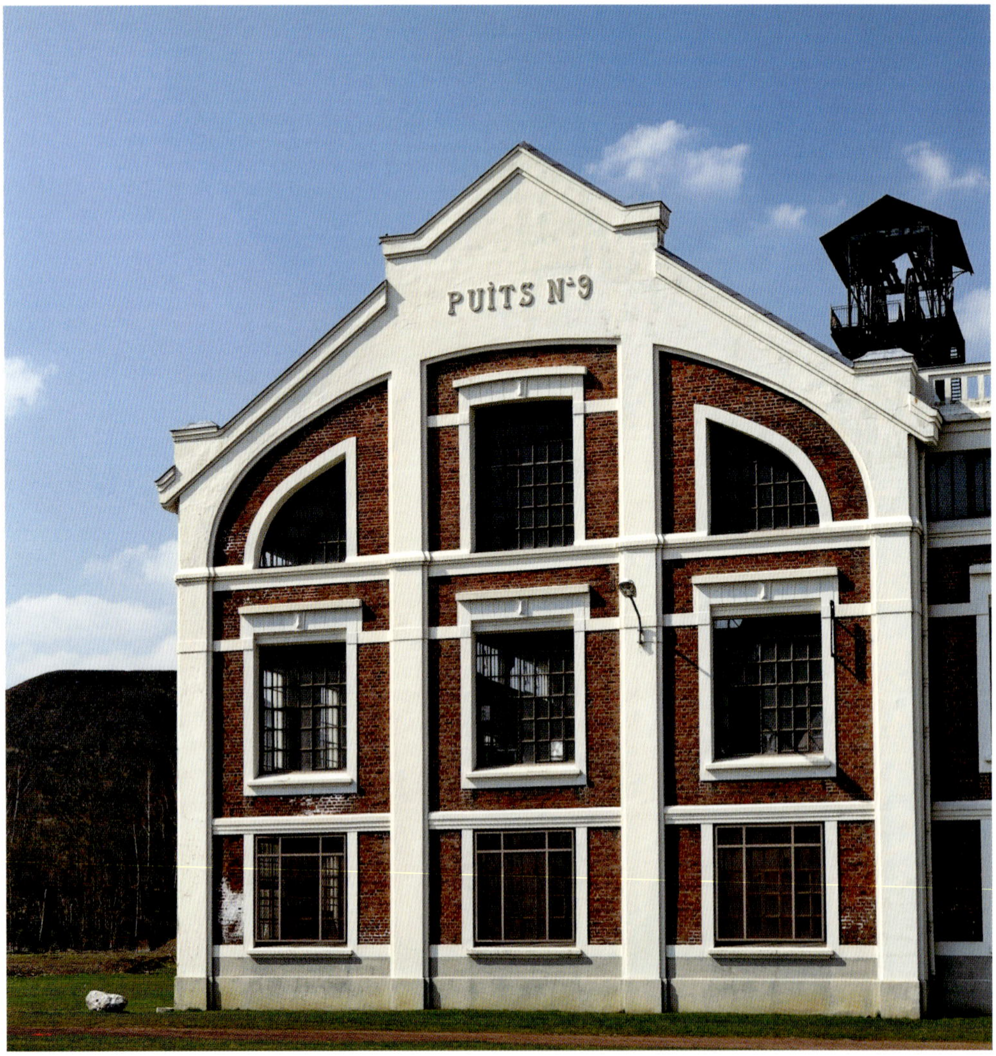

Ci-dessus
Maison syndicale de Lens.

Ci-contre
Construite dans les années 1930, la fosse 9-9 bis d'Oignies sera la dernière mine à fermer ses portes en 1990.

Page de droite, en haut
Typiques de l'architecture minière du bassin, les corons alignent leurs façades de briques à Wallers. En 1884, Émile Zola visita ceux d'Anzin, cherchant à se documenter sur les conditions de vie des mineurs pour Germinal.

Page de droite, en bas
Détail d'une mosaïque ornant les murs de la gare de Lens.

Pages suivantes, à gauche
L'un des chevalements de la fosse d'Arenberg.

Pages suivantes, à droite
Ancien vitrail des bureaux centraux d'Oignies.

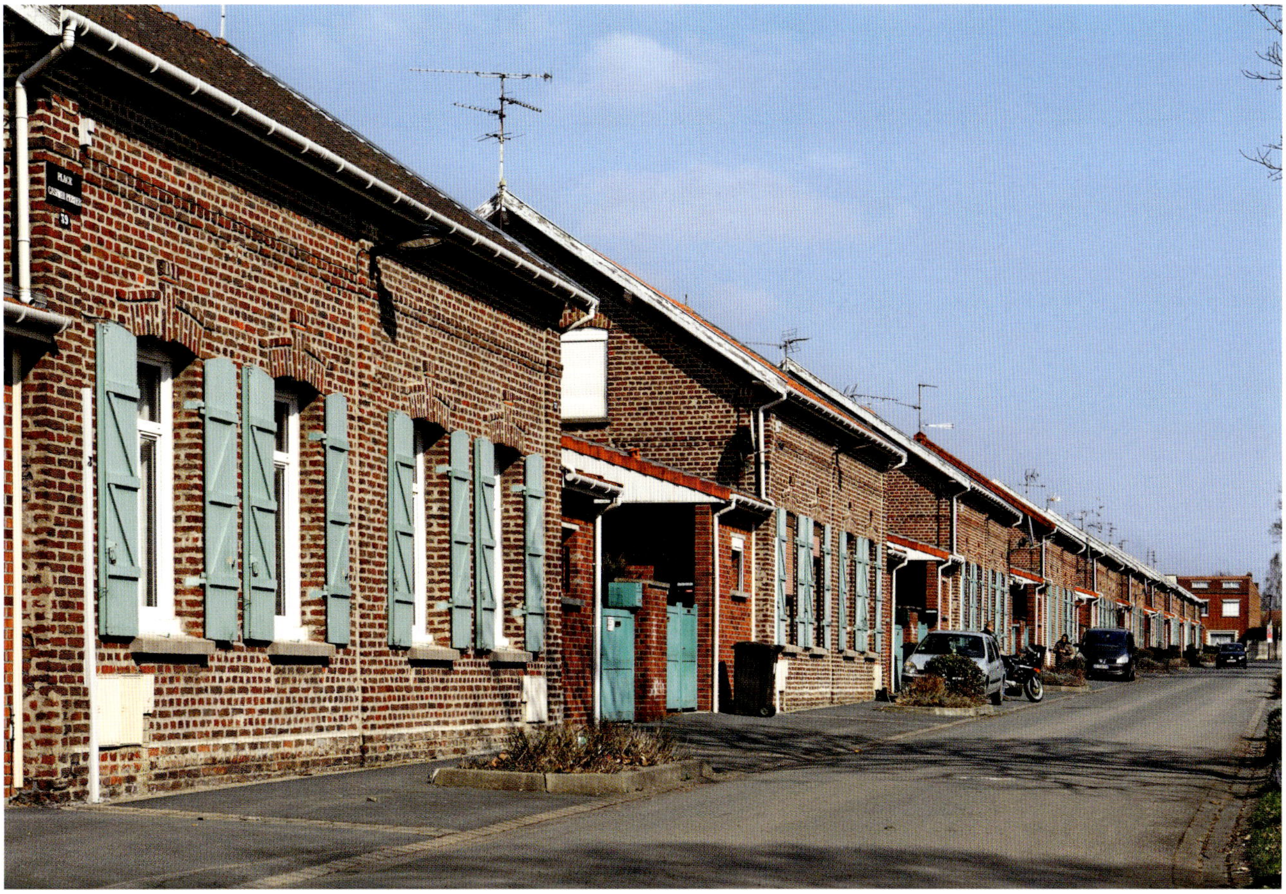

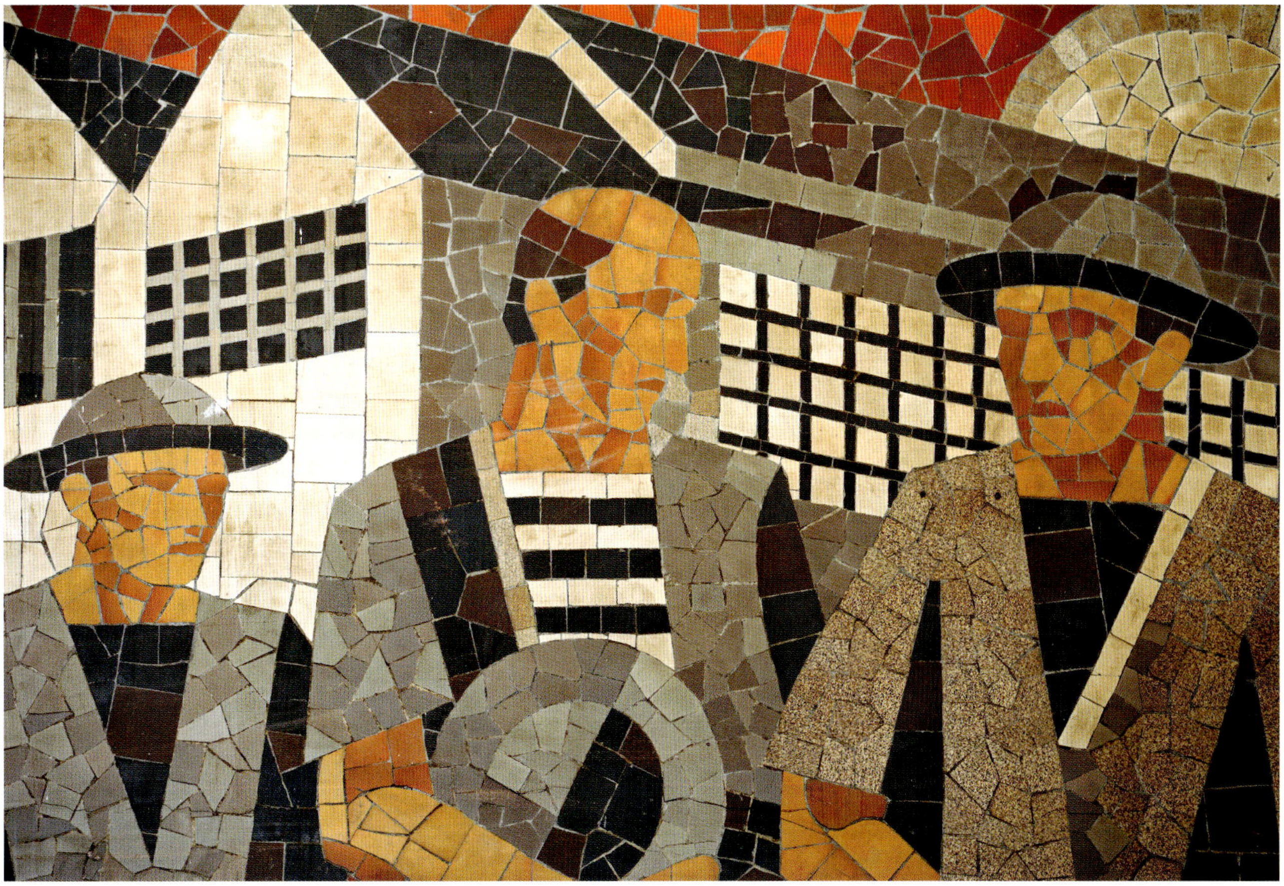

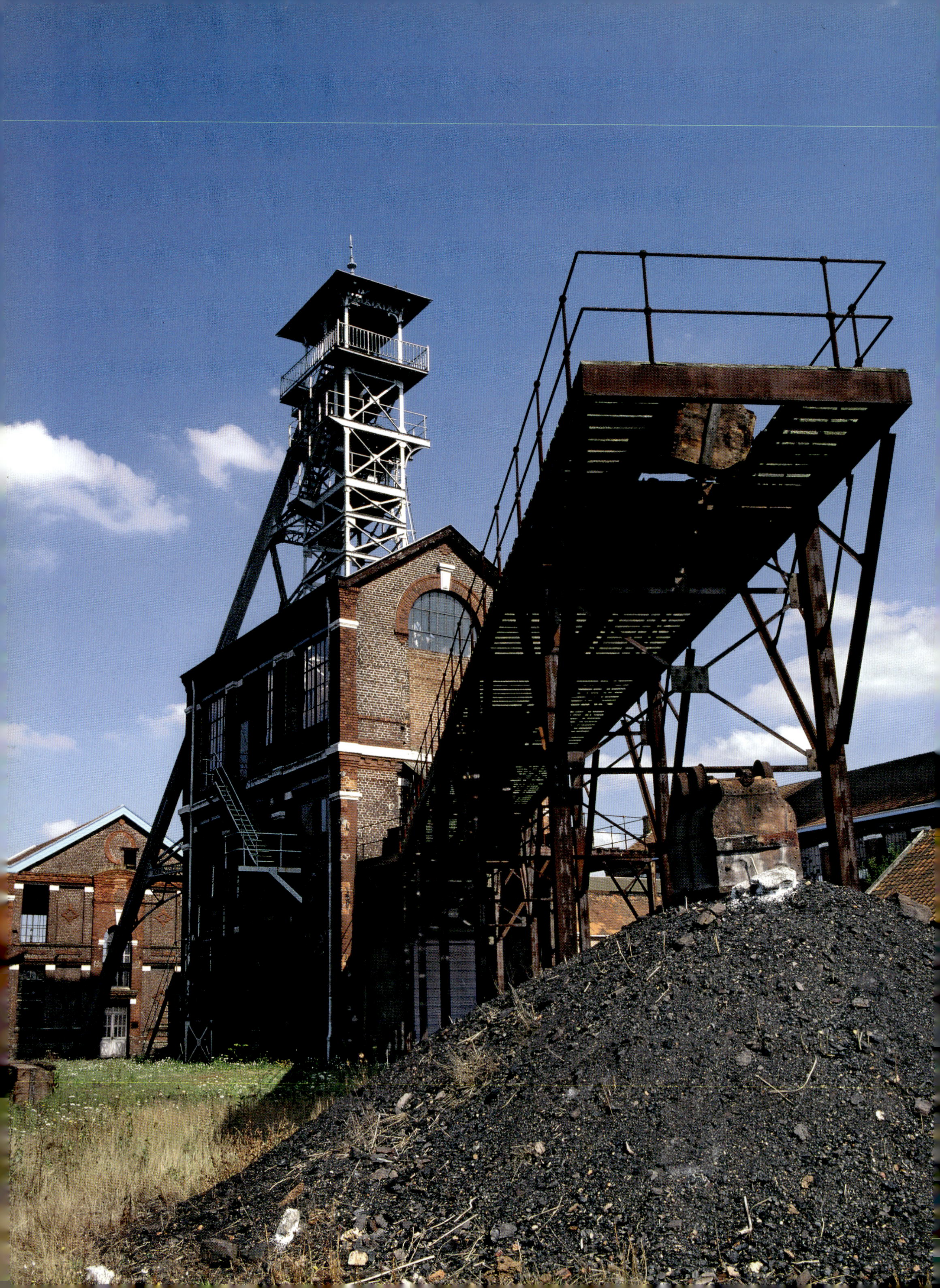

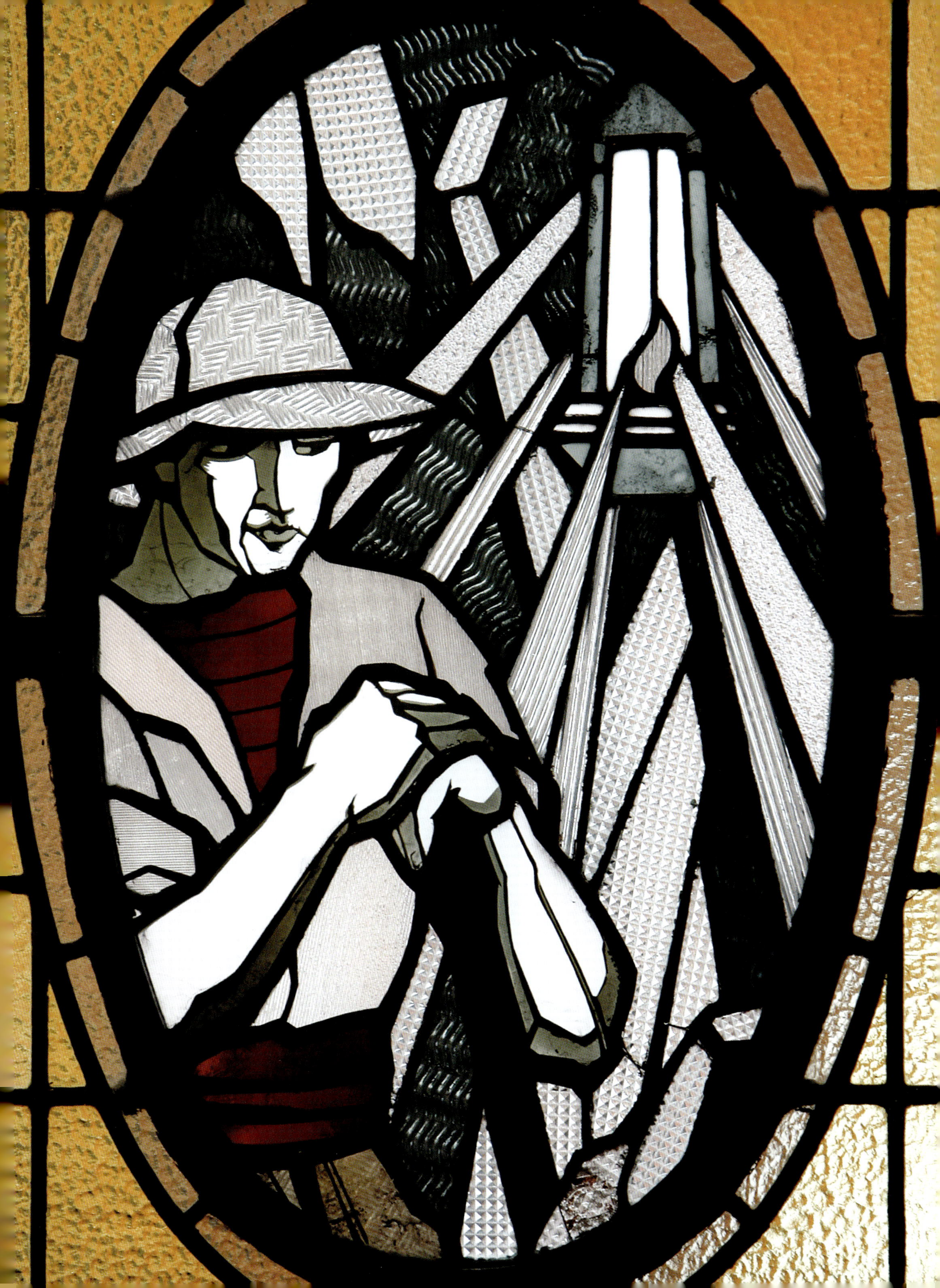

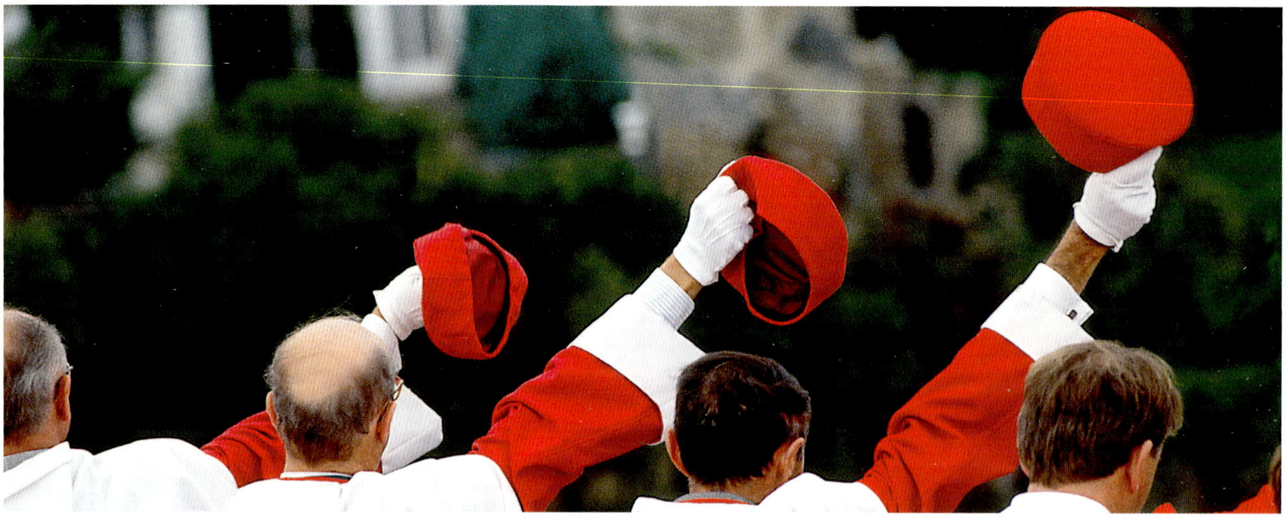

Ci-dessus
Jurats en costume traditionnel.

Page de droite, en haut
C'est autour d'une grotte où l'ermite Émilion trouva refuge au VIIIe siècle que s'est développé Saint-Émilion. La construction d'un monastère, d'hospices et d'édifices religieux – dont l'église monolithe de la fin du XIe siècle – témoignent de l'importance de la ville, située sur l'un des chemins de Saint-Jacques-de-Compostelle.

Page de droite, en bas
Le vignoble, richesse de la juridiction de Saint-Émilion.

JURIDICTION DE SAINT-ÉMILION

Un paysage façonné par l'homme et la nature

Le calcaire, voilà peut-être le secret de Saint-Émilion… ou plutôt de la juridiction de Saint-Émilion, constituée de sept autres communes : Saint-Sulpice-de-Faleyrens, Saint-Laurent-des-Combes, Saint-Christophe-des-Bardes, Saint-Pey-d'Armens, Saint-Étienne-de-Lisse, Vignonet et Saint-Hippolyte. Cette pierre dorée, qui a été utilisée dans l'édification de nombreux bâtiments de la ville médiévale et des châteaux viticoles alentour, compose le terroir et participe à la renommée des appellations « Saint-Émilion » et « Saint-Émilion grand cru ».
Illustrant « de manière exceptionnelle la culture intensive de la vigne à vin », la juridiction de Saint-Émilion offre un paysage culturel, historique et vivant, qui explique son inscription sur la liste du Patrimoine mondial par l'Unesco. Si la vigne est présente en Aquitaine depuis l'Antiquité, Saint-Émilion n'a connu un véritable essor qu'avec les privilèges et libres coutumes accordés par le roi d'Angleterre Jean sans Terre en 1199. Le bourg bénéficie dès lors de sa propre administration avant de prendre en charge celle de la juridiction en 1289. La Jurade, composée de magistrats et de notables, régit la vie politique, économique et judiciaire, tout en contrôlant la qualité de l'« or rouge ». Abolie à la Révolution française, cette confrérie renaît en 1948, garantissant l'authenticité des vins produits et assurant leur valorisation. Deux fois par an, les rues de Saint-Émilion voient défiler les jurats vêtus de rouge et de blanc : en juin, lors de la procession du printemps, ils jugent la qualité du vin nouveau ; en septembre, pour le Ban des Vendanges, ils décident du début de la récolte. Constellée d'exploitations viticoles, d'où s'échappent quelques grands noms (Cheval Blanc, Angélus, Ausone…), la juridiction de Saint-Émilion forme un territoire homogène où la nature et l'homme vivent en harmonie depuis des siècles.

Critères de classement : III IV *(voir légendes sur le rabat de couverture)* - Inscription en 1999.

Office de tourisme de la juridiction de Saint-Émilion : Place des Créneaux - 33330 Saint-Émilion - Tél. 05 57 55 28 28 - www.saint-emilion-tourisme.com.

GEO audioguides
ÉCOUTEZ !

L'œnologue Philippe Rémond évoque les qualités du célèbre grand cru Château Cheval Blanc.

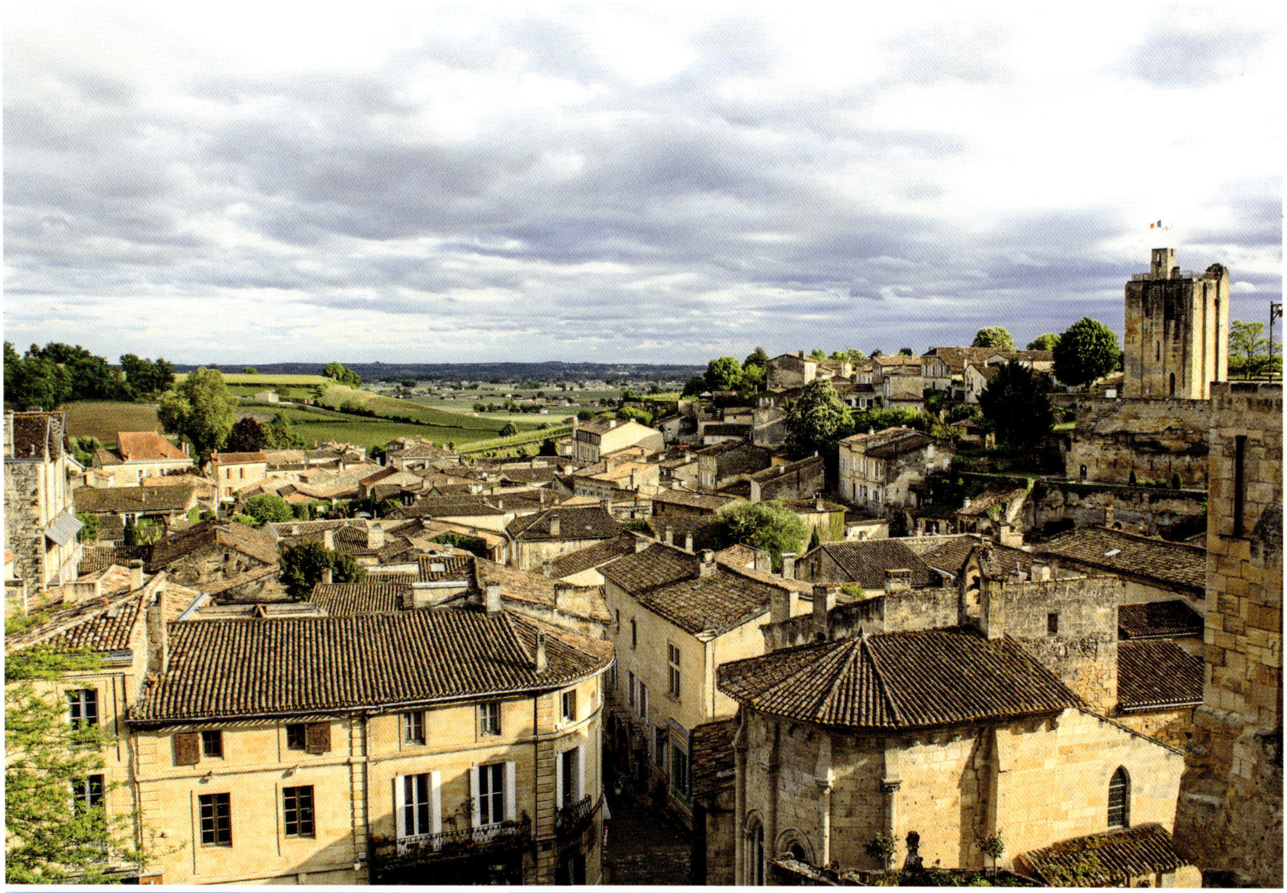

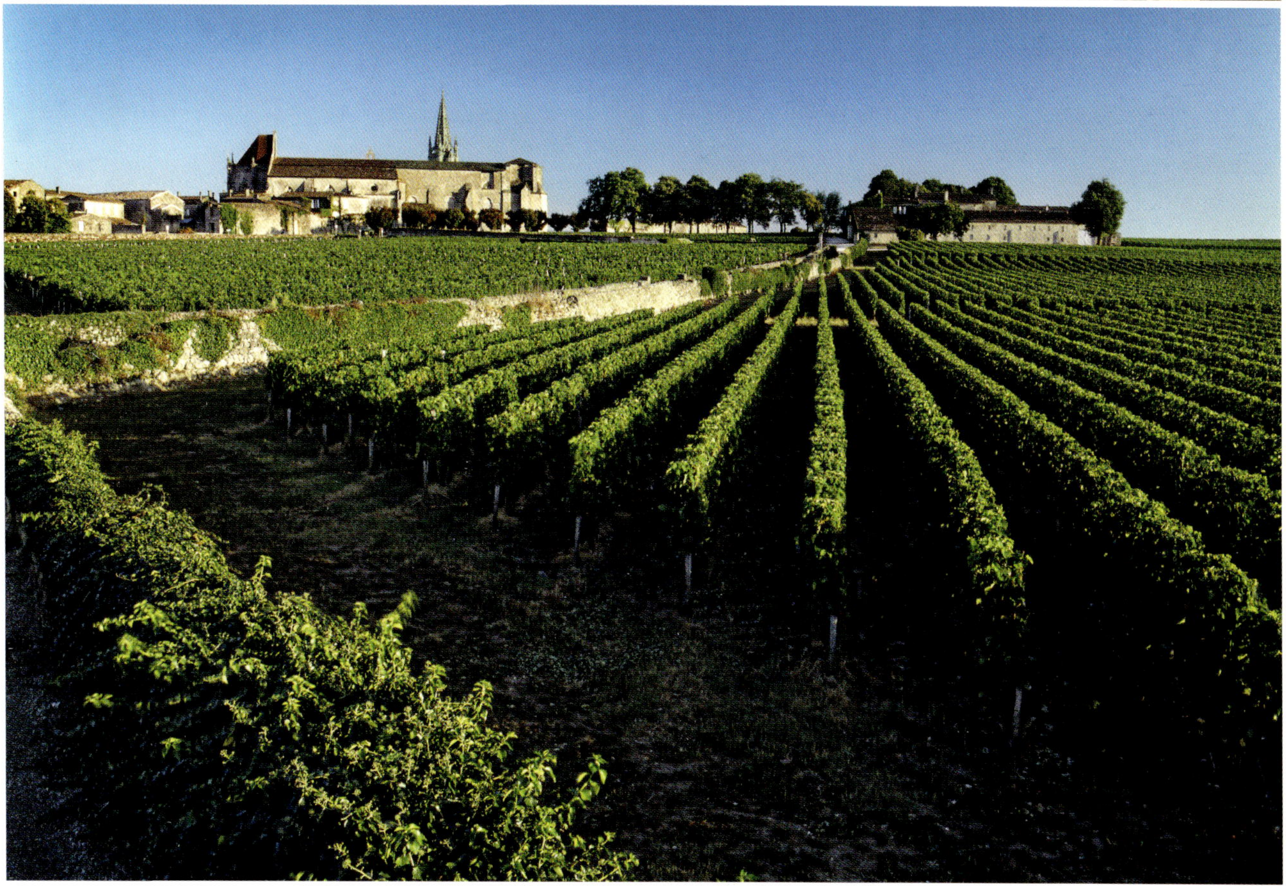

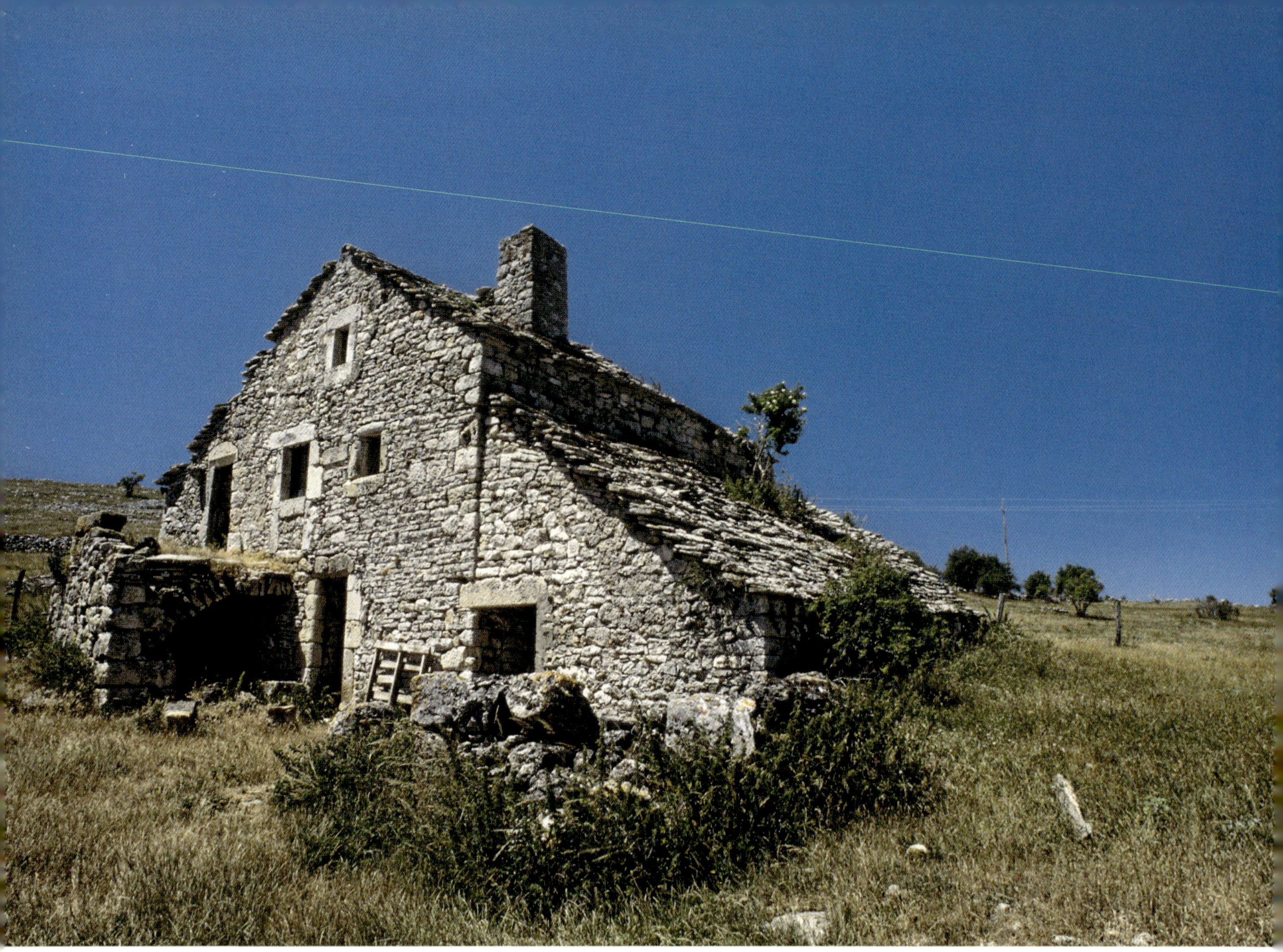

Ci-dessus
Une jasse (« bergerie » en occitan), emblématique des Cévennes.

CAUSSES ET CÉVENNES

L'œuvre conjointe de l'homme et de la nature

Bien qu'il présente une diversité de paysages inouïe – des grands plateaux calcaires entaillés de gorges aux vallées profondes en passant par de hauts sommets granitiques comme ceux des monts Lozère et d'Aigoual –, l'ensemble des Causses et des Cévennes partage une même culture agropastorale millénaire, qui lui vaut son classement dans la liste des paysages culturels de l'Unesco. Habitée depuis la préhistoire, la physionomie de cette région, située au sud du Massif central et qui s'étend sur les départements de l'Aveyron, du Gard, de l'Hérault et de la Lozère, résulte de l'action de l'homme et de la nature. Ces vastes territoires, façonnés par l'eau et les vents, sont le lieu d'un élevage non intensif depuis des siècles et, à ce titre, forment un paysage évolutif et vivant de l'agropastoralisme méditerranéen. C'est au Moyen Âge, sous l'impulsion des ordres templiers et hospitaliers, que se développa une économie basée sur l'élevage ovin et la production laitière. Parmi les produits les plus célèbres figurent le roquefort, fromage connu dès le XIe siècle et devenu un symbole historique des Causses, ainsi que le pélardon, fabriqué avec du lait de chèvres issues de races spécifiques.

GEO audioguides
ÉCOUTEZ !

Suivez le troupeau et ses traditions lors de la transhumance.

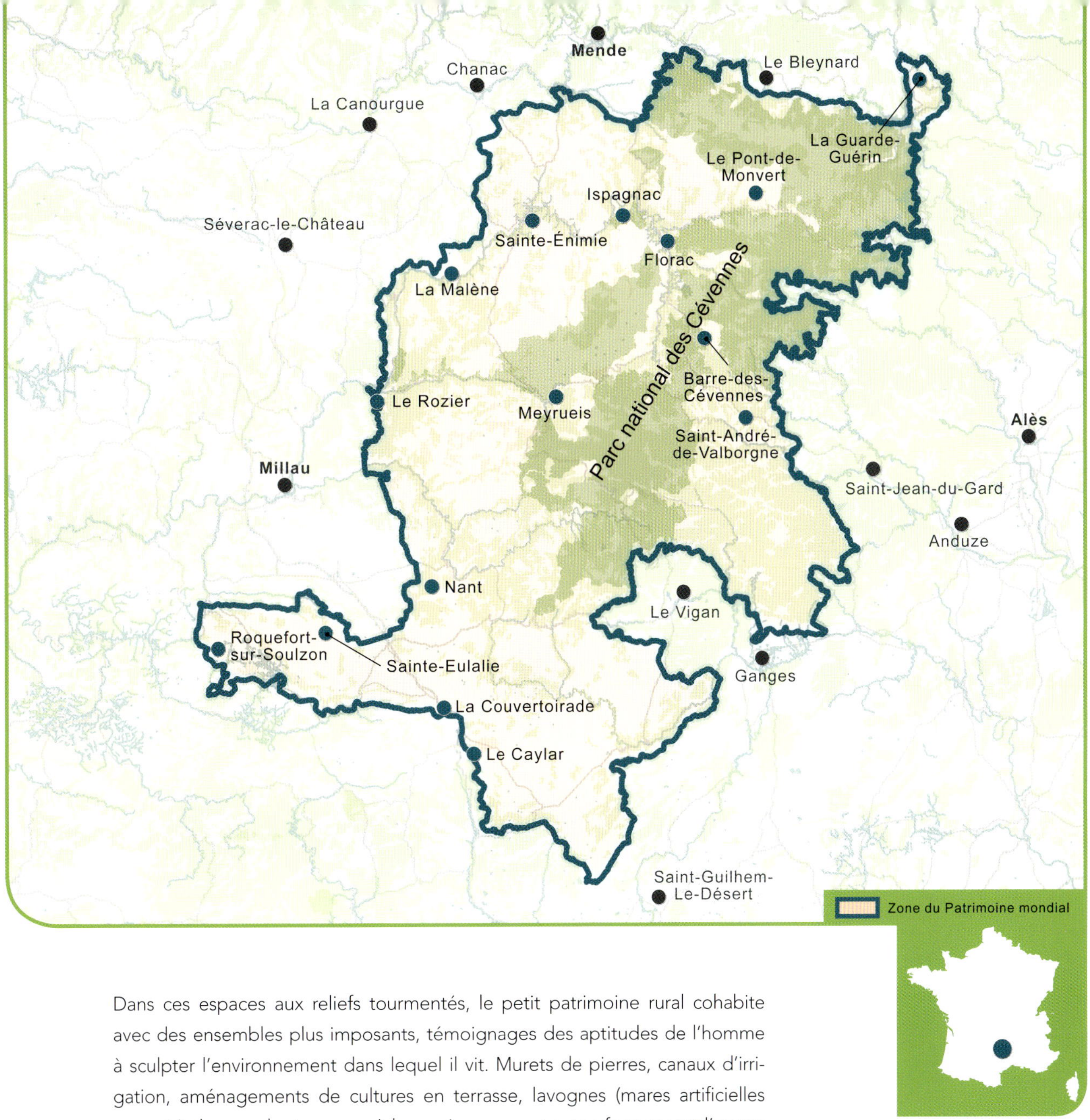

Dans ces espaces aux reliefs tourmentés, le petit patrimoine rural cohabite avec des ensembles plus imposants, témoignages des aptitudes de l'homme à sculpter l'environnement dans lequel il vit. Murets de pierres, canaux d'irrigation, aménagements de cultures en terrasse, lavognes (mares artificielles servant à abreuver les troupeaux), bergeries, caves et autres fermes sont l'œuvre des bergers, paysans et maçons cévenols ou caussenards, qui ont su, au fil des siècles, s'intégrer harmonieusement dans des paysages millénaires. La transhumance, qui se pratique toujours sur le mont Lozère, a joué un rôle capital dans la préservation des paysages ouverts et le maintien des drailles (voies de transhumance). Outre les bovins et les brebis en estive, les pelouses et les landes du mont Lozère abritent de nombreuses tourbières héritées des périodes glaciaires, qui représentent un patrimoine biologique exceptionnel.
L'ensemble classé couvre une partie du Parc national des Cévennes et du Parc naturel régional des Grands Causses. Ces deux acteurs, chargés de préserver intacte la beauté et la biodiversité des lieux, s'emploient à livrer aux générations futures un conservatoire vivant de l'agropastoralisme du Sud européen.

Critères de classement : III IV *(voir légendes sur le rabat de couverture)* - Inscription en 2011.

Parc national des Cévennes : 6, bis place du Palais - 48400 Florac- Tél. 04 66 49 53 00 www.cevennes-parcnational.fr. **Parc naturel régional des Grands Causses :** 71, boulevard de l'Ayrolle - 12101 Millau - Tél. 05 65 61 35 50 - www.parc-grands-causses.fr.

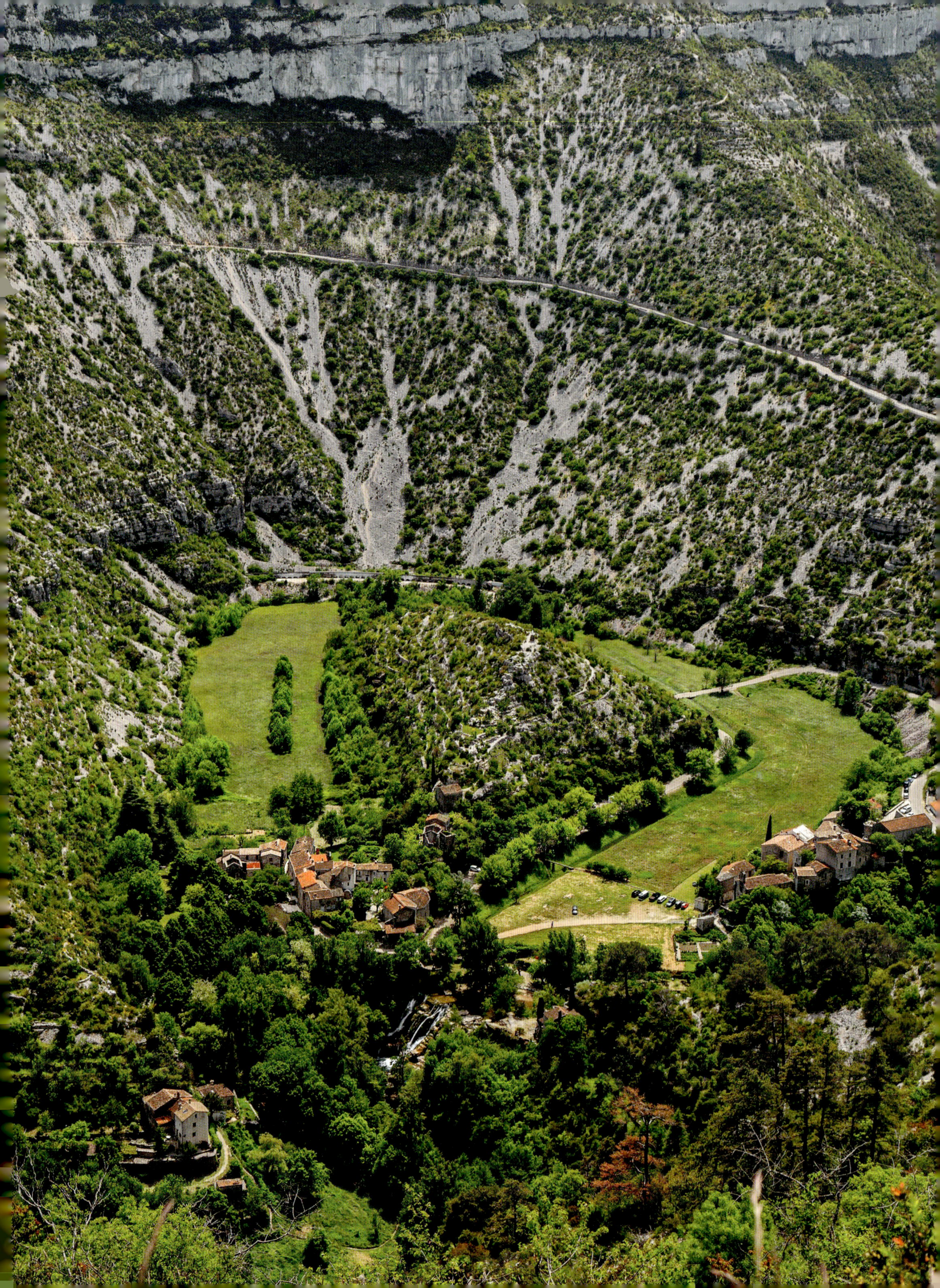

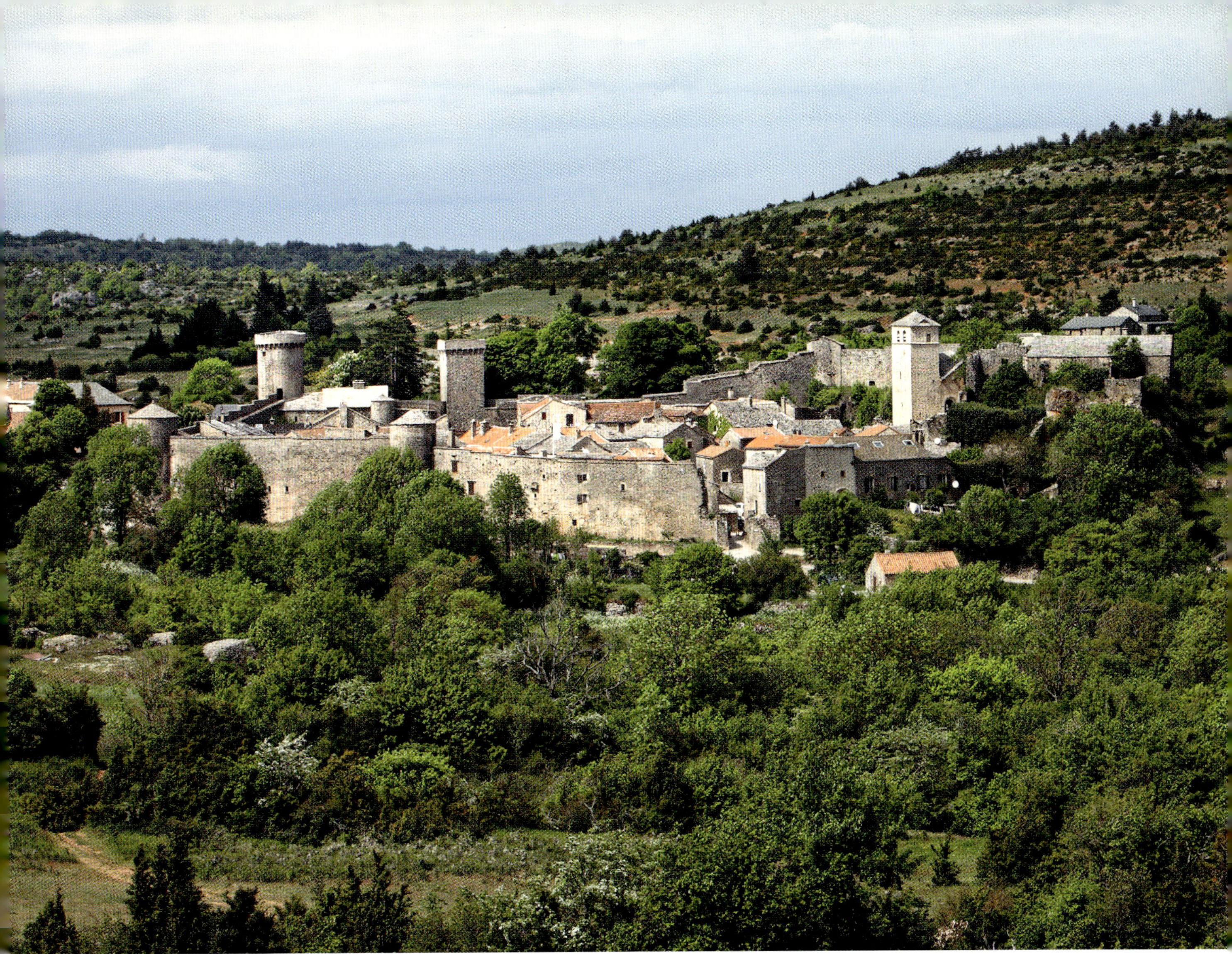

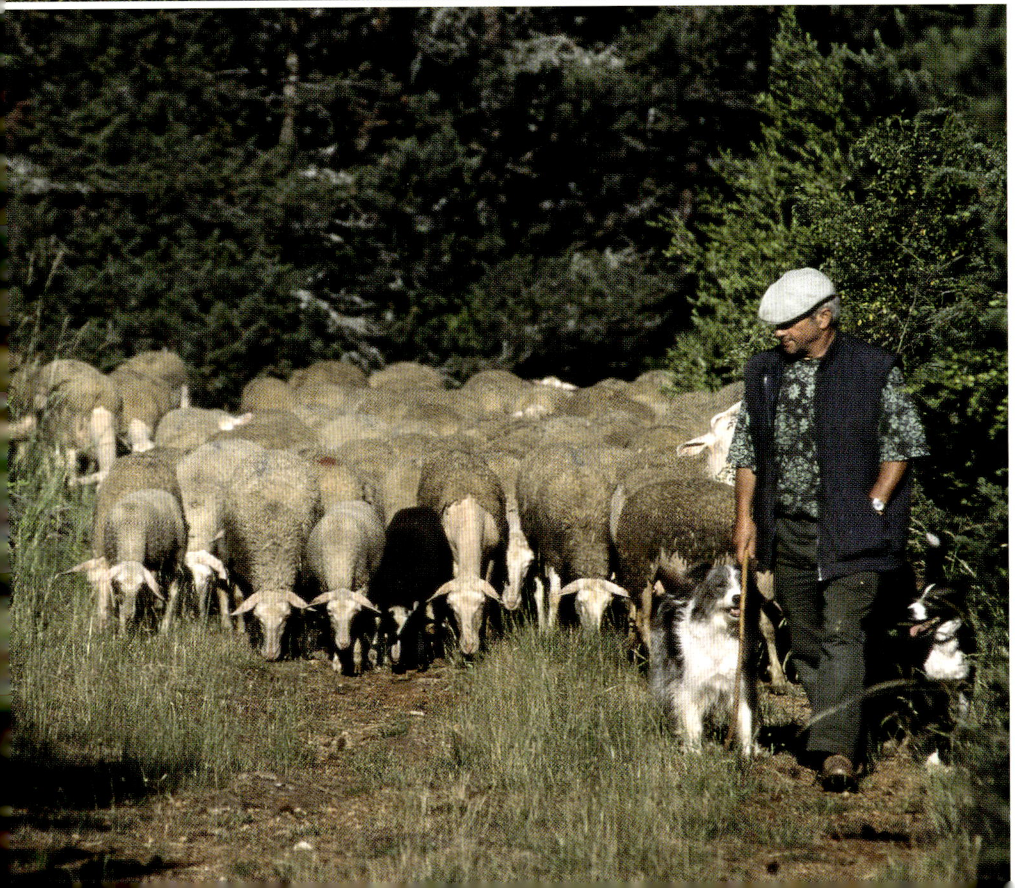

Page de gauche
Le paisible village de Navacelles est lové au cœur du cirque, qui abrite une faune et une flore remarquables.

Ci-dessus
Au cœur du Causse du Larzac, le village de La Couvertoirade est classé parmi les plus beaux de France. Il a préservé intacte son enceinte médiévale.

Ci-contre
Sur le plateau du Causse Méjean, l'agriculture reste encore l'activité prédominante avec 20000 têtes d'ovins, élevés pour produire du lait, de la viande et de la laine.

VAL DE LOIRE

Le jardin de la France

Plus long fleuve de France, la Loire est le siège d'activités humaine depuis la nuit des temps, ainsi qu'en attestent des vestiges protohistoriques. Les Gaulois puis les Romains ont ensuite largement exploité cet axe de communication qui suit un parcours d'environ 1 000 kilomètres depuis les monts d'Ardèche jusqu'à l'océan Atlantique. Bien que le périmètre inscrit au titre de paysage culturel remarquable sur la liste du Patrimoine mondial par l'Unesco représente seulement un quart de la longueur du fleuve, le val de Loire demeure le plus vaste ensemble classé de France, couvrant 800 km^2. Façonnés par l'homme au cours du temps, les paysages du val de Loire sont étroitement liés à l'exploitation agricole mais aussi à un dynamisme économique drainé par le transport de marchandises (sel, houille, bois, vin, céréales..). C'est ce dernier qui a engendré un patrimoine fluvial de qualité, dont les ponts de Beaugency, de Tours ou encore d'Orléans forment les ambassadeurs.
Le front bâti des rives de la Loire s'organise en de multiples plans horizontaux, parallèles au fleuve. Amboise incarne certainement l'un des exemples les plus représentatifs du val de Loire, réunissant tous ses éléments caractéristiques : une forêt en ligne d'horizon, un château Renaissance, un habitat troglodytique creusé dans le coteau, au pied duquel la ville marchande avec ses quais s'est étendue jusqu'au fleuve. Au fil de l'eau, les zones habitées et les cités historiques comme Blois, Chinon, Orléans, Saumur et Tours alternent avec de larges espaces non bâtis offrant de grandioses ouvertures, happant l'œil.
Berceau de la Renaissance française, le val de Loire a été l'un des lieux de villégiature favoris des Valois et un terrain d'expérimentation pour mettre en pratique les idées véhiculées par la Renaissance – notamment les recherches sur la perspective. Jalonnés de fabuleux châteaux, demeures royales ou aristocratiques tels Chambord, Chenonceau et Azay-le-Rideau, et de monuments d'exception dont la renommée n'est plus à faire, comme l'abbaye de Fontevraud, les bords du val de Loire possèdent l'une des plus fortes densités au monde de sites remarquables. Qu'il fait bon se promener dans le jardin de la France !

Critères de classement : I II IV *(voir légendes sur le rabat de couverture)*
Inscription en 2000.

Mission Val de Loire : 81, rue Colbert - BP 4322 - 37043 Tours cedex 1 - Tél. 02 47 66 94 49
www.valdeloire.org.

GEO audioguides
ÉCOUTEZ !

Découvrez en détail l'histoire de Chambord, folie du roi François Ier.

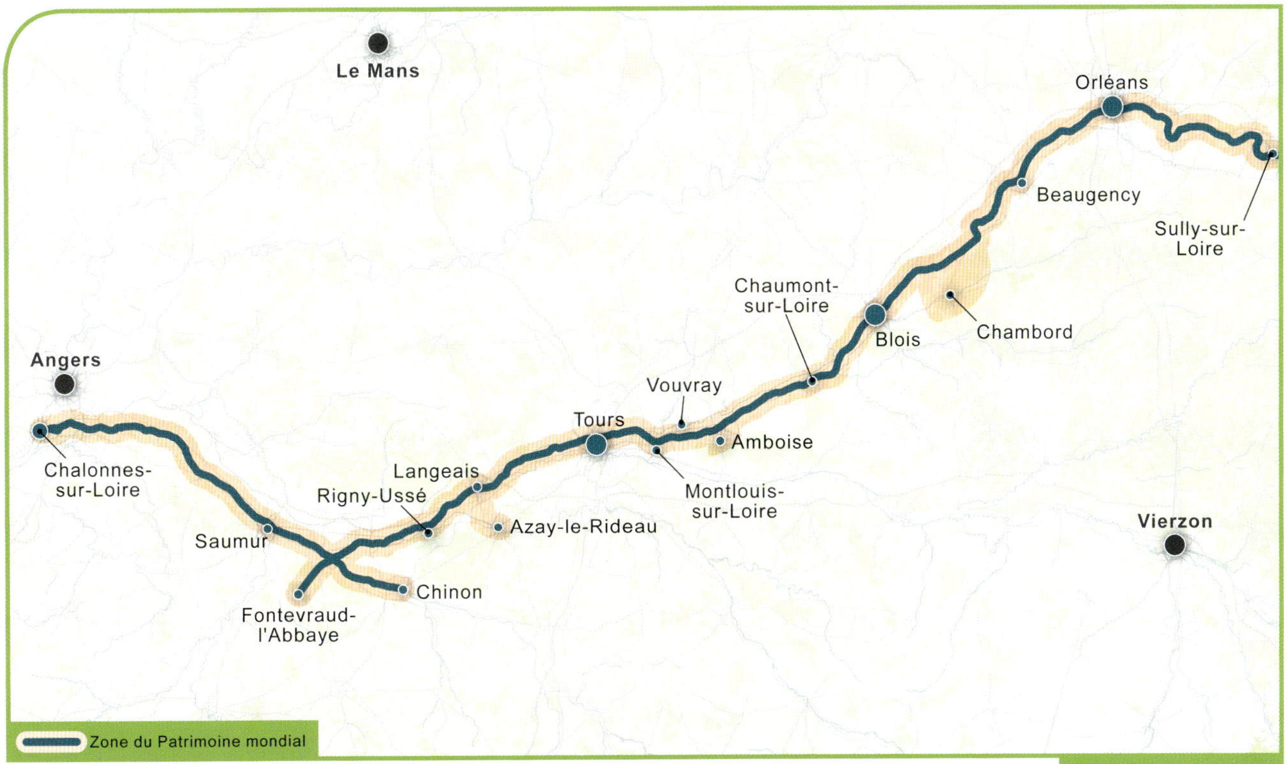

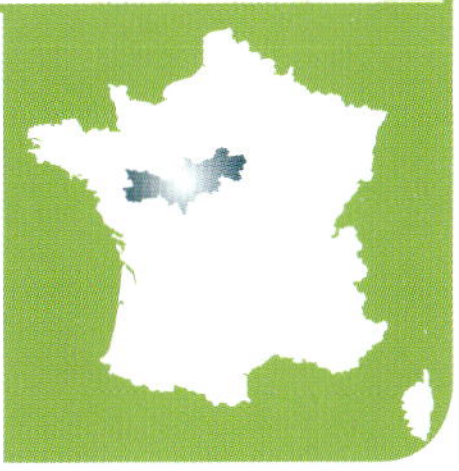

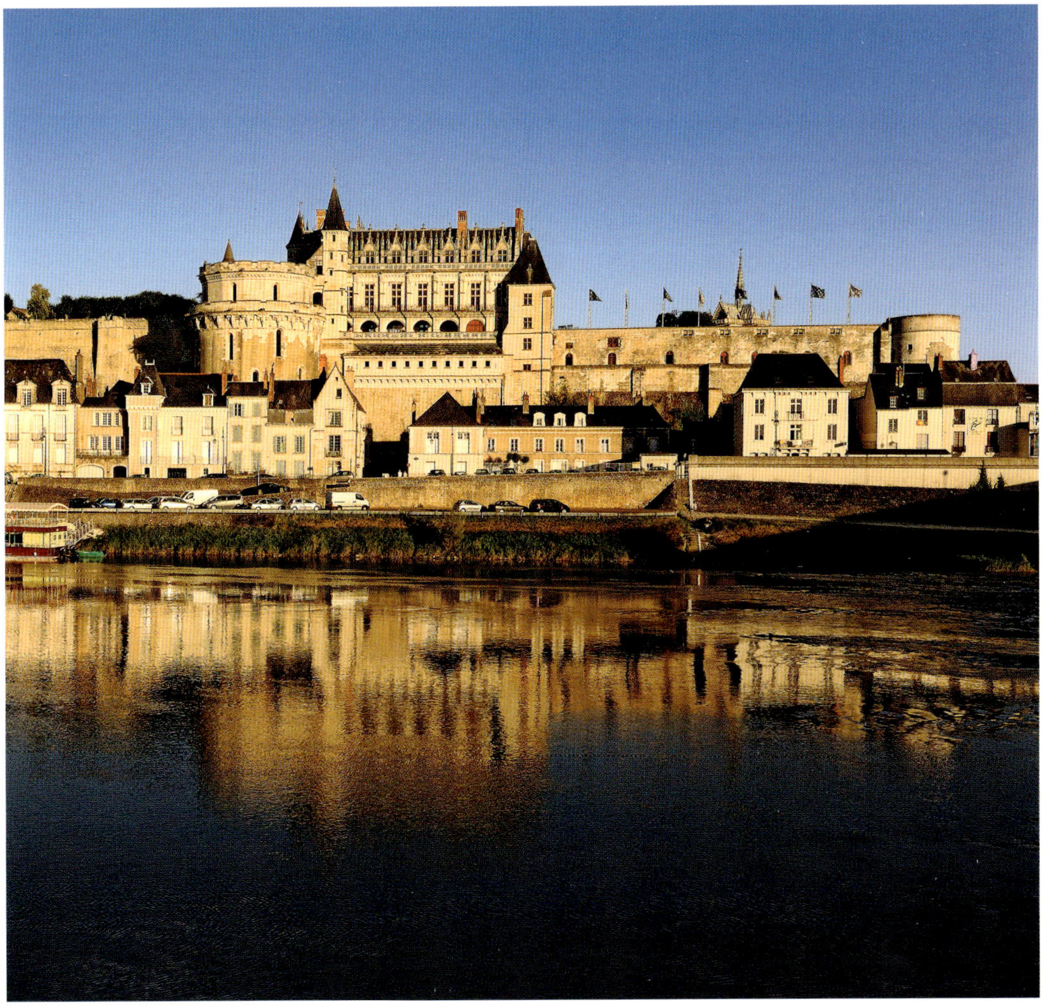

Ci-contre
Amboise. La portion du fleuve labellisée par l'Unesco, qui s'étend entre Sully-sur-Loire et Chalonnes-sur-Loire, traverse les régions Centre et Pays-de-la-Loire, quatre départements et 164 communes. Résultant des œuvres de la nature et de l'homme, les paysages et leurs jeux de lumière ont inspiré de nombreux artistes, dont Rabelais, Joachim du Bellay, William Turner ou encore Eugène Delacroix.

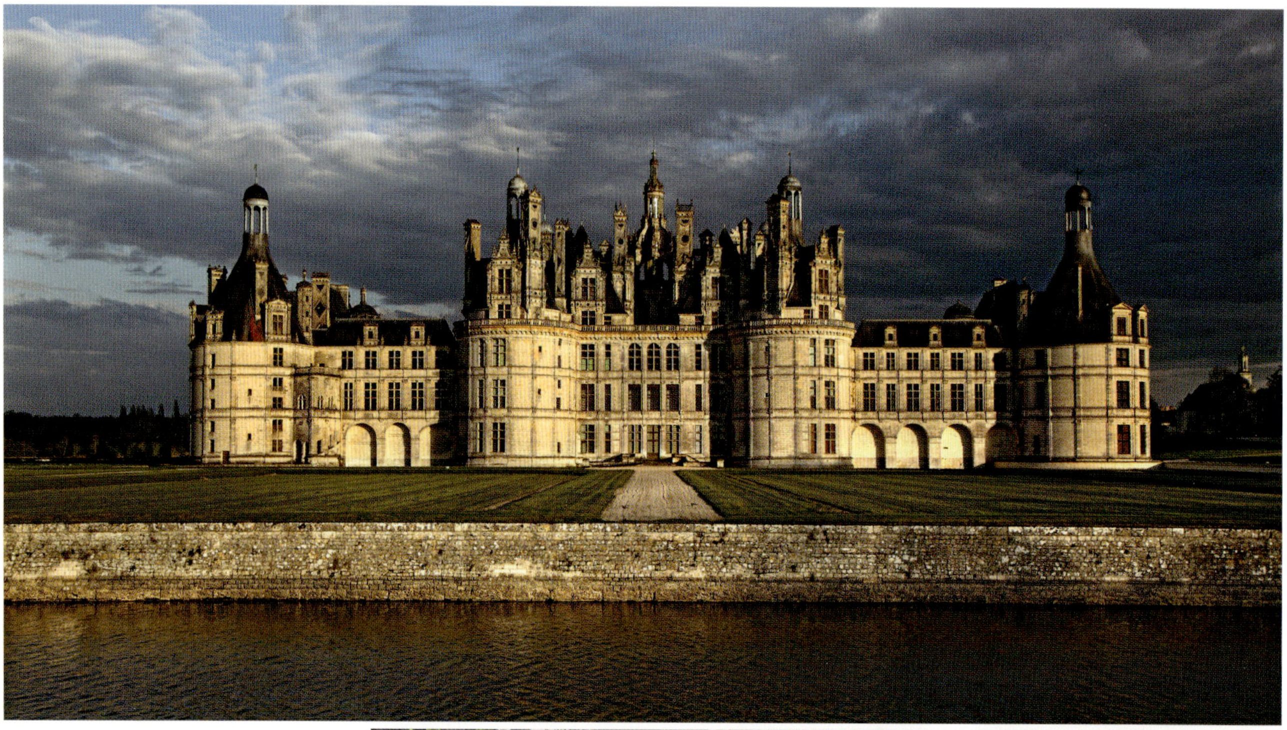

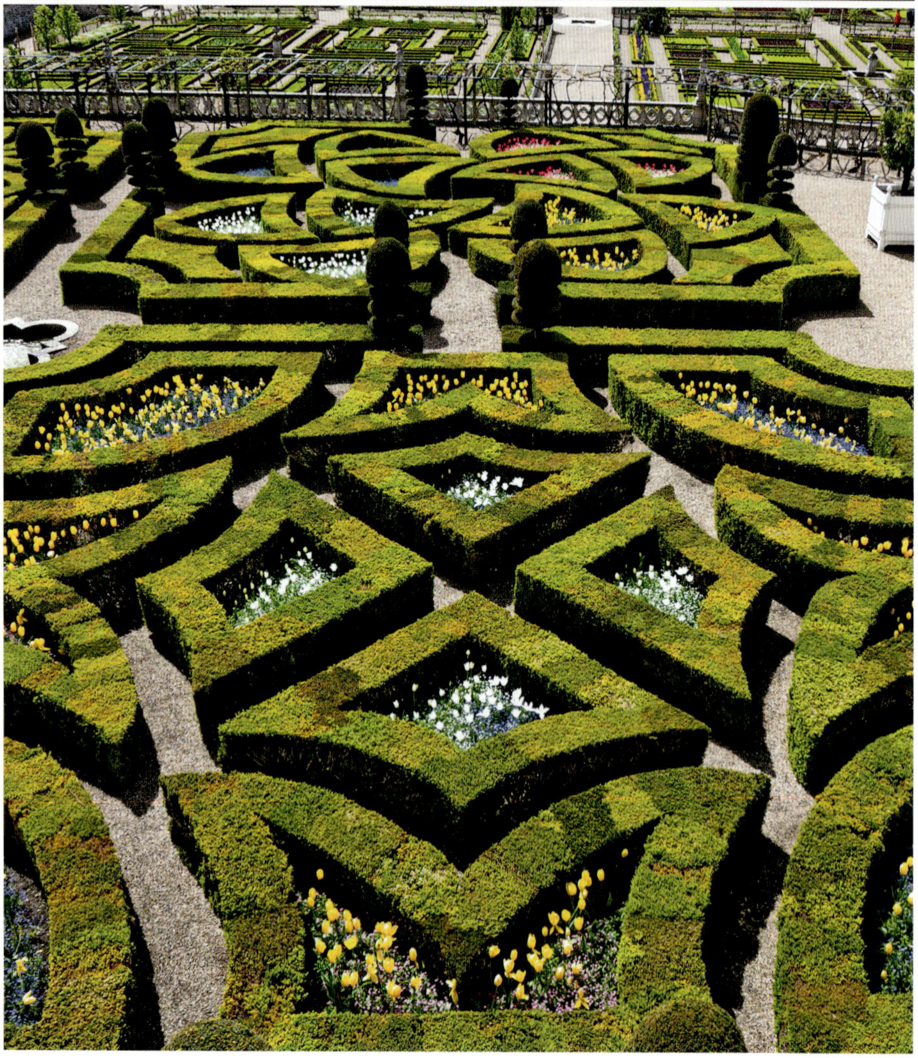

Ci-dessus
Chef-d'œuvre de la Renaissance française, le château de Chambord arbore une enceinte rectangulaire flanquée de quatre tours cylindriques. Commandé par François Ier en 1519, il se compose de 440 pièces et de 365 cheminées.

Ci-contre
Les jardins à la française du château de Villandry.

Page de droite
L'abbaye de Fontevraud est la plus grande cité monastique d'Europe conservée en l'état. Fondée au XIIe siècle, elle abrite les tombeaux des Plantagenêt, dont ceux de Richard Cœur de Lion et d'Aliénor d'Aquitaine.

Pages suivantes
Enjambant le Cher, Chenonceau est réputé pour son architecture unique. Après Versailles, il est le château le plus visité de France. Lié à des femmes qui ont fait l'histoire (Diane de Poitiers, Catherine de Médicis, Louise de Lorraine…), il a été surnommé le « château des Dames ».

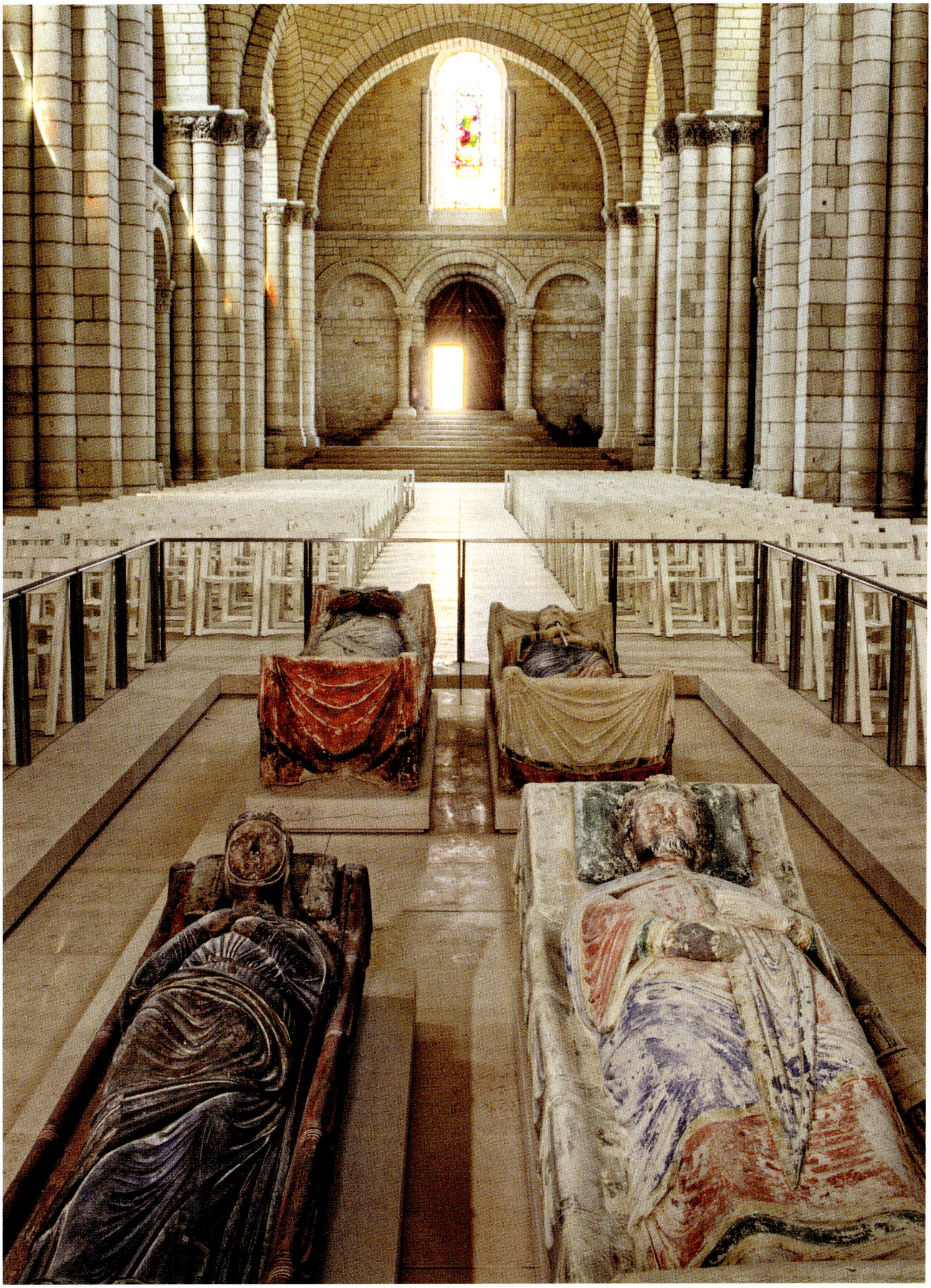

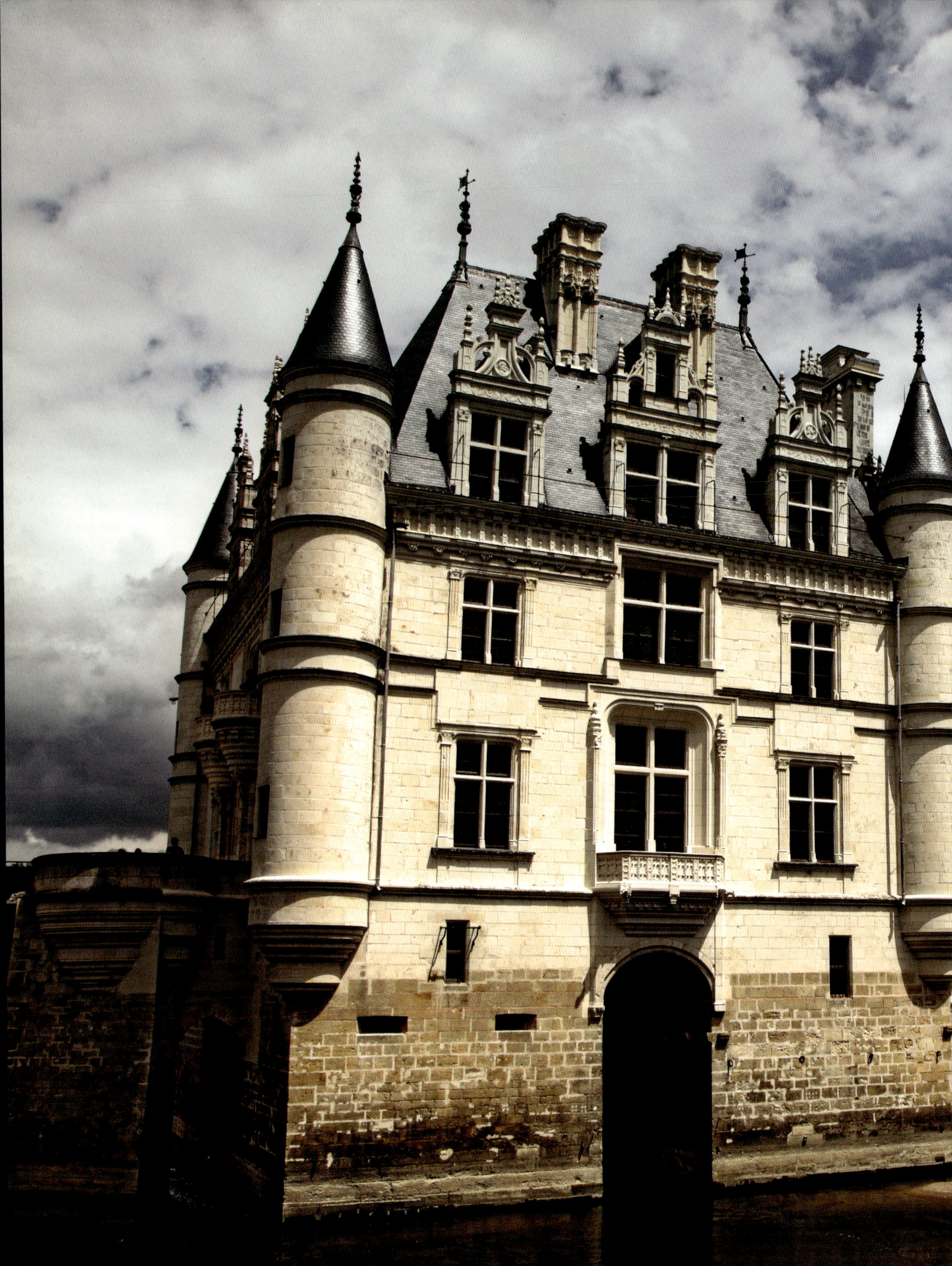

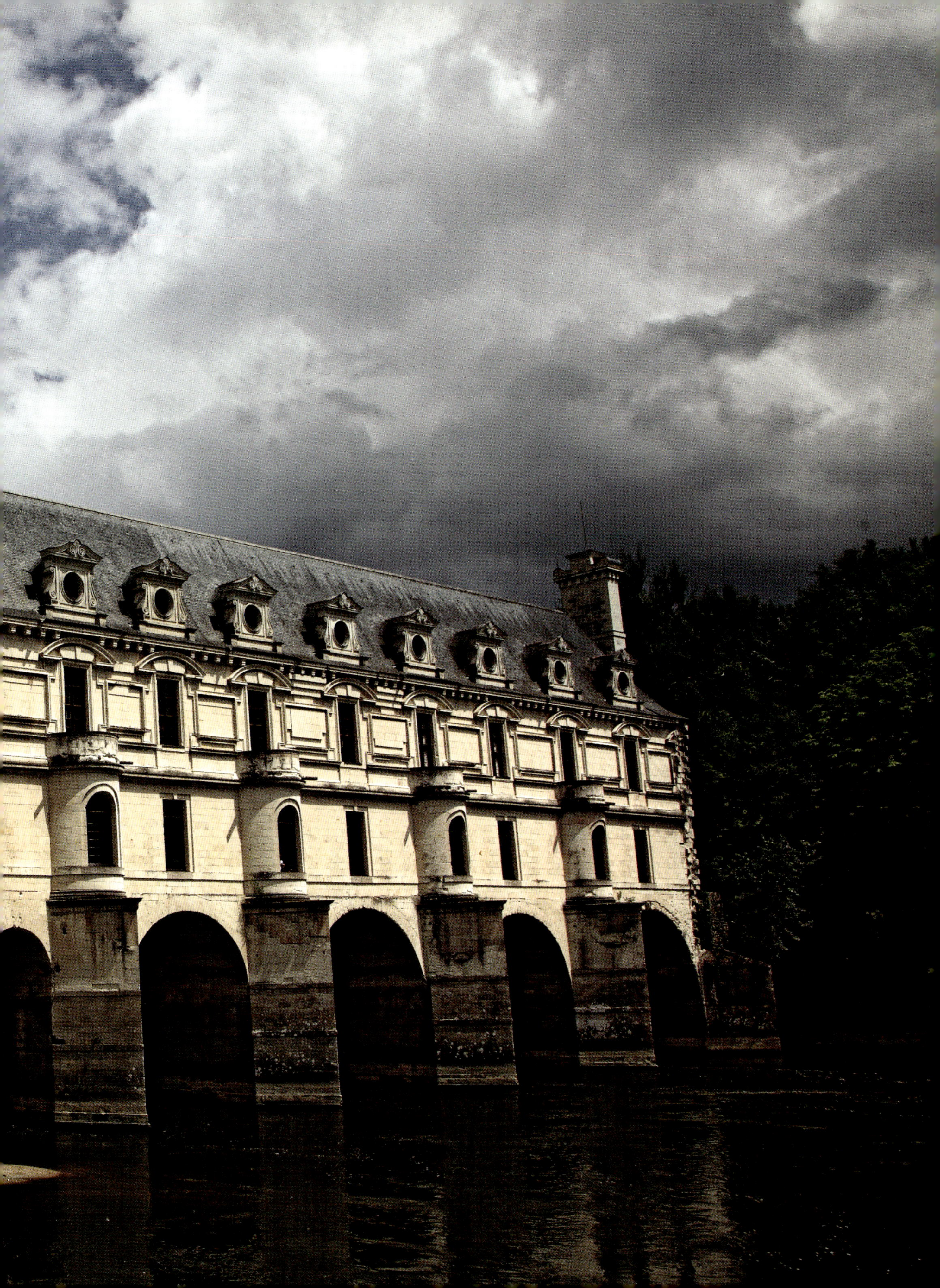

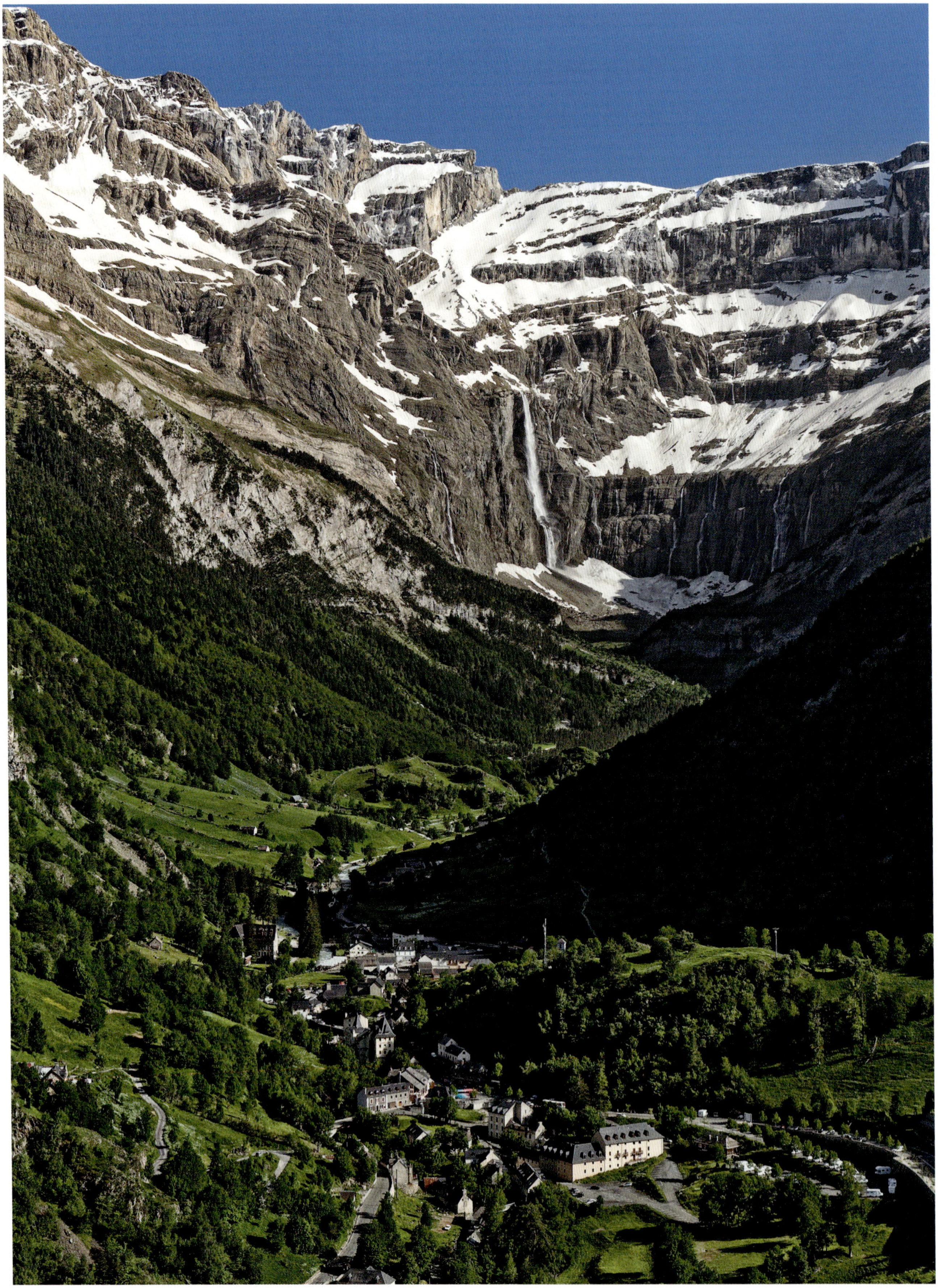

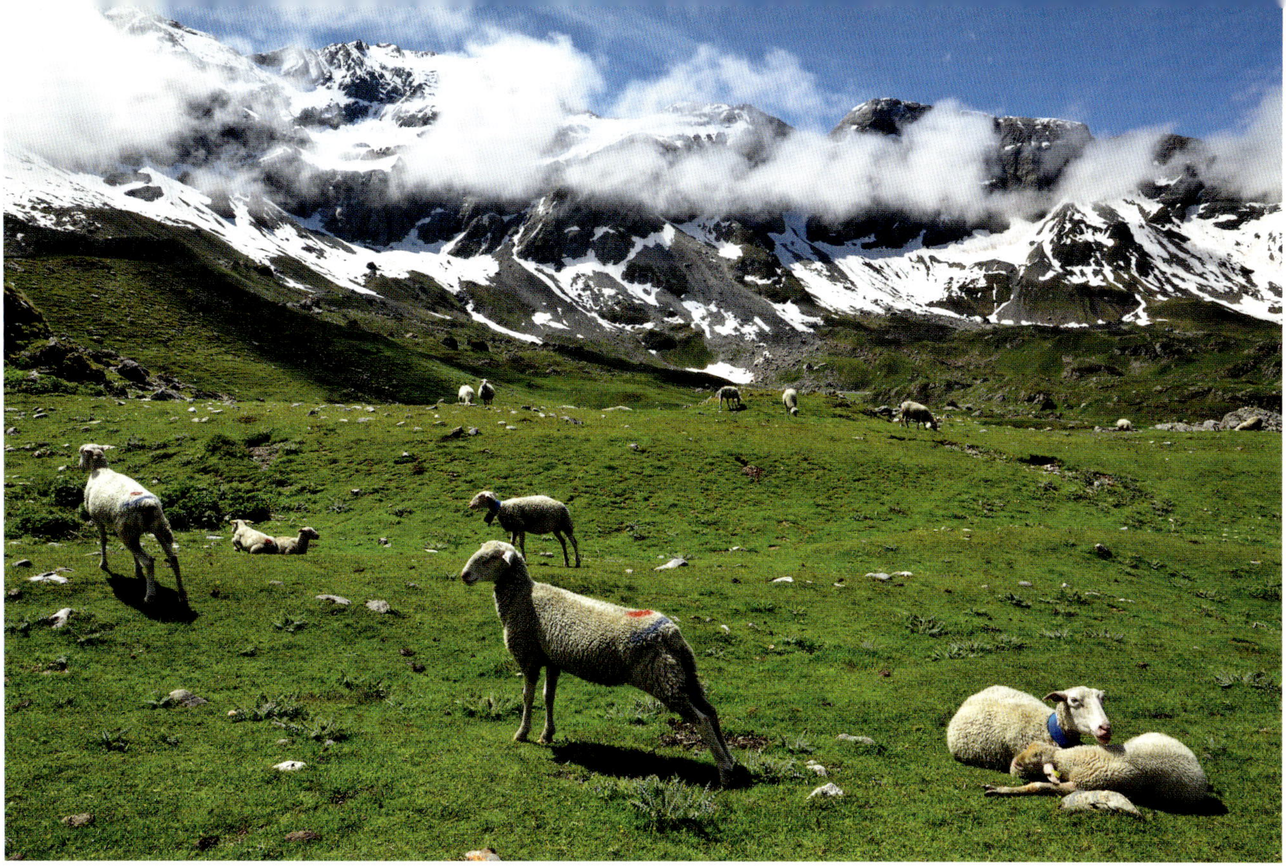

PYRÉNÉES - MONT PERDU

Un colosse de la nature

Massif transfrontalier entre l'Espagne et la France, l'ensemble Pyrénées – Mont Perdu désigne, côté français, les cirques de Gavarnie, d'Estaubé, de Troumouse et de Barroude ainsi que quelques autres sites voisins du Parc national des Pyrénées. Voilà l'unique site français classé dans la liste des biens mixtes de l'Unesco, qui reconnaît la valeur exceptionnelle de ses paysages naturels et culturels. Situé en Espagne et culminant à 3352 mètres, le Mont Perdu est le plus élevé des sommets du massif. Parmi les autres formations géologiques figurent aussi, côté espagnol, les impressionnants canyons d'Ordesa, d'Anisque et de Pineta. Au nord, adossés à ces derniers, les cirques français d'origine glaciaire déploient des paysages saisissants. Le plus renommé, celui de Gavarnie, a tant impressionné Victor Hugo qu'il lui inspira ce vers parmi une longue série d'alexandrins dans son poème *Dieu* : « Gavarnie ! Un miracle ! Un rêve ! Architectures / Sans constructeurs connus, sans noms, sans signatures (…) »

Berceau du pyrénéisme, Gavarnie est cerné par le Mont Perdu, le Pic du Marboré et le Taillon, trois géants dépassant les 3000 mètres. Avec ses 413 mètres de chute libre, la cascade de Gavarnie, qui prend sa source dans un contrefort du Marboré, est la plus haute d'Europe. Le cirque de Troumouse, le plus grand des Pyrénées, est dominé par le Pic de la Munia (3133 mètres) depuis lequel le panorama sur le massif du Mont Perdu est exceptionnel. Avec le cirque d'Estaubé qui ferme la vallée de Gavarnie, Troumouse offre une alternance de paysages minéraux et de larges prairies propices au pastoralisme. Bovins, caprins et ovins se partagent le territoire aux côtés des marmottes et des isards. Dans ces paysages grandioses, la présence de l'homme est marquée par un patrimoine montagnard qui rappelle son mode de vie pastoral sur lequel il a fondé son identité : moulins, chapelles, refuges et cabanes de bergers.

Critères de classement : III IV V VII VIII *(voir légendes sur le rabat de couverture)* - Inscription en 1995.

Parc National des Pyrénées : Maison du Parc - 65120 Gavarnie - Tél. 05 62 92 42 48 - www.parc-pyrenees.com.
Office de tourisme de Gavarnie-Gèdre : Place de la Bergère - 65120 Gèdre - Tél. 05 62 92 49 10
www.ete.gavarnie.com - www.hiver.gavarnie.com.

Page de gauche
Baptisé « colosseum de la nature » par Victor Hugo, le cirque de Gavarnie se présente comme une impressionnante muraille de 1700 m de hauteur et de 14 km de diamètre.

Ci-dessus
Situé à 2100 m d'altitude dans le Parc national des Pyrénées, le cirque de Troumouse est cerné par de hauts remparts montagneux.

GEO audioguides
ÉCOUTEZ !
Gavarnie ? Victor Hugo vous en parle !

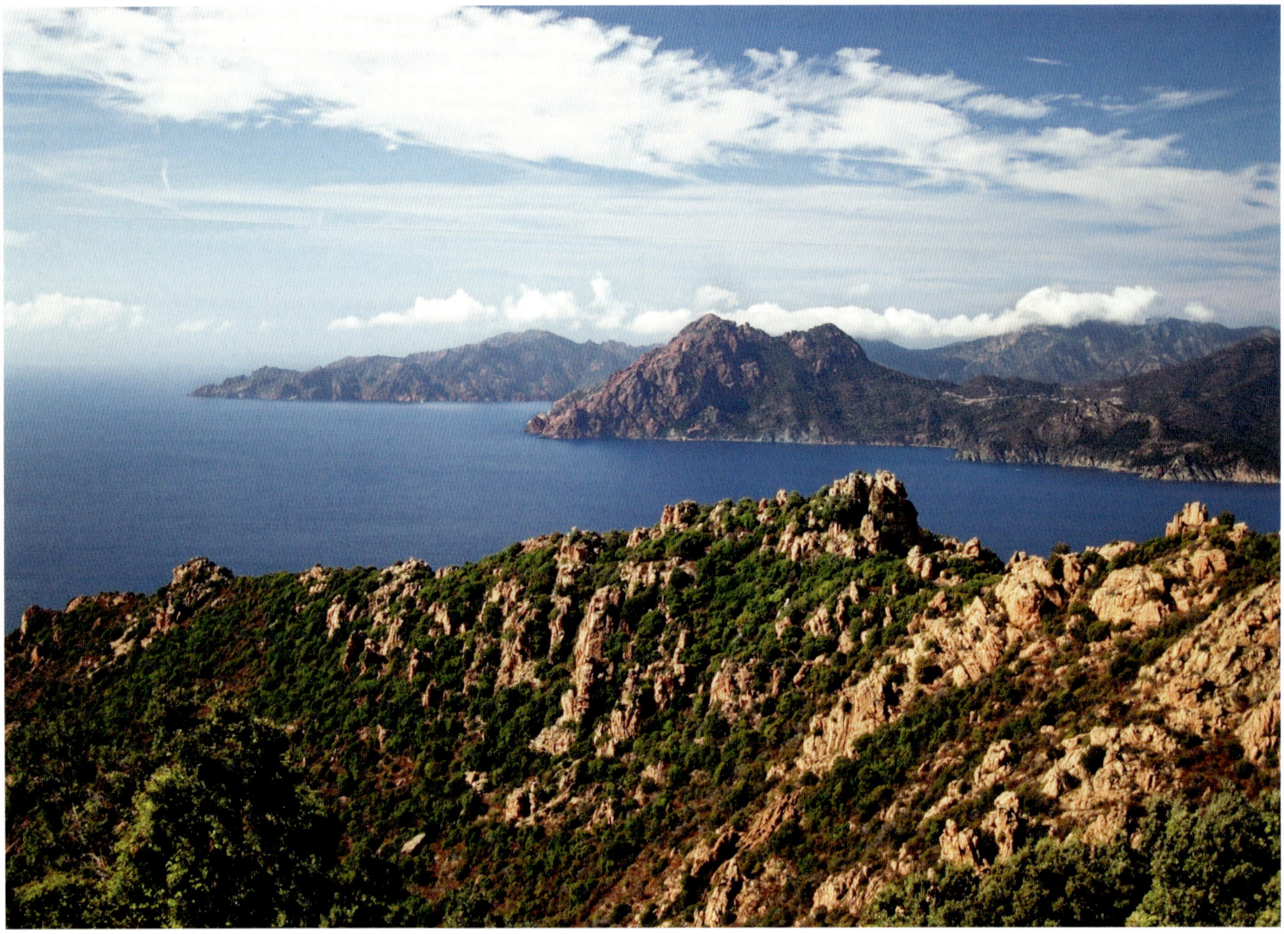

Ci-dessus
La côte escarpée du golfe de Porto se dessine dans un jeu de verts, de bleus et d'ocre. Le site constitue le premier bien naturel français classé au Patrimoine mondial par l'Unesco.

Page suivante, à gauche
Accessible à pied ou en bateau, le golfe de Girolata préserve sa dimension sauvage.

Page suivante, à droite
À Scandola, la roche évolue au fil du travail des éléments.

GEO audioguides ÉCOUTEZ !

Recollez les morceaux du puzzle avec le professeur Feterman.

GOLFE DE PORTO

Un spectacle au-delà des mots

Terre de caractère sculptée par la Méditerranée, la Corse mérite son nom d'« île de Beauté » à plus d'un titre. Par sa splendeur, le golfe de Porto, qui entaille une partie de la côte ouest, suscite un tel émerveillement qu'il est difficile de le retranscrire. Faisant partie du Parc naturel régional créé en 1972, le site a été distingué par l'Unesco pour sa valeur esthétique, son patrimoine géologique et la biodiversité qu'il abrite. De la réserve naturelle de Scandola, au nord, jusqu'aux calanche de Piana, au sud, en passant par le golfe de Girolata, c'est une nature préservée des outrages de l'action de l'homme qui se dessine. Le jeu des couleurs, puisant dans la palette des éléments naturels – bleu de la mer et du ciel, ocre des roches et des falaises –, compose un ensemble fascinant et grandiose. La roche volcanique de Scandola, travaillée par les vents et les eaux cristallines, semble avoir été façonnée dans la tourmente. Une promenade en bateau permet de découvrir ce paysage agité, fait de grottes maritimes, de falaises de porphyre d'un rouge éclatant, d'orgues rhyolitiques et d'îlots battus par les flots. La réserve naturelle couvre plus de 1 000 hectares de fonds marins et une surface quasi équivalente de terre, où s'épanouit paisiblement le maquis, formation végétale caractéristique du bassin méditerranéen. Les actions qui y sont menées ont permis la préservation et le développement d'une flore et d'une faune d'une

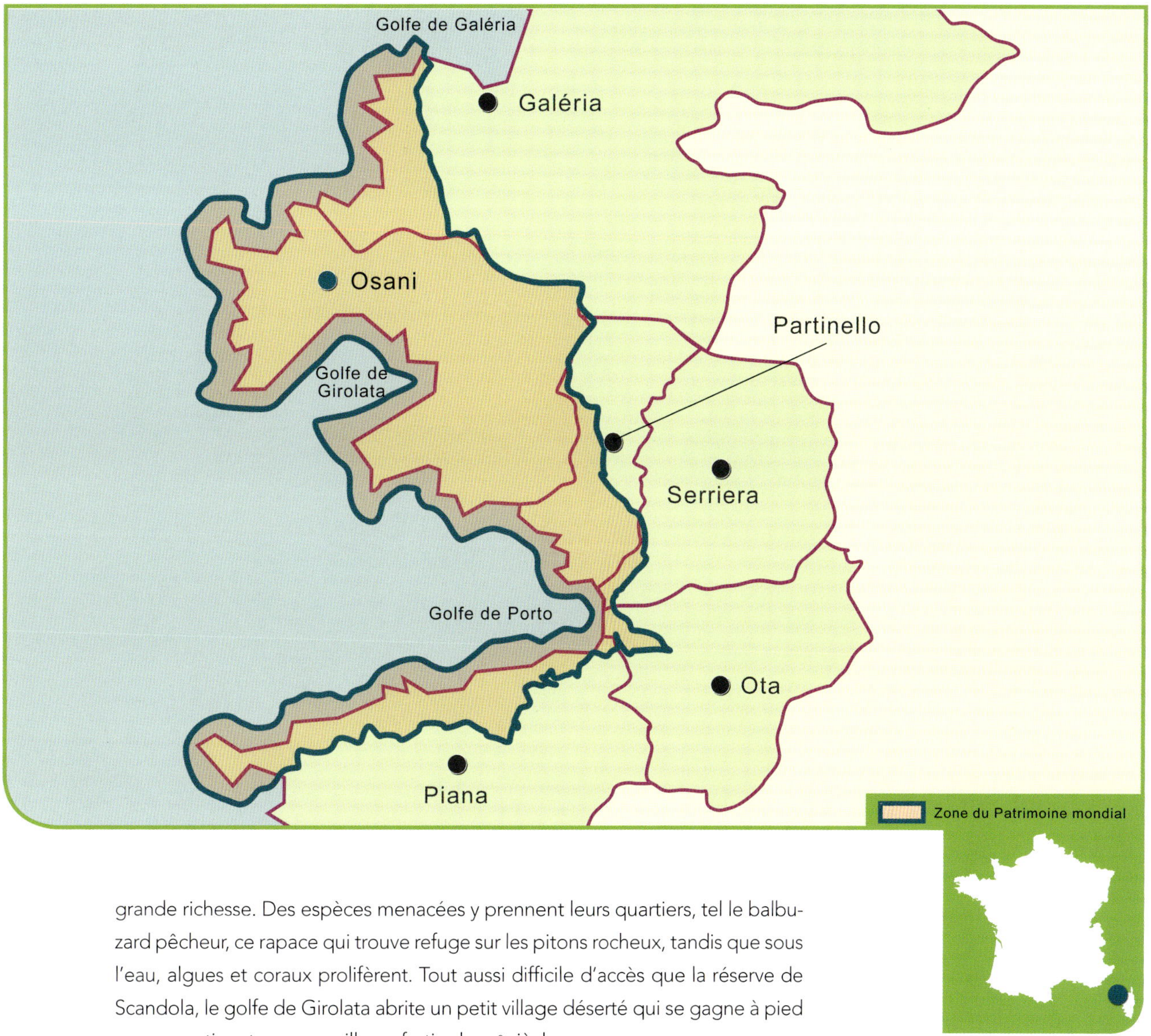

grande richesse. Des espèces menacées y prennent leurs quartiers, tel le balbuzard pêcheur, ce rapace qui trouve refuge sur les pitons rocheux, tandis que sous l'eau, algues et coraux prolifèrent. Tout aussi difficile d'accès que la réserve de Scandola, le golfe de Girolata abrite un petit village déserté qui se gagne à pied par un sentier et que surveille un fortin du XIIIe siècle.

En suivant les courbes du golfe de Porto vers le sud, on arrive aux calanche de Piana, dont les vertigineuses parois de granit rouge, surplombant la mer à 300 mètres de hauteur, se déploient pendant 11 kilomètres. Ici, sous le burin de l'érosion, la roche s'est creusée, formant des cavités appelées *taffoni*. L'action combinée du vent, du sel et de l'humidité a ainsi donné naissance à des formes étranges, qui évoquent des silhouettes humaines ou animales (tête de chien, écureuil, évêque avec sa crosse…). Déjà au XIXe siècle, ce chaos de sculptures éveillait l'imagination de Guy de Maupassant, qui écrivait dans son roman *Une vie* : « (…) ces surprenants rochers semblaient des arbres, des plantes, des bêtes, des monuments, des hommes, des moines en robe, des diables cornus, des oiseaux démesurés (…). »

Critères de classement : VII VIII X *(voir légendes sur le rabat de couverture)*
Inscription en 1983.

Office de tourisme d'Ota Porto : Quartier La Marine - 20150 Ota Porto
Tél. 04 95 26 10 55 - www.porto-tourisme.com. **Office de tourisme de Piana :** 20115 Piana
Tél. 09 66 92 84 42 - www.otpiana.com.

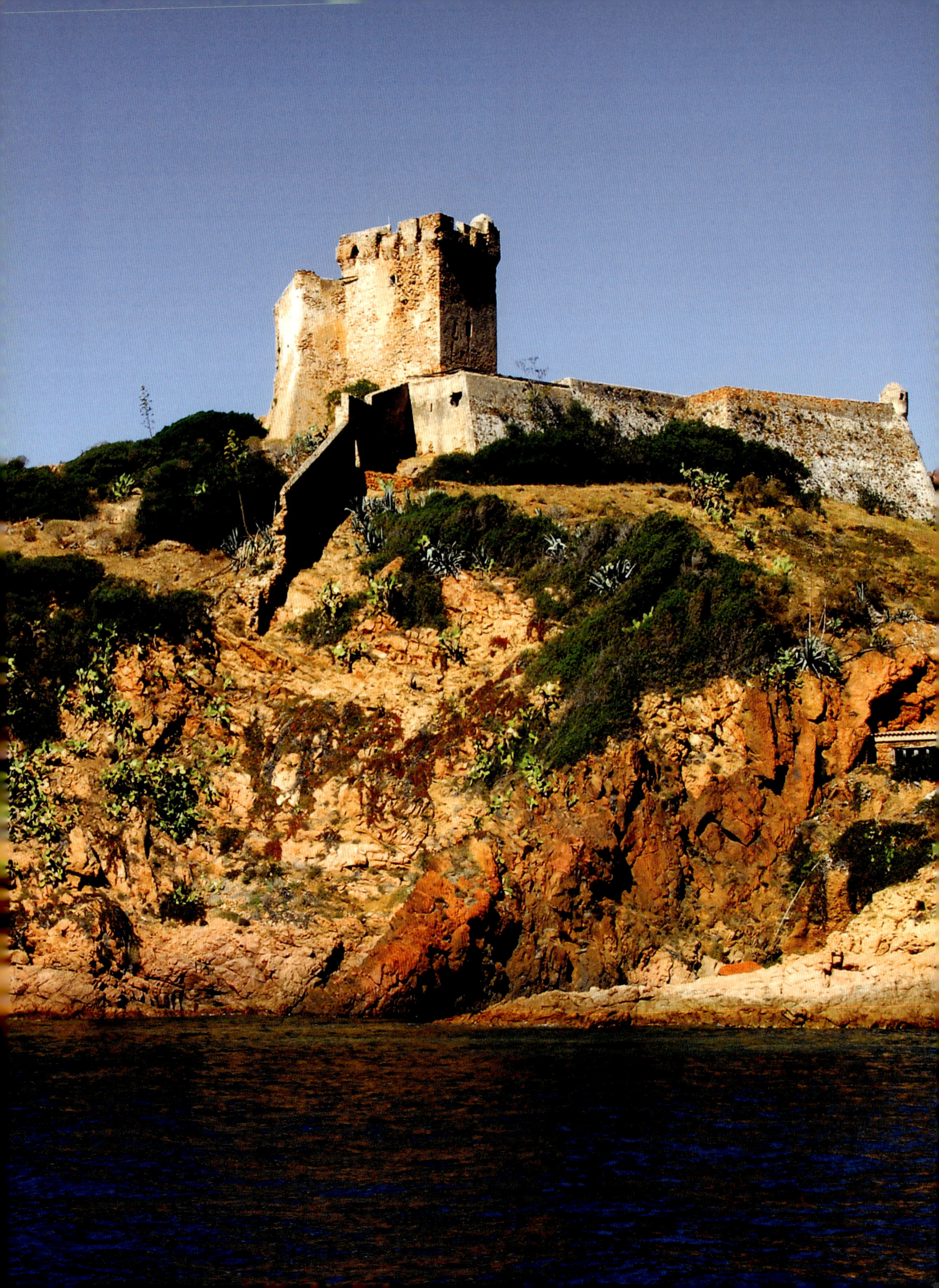

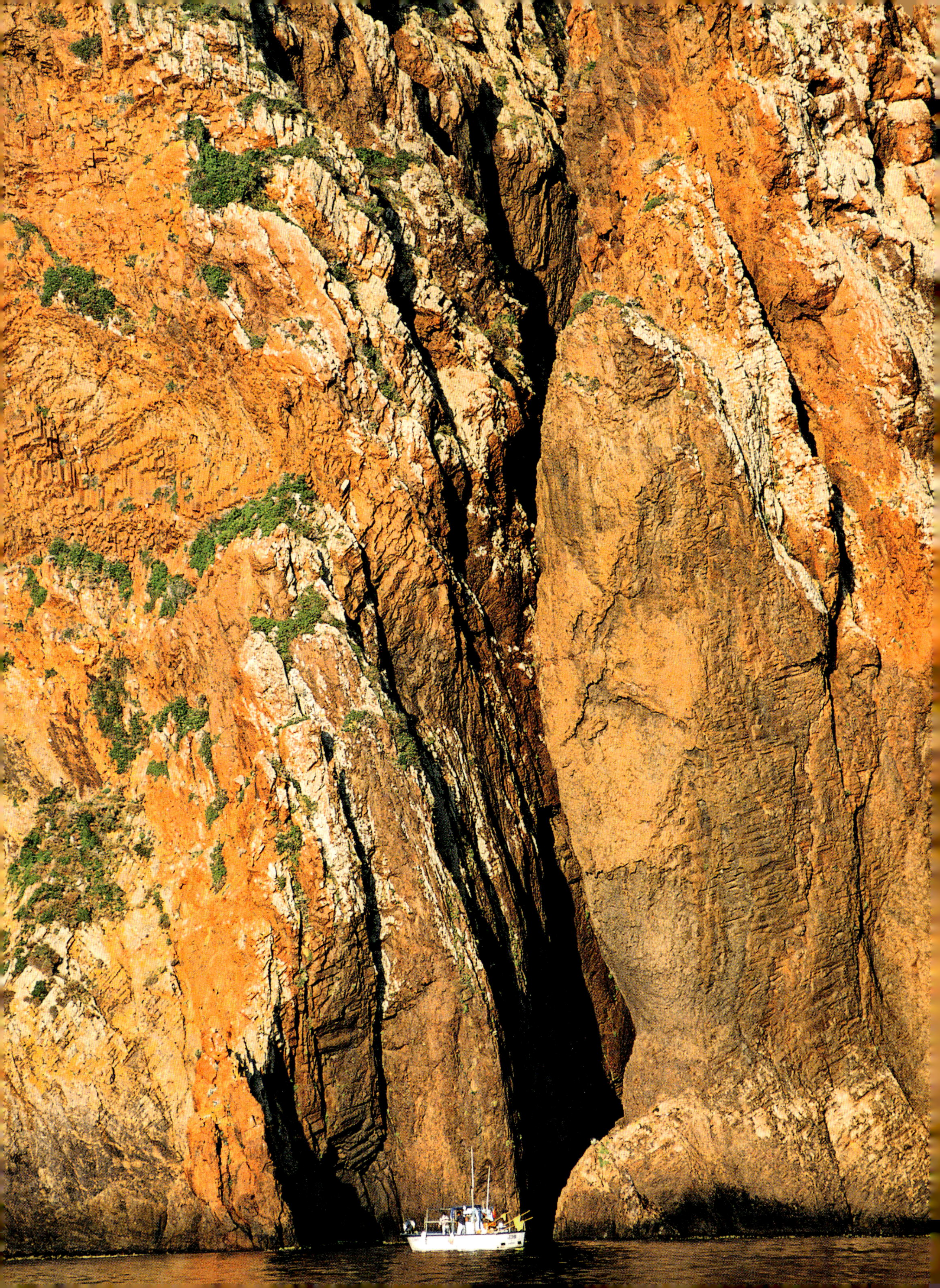

Page de droite
La barrière de corail, d'une longueur de 1600 km, délimite le lagon, étendue d'eau peu profonde et protégée des vagues de l'océan. Des passes, ouvertures dans la barrière de corail, permettent au lagon et à l'océan de communiquer.

LAGONS DE NOUVELLE-CALÉDONIE

Le Grand Bleu

Situé dans l'archipel français du Pacifique Sud, le lagon de Nouvelle-Calédonie est ceinturé par l'un des trois systèmes récifaux les plus importants du monde. C'est le deuxième plus vaste après celui d'Australie et le plus long de la planète avec ses 1600 kilomètres de linéaire. Sur une surface de 24000 km^2 est hébergée la plus grande concentration de structures coralliennes. Parmi les neuf formes récifales recensées, on compte des récifs de pleine eau, des îlots coralliens, des récifs frangeants, des récifs-barrières simples et, beaucoup plus rares, des doubles récifs-barrières, des atolls enserrant des lagons ou encore des atolls surélevés. Ces formations récifales et les écosystèmes qui leur sont associés (comme les herbiers marins ou les mangroves) sont représentés par les six ensembles marins labellisés Patrimoine mondial par l'Unesco et qui couvrent environ 60% des lagons et récifs de Nouvelle-Calédonie : les récifs d'Entrecasteaux, le Grand Lagon Nord, la zone côtière nord et est, la zone d'Ouvéa et Beautemps-Beaupré, la zone côtière ouest et la zone du Grand Lagon Sud.

La remarquable préservation de ces écosystèmes doit beaucoup à la faible densité anthropique de l'île, qui s'élève seulement à 12 habitants par km^2. Bien qu'autour de l'île, des activités humaines comme l'extraction de nickel, la pêche, le tourisme ou l'aquaculture constituent à terme des menaces pour les coraux, la diversité biologique reste d'une richesse exceptionnelle. On y dénombre 5055 espèces marines, dont 1695 poissons, 900 cnidaires (coraux), 841 crustacés, 802 mollusques, 254 échinodermes (étoiles de mer, oursins...), 14 serpents, 152 éponges, 203 vers, 220 ascidies (animaux marins hermaphrodites), 4 tortues et 22 mammifères marins. De nombreux oiseaux ont aussi été répertoriés, dont 23 espèces endémiques parmi lesquelles figure le cagou. Ce dernier, vivant à terre car incapable de voler, est d'ailleurs l'emblème national. Zone de nidification pour les tortues, le lagon calédonien est aussi une zone de reproduction majeure pour des espèces rares comme le dugong ou la baleine à bosse.

En raison de leur grande diversité de forme et de formations, les lagons et récifs coralliens (vivants ou fossiles) de Nouvelle-Calédonie font partie des plus beaux systèmes récifaux du monde. Leur variété constitue une source d'information capitale, qui aide à la compréhension de l'histoire naturelle de l'Océanie.

Critères de classement : VII IX X *(voir légendes sur le rabat de couverture)*
Inscription en 2008.

Maison du Lagon : Port Moselle - Nouméa - Tél. (687) 27 27 27 - www.maisondulagon.nc.
Office de tourisme de Nouvelle-Calédonie : 14, rue Jean Jaurès - Place des Cocotiers - 98800 Nouméa - Tél. (687) 28 75 80 - www.office-tourisme.nc.

GEO audioguides
ÉCOUTEZ !

Avez-vous déjà vu une « vache de mer » dans un lagon ?

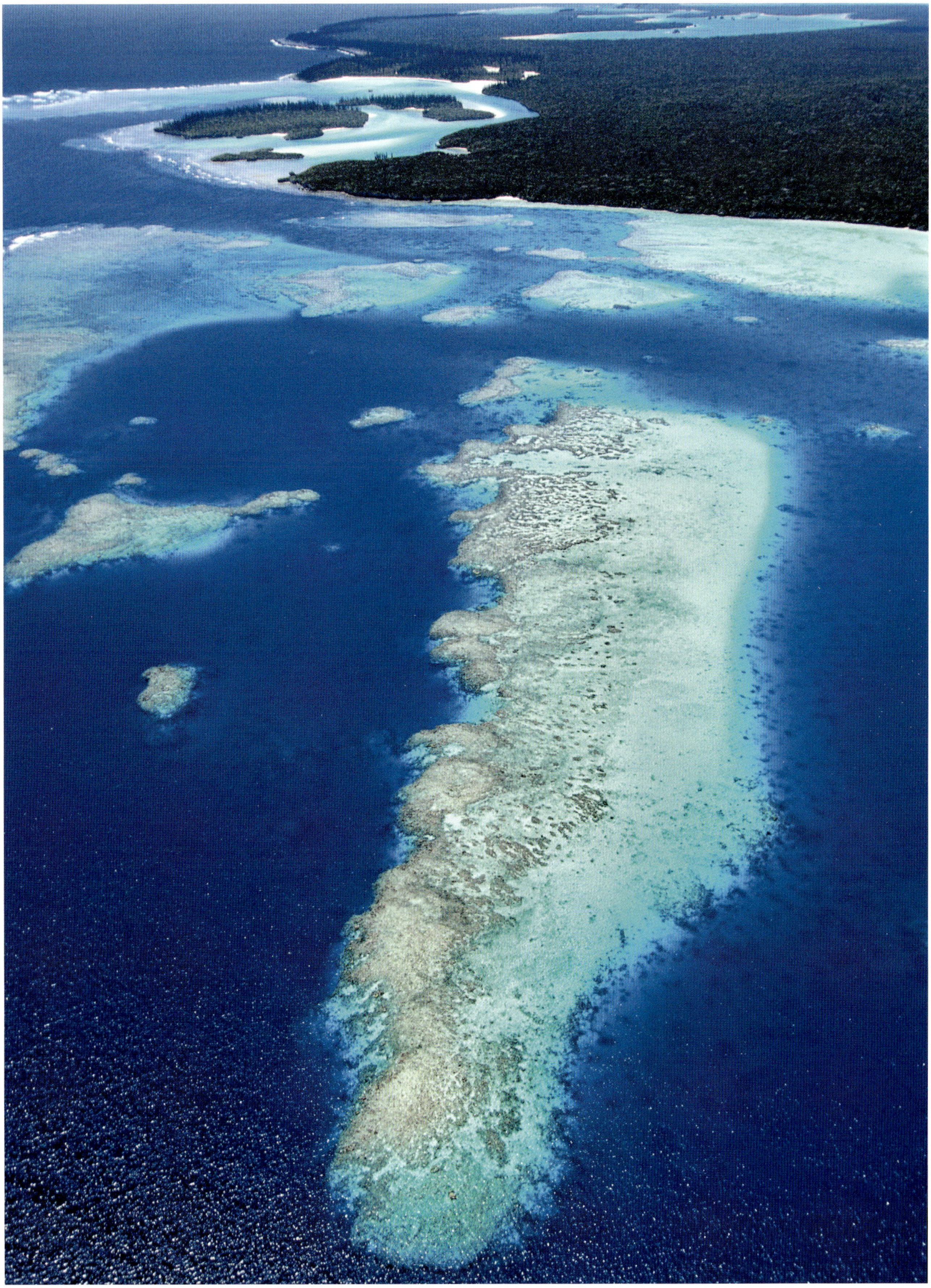

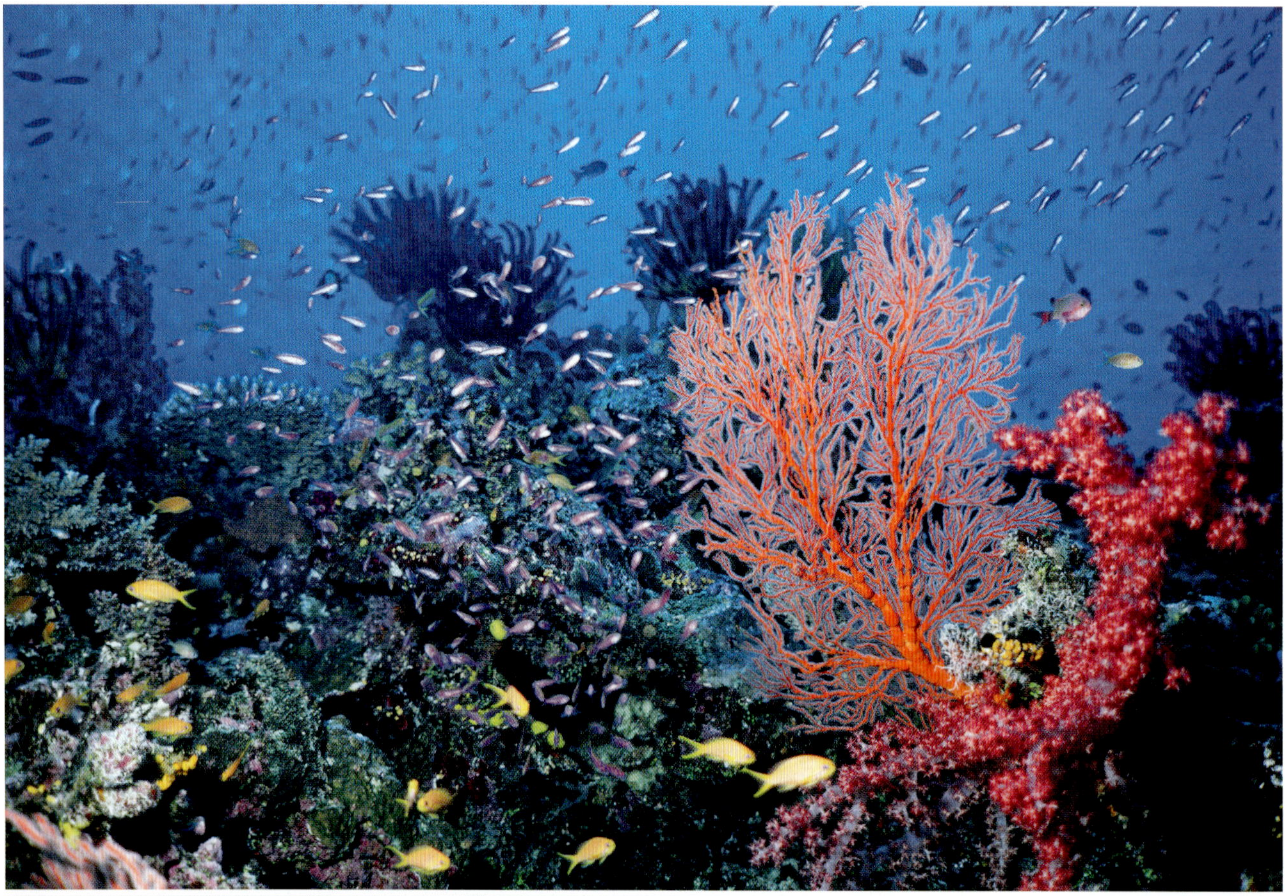

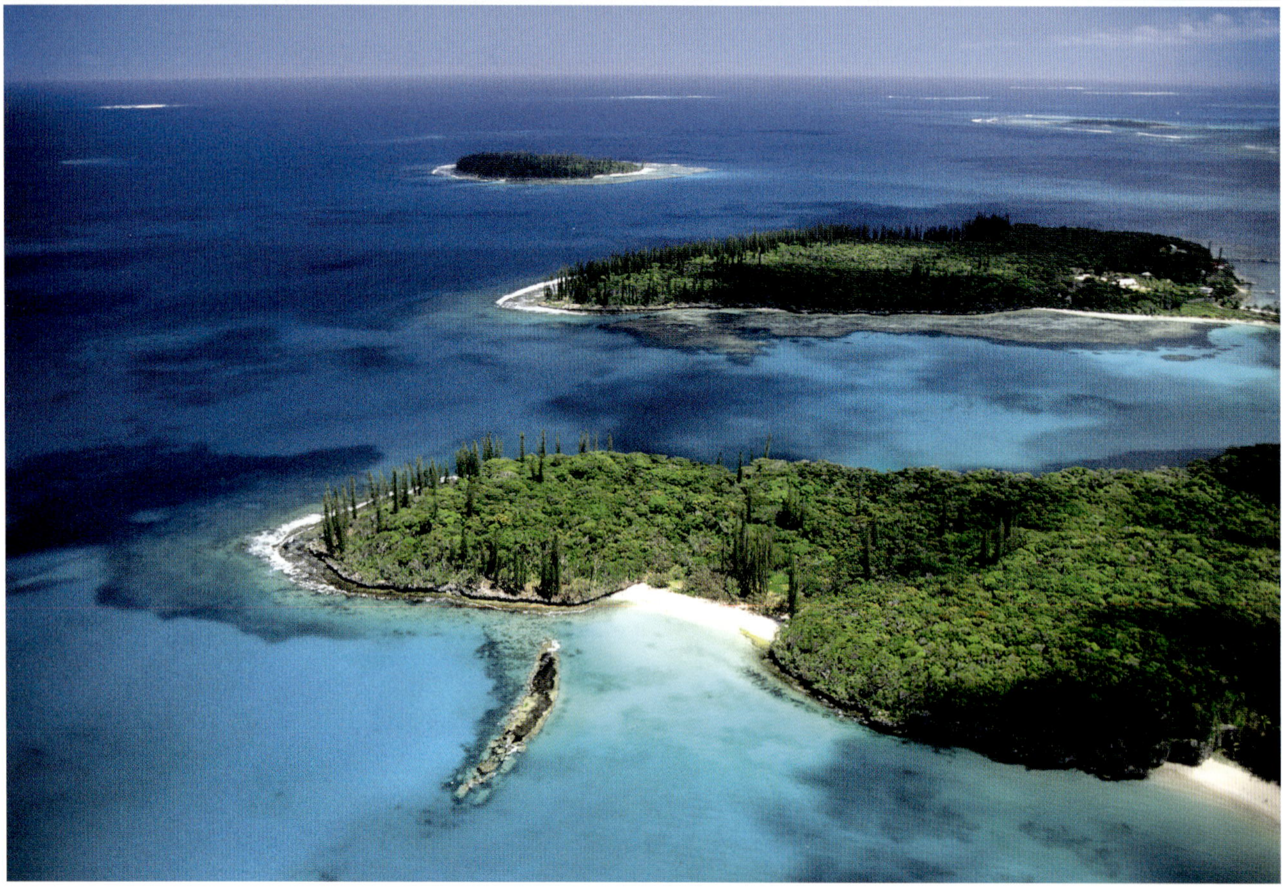

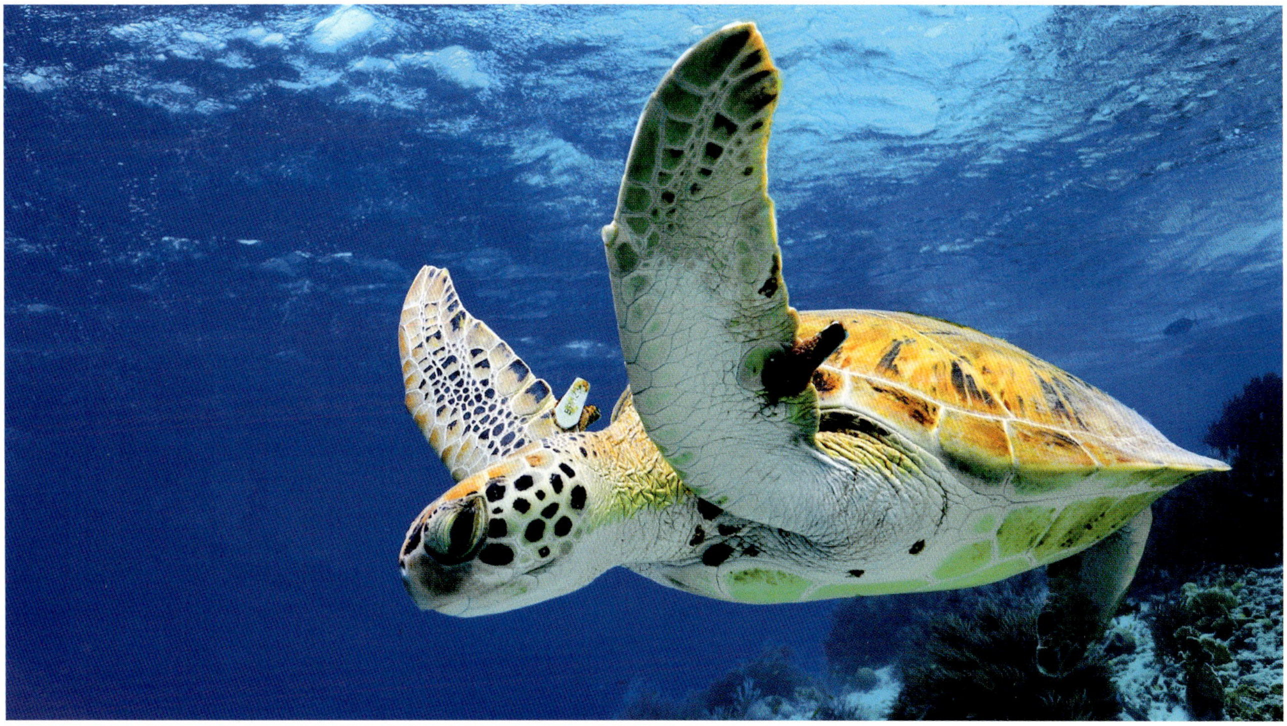

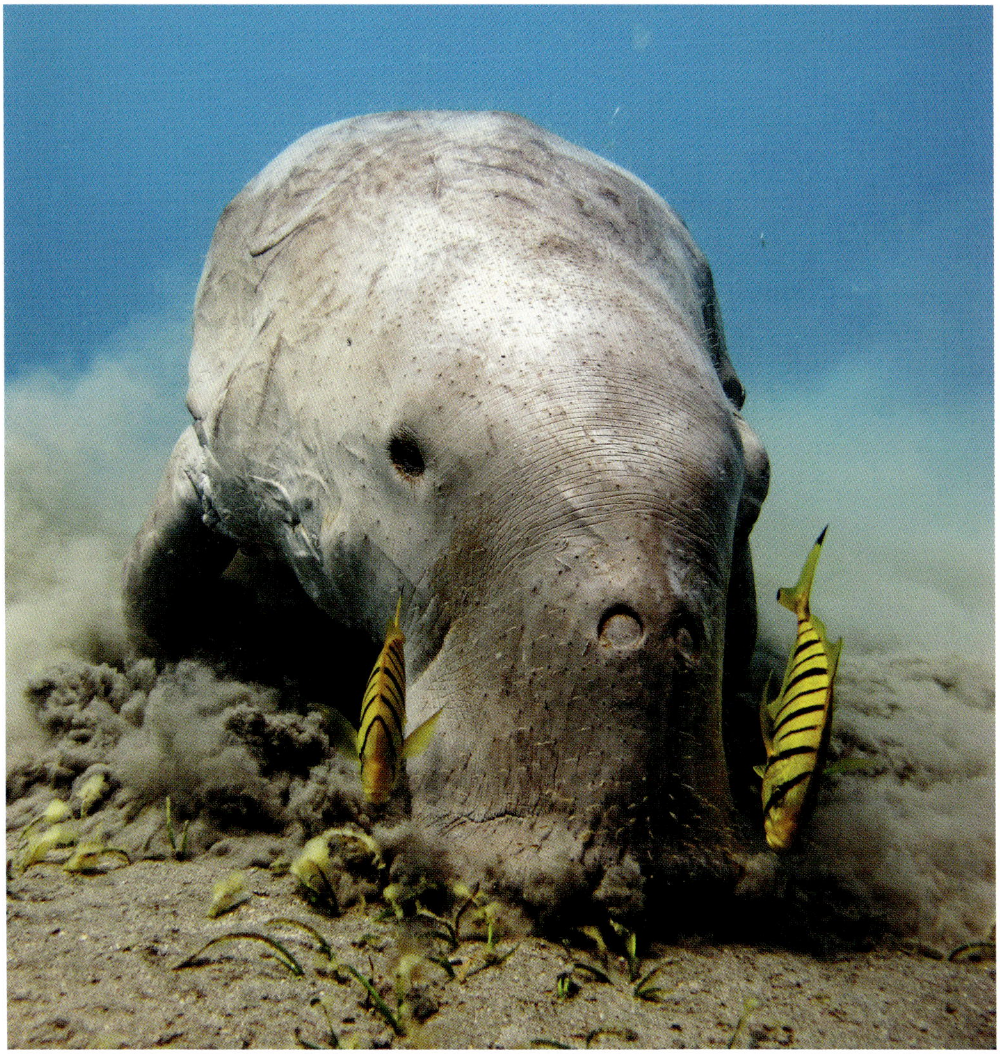

Page de gauche, en haut
Les paysages sous-marins de Nouvelle-Calédonie sont dominés par des coraux d'une variété inouïe.

Page de gauche, en bas
L'île des Pins émerge d'un lagon classé par l'Unesco. Située à 100 km de Nouméa, elle s'étire sur 18 km de longueur pour 14 km de largeur.

Ci-dessus
La tortue verte se distingue de ses cousines par la couleur olive de sa carapace, la petite taille de sa tête et la griffe unique dont sont dotées ses pattes antérieures et postérieures.

Ci-contre
Le dugong, également appelé « vache marine », fréquente des baies peu profondes où il se nourrit d'herbes aquatiques. Devenu rare, il est classé parmi les espèces en danger d'extinction.

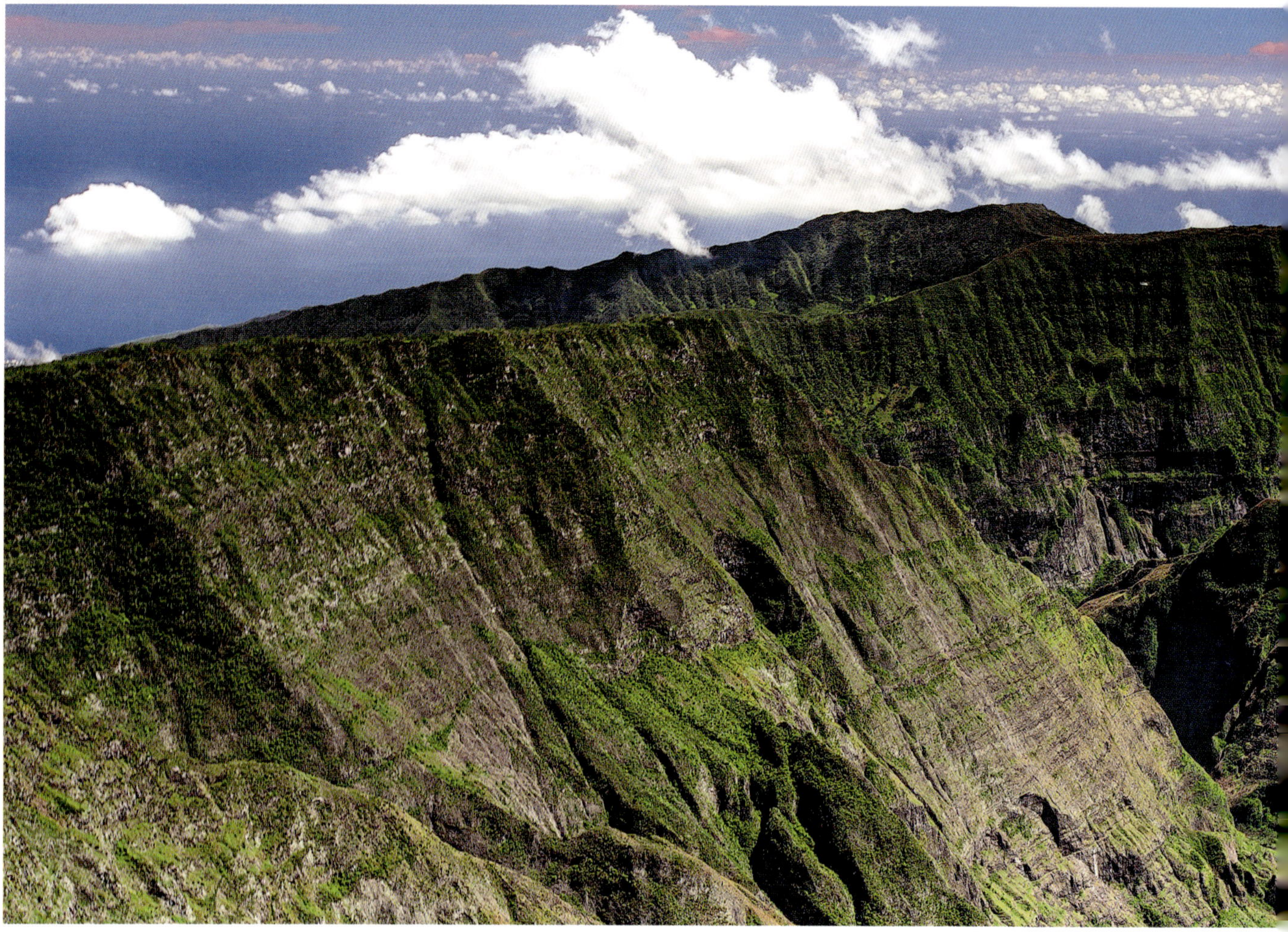

Ci-dessus
Bien que son relief tourmenté rende son accès difficile, le cirque de Mafate est le paradis des randonneurs, qui le plébiscitent pour ses paysages saisissants.

PITONS, CIRQUES ET REMPARTS DE LA RÉUNION

L'île aux deux volcans

Surnommée l'île à grand spectacle pour le *show* permanent qu'offre sa nature grandiose, La Réunion est le théâtre de paysages uniques au monde. Elle abrite deux massifs volcaniques, le Piton des Neiges, point culminant de l'île avec ses 3070 mètres d'altitude qui aurait émergé de l'océan Indien il y a 3 millions d'années, et le Piton de la Fournaise (2632 mètres), un volcan parmi les plus actifs de la planète. Distants de 20 kilomètres à vol d'oiseau, ces deux massifs ont sculpté des remparts dessinés par des falaises qui délimitent l'intérieur de l'île. Inaccessibles, ils peuvent parfois atteindre 1000 mètres et sont le refuge de certaines espèces d'oiseaux qui viennent y nicher.

Autour du Piton des Neiges, effondrements, glissements de terrain et pluies abondantes ont contribué à créer trois cirques épousant la forme d'un as de trèfle. Ces vastes amphithéâtres situés au sein du Parc naturel de La Réunion ont chacun leur morphologie et sont concernés, au même titre que les deux volcans, par le classement sur la liste des biens naturels de l'Unesco. Salazie, surplombé par le piton d'Anchain à 1356 mètres, est le plus ouvert et le plus cultivé des trois cirques. Les gastronomes le surnomment la capitale du chouchou, en hommage au légume le plus emblématique de la cuisine réunionnaise. Outre le Piton de

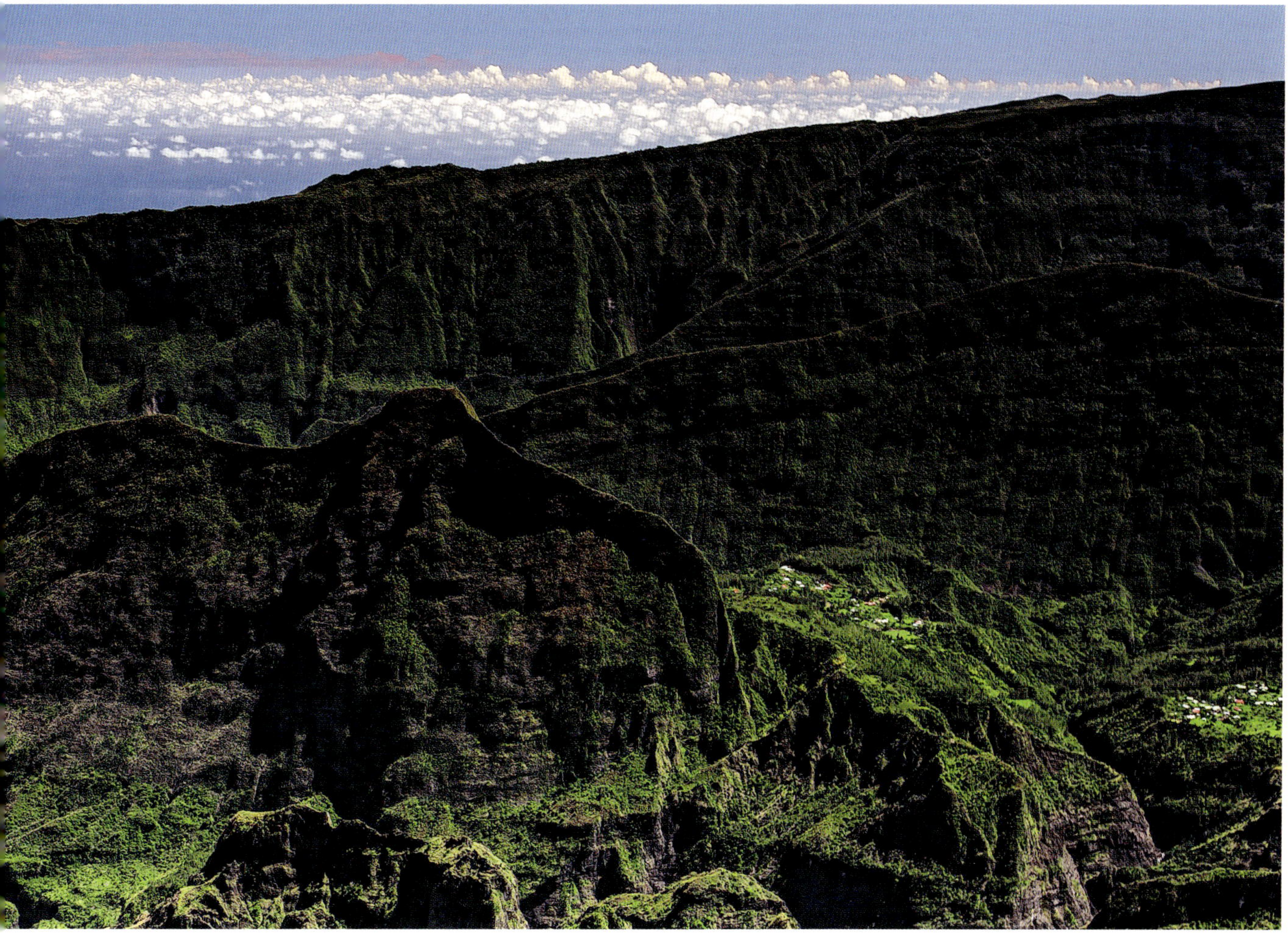

Sucre et sa Chapelle de syénite – gorge étroite et rare site à l'échelle mondiale permettant d'observer une chambre magmatique vieille de 200000 ans –, le cirque de Cilaos offre un décor minéral exceptionnel. Enfin Mafate, dominé par les plus hauts sommets du massif du Piton des Neiges, est le plus encaissé des cirques. Ses paysages déchiquetés et ses crêtes sont impressionnants.

Aux remparts, cirques et pitons s'ajoutent les forêts de Grande Chaloupe, dans le nord de l'île, et de Mare Longue, au sud. Le relief accidenté de la première abrite les vestiges d'une forêt semi-aride. Sur ses pentes, croissent des espèces végétales rarissimes comme le Bois puant, le Bois de sable ou encore l'endémique mazambron marron. L'unique rapace de l'île, le papangue, s'y est notamment installé auprès du tec-tec, du z'oiseau vert et du merle péi. La Mare Longue, occupant quant à elle les basses pentes du Piton de la Fournaise, est l'une des dernières forêts tropicales humides de basse altitude dans les Mascareignes. La richesse végétale, minérale et animale de l'île de La Réunion reflète la diversité du monde vivant évoluant sur ses terres colonisées par l'homme depuis à peine quatre siècles.

GEO audioguides ÉCOUTEZ !

Sous le Piton de la Fournaise, le secret de la disparition des dinosaures ?

Critères de classement : VII X *(voir légendes sur le rabat de couverture)* - Inscription en 2010.

Parc national de La Réunion : 258, rue de la République - 97431 Plaine des Palmistes Tél. 02 62 90 11 35 - www.reunion-parcnational.fr.

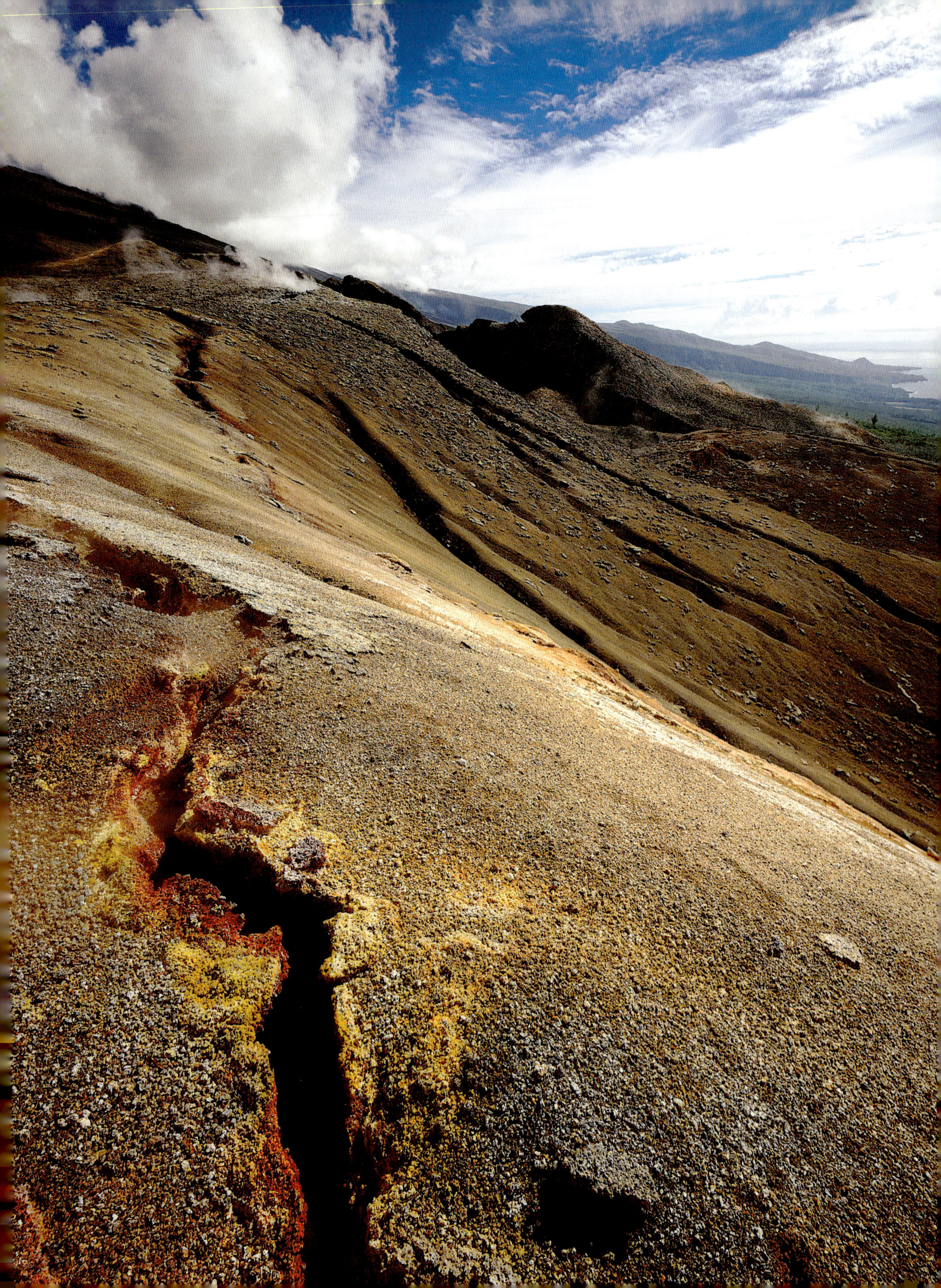

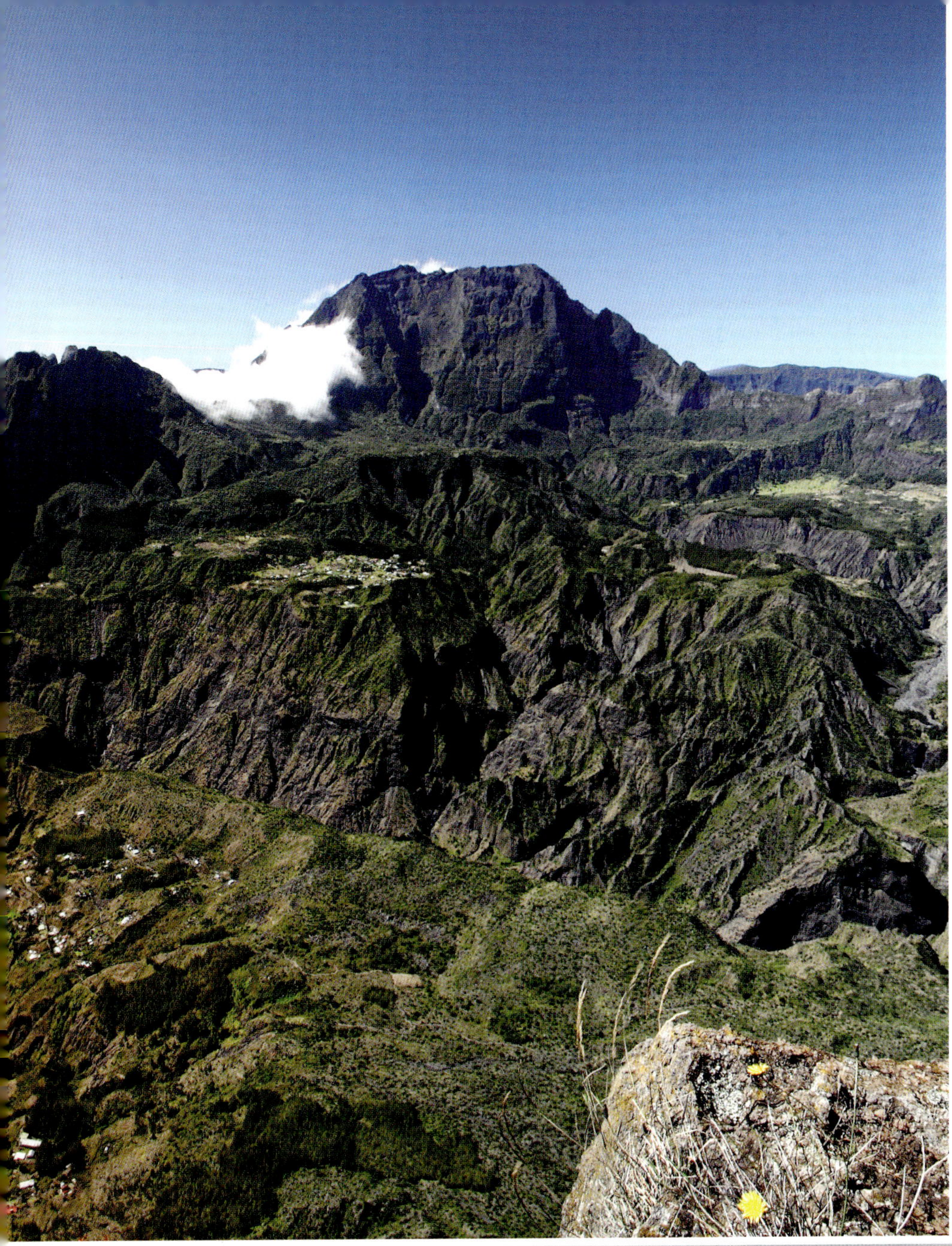

Page de gauche
Paysage lunaire formé par le Piton de la Fournaise, volcan actif qui occupe le tiers sud-est de l'île de La Réunion.

Ci-contre
Volcan assoupi, le Piton des Neiges a connu sa dernière éruption il y a 12000 ans.

Ci-dessous
Des trois cirques classés, celui de Salazie est le plus verdoyant. Son climat humide est propice à la culture agricole, notamment du chouchou dont le site a fait son emblème. Plante d'origine mexicaine, elle fut importée sur l'île au XIXe siècle.

Pages suivantes
Situé à une heure de Saint-Louis, le cirque de Cilaos est le plus urbanisé de tous. Il fut à l'origine le lieu de refuge des esclaves en fuite qui profitèrent de son accès difficile pour y vivre en liberté. Seul endroit de l'île où est cultivée la vigne, Cilaos est aussi réputé pour ses eaux thermales et ses lentilles.

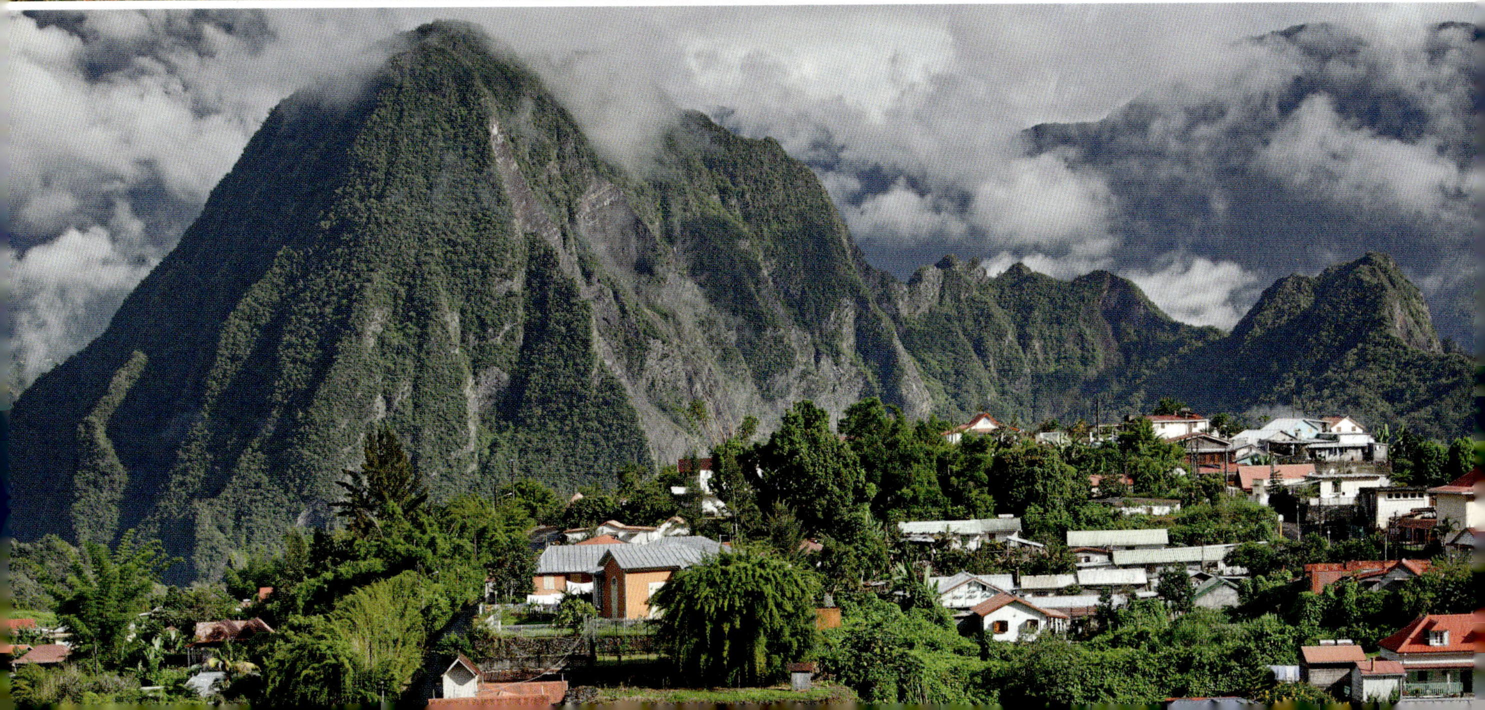

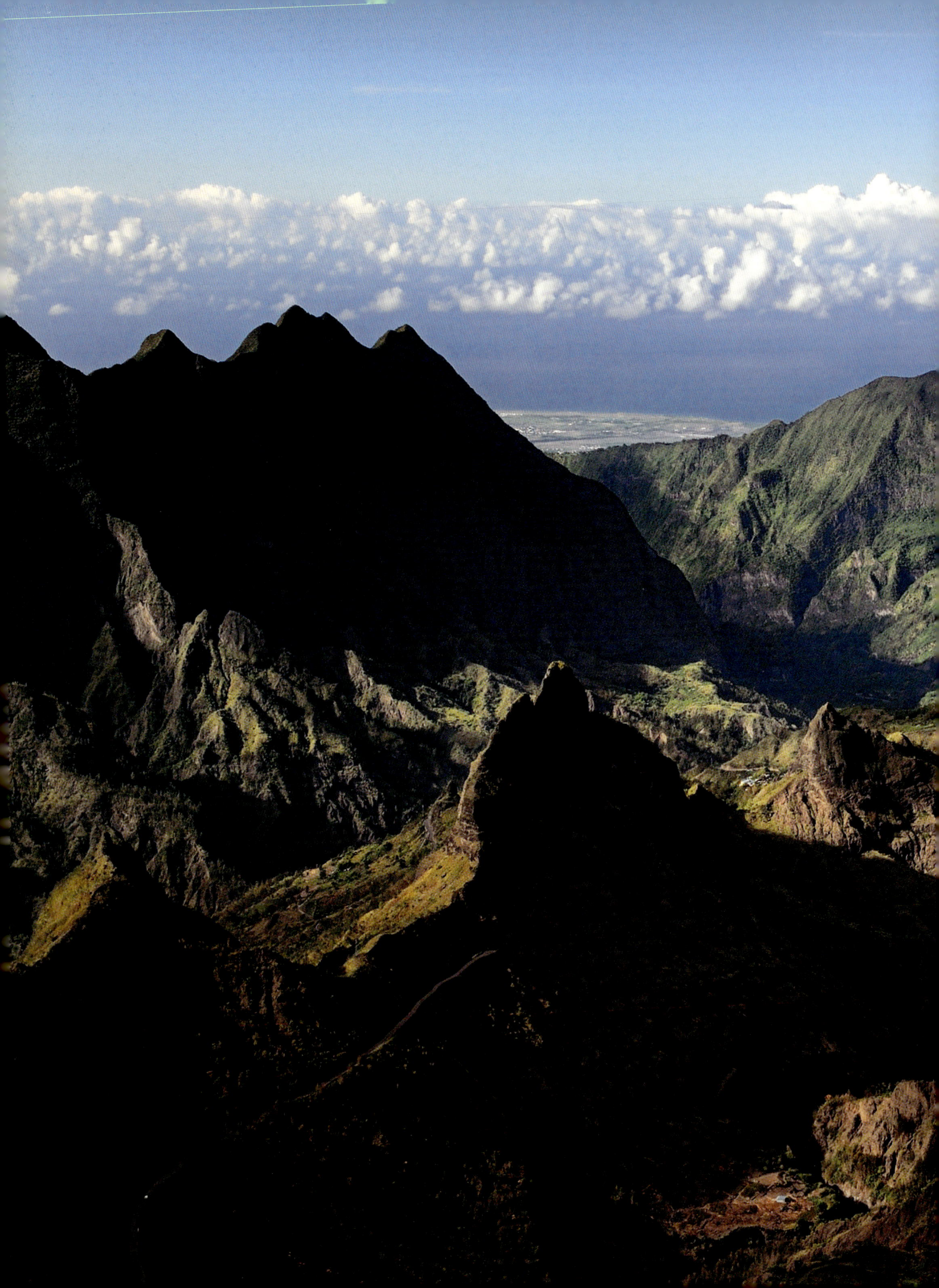

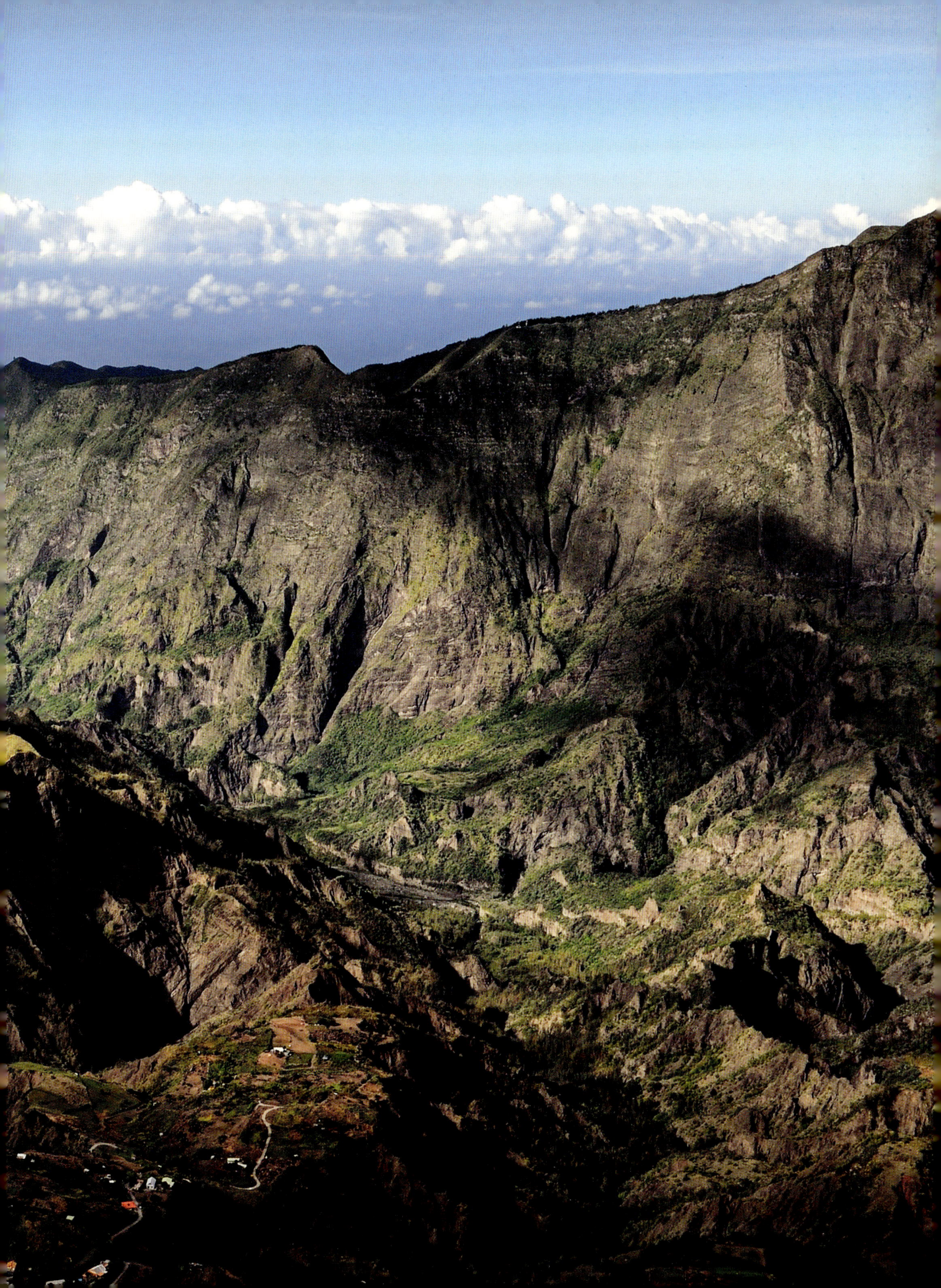

ILS SONT CANDIDATS !

Avant son inscription sur la liste du Patrimoine mondial par l'Unesco, un site doit avoir figuré au préalable sur la liste indicative qu'établit chaque pays annuellement. Chaque État est en effet chargé de recenser sur son territoire les biens dont la valeur patrimoniale culturelle ou naturelle est considérée comme universelle, avant de demander leur classement auprès de l'Unesco. La liste indicative de la France compte actuellement 39 sites, dont certains y figurent depuis 1996. Si les biens présentés ici n'ont pas encore vu leur candidature aboutir, leur valeur, elle, n'est plus à démontrer. Découvrez-en quelques-uns qui seront, peut-être, inscrits demain au Patrimoine mondial.

MARAIS SALANTS DE GUÉRANDE

Le sel, la mer et l'homme

En contemplant les paysages offerts par les traicts (bras de mer) et les marais salants, ce quadrillage de bassins que le soleil, au gré des heures de la journée, écrase de son poids ou nimbe d'une douce lumière, on oublie parfois qu'ils sont nés de la volonté des hommes et ne doivent leur existence qu'à la production saline. Depuis plus de 1000 ans, l'homme extrait « l'or blanc » dans cette zone de Loire-Atlantique de plus de 2000 hectares. L'eau qui permet l'activité salicole est également l'enjeu écologique autour duquel se sont développées une faune et une flore remarquables.

Inscription sur la liste indicative en 2002.

Office de tourisme de Guérande : 1, place du Marché au Bois - BP 45304 - 44353 Guérande - Tél. 0820 150 044 - www.ot-guerande.fr.

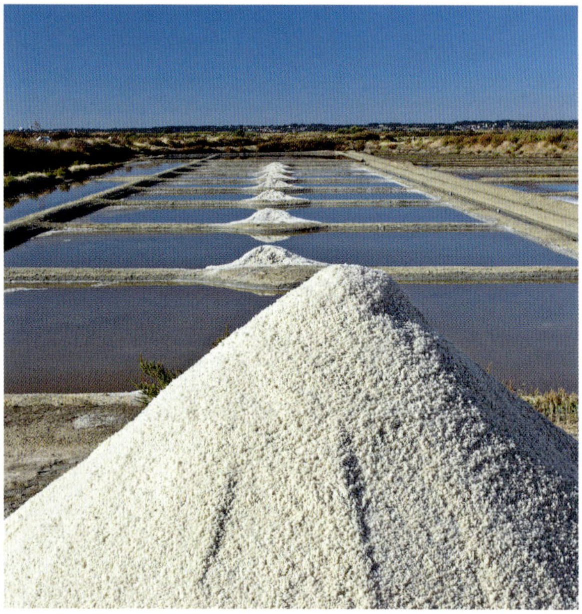

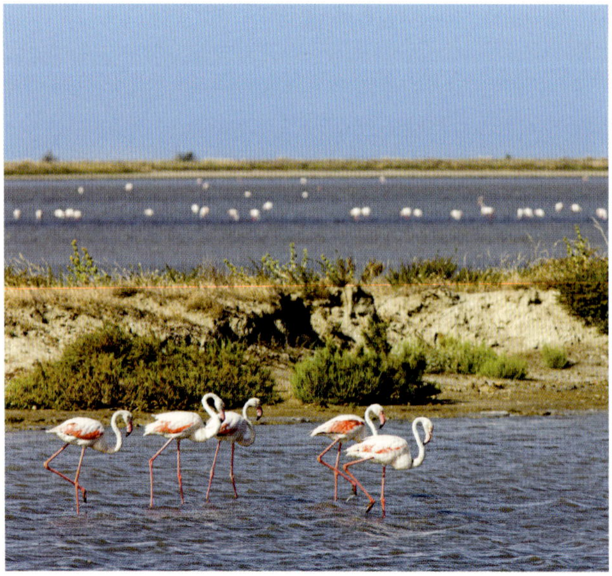

CAMARGUE

L'admirable spectacle de la nature

Là où le Rhône s'épanouit en delta avant de se jeter dans la mer se trouve la Camargue. Cette terre sauvage, ancrée dans des traditions séculaires, comprend des zones humides, des marais, des prairies et des landes. Sur les 20000 hectares que couvre la zone se sont développées une faune et une flore exceptionnelles que la Réserve nationale de Camargue étudie et préserve. L'emblématique flamand rose y niche, tandis que des milliers d'oiseaux migrateurs y transitent.

Critères de demande d'inscription : VII X *(voir légendes sur le rabat de couverture)* - Inscription sur la liste indicative en 2002.

Centre d'Information de la Réserve nationale de Camargue : La Capelière - 13200 Arles - Tél. 04 90 97 00 97 - www.reserve-camargue.org.

VIGNOBLE CHAMPENOIS

Le pétillant terroir

Le vignoble champenois, qui couvre les départements de la Marne, de l'Aube, de l'Aisne, de la Haute-Marne et de la Seine-et-Marne, est le lieu d'une intense activité viticole. L'originalité du terroir donne aux vins produits sous les appellations Montagne de Reims, Côte des Blancs, Côte des Bar et Vallée de la Marne toute leur typicité. Malgré la rudesse du climat, les vignes s'épanouissent sur les coteaux, dont le sous-sol calcaire assure l'irrigation. Porteurs d'un savoir-faire séculaire, les viticulteurs champenois perpétuent leurs traditions et préservent un paysage qui doit beaucoup à la main de l'homme… et tout à la nature.

Critères de demande d'inscription : I V *(voir légendes sur le rabat de couverture)* - Inscription sur la liste indicative en 2002.

Office de tourisme de Reims : 2, rue Guillaume de Machault - 51722 Reims cedex - Tél. 03 26 77 45 00 - www.reims-tourisme.com.
Office de tourisme d'Épernay : 7, avenue de Champagne - 51200 Épernay - Tél. 03 26 53 33 00 - www.ot-epernay.fr.

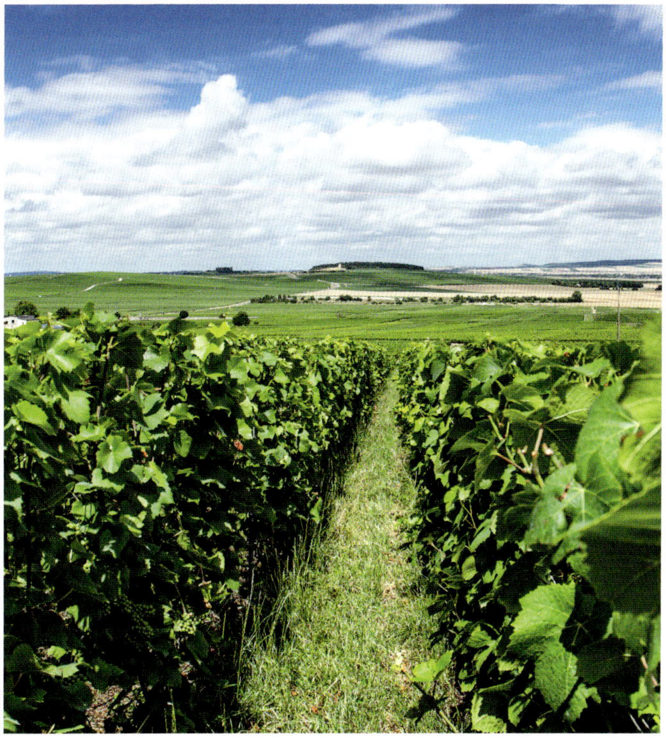

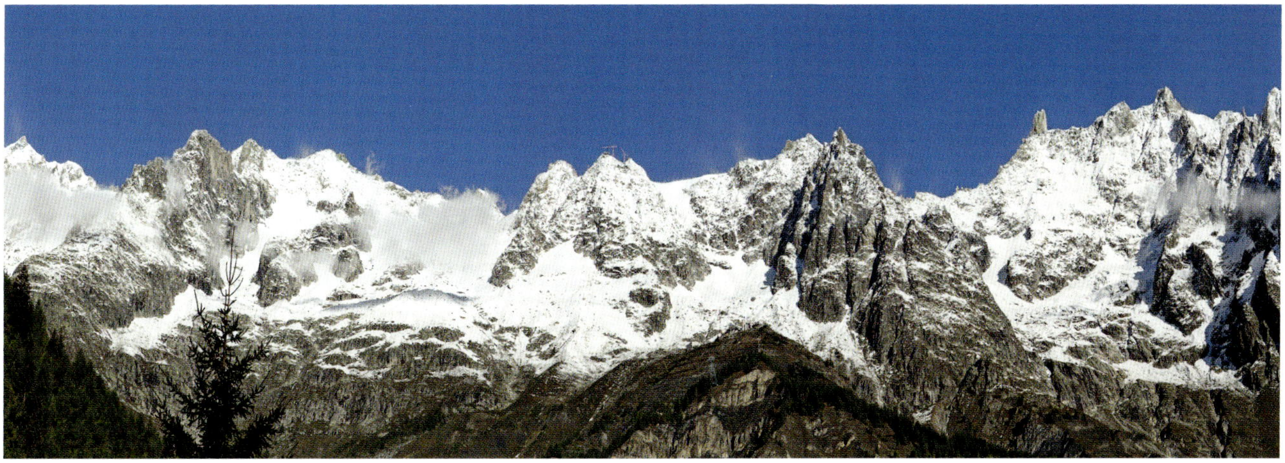

MASSIF DU MONT BLANC

Le toit de l'Europe

Le massif du Mont-Blanc déroulent ses crêtes, dents et autres cols enneigés sur près de 400 km^2, à cheval sur la Suisse, l'Italie et la France. Du haut de ses 4810 mètres (en 2011), le sommet du Mont-Blanc domine les autres formations du relief (Aiguille Verte, les Grandes Jorasses, etc.)… et l'Europe. C'est autant pour la beauté de ses panoramas naturels que pour la valeur de son paysage culturel – lié à la naissance des sports de montagne – que le massif alpin figure sur la liste indicative des biens susceptibles d'être classés au Patrimoine mondial par l'Unesco.

Inscription sur la liste indicative en 2000.

L'office de Haute Montagne : Maison de la Montagne - 190, place de l'église - 74400 Chamonix Mont-Blanc - Tél. 04 50 53 22 08 www.chamoniarde.com.

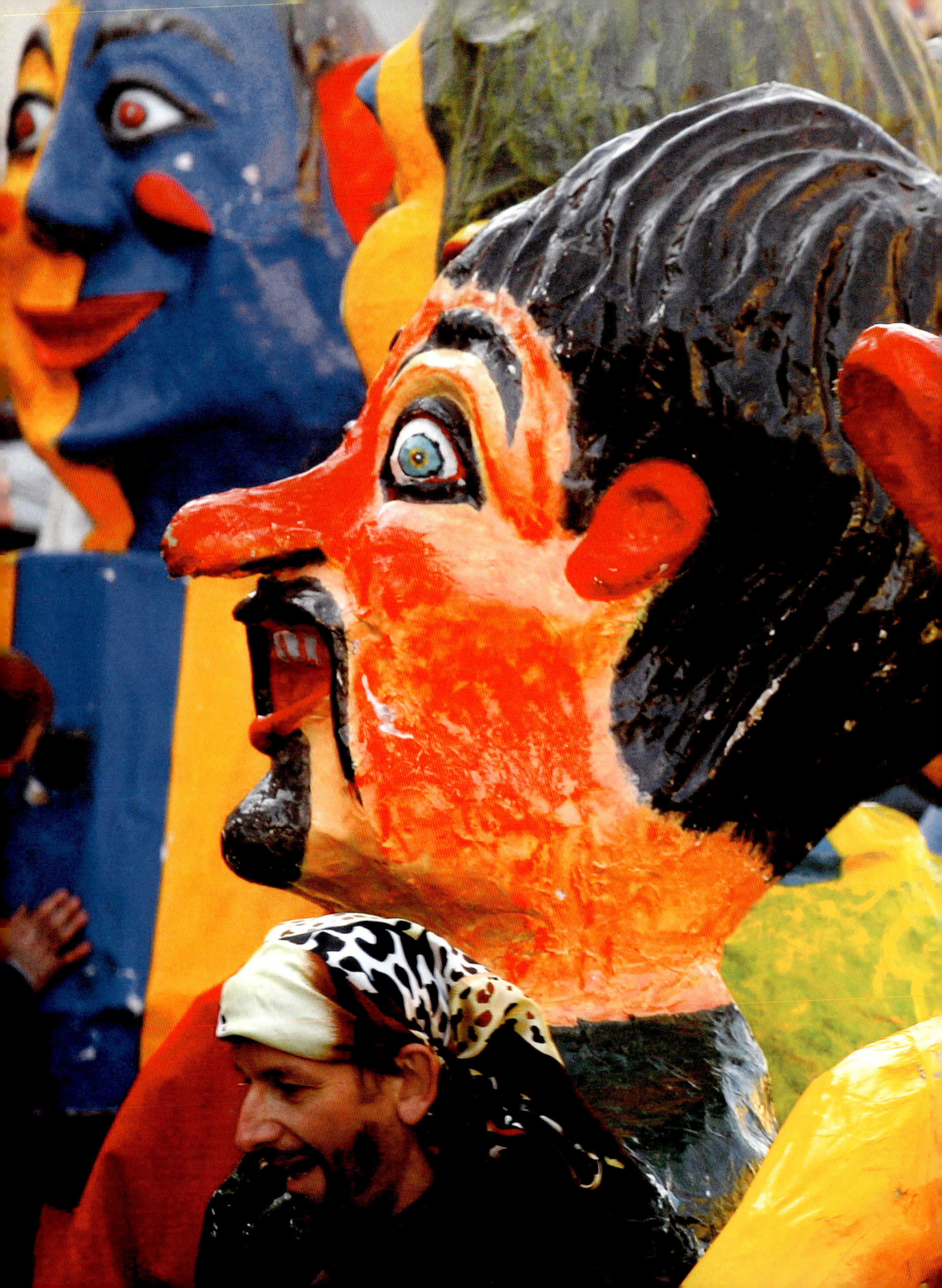

Cultures, traditions et savoir-faire

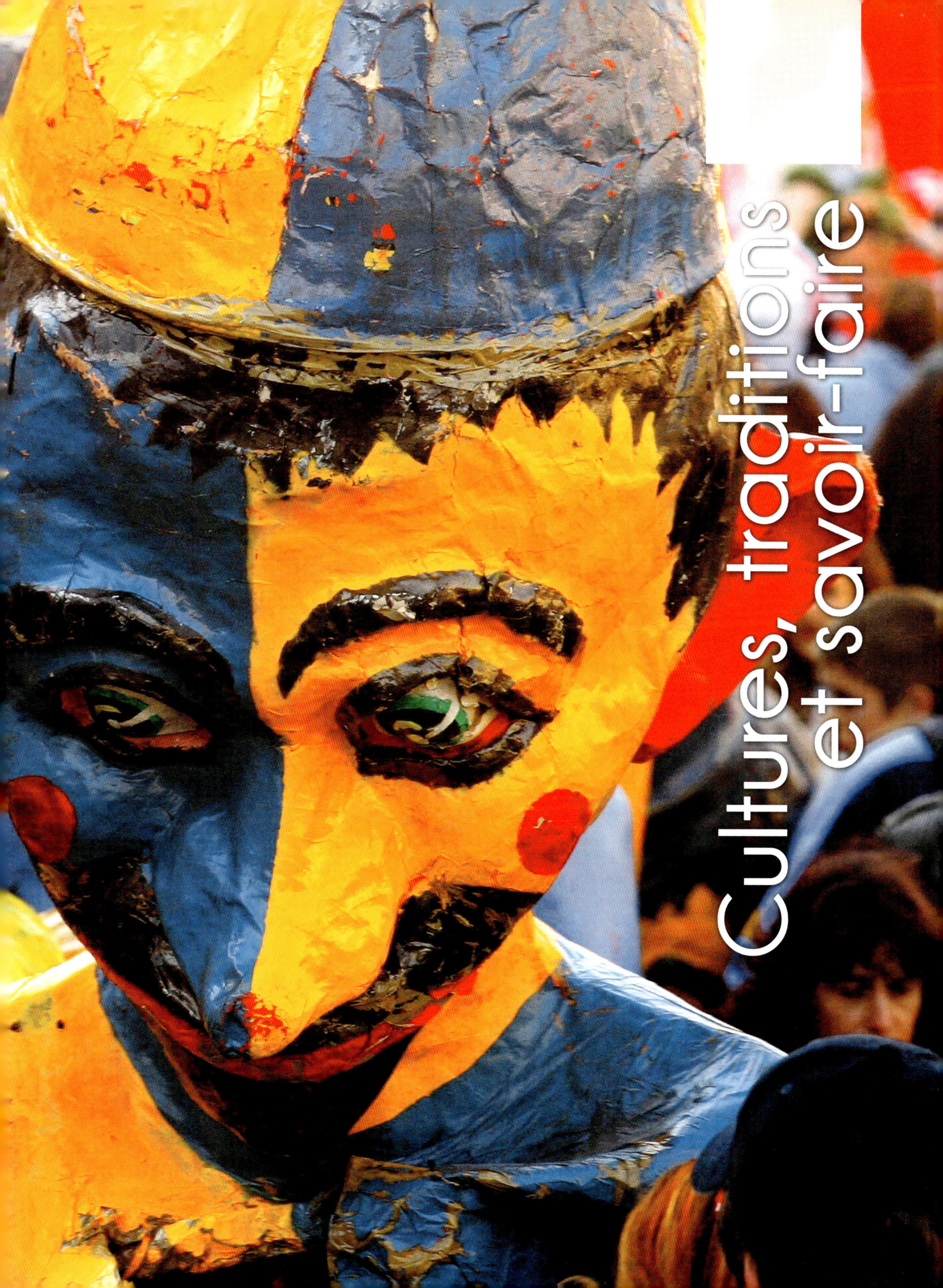

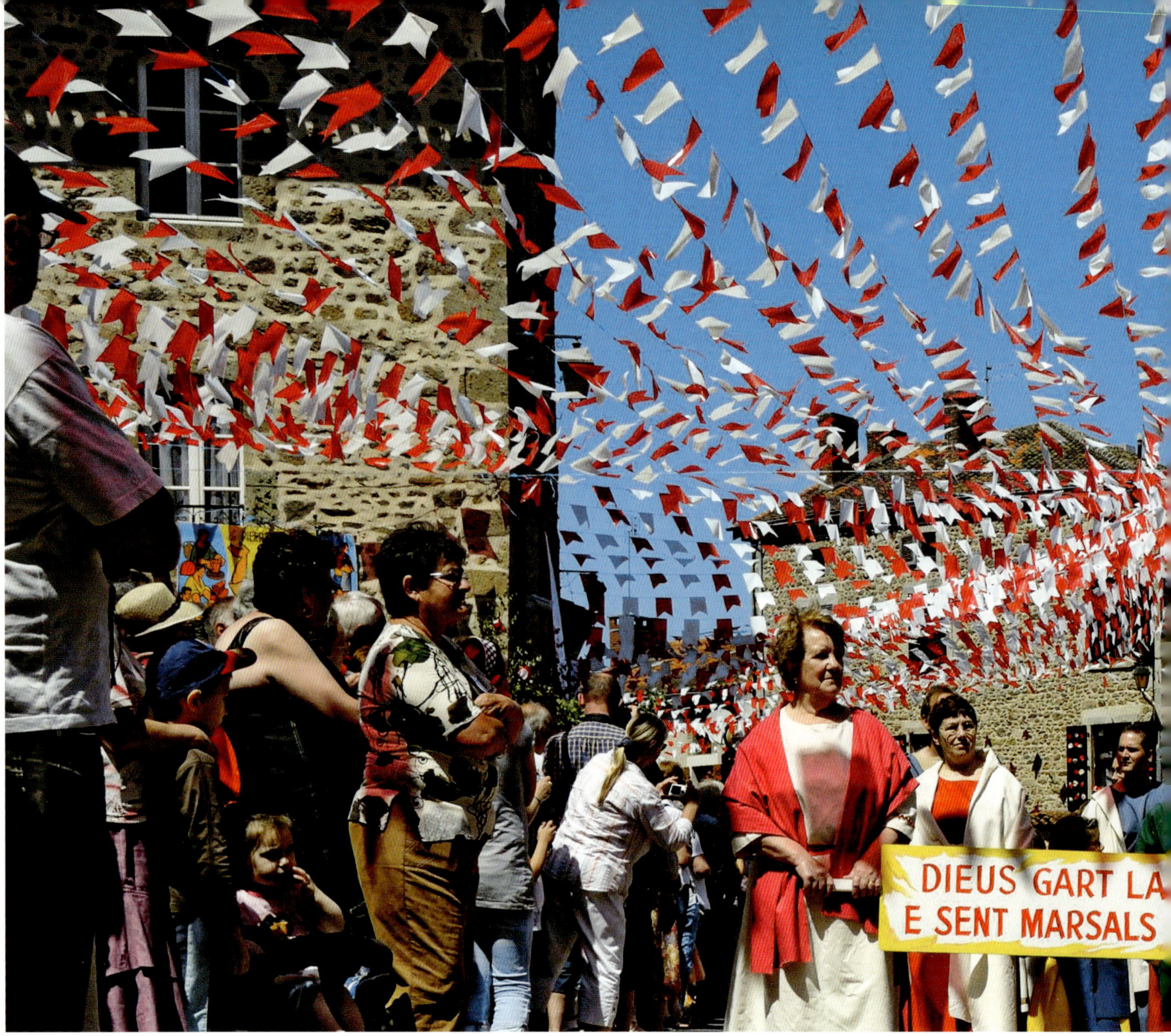

Ci-dessus
Organisées dans plus d'une quinzaine de communes en Haute-Vienne, dans la Creuse, en Charente et dans la Vienne, autrefois rattachées au Limousin, les ostensions constituent un pilier identitaire culturel, autour duquel se retrouvent tous les Limousins.

LES OSTENSIONS SEPTENNALES LIMOUSINES

La sortie des saints

C'est en 2009 que se sont tenues les dernières ostensions limousines, rassemblant une foule nombreuse de touristes et d'habitants des 19 communes concernées par ces processions. Les festivités, ancrées dans une tradition religieuse chrétienne, donnent lieu à des cérémonies et à des défilés de grande envergure qu'accompagnent musique, bannières, drapeaux et personnages historiques. Organisées tous les sept ans, les ostensions – issu d'*ostendere*, qui signifie « montrer » – offrent à la dévotion et au regard de tous, les reliques de saints conservées dans les églises limousines. Cette tradition, ritualisée au XVIe siècle sur un rythme septennal, remonterait à 994. Le Limousin est alors en proie à une terrible maladie, l'ergotisme, provoquée par un champignon qui infecte le seigle dont on fait du pain et cause d'atroces douleurs ainsi que des hallucinations. L'évêque de Limoges décide d'organiser une grande procession autour de reliques, dont celles de saint Martial, afin d'obtenir la protection divine contre ce fléau. Le « miracle des Ardents » a lieu et l'épidémie est endiguée.

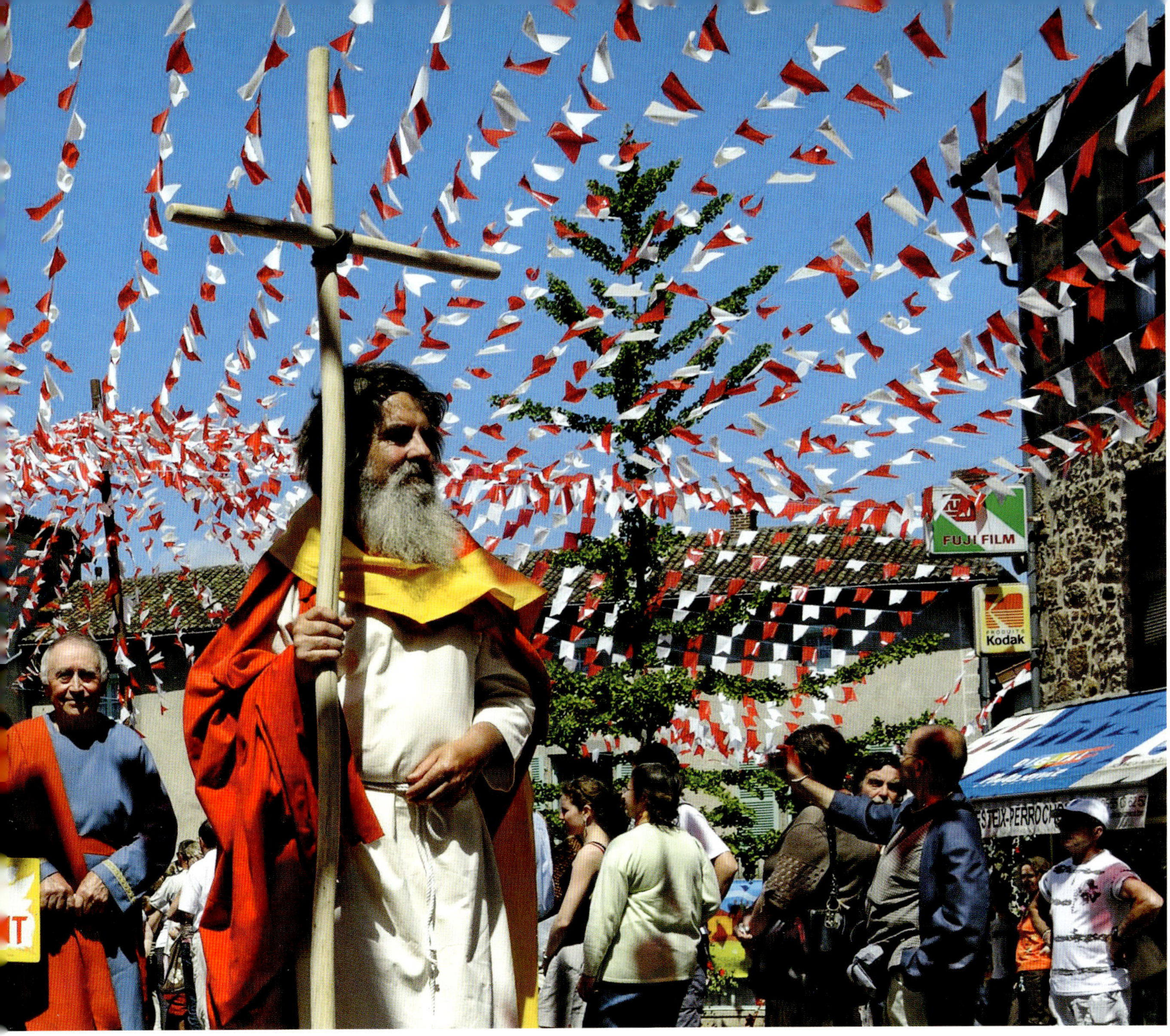

Aujourd'hui, les ostensions sont l'affaire de tous les Limousins. Elles font appel à des bénévoles, aux élus locaux, aux ecclésiastiques, aux membres des comités ostensionnaires et des confréries, dont certaines sont très anciennes, telle la Confrérie de saint Martial, née en 1356, ou encore celle de saint Israël et saint Théobald au Dorat. L'intérêt patrimonial, social et touristique de ces processions explique leur inscription sur la liste du Patrimoine culturel immatériel par l'Unesco. Les participants, qui s'impliquent dans l'organisation des événements un an à l'avance, œuvrent à la transmission des connaissances, des objets et des savoir-faire artisanaux (création de fleurs en papier, de décors et de costumes…) liés à ces manifestations. Rendez-vous est pris pour 2016, 2023, 2030… !

GEO audioguides
ÉCOUTEZ !

Qu'est-ce que « les petites ostensions » du dimanche de Quasimodo ?

Inscription au Patrimoine culturel immatériel en 2013.

Comité régional de tourisme en Limousin : 30, cours Gay-Lussac - 87003 Limoges cedex 1 Tél. 05 55 11 05 90 - www.tourismelimousin.com. **Office de tourisme de Charroux :** 2, route de Châtain - 86250 Charroux - Tél. 05 49 87 60 12. **Office du tourisme du pays de Charente limousine :** 1, av. du Général de Gaulle - 16500 Confolens - Tél. 05 45 84 01 68 www.charente-limousine.fr.

Page de droite
Un fauconnier nourrit son oiseau après un vol : il porte son gant et sa fauconnière (sa gibecière) dans laquelle se trouve tout ce dont il a besoin pendant la chasse. Les faucons sont affétés (dressés) pour revenir lorsque le fauconnier tourne son leurre.

LA FAUCONNERIE

La délicate complicité de l'homme et du rapace

Pratique de chasse originellement liée à la subsistance, la fauconnerie est un art qui consiste à dresser un oiseau de proie pour qu'il s'empare d'un gibier sauvage dans son milieu naturel. En 2012, aux côtés de douze autres pays – les Émirats arabes unis, l'Autriche, la Belgique, la République tchèque, la Hongrie, la République de Corée, la Mongolie, le Maroc, le Qatar, l'Arabie saoudite, l'Espagne et la République arabe syrienne –, la France a obtenu le classement de la fauconnerie, reconnue auprès de l'Unesco comme un « patrimoine humain vivant ». Une centaine de passionnés, réunis autour de traditions et de valeurs communes, continuent de préserver en France la chasse au vol aux origines séculaires, ainsi qu'en témoignent les tapisseries – notamment celle de Bayeux –, tableaux, sculptures, enluminures et autres vitraux. Réservée aux nobles, voire privilège royal, la fauconnerie a connu de grands représentants, dont Louis XIII, qui possédait six équipages spécialisés réunissant environ 300 oiseaux. Le développement des armes à feu mettra à mal cette tradition cynégétique, qui reprendra de la vigueur à partir de la fin du XIXe siècle et surtout après la Seconde Guerre mondiale. Être fauconnier ne s'improvise pas. Formé sous la houlette d'un maître expérimenté, au sein de sa famille ou dans un club, l'apprenti doit faire preuve de patience et de persévérance pour dresser, entraîner et faire voler un rapace. Par l'observation et la pratique des techniques enseignées, il devra établir un véritable lien de confiance avec l'oiseau de proie affaité (dressé). Quel que soit le pays où est exercée la fauconnerie, les méthodes d'entraînement et l'équipement sont les mêmes : on retrouve partout chaperons de cuir qui couvrent la tête des oiseaux, les gants, les sacs de chasse appelés « fauconnières »... En revanche, les pratiques varient d'un pays à l'autre, selon la topographie des lieux, les rapaces employés ou le gibier recherché. En haut-vol, le chasseur s'aide uniquement d'un faucon (pèlerin, gerfaut, sacre...) pour traquer d'autres oiseaux sur de larges espaces dégagés, tandis que le bas-vol, qui vise des proies à plumes ou à poils, fait appel à des autours, des aigles, des éperviers ou encore des Harris Hawks. Par-delà les frontières, les fauconniers s'emploient à préserver les coutumes qui forment le socle culturel de la chasse au vol.

Inscription au Patrimoine culturel immatériel en 2012.

Association nationale des Fauconniers et Autoursiers de France : Saint-Hubert Club de France - 19, rue du 4-Septembre - 75002 Paris - www.anfa.net.

ÉCOUTEZ !

Survolez les techniques de fauconnerie et son histoire avec un faucon.

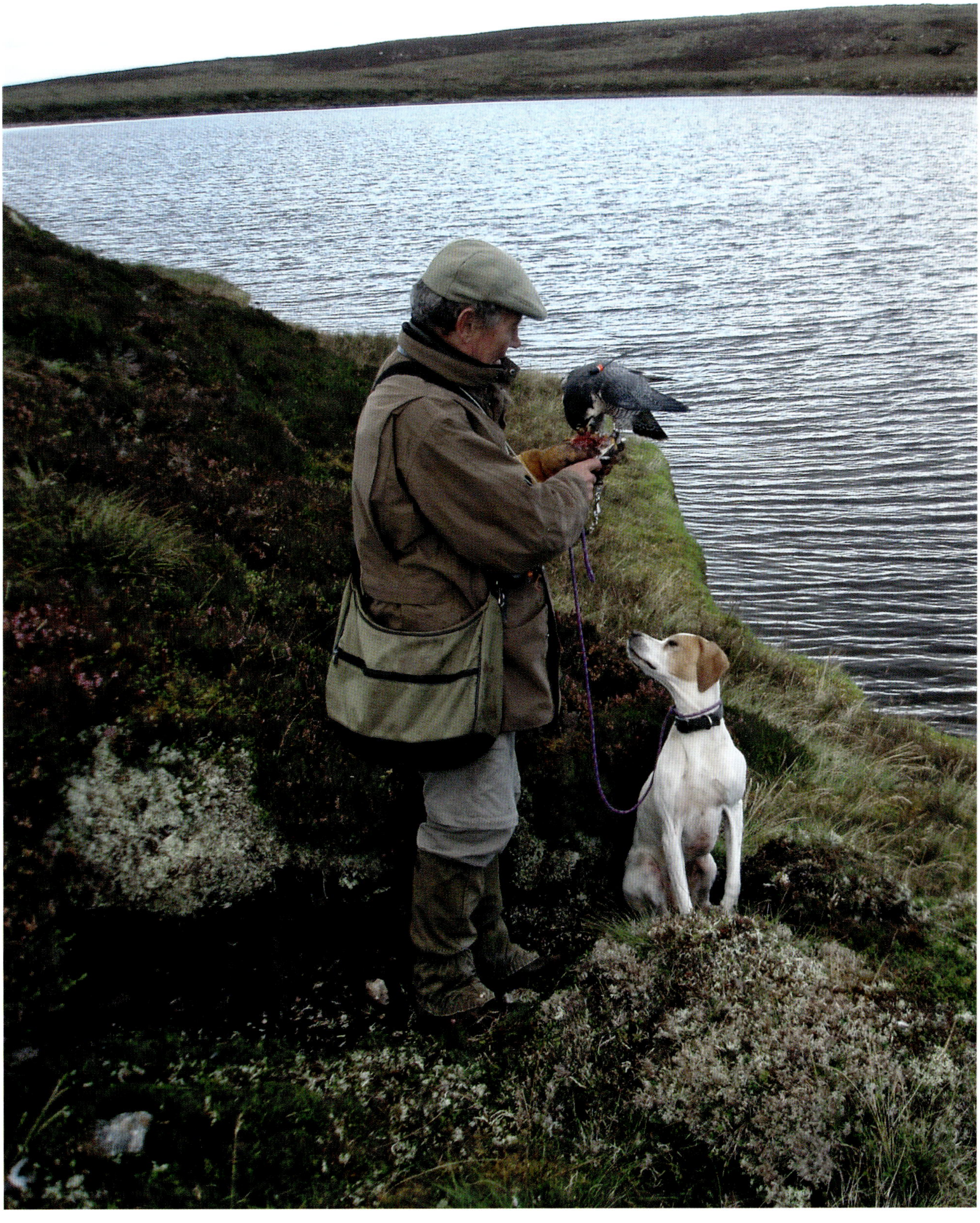

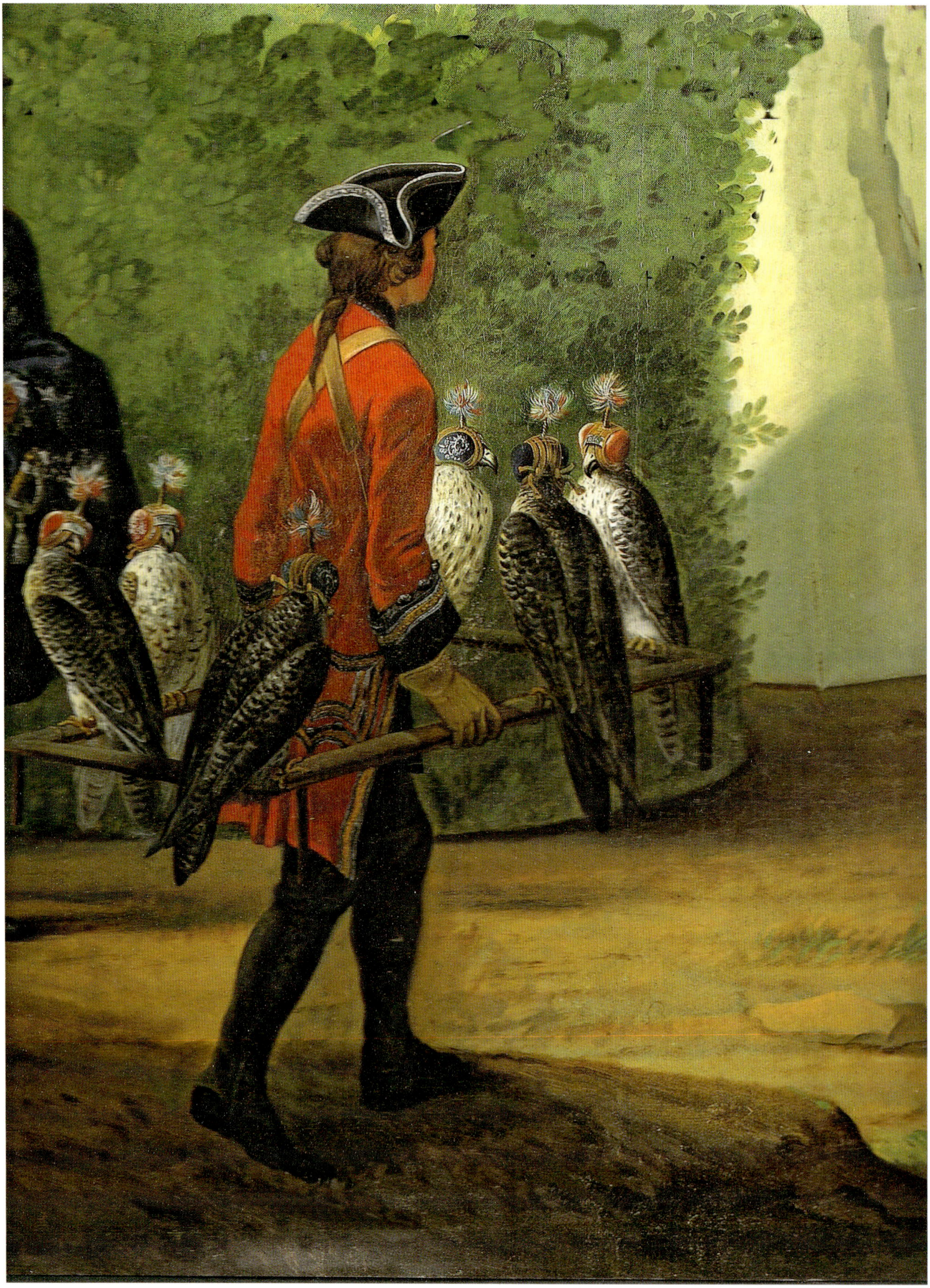

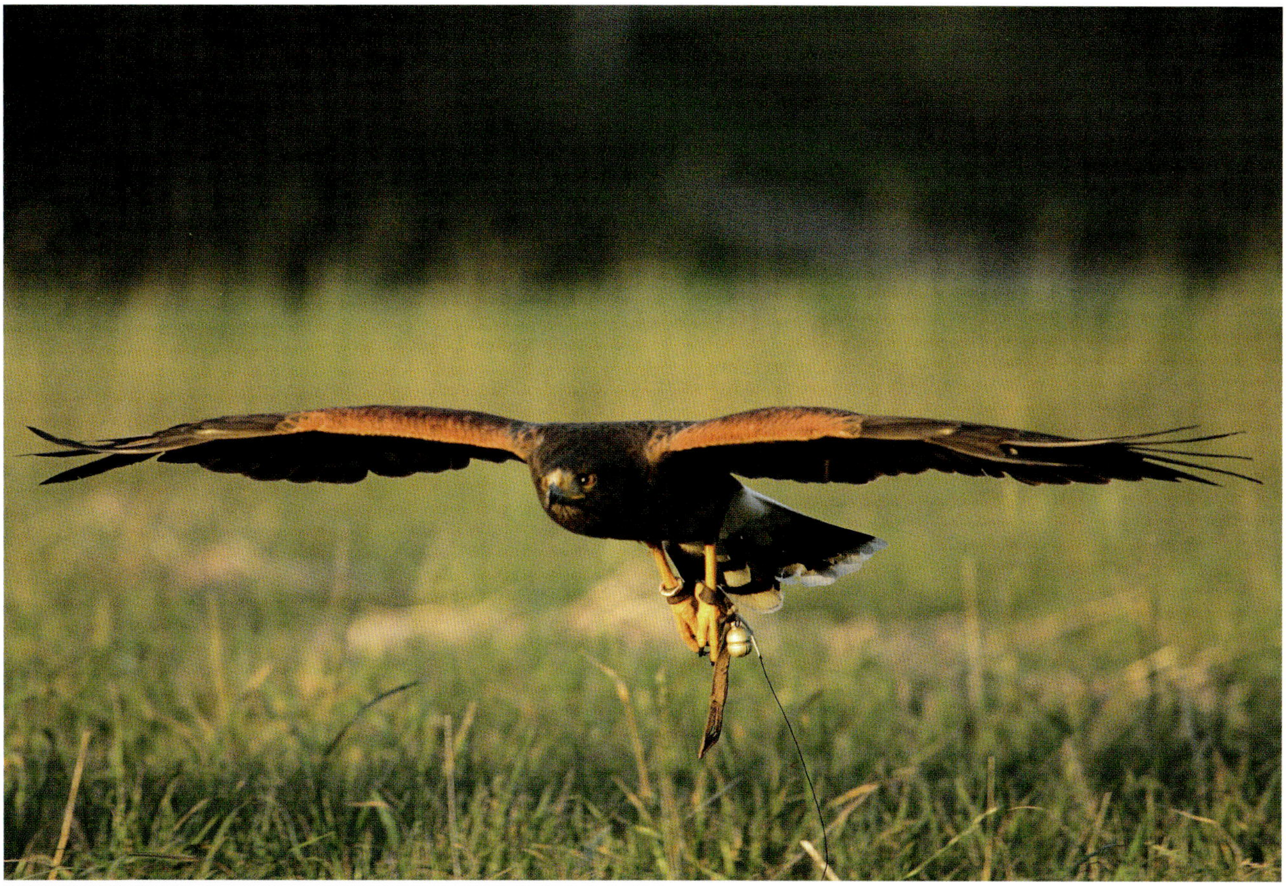

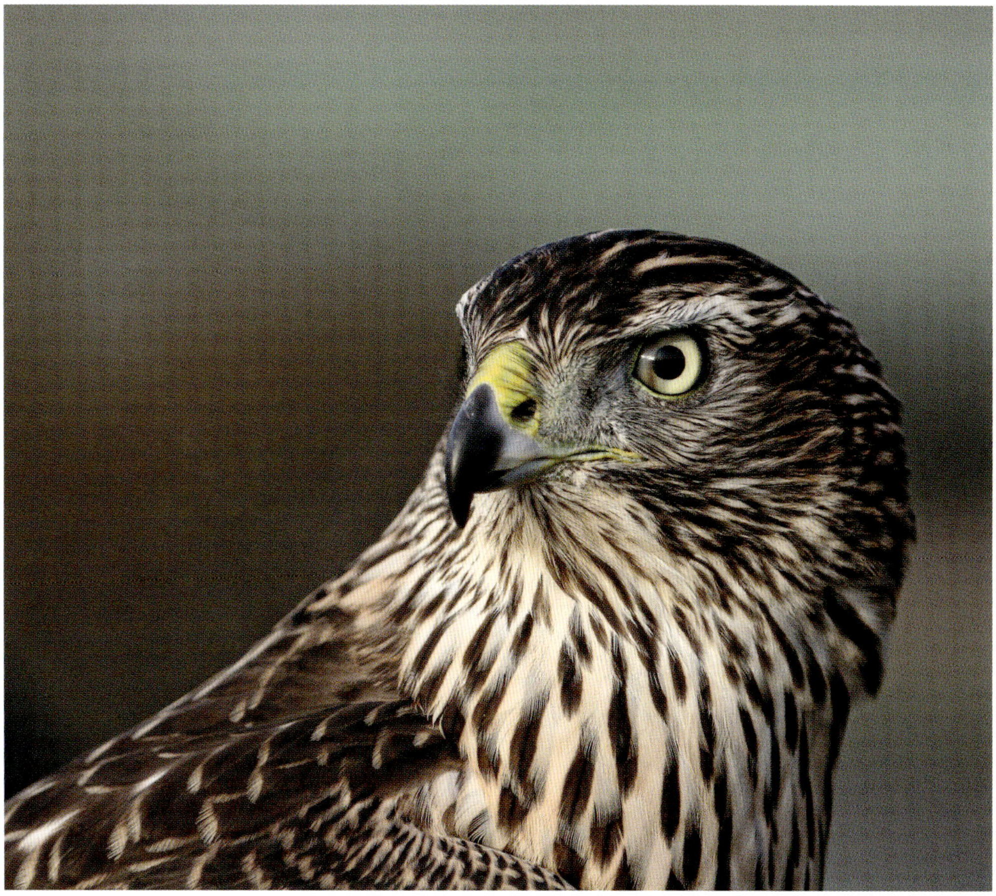

Page de gauche
Sur ce tableau du XVIIIe siècle, un homme transporte des oiseaux chaperonnés sur un cadre en bois appelé « cage ». Le système est encore utilisé de nos jours.

Ci-dessus
Le Harris Hawk, dont l'envergure est de 103 à 109 cm, est un oiseau de basse volerie.

Ci-contre
Autour.

Page de droite, en haut
Les danses en rond ou en chaîne figurent parmi les plus anciennes danses collectives de Bretagne et sont un moment de convivialité très apprécié des festnozeurs…

Page de droite, en bas
Instrument traditionnel typique de Bretagne, la bombarde est généralement confectionnée en ébène ou en buis. Elle accompagne souvent le biniou (cornemuse) pour former un couple de sonneurs.

LE FEST-NOZ

Le bal des Bretons

Connu de tous les Bretons, le fest-noz (« fête de nuit » en langue bretonne) est un rassemblement festif basé sur la pratique collective des danses traditionnelles de Bretagne, soutenues par des chants ou des musiques instrumentales. Le nom puise ses origines dans les campagnes de la Haute-Cornouaille où, jusque dans les années 1940, les paysans achevaient de dures journées de travaux collectifs par des danses qui pouvaient réunir tout un village. Après la Seconde Guerre mondiale, ces pratiques de danse tombent en désuétude. Le fest-noz que l'on connaît aujourd'hui naît pourtant à cette époque, porté par des passionnés de musique, de chant et de danses bretonnes. Dans les années 1960-1970, il quitte les cours de ferme pour investir les salles communales, à l'image des bals, et suscite enthousiasme et intérêt auprès des jeunes générations à une époque où la musique bretonne apparaît dans les médias et acquiert une audience et une reconnaissance importantes.

Cette adaptation au monde moderne a permis de conserver un lieu d'expression régulier pour une pratique vivante, en perpétuel renouvellement, des répertoires de danse, du chant et de la musique à danser. Les formes musicales les plus traditionnelles, comme le kan ha diskan ou les sonneurs du couple biniou-bombarde, côtoient les formes les plus modernes (groupes musicaux ou bagadoù). On compte environ un millier de festoù-noz par an, plusieurs milliers de musiciens et chanteurs (dont quelque centaines de professionnels), et des dizaines de milliers de danseurs réguliers. Au-delà de la pratique des répertoires de danse, de chant et de musique, le fest-noz se caractérise par une convivialité, une rencontre des générations, une ouverture à l'autre. Le fest-noz est aujourd'hui un symbole majeur de l'identité et de la culture bretonne.

Inscription au Patrimoine culturel immatériel en 2012.

Association Dastum : 16, rue de la Santé - 35000 Rennes - Tél. 02 99 30 91 00 www.dastum.net. **Comité régional du tourisme de Bretagne :** 1, rue Raoul Ponchon - 35069 Rennes cedex - www.tourismebretagne.com.

GEO audioguides
ÉCOUTEZ !

Connectez-vous au Cyber Fest-noz ! Quand la modernité fait vivre la tradition.

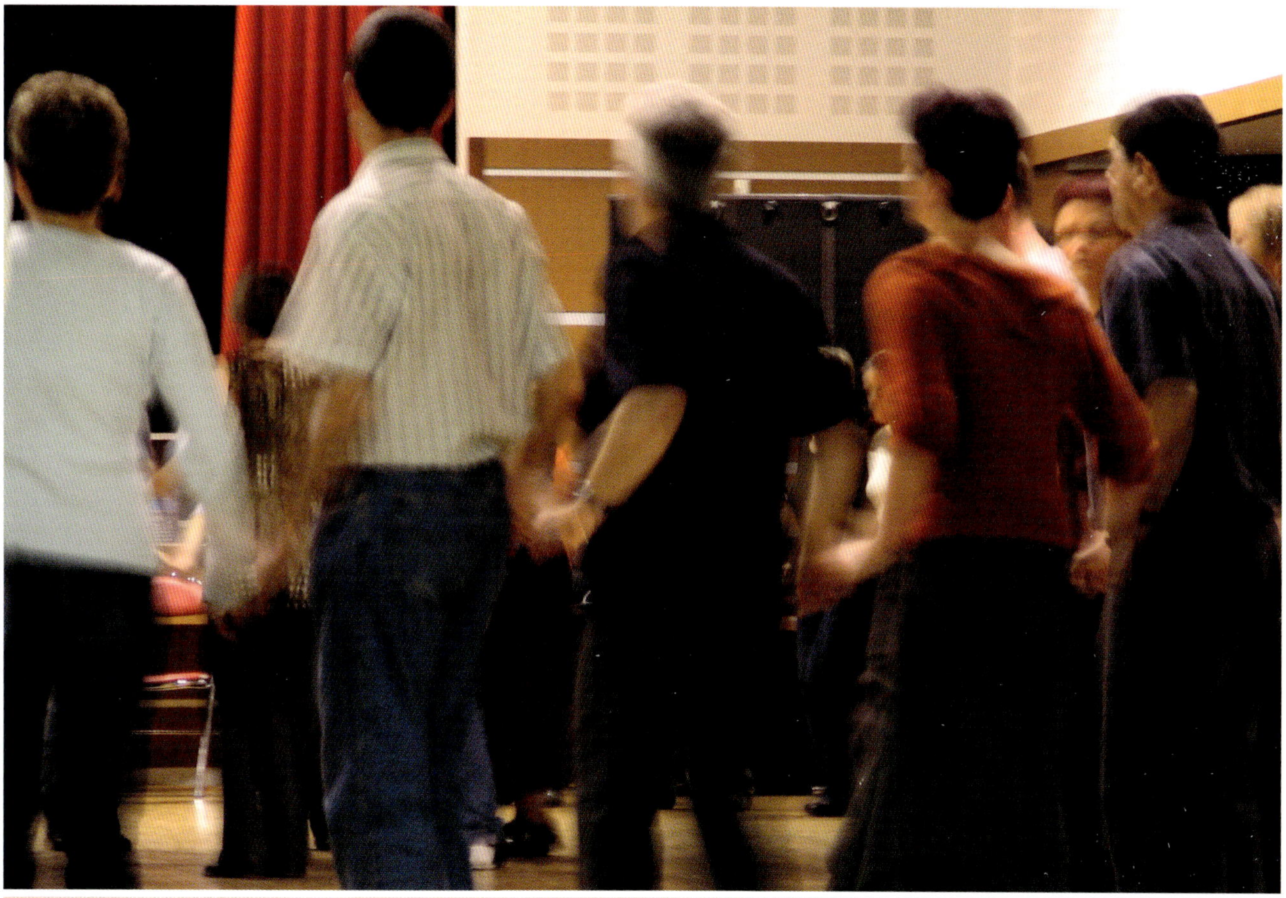

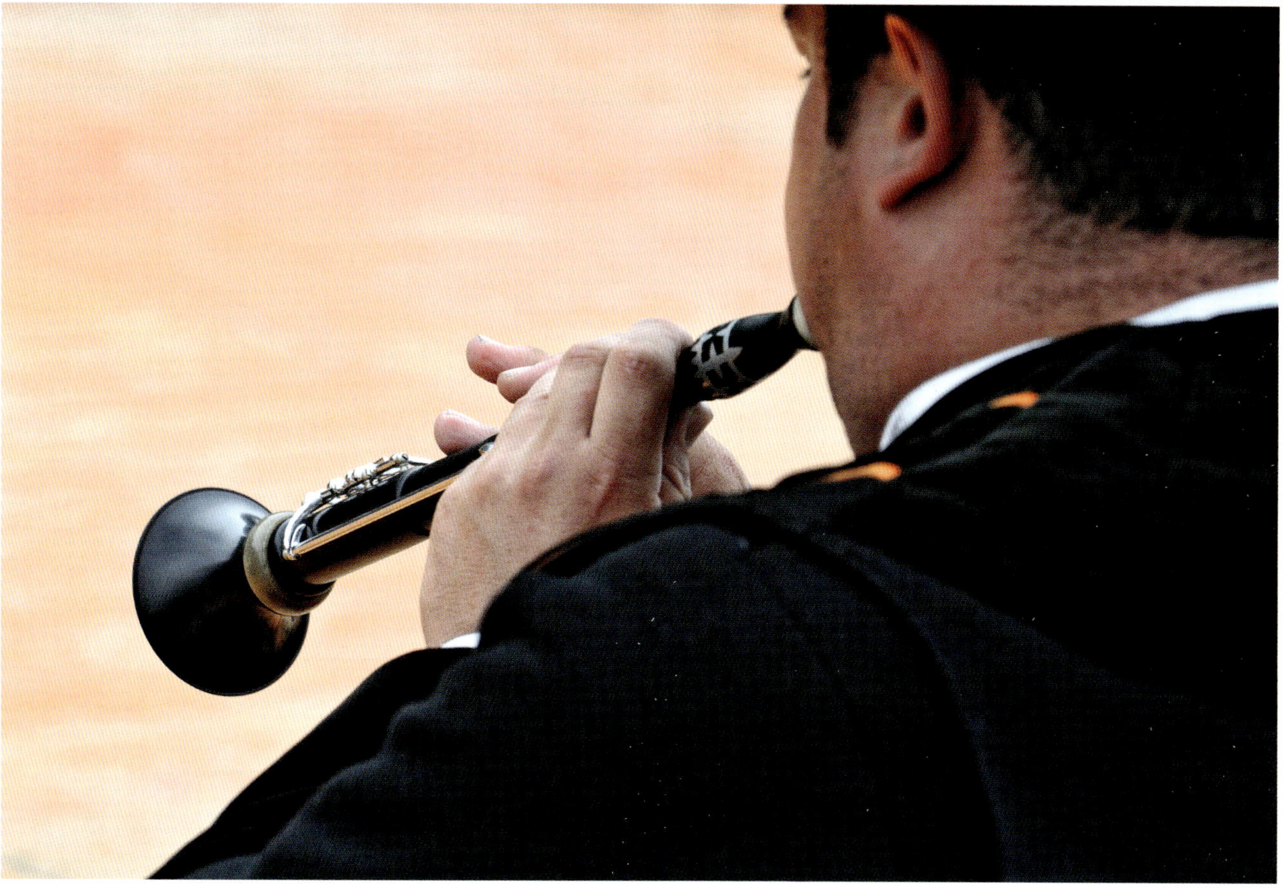

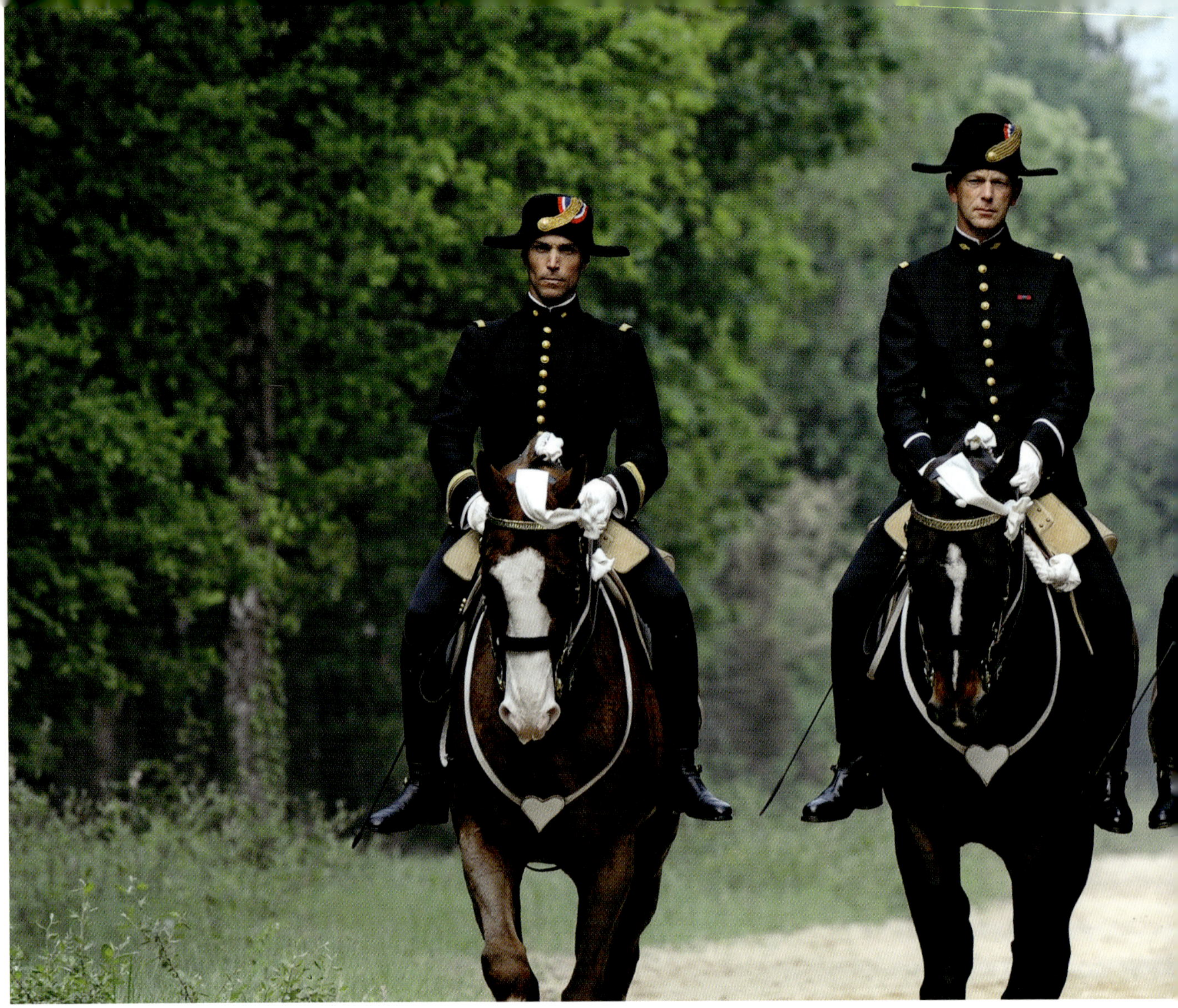

Ci-dessus
Prestigieux corps d'élite, les cavaliers du Cadre Noir de Saumur transmettent un savoir-faire technique et théorique de haut niveau. Ils sont les garants du rayonnement de l'équitation de tradition française.

L'ÉQUITATION DE TRADITION FRANÇAISE

Un art entre maîtrise et émotion

Théorisée pour la première fois par l'écuyer Salomon de la Broue dans son traité *Des préceptes du Cavalerice françois* publié en 1593, l'équitation française s'inspire à l'origine des académies équestres de la Renaissance comme celle du napolitain Gianbatista Pignatelli, maître de Salomon de la Broue, ou d'Antoine de Pluvinel, autre écuyer français. Cette bibliographie équestre s'enrichira de nombreux écrits, comme les *Questions équestres* du général L'Hotte parues à la fin du XIXe siècle, qui témoignent du souci constant de générations de cavaliers d'apporter leur contribution à ce domaine d'excellence. Le classement de l'équitation de tradition française au Patrimoine culturel immatériel par l'Unesco valorise cinq siècles de culture du corps et le rapport privilégié à l'animal dans la pratique cavalière française. Cette dernière se fonde en effet sur une harmonie entre l'homme et le cheval, qui doit être libérée de toutes contraintes. C'est à travers la légèreté du cheval, incarnée par la fluidité de ses mouvements et la flexibilité de ses articulations, que cet art prend toute sa dimension, faisant oublier la technique. Pour atteindre cette relation idéale, le cavalier est appelé, en plus de connaître la psychologie

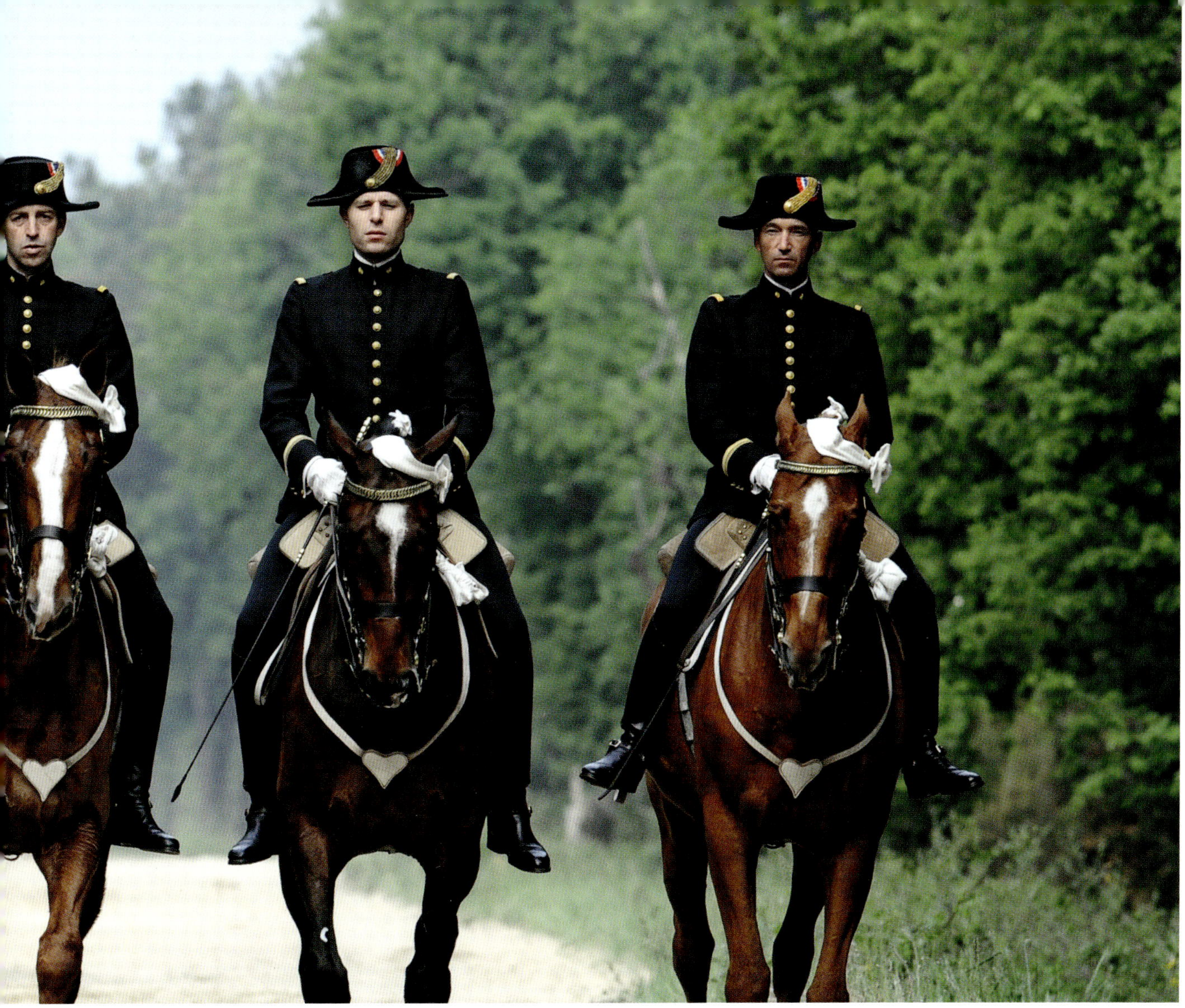

et l'anatomie de sa monture, à s'élever soi-même pour mieux maîtriser son corps et ses émotions. Rien d'étonnant, donc, à ce que l'équitation de tradition française ait longtemps été associée à « l'éducation des princes ».

À la cour de Versailles, au sein des manèges royaux, les meilleurs écuyers enseignent à la noblesse l'art de monter à cheval avec élégance, émancipant la discipline de son caractère uniquement militaire ou sportif. Galas et carrousels de cette période seront autant d'événements festifs démontrant le savoir-faire des écuyers français, dont toutes les autres cours d'Europe s'inspireront au XVIIe siècle. Sous la Restauration fut ensuite créé le Cadre Noir de Saumur, école dispensant un enseignement équestre d'excellence. Elle fera rayonner la pratique de l'équitation française dans le monde entier et maintient actuellement son rôle d'ambassadeur de l'art équestre en présentant des galas en France et à l'étranger. L'École nationale d'Équitation, créée en 1972, complète les actions du Cadre Noir et a notamment pour mission la préservation et la transmission des pratiques de l'équitation française.

Inscription au Patrimoine culturel immatériel en 2011.

École nationale d'équitation et du Cadre Noir de Saumur : Avenue de l'École nationale d'Équitation - 49400 Saumur - Tél. 02 41 53 50 50 - www.cadrenoir.fr.

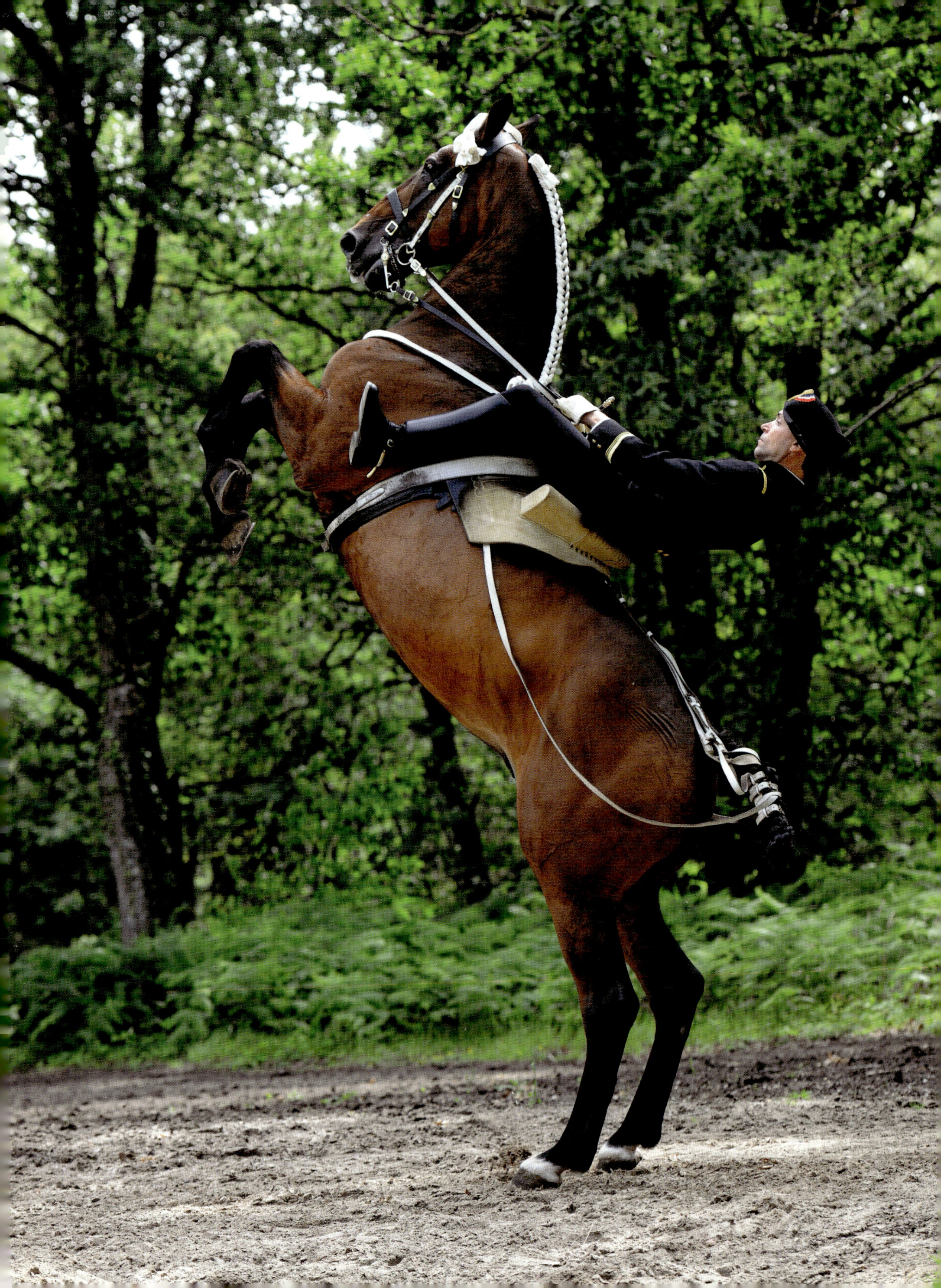

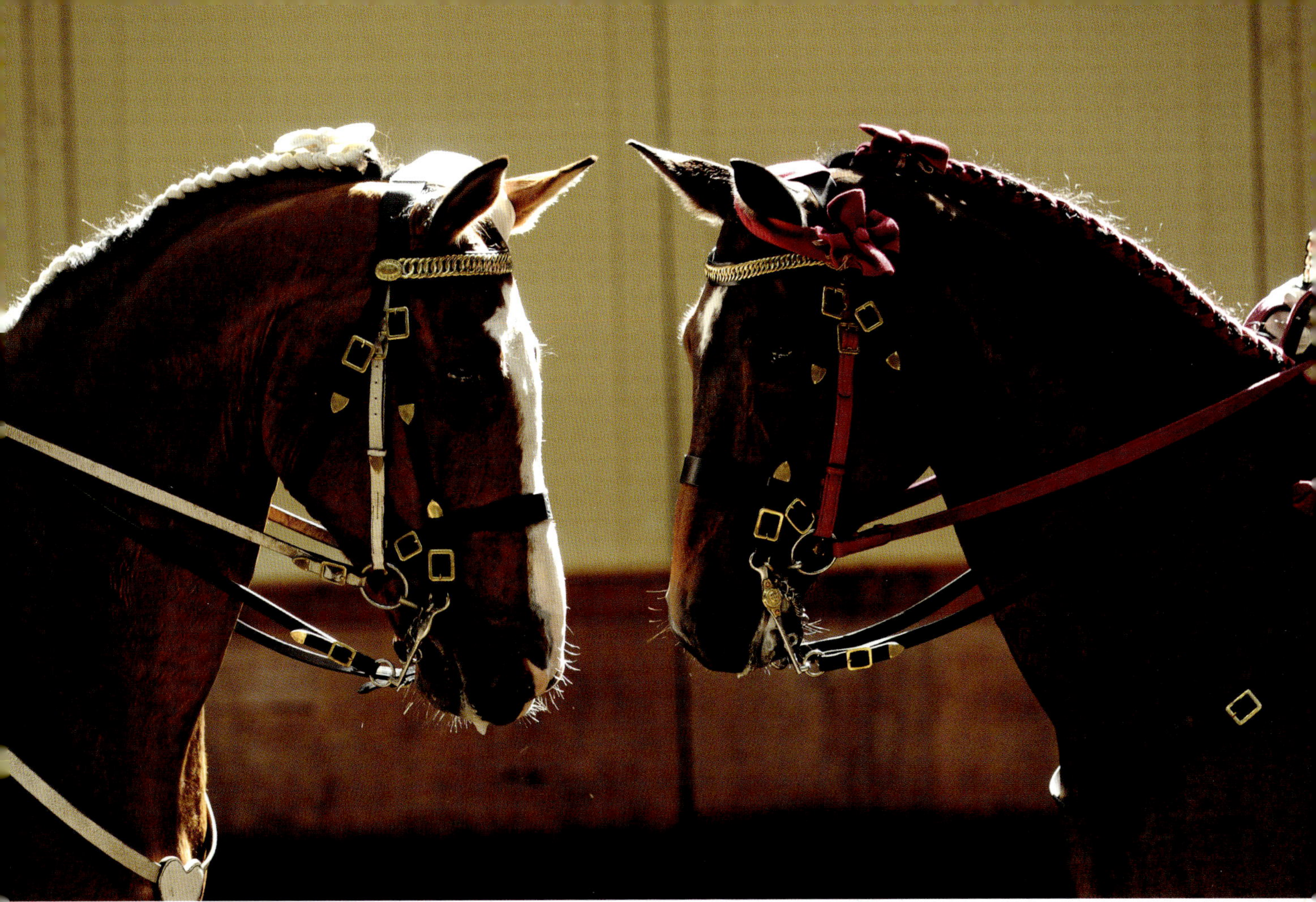

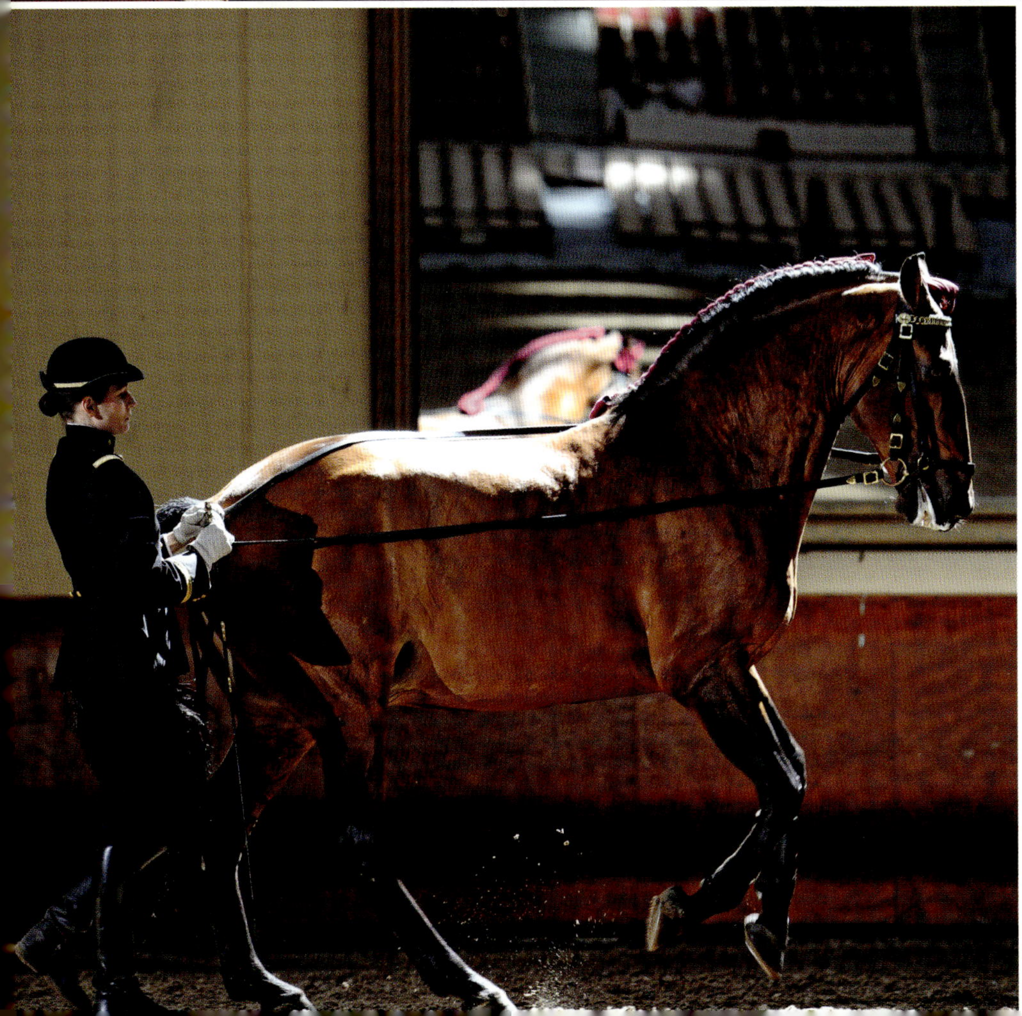

Page de gauche
La courbette est un saut dans lequel le cheval se trouve pattes avant repliées, tandis que les hanches du dresseur opèrent un mouvement bas et cadencé.

Ci-dessus
Tête-à-tête.

Ci-contre
Dans le travail aux longues rênes, le dresseur se trouve en arrière afin de permettre au cheval de ne pas être gêné par le poids du cavalier.

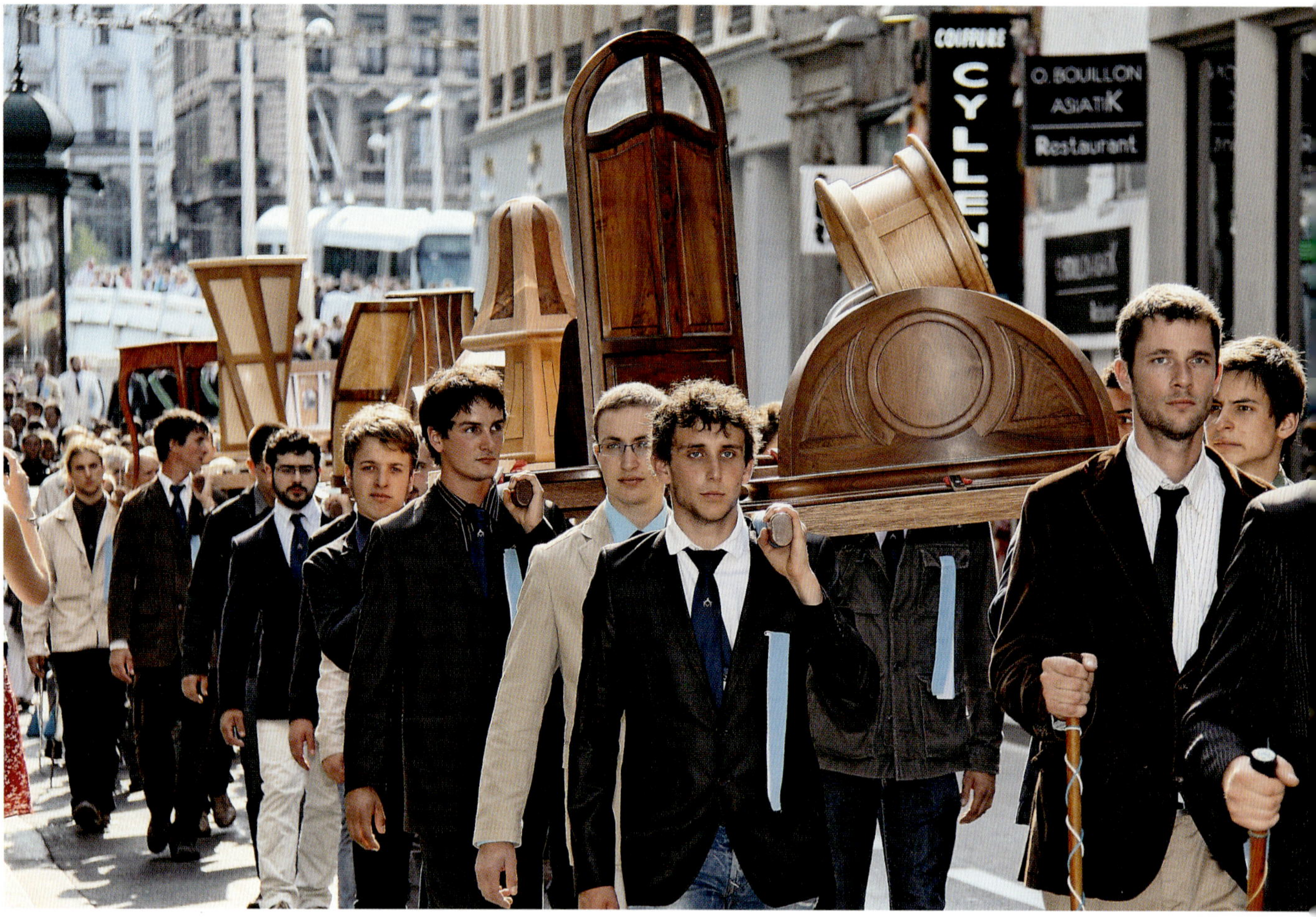

Ci-dessus
Chaque année à l'occasion de la Sainte-Anne, patronne des compagnons menuisiers et serruriers, les rues de Limoges accueillent le défilé des nouveaux reçus dans la Fédération. À cette occasion, ces derniers paradent en portant leur chef-d'œuvre.

Page de droite
Le mouvement compagnonnique a longtemps été l'apanage de la seule gent masculine. Depuis 1978, il s'ouvre timidement à la mixité. La première femme tailleur de pierre a été reçue en 2006.

LE COMPAGNONNAGE

Ni s'asservir, ni se servir, mais servir

Né dans les métiers du bâtiment, le compagnonnage s'est ensuite ouvert à d'autres corporations (cordonniers, boulangers, pâtissiers…), qui ont rejoint au fil des siècles ce « réseau de transmission des savoirs et des identités par le métier » classé par l'Unesco au Patrimoine culturel immatériel. Si les origines du compagnonnage divisent encore les historiens, des écrits attestent la présence des premières associations d'ouvriers dès le XIIe siècle, période durant laquelle fleurissent les plus belles cathédrales du royaume de France. À l'excellence du travail des compagnons sont associées des valeurs morales comme la droiture, la fraternité, le goût de l'effort pour le bien commun et l'entraide. Apprentissage d'un métier, voyage et transmission du savoir constituent les trois piliers principaux d'une formation compagnonnique.
Appelé « Tour de France », le voyage – aujourd'hui international – entrepris par les jeunes ouvriers aspirant à devenir compagnons est prôné comme une méthode d'enseignement qui permet de favoriser l'éveil intellectuel, l'ouverture et la maturité. Lors de ce parcours initiatique qui peut durer plusieurs années, l'apprenti travaille sur des chantiers ou au sein d'ateliers d'une communauté de métier au gré des villes qui jalonnent son itinéraire. Il y apprend, auprès de ses pairs, les secrets de certaines techniques parfois

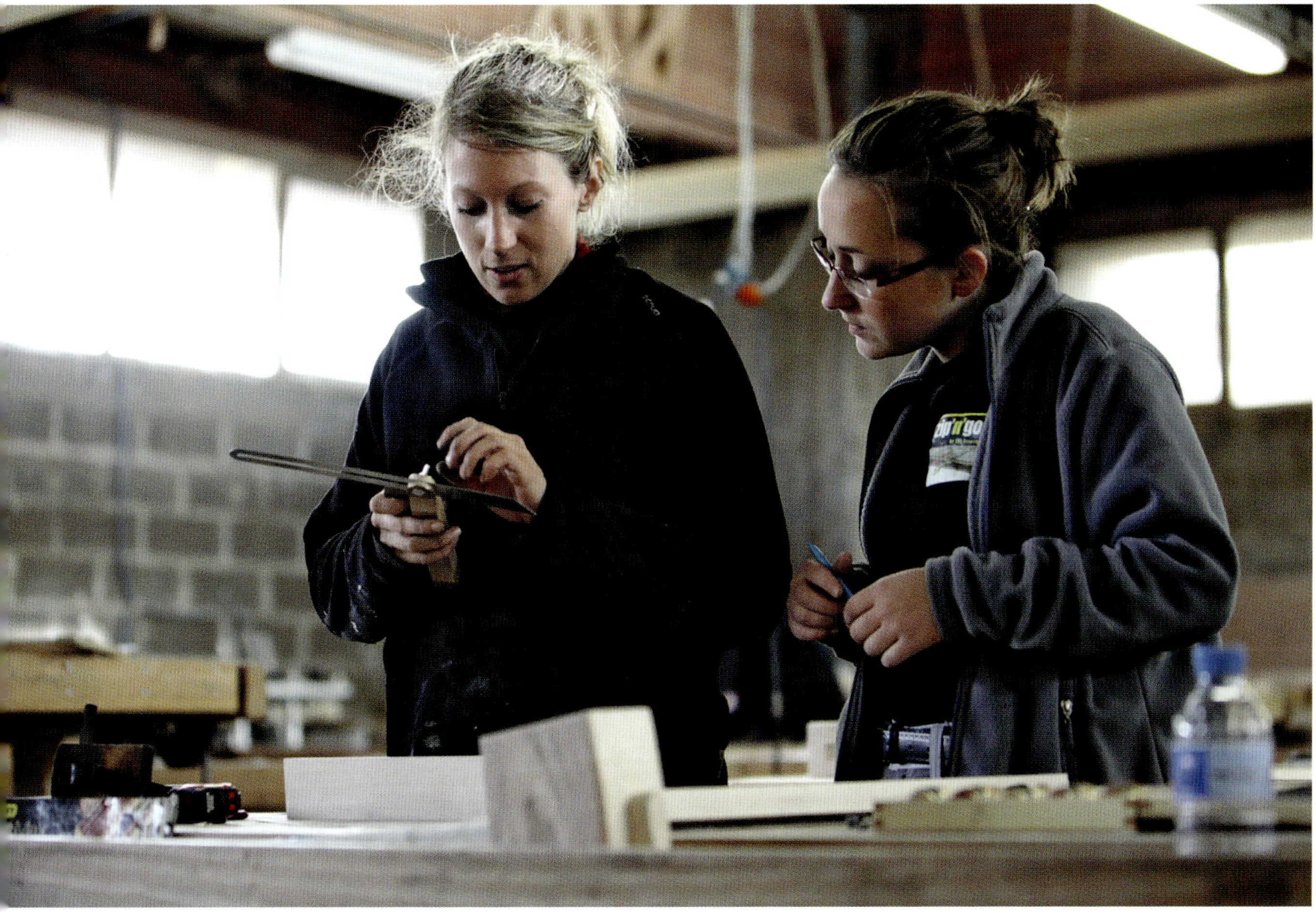

très anciennes. Le formidable réseau de mobilité et d'entraide des associations compagnonniques permet à chacun de ses membres de bénéficier d'un travail, du gîte et du couvert où qu'il soit. Pour accéder au grade de compagnon, l'ouvrier doit livrer une œuvre de réception appelée un chef-d'œuvre, qui sera jugée par des compagnons validant ses compétences acquises durant la formation.

Si le machinisme a présenté une menace pour le compagnonnage à la fin du XIXe siècle, ce dernier n'en reste pas moins un mouvement ouvrier à la longévité exceptionnelle, qui a su s'adapter aux enjeux du monde moderne sans lui sacrifier ses valeurs éthiques. Depuis huit siècles, le compagnonnage contribue à diffuser le savoir-faire de certains métiers et des techniques ancestrales qui leur correspondent en y associant l'épanouissement de l'individu. À ce titre, il est garant de la sauvegarde d'une méthode d'enseignement technique et philosophique dont le principe remonte à l'origine des métiers.

GEO audioguides ÉCOUTEZ !

Au MuCEM de Marseille, une enseigne de maréchal-ferrant évoque l'iconographie symbolique des compagnons.

Inscription au Patrimoine culturel immatériel en 2010.

Association Ouvrière des Compagnons du Devoir Tour de France : 82, rue de l'Hôtel-de-Ville - 75004 Paris - www.compagnons-du-devoir.com. **Fédération Compagnonnique des Métiers du Bâtiment des Compagnons des Devoirs du Tour de France :** 7, rue Petit - 75019 Paris - www.compagnons.org. **Union Compagnonnique des Devoirs Unis :** Maison des Musiciens Italiens - 15, rue Champ Lagarde - 78000 Versailles www.lecompagnonnage.com.

Page de droite
Moment privilégié d'échanges et de partage, le repas gastronomique des Français s'enracine dans les traditions culinaires et un art de vivre séculaire.

LE REPAS GASTRONOMIQUE DES FRANÇAIS

L'art de faire bombance

Dans sa *Physiologie du goût*, Anthelme Brillat-Savarin, le plus célèbre des gastronomes français, ne disait-il pas : « Le Créateur, en obligeant l'homme à manger pour vivre, l'y invite par l'appétit et l'en récompense par le plaisir » ? Le plaisir... voilà l'enjeu du repas gastronomique des Français, entré au Patrimoine culturel immatériel en 2010. Car au cœur de cette pratique sociale, socle d'une identité culturelle commune, il s'agit de faire surgir à chaque bouchée le plaisir de bien manger, de renouveler à chaque verre le plaisir de bien boire, mais aussi – et peut-être surtout – de partager le plaisir d'être entre amis, en famille, entre joyeux compagnons de table.

Les produits naturels du terroir, les recettes d'un corpus traditionnel transmis de génération en génération et une gestuelle particulière (la découpe des viandes ou des gâteaux au milieu des convives, par exemple) sont à l'honneur lors de ces repas qui célèbrent les événements marquants de la vie. De la naissance aux mariages en passant par les anniversaires, les occasions festives ne manquent pas de se retrouver autour d'une table joliment dressée, sur laquelle sera proposé un repas qui répond à certains codes. Entre le délicat titillement de l'apéritif, qui prépare l'estomac, et l'accalmie du digestif, c'est une farandole de plats (au moins quatre !) qui sont traditionnellement servis : l'entrée est suivie d'un poisson ou d'une viande qu'accompagnent des légumes, puis viennent le fromage et un dessert. À travers ces festins et autres gueuletons qui résonnent du valeureux cliquetis des coups de fourchette, les Français célèbrent la richesse de leur patrimoine gastronomique. L'Hexagone compte des centaines d'Appellations d'Origine Contrôlées – 46 pour les fromages, plus de 300 pour les vins – qui montrent la diversité et la qualité des produits du terroir. Lieu de la convivialité et de la conversation, le repas gastronomique des Français est un précieux héritage culturel, qui ne cesse de se renouveler.

Inscription au Patrimoine culturel immatériel en 2010.

Mission française du Patrimoine et des Cultures alimentaires : 1, rue Berbier du Mets - 75013 Paris - Tél. 01 44 08 68 41 - www.repasgastronomiquedesfrancais.org.

GEO audioguides
ÉCOUTEZ !

Négociez avec Talleyrand autour du repas gastronomique – et diplomatique – des Français.

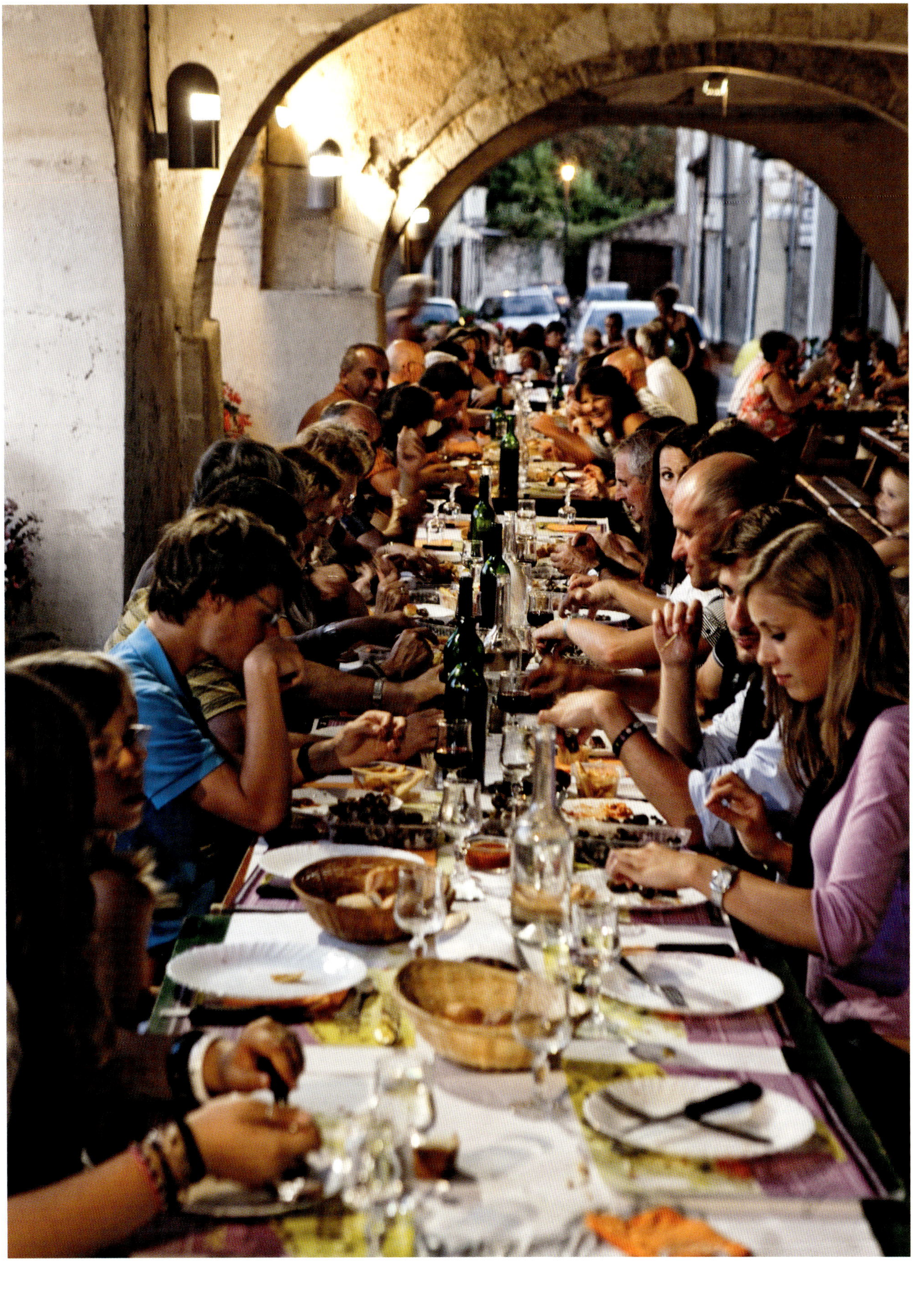

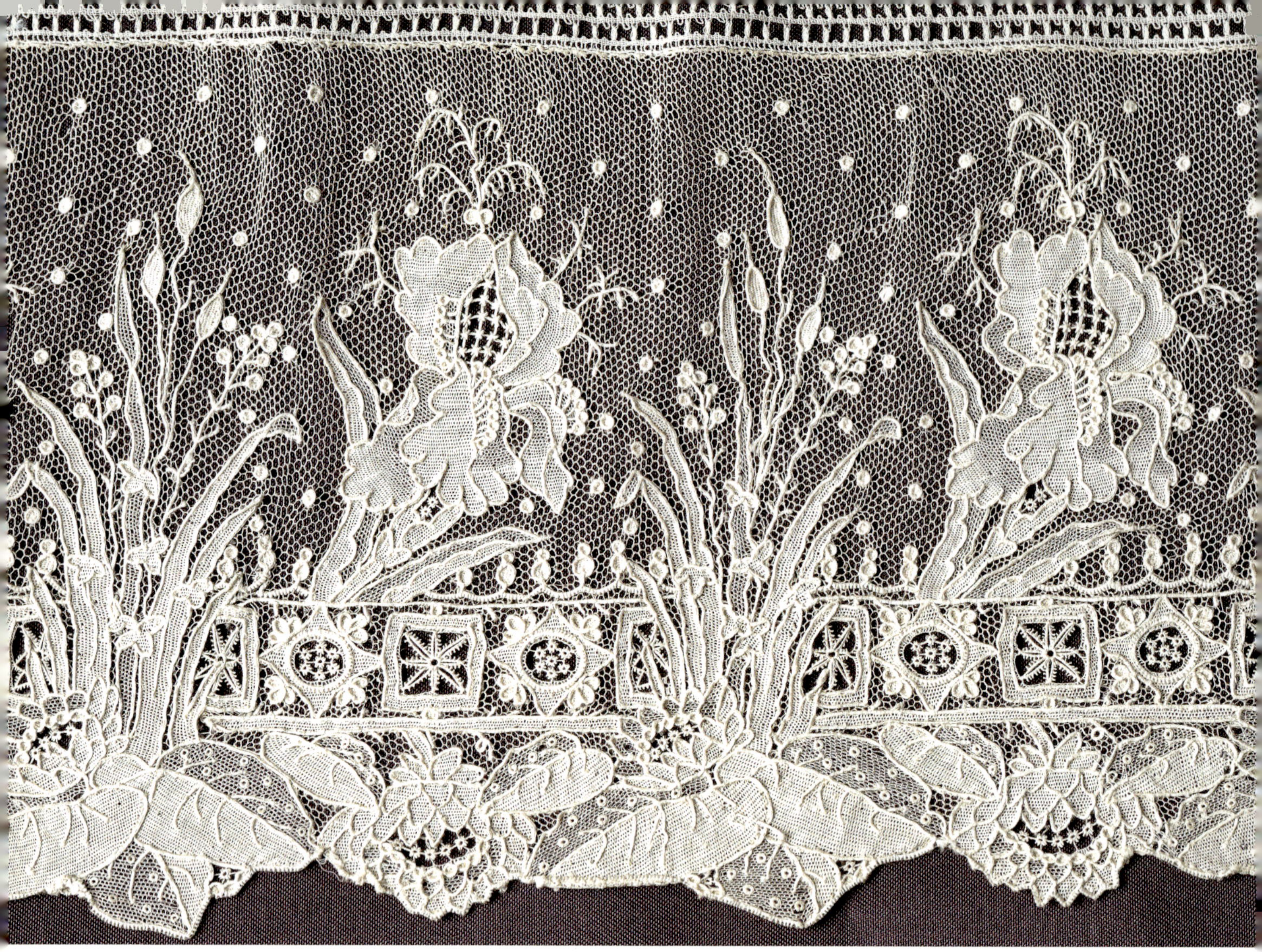

Ci-dessus
Volant au motif d'iris.

Page de droite
Détail d'un volant appartenant à une parure de mariage du XIXe siècle, représentant des roses et des tulipes, réalisé à l'aiguille avec un fil de lin.

LA DENTELLE AU POINT D'ALENÇON

Un savoir-faire qui ne tient qu'à un fil

Cité ducale offerte aux cadets de la famille royale, lieu prisé par la noblesse de l'Ancien Régime et ville de naissance de sainte Thérèse de Lisieux, Alençon refuse de s'endormir sur ses rues charmantes que ponctuent hôtels particuliers et maisons à encorbellement. Sa renommée actuelle ? Elle la doit à un savoir-faire séculaire… qui ne tient qu'à un fil. Entre les murs de l'Atelier national du Point d'Alençon, créé en 1976, une dizaine de spécialistes œuvrent à la préservation et à la transmission de cette technique dentellière entièrement réalisée à l'aiguille et à la main. Celle qui fut qualifiée de « dentelle des reines et de reine des dentelles » à l'Exposition universelle de 1851 fit tourner les têtes de toutes les élégantes d'Europe et embellit également le costume des hommes d'Église. L'épouse de Napoléon III, l'impératrice Eugénie, admirant une robe de la marquise de Pompadour parée de dentelle alençonnaise, en commanda une copie. Le port de dentelle à l'aiguille fut même rendu obligatoire en hiver par l'Étiquette de la cour. C'est en 1665, par privilège royal, qu'Alençon se dote d'une manufacture. Le surintendant Colbert souhaite concurrencer la production de dentelle européenne, et notamment le point de Venise. La technique dite « du réseau »

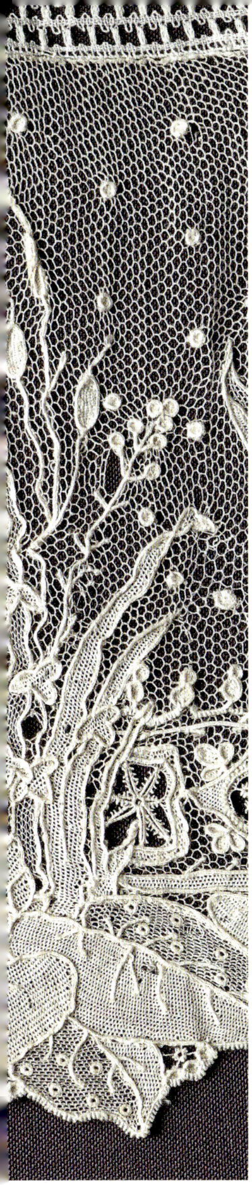

(de fines mailles servant d'arrière-plan aux motifs ornementaux), créée par Marthe Barbot, donnera son identité au point d'Alençon. Dix étapes sont nécessaires pour cette réalisation raffinée et coûteuse, impossible à mécaniser en raison de la finesse de ses détails. Après le dessin technique et le piquage du motif sur le parchemin, sont effectués l'armature et le réseau. Commence alors le travail décoratif à l'aide des remplis qui ombrent le décor, des points complexes appelés modes et des brodes. La dentelle est ensuite détachée du parchemin avec une lame de rasoir, lors de l'étape du levage. Viennent enfin l'éboutage et le luchage au cours duquel les remplis sont polis avec une pince de homard, qui a remplacé le croc de loup utilisé à l'origine. La connaissance de ce savoir-faire délicat, autrefois répartie entre des milliers de personnes, repose aujourd'hui entre les mains de quelques dentellières, dont l'apprentissage complet s'étale sur près de dix ans. Et quand on sait qu'un centimètre carré de dentelle nécessite sept heures de travail, on ne peut qu'être admiratif devant les magnifiques pièces ouvragées qu'expose le Musée des Beaux-Arts et de la Dentelle d'Alençon.

GEO audioguides
ÉCOUTEZ !

La dentelle d'Alençon victime des caprices de la mode ? Jugez-en au XVIIIe siècle.

Inscription au Patrimoine culturel immatériel en 2010.

Musée des Beaux-Arts et de la dentelle d'Alençon : Cour carrée de la Dentelle - 61000 Alençon - Tél. 02 33 32 40 07. **Office de tourisme du pays d'Alençon :** Maison d'Ozé Place de la Magdeleine/Rue Etoupée - 61000 Alençon - Tél. 02 33 80 66 33 - www.paysdalencontourisme.com

Page de droite, en haut
Cantu in paghjella liturgique.

Page de droite, en bas
Cantu in paghjella profane.

LE CANTU IN PAGHJELLA

Les voix de l'île de Beauté

C'est au Riacquistu, mouvement de réappropriation culturelle actif dans les années 1970, que l'on doit la renaissance du cantu in paghjella, chant traditionnel emblématique de Corse et dont les origines restent mystérieuses. Sa singularité repose sur la présence de trois tessitures de voix qui font leur entrée successivement dans le chant. *A seconda* donne le ton et porte la mélodie principale. Elle est suivie par *U bassu*, qui accompagne le chant et le soutient dans un registre de grave. *A terza* lui succède avec une voix plus haute, qui enrichit le chant. Exclusivement chanté *a cappella*, le cantu in paghjella est essentiellement un chant masculin qui se décline en langue corse, sarde, latine, grecque ou cruscu (corse toscanisé). Les praticiens du cantu in paghjella respectent un code comportemental : ils sont disposés en cercle, la main sur l'oreille car leurs voix, agencées par tuilage, provoquent des échos au lieu de concourir à l'unisson, ce qui rend ce chant très difficile à interpréter.
C'est durant les veillées, foires, messes des vivants et des morts... que les chanteurs interprètent le répertoire profane ou liturgique. Cet art, dont la transmission se perpétue par voie orale uniquement, est aujourd'hui menacé, le nombre de praticiens le maîtrisant étant estimé à une trentaine de personnes. Pour que survive le cantu in paghjella profane et liturgique de Corse de tradition orale, l'Unesco l'a inscrit sur la liste du Patrimoine culturel immatériel nécessitant une sauvegarde urgente.

Inscription au Patrimoine culturel immatériel en 2009.

Association Cantu in paghjella : www.cantu-in-paghjella.com. **Agence du tourisme de la Corse :** 17, boulevard du Roi Jérôme - 20181 Ajaccio cedex 01 - www.visit-corsica.com.

GEO audioguides
ÉCOUTEZ !
Vibrez au son du cantu in paghjella.

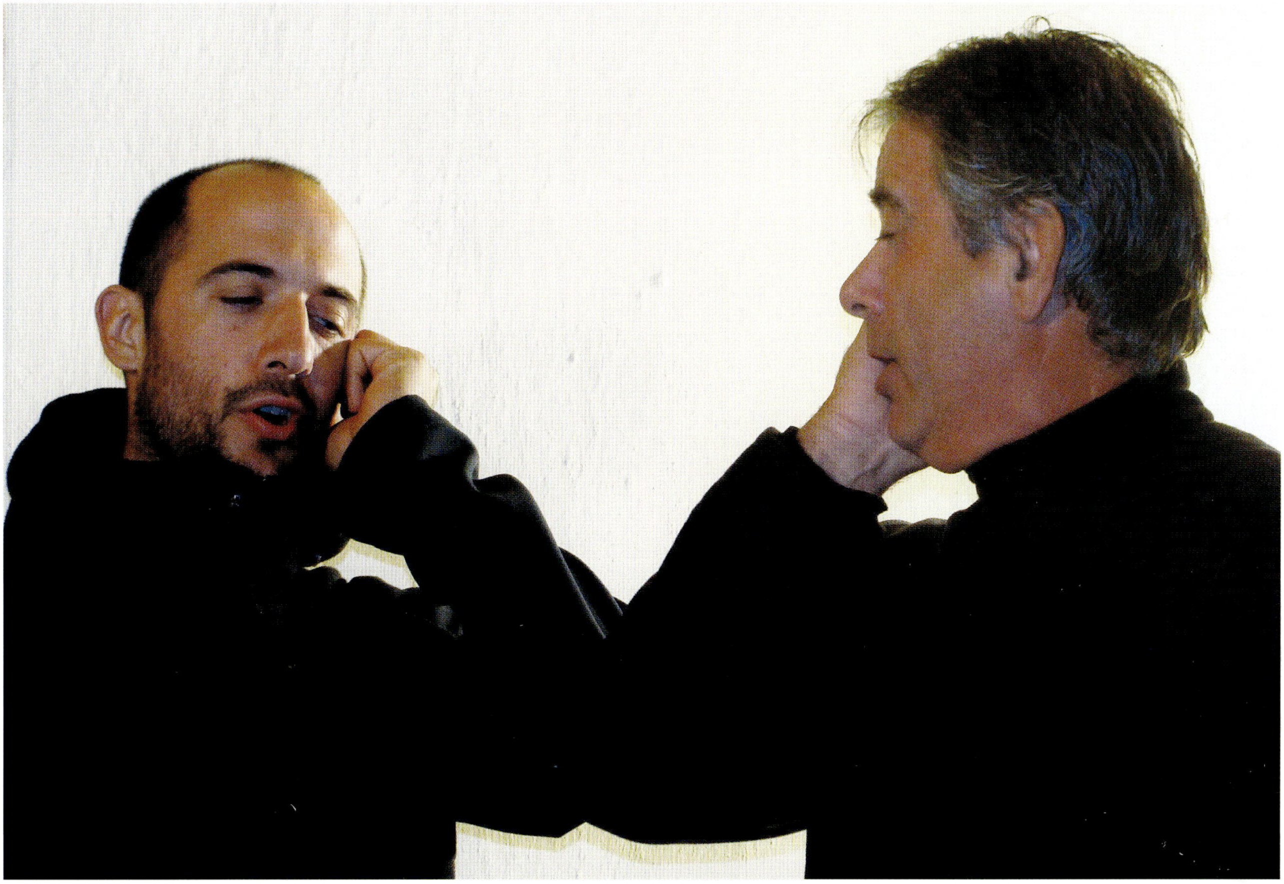

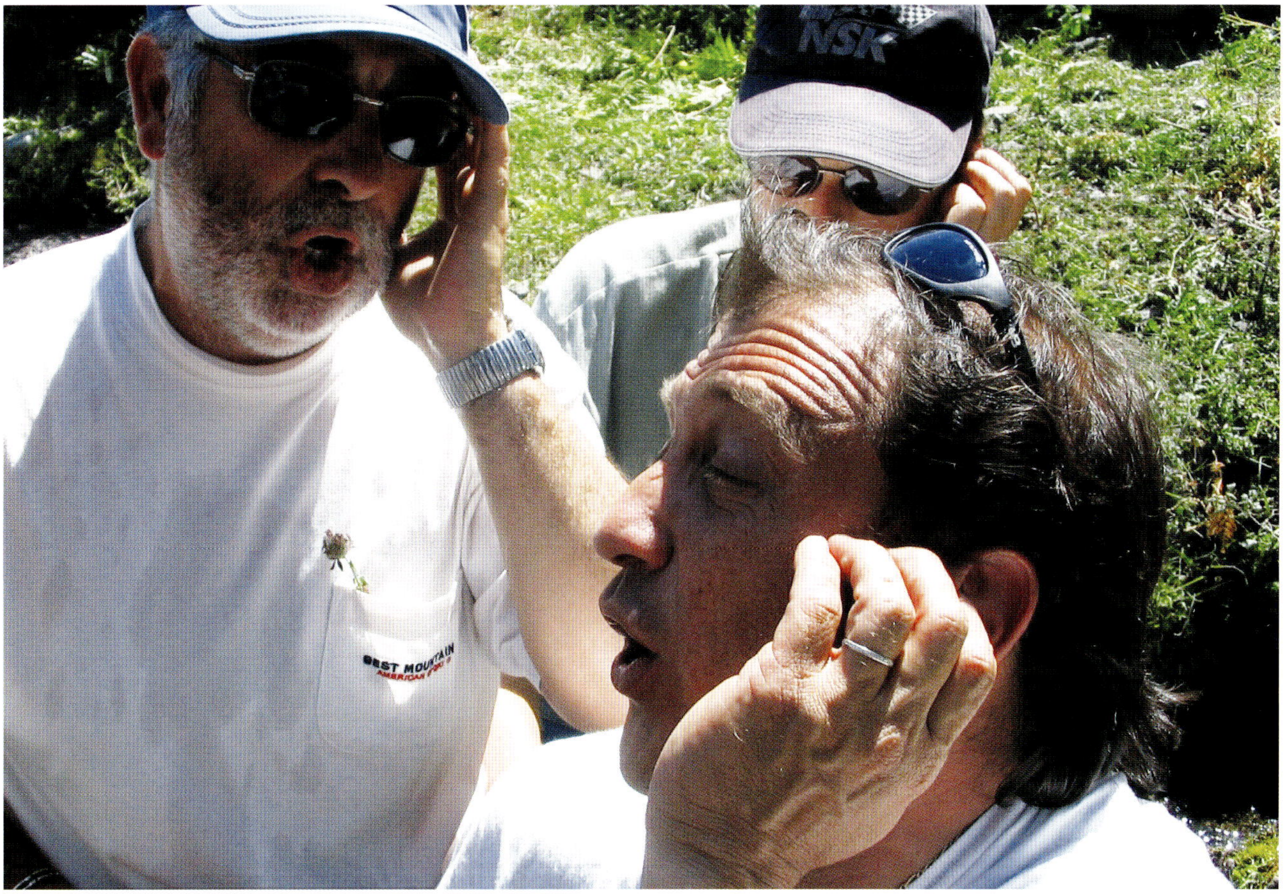
NSK

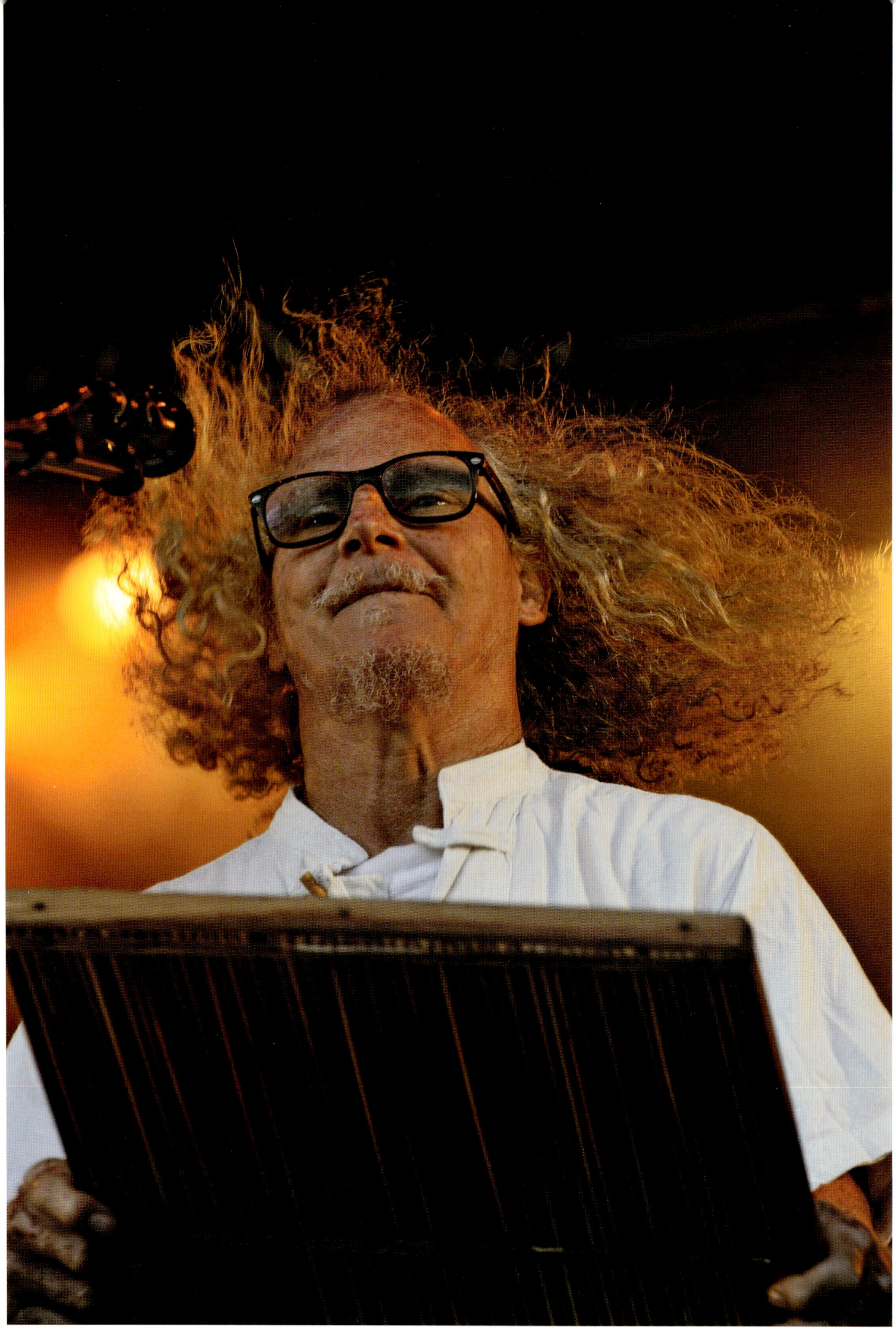

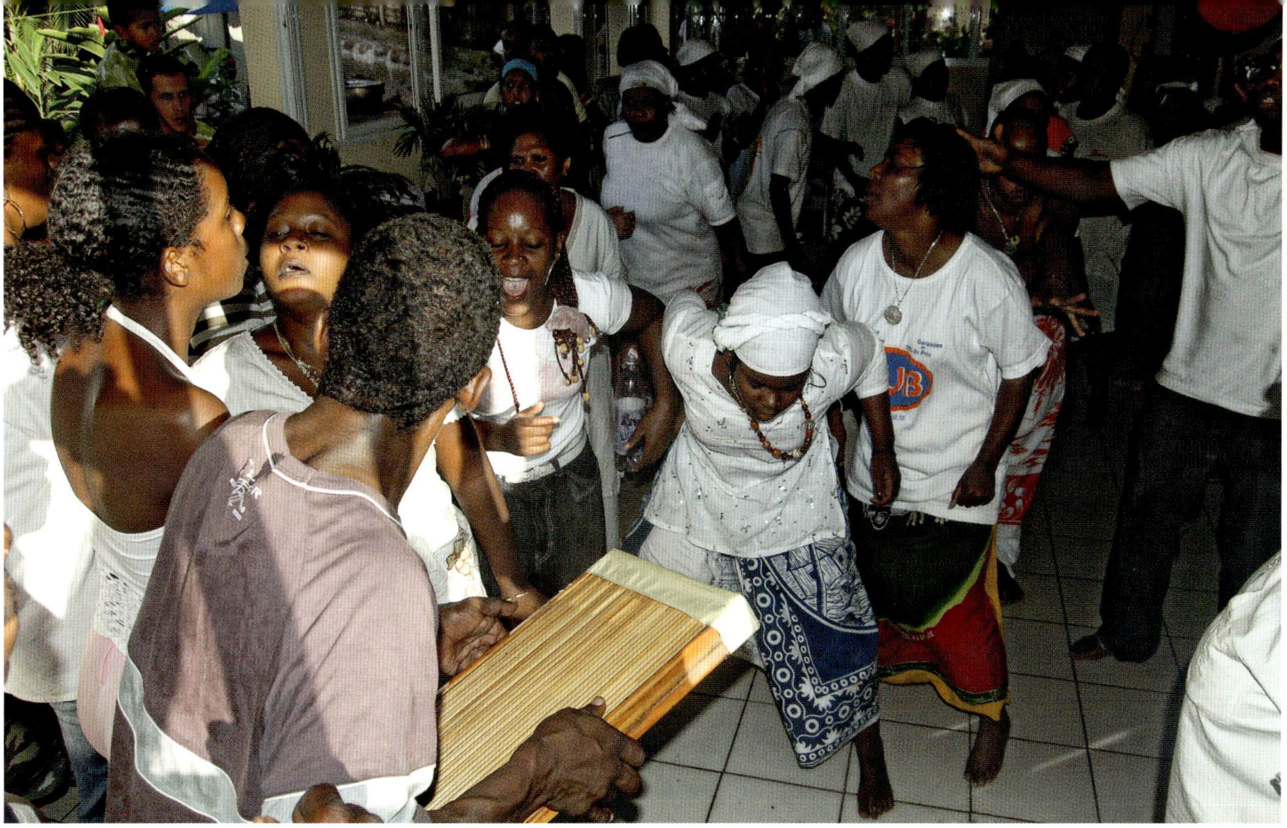

LE MALOYA

Le chant des esclaves

Héritage des populations malgaches, africaines puis indiennes débarquées à partir de la fin du XVIIe siècle sur l'île de La Réunion pour servir de main-d'œuvre au sein des plantations caféières et sucrières, le Maloya relève d'une pratique musicale, vocale et gestuelle. S'il est à l'origine réservé à des cérémonies animistes invoquant l'esprit des ancêtres, il est devenu, entre les mains des esclaves puis des engagés, un moyen d'expression de leur résistance et de leurs sentiments. Après une journée de travail harassante, ils se réunissaient dans l'obscurité pour exhorter leurs frustrations. De la souffrance à la haine, de l'espoir à la joie, le Maloya a longtemps véhiculé leurs complaintes. Traditionnellement, le chant d'un soliste est repris par un chœur accompagné par trois instruments incontournables : le roulèr, le bob et le kayamb. Ironie de l'histoire, cette musique qui s'est créolisée avec le temps pour devenir un facteur d'identité réunionnaise aura été longtemps marginalisée, voire interdite par les autorités de l'île qui la jugeaient subversive. Il faudra attendre 1981 pour qu'elle soit révélée au grand public ! Sa résurrection doit beaucoup au Parti communiste réunionnais qui a récupéré ses messages de résistance et édita le premier 33 tours en 1976. Des musiciens tel le militant Firmin Viry, Granmoun Lélé ou Christine Salem ont largement contribué à rendre au Maloya ses lettres de noblesse et à le faire évoluer. Aujourd'hui, plus de 300 groupes musicaux pratiquent cette forme d'expression qui fait l'objet d'un enseignement spécifique au Conservatoire à Rayonnement Régional de La Réunion. Devenu un style musical si populaire qu'il est présent dans toutes les manifestations culturelles de l'île, le Maloya fédère les Réunionnais autour d'une histoire commune, celle de leurs origines, étroitement liée à l'esclavagisme et à l'engagisme. Monument musical, il incarne par l'histoire qu'il véhicule la lutte contre l'oppression, le maintien de valeurs humanistes comme la liberté, le partage et la tolérance.

Inscription au Patrimoine culturel immatériel en 2009.

Comité régional du tourisme Île de La Réunion : www.reunion.fr. **Pôle régional des Musiques actuelles :** 47, rue François de Mahy - 97420 Le Port - Tél. 0262 90 94 60 - www.runmuzik.fr. **Service du patrimoine culturel - Région Réunion :** 145, rue Jules Auber - 97400 Saint-Denis - Tél. 0262 92 47 47.

Page de gauche
Enfant du pays, le chanteur Danyel Waro est l'un des principaux acteurs de la renaissance du Maloya, qui fait aujourd'hui vibrer toute l'île, particulièrement à partir du 20 décembre, jour de la fête de la liberté et de l'abolition de l'esclavage. Le talent de cet artiste engagé s'exerce aussi dans la confection d'instruments de musique. Il est ici photographié avec un kayamb.

Ci-dessus
Pratiqué par les familles réunionnaises d'origine malgache ou africaine, le servis kabaré est un rituel spirituel qui rend hommage aux disparus.

GEO audioguides ÉCOUTEZ !

Vibrez au rythme du Maloya à Saint-Gilles-les Bains !

Page de droite, en haut
Planche de trait de charpente typique du XIXe siècle, conservée au musée du Compagnonnage de Tours.

Page de droite, en bas
Des compagnons s'apprêtent à réaliser une épure, dessin en grandeur nature tracé au sol avec un cordeau imbibé de poudre colorée. Elle représente sur un ou plusieurs plans les projections d'une figure à trois dimensions et permet d'établir les longueurs et les épaisseurs réelles de chaque pièce de bois.

LA TRADITION DU TRACÉ DANS LA CHARPENTE FRANÇAISE

La puissance du symbole

Cité au XIXe siècle dans le traité d'architecture d'Eugène Viollet-le-Duc, l'art du trait serait, selon l'auteur, un héritage des maîtres et compagnons charpentiers qui œuvraient sur les grands chantiers de France dès la fin du XIIe siècle. L'origine de cette technique, qui consiste à tracer avec méthode et précision sur un plan horizontal l'ensemble des éléments constituant une charpente, reste cependant très discutée. Certains font remonter ses principes à l'époque du temple de Salomon.

Quintessence du métier de charpentier, le trait permet par le dessin à la craie sur le sol (l'épure) d'exprimer à l'échelle réelle et avec une grande exactitude les volumes d'un édifice en bois, aussi complexe soit-il. L'art du trait est au charpentier ce que la stéréotomie est au tailleur de pierre : un savoir-faire qui nécessite un apprentissage rigoureux. Grâce à cette technique, qui lui permet de pré-fabriquer au sol toutes les pièces composant la charpente, le charpentier s'assure que tous les assemblages s'emboîteront à la perfection au moment du montage.

En architecture sacrée, domaine familier des compagnons, le trait est bien plus qu'un savoir-faire. Il est aussi un symbole lié à l'élévation de soi. Au-delà d'une simple représentation, il est une synthèse décryptant les formes géométriques invisibles pour le profane, révélant la loi d'harmonie qui reproduit la vision de l'acte créateur. Le classement de l'art du trait sur la liste du Patrimoine culturel immatériel de l'Unesco contribue à rendre visible un savoir-faire unique et méconnu, tout en rendant à l'homme bâtisseur la place qui lui revient dans un domaine où la mécanisation et la standardisation sont omniprésentes. Aujourd'hui, seule une vingtaine de centres enseignent encore l'art du trait de charpente en France.

Inscription au Patrimoine culturel immatériel en 2009.

Association Ouvrière des Compagnons du Devoir Tour de France : 82, rue de l'Hôtel-de-Ville - 75004 Paris - www.compagnons-du-devoir.com. **Fédération Compagnonnique des Métiers du Bâtiment des Compagnons des Devoirs du Tour de France :** 7, rue Petit - 75019 Paris - www.compagnons.org. **Union Compagnonnique des Devoirs Unis :** Maison des Musiciens Italiens - 15, rue Champ Lagarde - 78000 Versailles www.lecompagnonnage.com.

GEO audioguides
ÉCOUTEZ !

Eugène Viollet-le-Duc, grand architecte du XIXe siècle, vous raconte l'histoire du tracé.

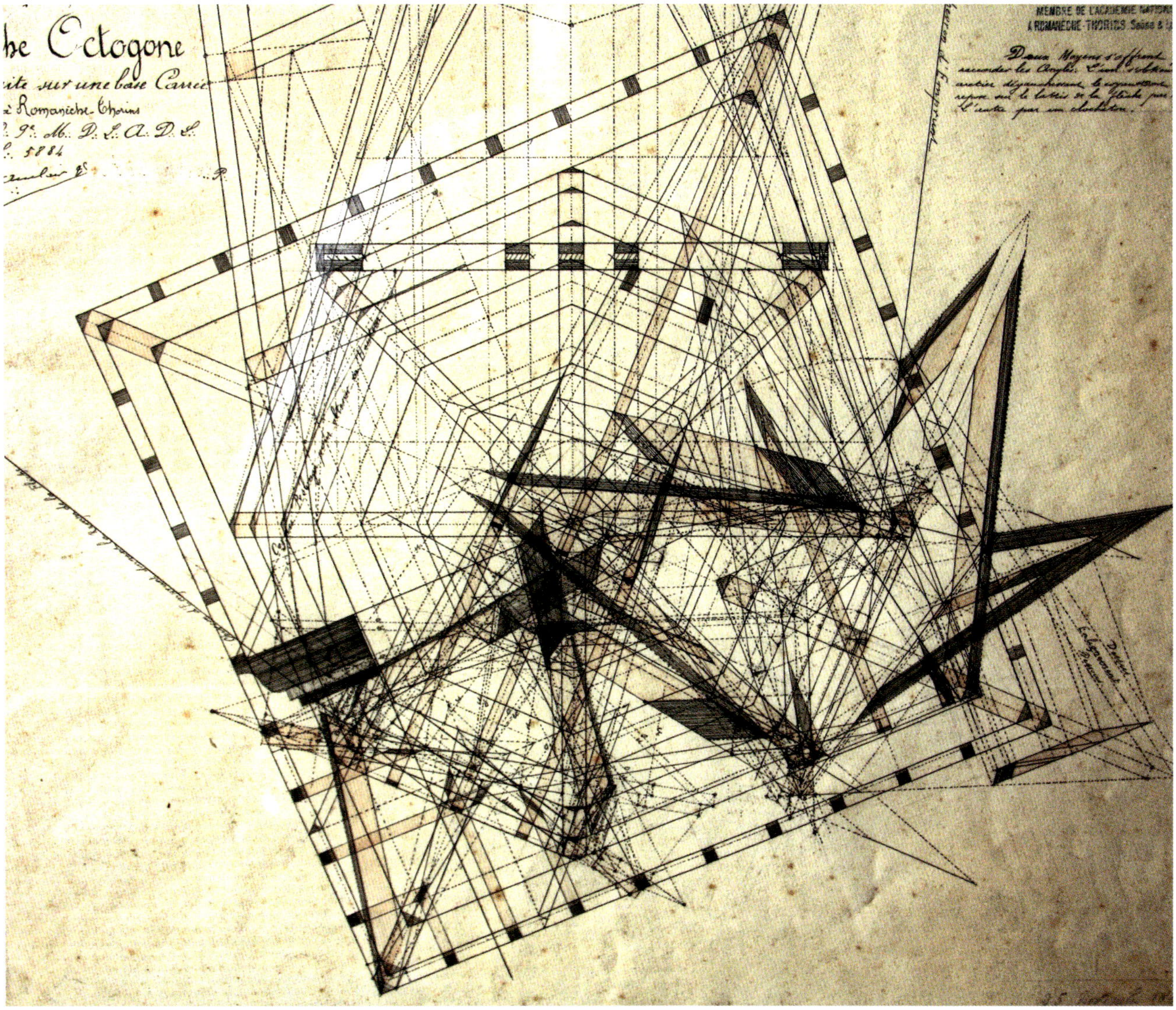
Octogone
Romaneche-Thorins

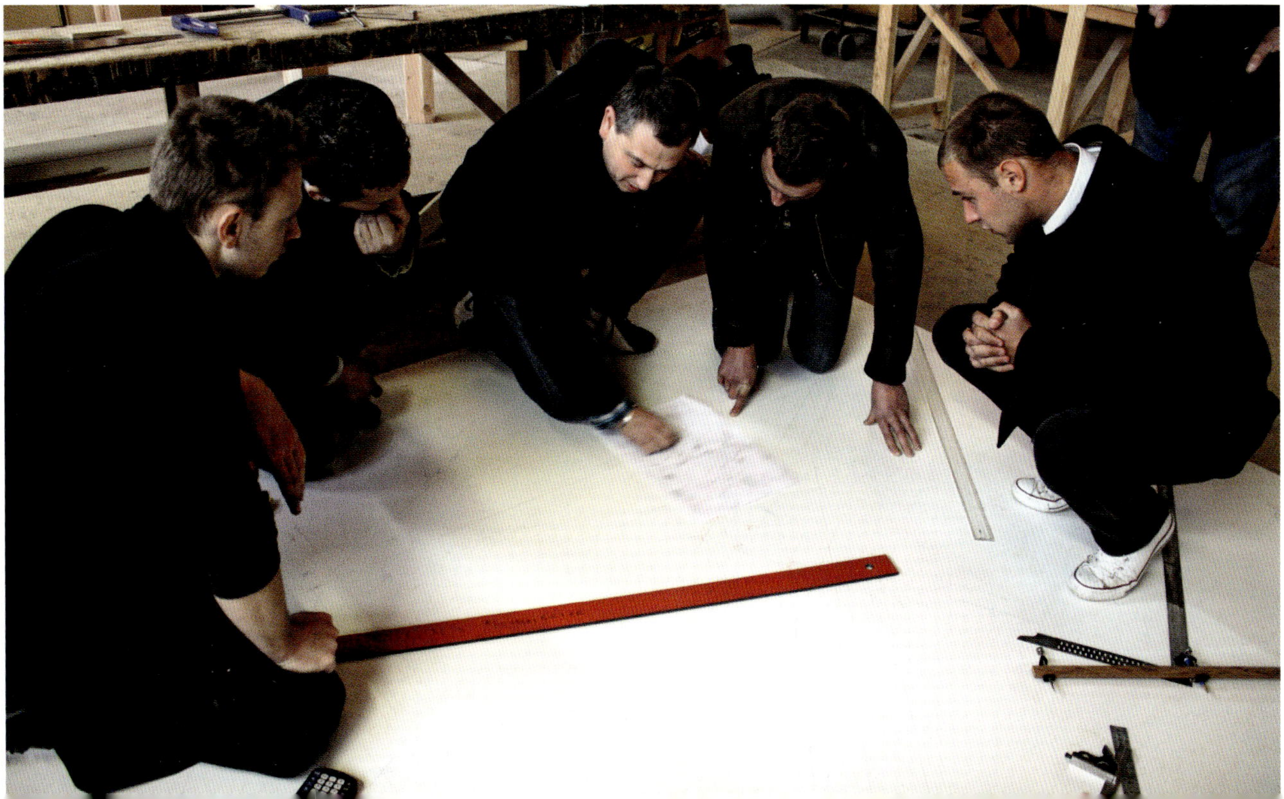

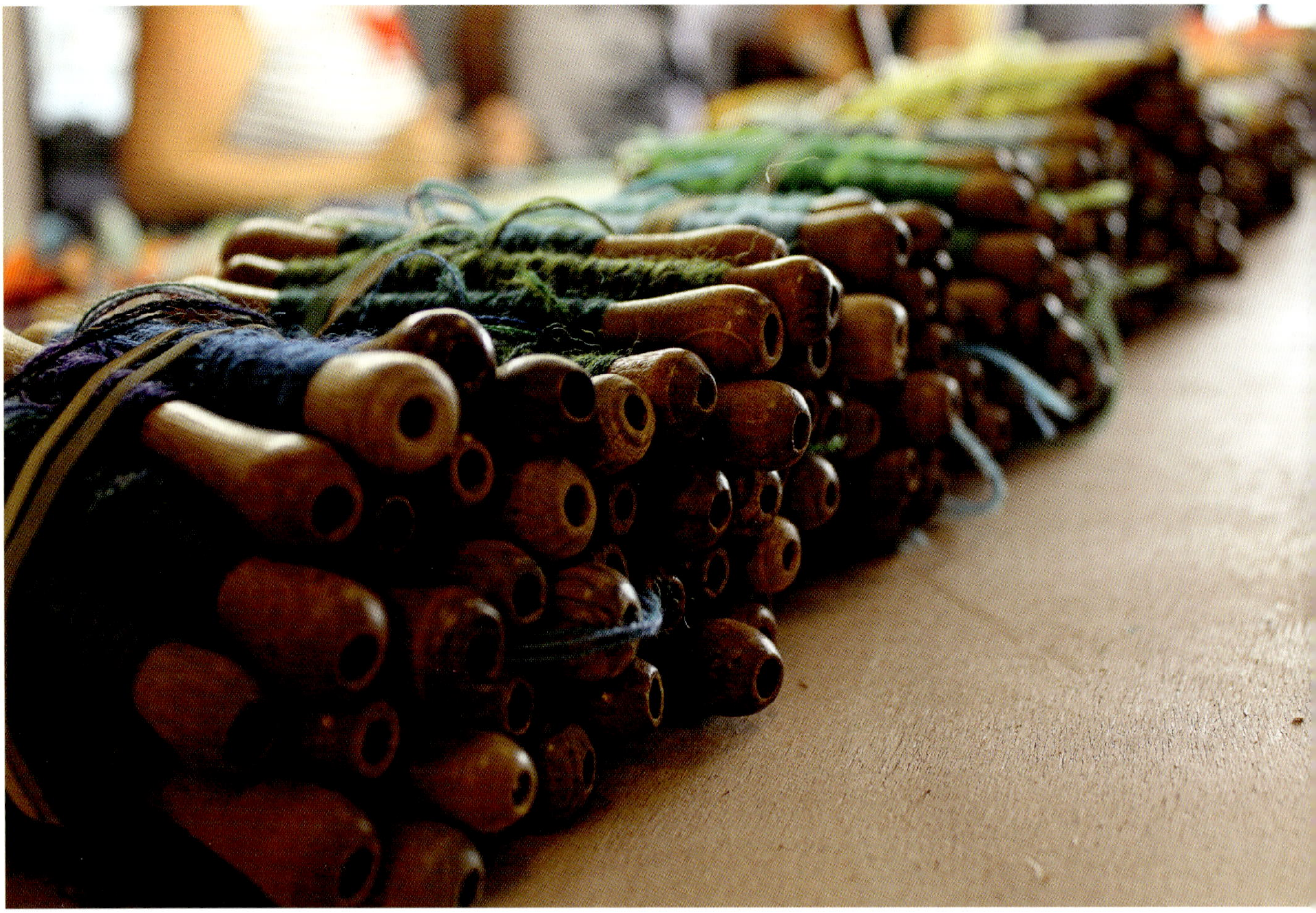

Ci-dessus
Flûtes de tapisserie sur lesquelles sont enroulés les fils de trame.

Page de droite
Tapissière à l'ouvrage sur un métier de basse lice, réalisant son motif à l'envers en passant les flûtes entre les fils de chaîne.

LA TAPISSERIE D'AUBUSSON

L'art de tisser les fils du temps

Nul ne sait exactement de quand date la production de tapisseries dans l'ancienne province de la Marche, aujourd'hui en Limousin. Ce qui est sûr, c'est que la présence de lissiers, installés à Felletin dans le sud de la Creuse, est notifiée dès la fin du XVe siècle. Les eaux pures de la rivière, utilisées pour nettoyer la laine des moutons élevés sur place, ainsi qu'une activité drapière préexistante ont concouru au développement de cet artisanat de luxe. Nobles et rois sont en effet les principaux destinataires de ces tableaux tissés à partir de fils de laine teints à la main, car leur coût est tel que seuls les plus fortunés peuvent les acquérir. À partir d'un dessin préparé sur un carton, le lissier, chargé du tissage, œuvre sur un métier dit de « basse-lisse », travaillant sur l'envers de la tapisserie, qui s'enroule au fur et à mesure. La totalité de son ouvrage ne lui apparaîtra qu'une fois achevé.
Quel que soit le siècle, les lissiers d'Aubusson et des communes environnantes ont toujours tendu l'oreille à la mode de leur temps, produisant des motifs au goût du jour. Au XVIe siècle, les thèmes représentés – décors végétaux, bestiaires, scènes chevaleresques – s'inspirent des tapisseries d'Arras et des Flandres. Au XVIIe siècle, alors que le surintendant Colbert organise la production des différents ateliers d'Aubusson en leur accordant le titre

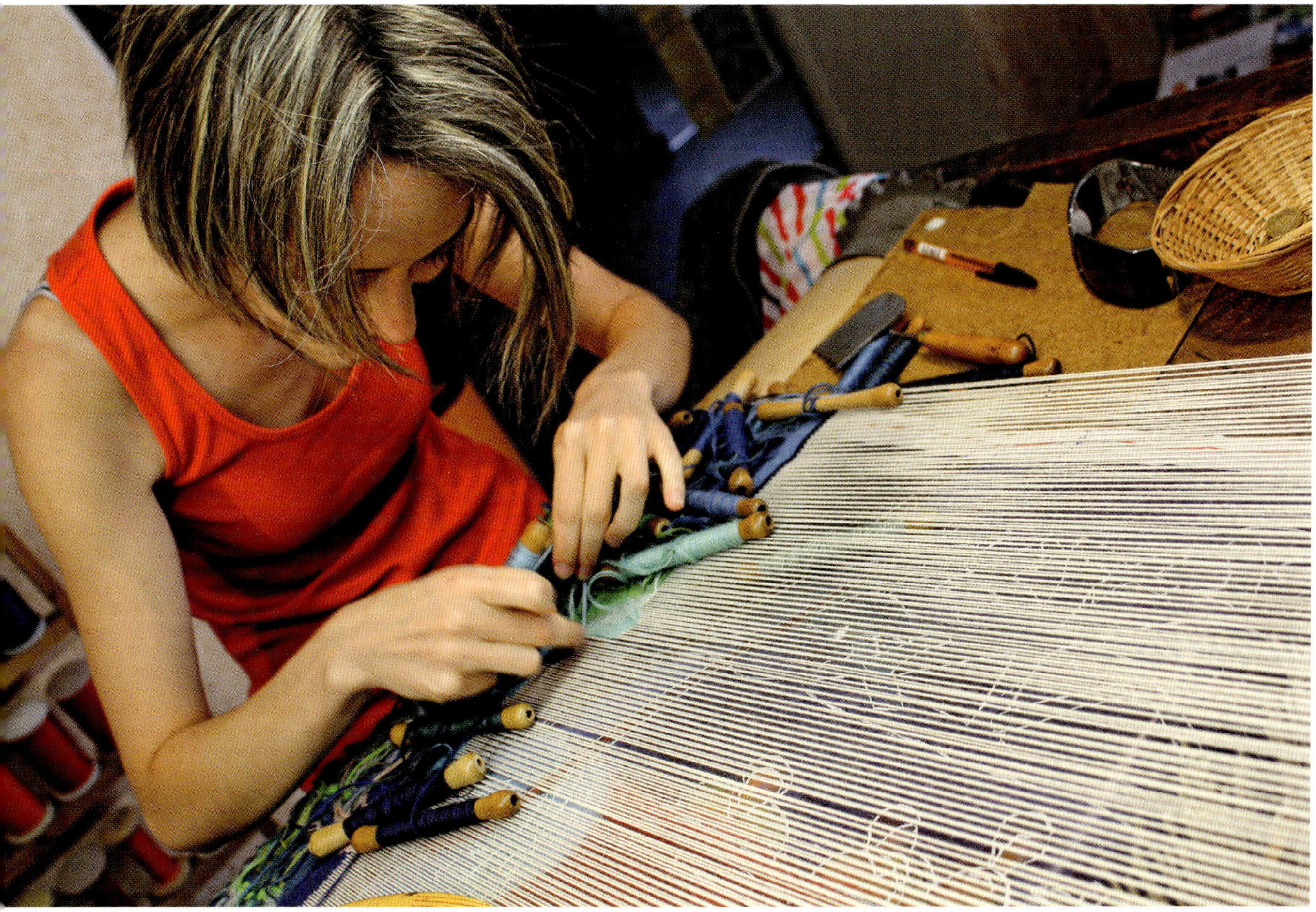

de Manufacture royale, naissent de vastes tapisseries narratives, composées de plusieurs panneaux, qui trouvent leurs sources dans la littérature, les récits antiques ou développent des thèmes religieux. Scènes galantes et paysages pittoresques seront l'apanage des Lumières, avant qu'un tournant ne s'amorce au XIXe siècle : concurrencées par le papier peint, les tapisseries murales sont délaissées au profit de tapis, ras et veloutés. Seuls les chaises et les canapés sont recouverts de tapisseries.

Créée en 1884, l'École nationale d'Art décoratif amorce un tournant à l'orée du XXe siècle. Sous l'impulsion d'Antoine Marius-Martin, directeur en 1917, la tapisserie se modernise, empruntant deux voies : celle de la tapisserie de peintre, soutenue par la collectionneuse Marie Cuttoli et qui reproduit les créations de grands noms de l'art comme Georges Braque, Pablo Picasso ou Raoul Dufy, et celle des « peintres cartonniers », représentés par Jean Lurçat. Aujourd'hui encore, loin de bouder le monde actuel, les lissiers d'Aubusson – trois petites entreprises et une dizaine d'artisans indépendants – captent l'air du temps, donnant naissance à des œuvres contemporaines qui font perdurer ce savoir-faire séculaire.

Inscription au Patrimoine culturel immatériel en 2009.

Cité internationale de la Tapisserie et de l'Art tissé : BP 89 - 16, avenue des Lissiers - 23200 Aubusson - Tél. 05 55 83 08 30 - www.cite-tapisserie.fr. **Office de tourisme d'Aubusson :** Rue Vieille -23200 Aubusson - Tél. 05 55 66 32 12 - www.tourisme-aubusson.com.

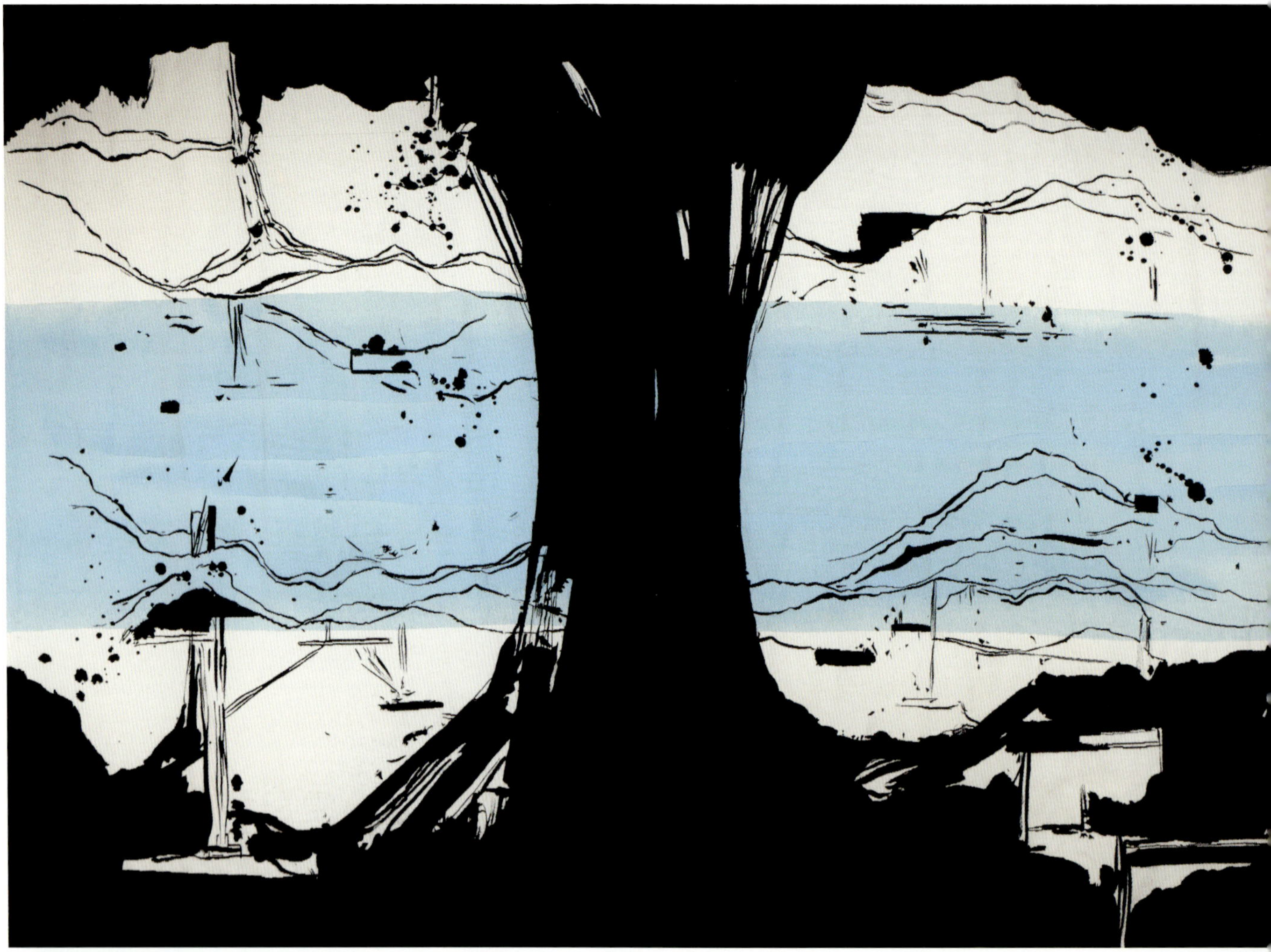

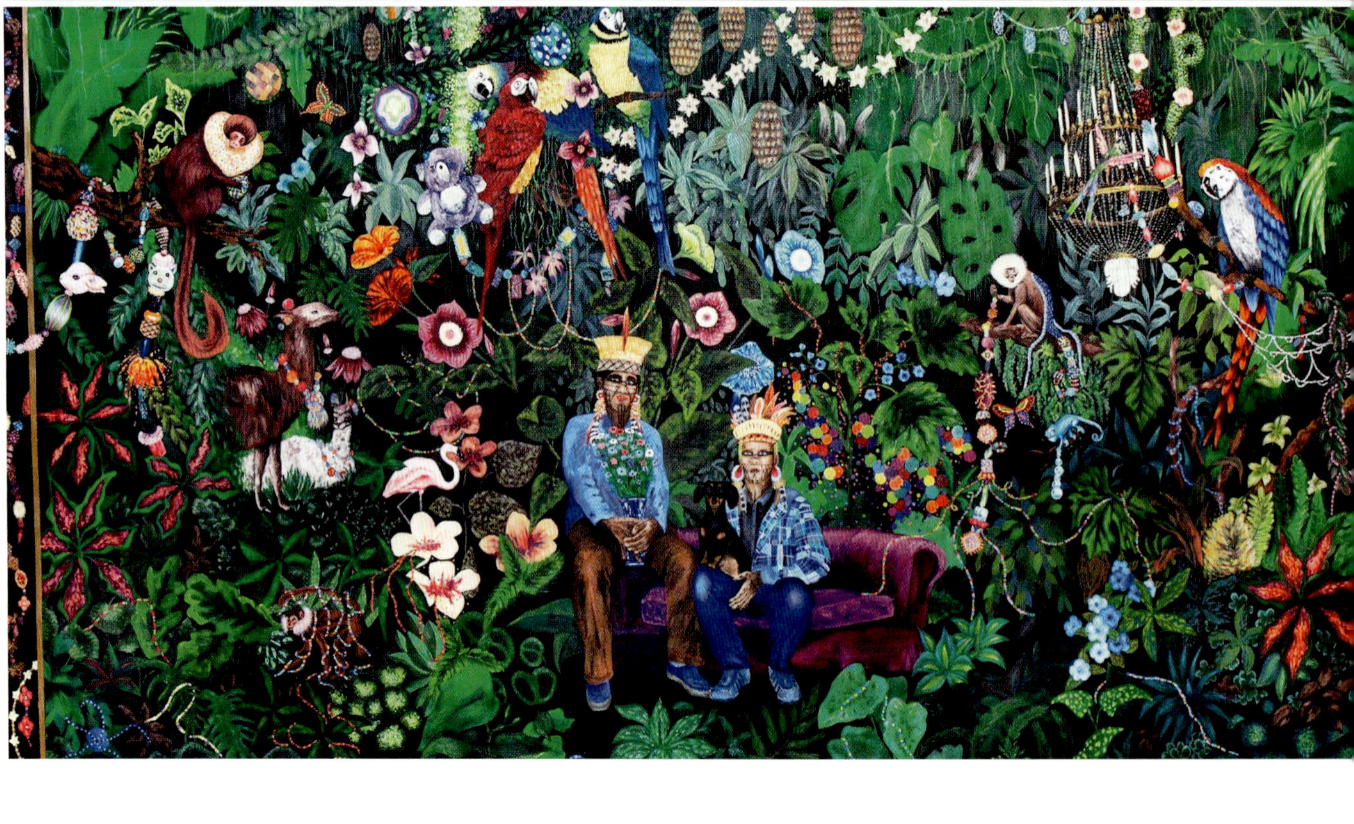

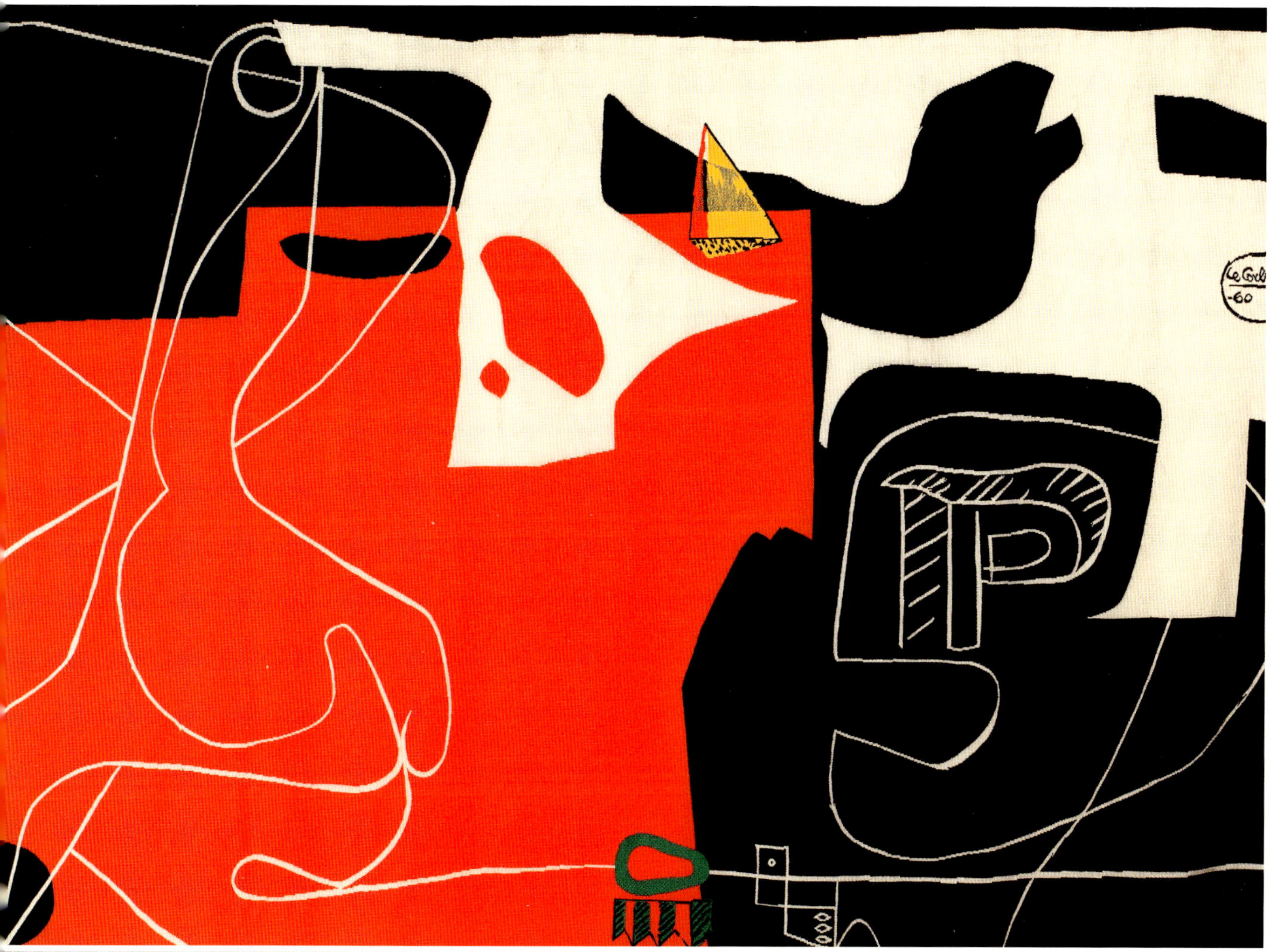

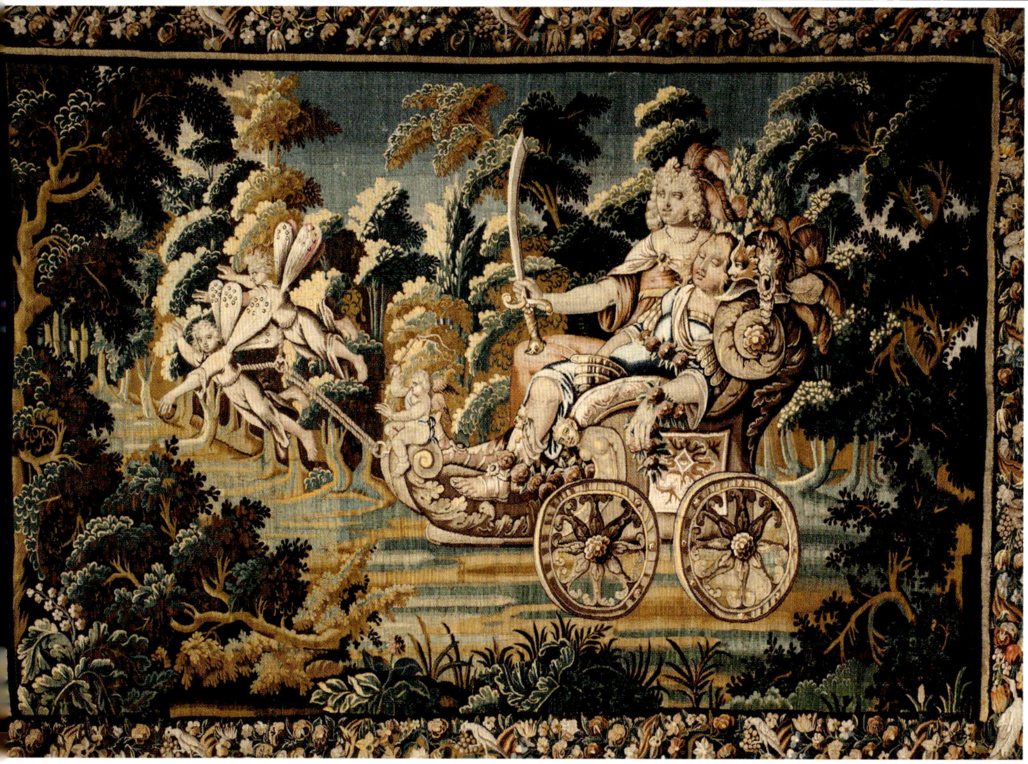

Page de gauche, en haut
La rivière au bord de l'eau, *réalisée en 2011.*

Page de gauche, en bas
Éxécutée à partir d'un tableau d'artistes argentins, La Famille dans la joyeuse verdure *a remporté le 2e prix de la création contemporaine en 2013.*

Ci-dessus
Les dés sont jetés, *d'après un carton de Le Corbusier, datant de 1951.*

Ci-contre
Tapisserie du XVIIe siècle, Armide emporte Renaud.

Page de droite
Depuis le XVIe siècle, une foule de Douaisiens se précipite pour voir défiler Gayant (« géant » en picard) et son épouse, Marie Cagenon. Leurs enfants, Jacquot, Fillon et Binbin, naîtront en 1720. Pesant entre 45 et 370 kilos, ils sont transportés par des porteurs, dont la fonction se transmet de père en fils.

LES GÉANTS ET DRAGONS PROCESSIONNELS

La tradition de la fête grand format

Les cortèges festifs qui sillonnent annuellement les rues de Douai et de Cassel, dans le Nord, de Pézenas, dans l'Hérault, et de Tarascon, dans les Bouches-du-Rhône, rassemblent aujourd'hui les habitants de ces villes et les touristes curieux. Au cœur de ces joyeux événements, des figures gigantesques s'animent et défilent en musique. Les géants et dragons processionnels classés par l'Unesco sur la liste du Patrimoine culturel immatériel concernent cinq manifestations en Belgique et quatre en France. Emblèmes d'une culture et d'une identité locale, ils ont un point commun : leur origine ancienne, enracinée dans une légende ou l'histoire de la cité.

C'est en juillet que les cinq membres de la famille Gayant prennent possession des rues de Douai. Ces mannequins d'osier arborent leurs plus beaux atours, soutenus par 23 porteurs vêtus de blanc, qu'accompagnent les « quêteurs ». Le chevalier Gayant, casqué et tenant une lance, est de tous les événements majeurs de la cité : en 1667, il accueillit même Louis XIV ! Bien que plus récents, Reuze Papa et Reuze Maman, symboles de la ville de Cassel, ne sont pas moins impressionnants : ce couple de géants, l'un bardé d'un attirail de légionnaire romain, l'autre vêtue d'une robe incandescente, est né au XIXe siècle pour accompagner le carnaval du Mardi Gras.

Dans le sud de la France, place aux animaux réels ou fictifs ! À Tarascon, on tremble quand arrive le mois de juin : la Tarasque, redoutable dragon, sort de sa tanière au cours de fêtes instituées par le roi René en 1474 en souvenir de sainte Marthe, qui aurait délivré la cité d'un monstre effrayant. Quant au Poulain de Pézenas, dont la robe bleue est parsemée d'étoiles et de fleurs de lys, il serait associé à la cité depuis que Louis VIII, s'arrêtant à Pézenas en 1226, fut contraint d'y laisser sa jument préférée, mourante. À son retour, découvrant l'équidé guéri et le petit auquel elle avait donné naissance, il pria les habitants de commémorer l'événement en créant un poulain en bois qui devait participer aux manifestations de la ville. Au XVIIe siècle, un couple de jeunes mariés, Estieinou et Estieinette, fut ajouté sur la croupe de l'animal.

Les géants et dragons processionnels forment des symboles identitaires forts, réunissant pour leur entretien et leur animation, une communauté d'habitants. Processions rituelles, danses et spectacles agrémentent ces rendez-vous incontournables pour les amateurs de festivités. Que la tradition se perpétue… et toujours en musique !

Inscription au Patrimoine culturel immatériel en 2005.

Fête des Gayant de Douai : le dimanche suivant le 5 juillet. **Office de tourisme de Douai :** 70, place d'Armes - 59500 Douai - Tél. 03 27 88 26 79 - www.ville-douai.fr. **Carnaval de Cassel :** le dimanche gras et le lundi de Pâques. **Office de tourisme de Cassel :** 20, grand place - 59670 Cassel - Tél. 03 28 40 52 55 - www.cassel-horizons.com. **Le Poulain de Pézenas :** plusieurs sorties par an. **Office de tourisme de Pézenas :** Place des États du Languedoc - 34120 Pézenas - Tél. 04 67 98 36 40 - www.pezenas-tourisme.fr. **Les fêtes de la Tarasque :** dernier week-end de juin. **Office de tourisme de Tarascon :** Avenue de la République - 13150 Tarascon - Tél. 04 90 91 03 52 - www.tarascon.fr.

GEO audioguides
ÉCOUTEZ !

Participez au carnaval de Cassel et découvrez la légende de ces géants du Nord !

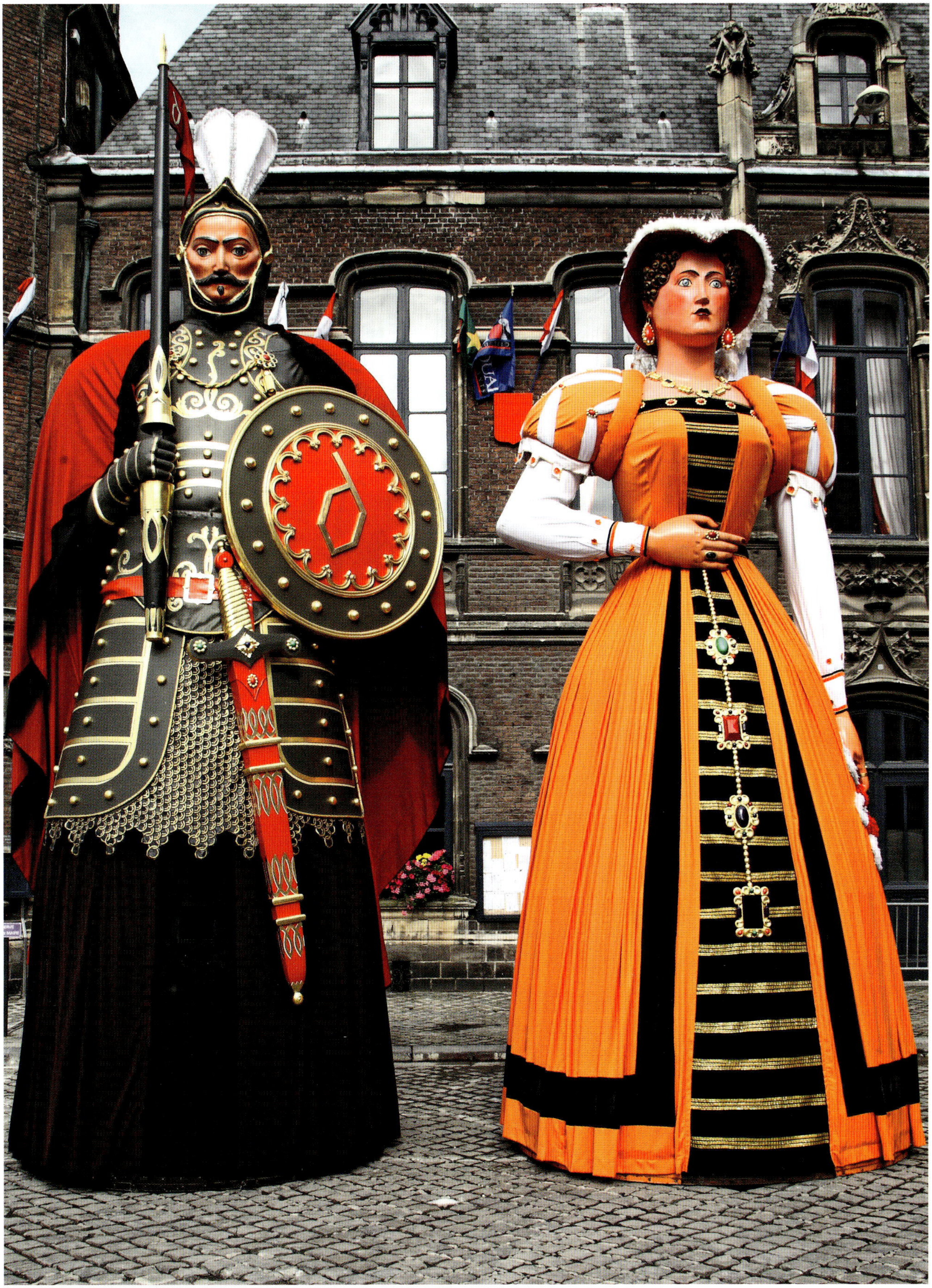
DUAI

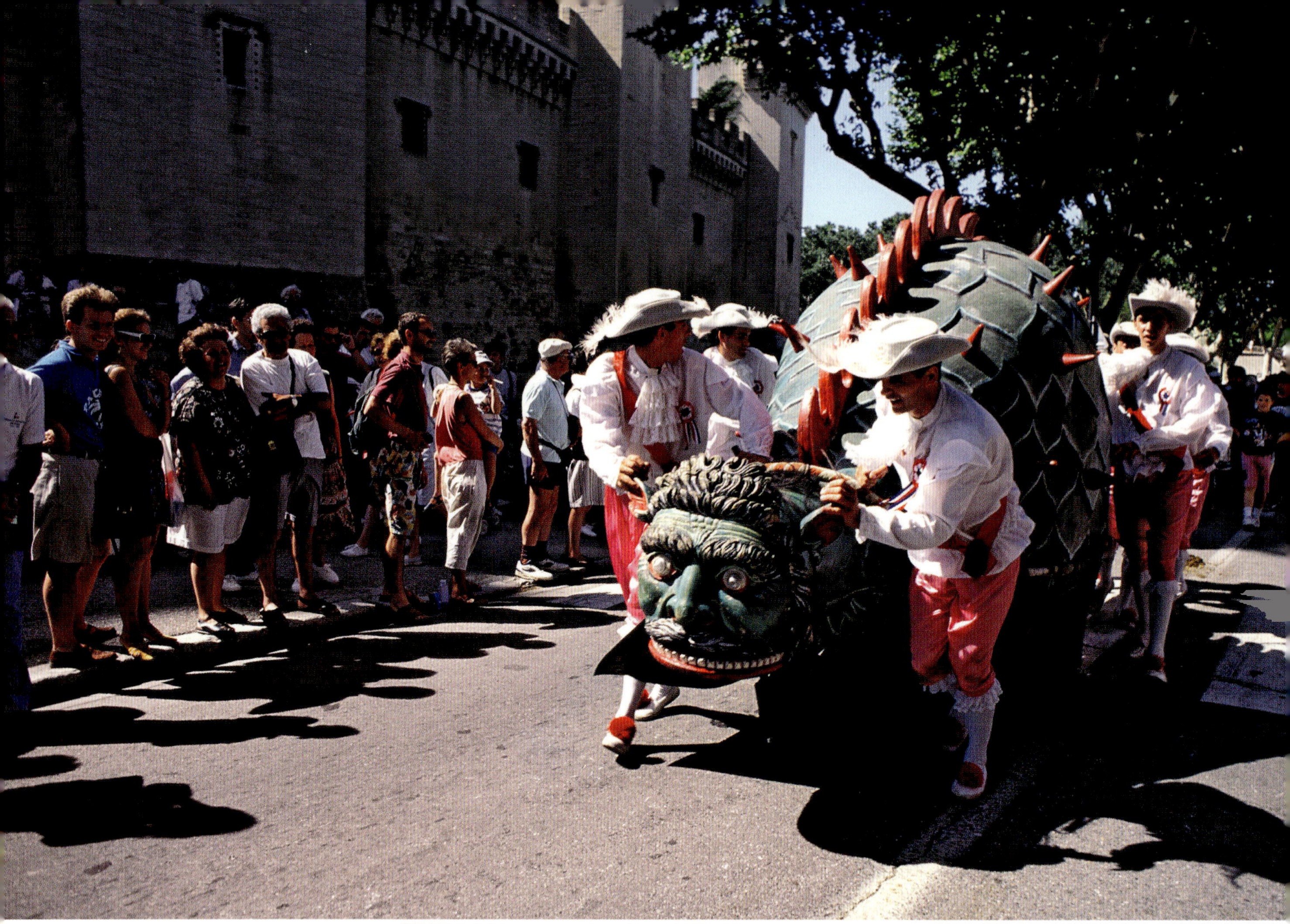

Ci-dessus
L'effrayante Tarasque de Tarascon.

Ci-contre
Le Poulain de Pézenas, défilant dans les rues du village.

Page de droite, en haut à gauche
Les imposants bijoux de Marie Cagenon (Mme Gayant) sont sculptés dans le bois et peints.

Page de droite, en haut à droite
Sous la jupe constituée de bois et d'osier, six hommes sont nécessaires pour mouvoir M. Gayant, le plus ancien des géants du Nord.

Page de droite en bas
Dernier-né de la famille Gayant, Binbin pèse toutefois 45 kilos et mesure 2,40 m.

Pages suivantes
Reuze Papa et Reuze Maman dans les rues de Cassel. Les cheveux et la barbe du géant sont en crins de cheval, frisés manuellement avant chaque sortie annuelle.

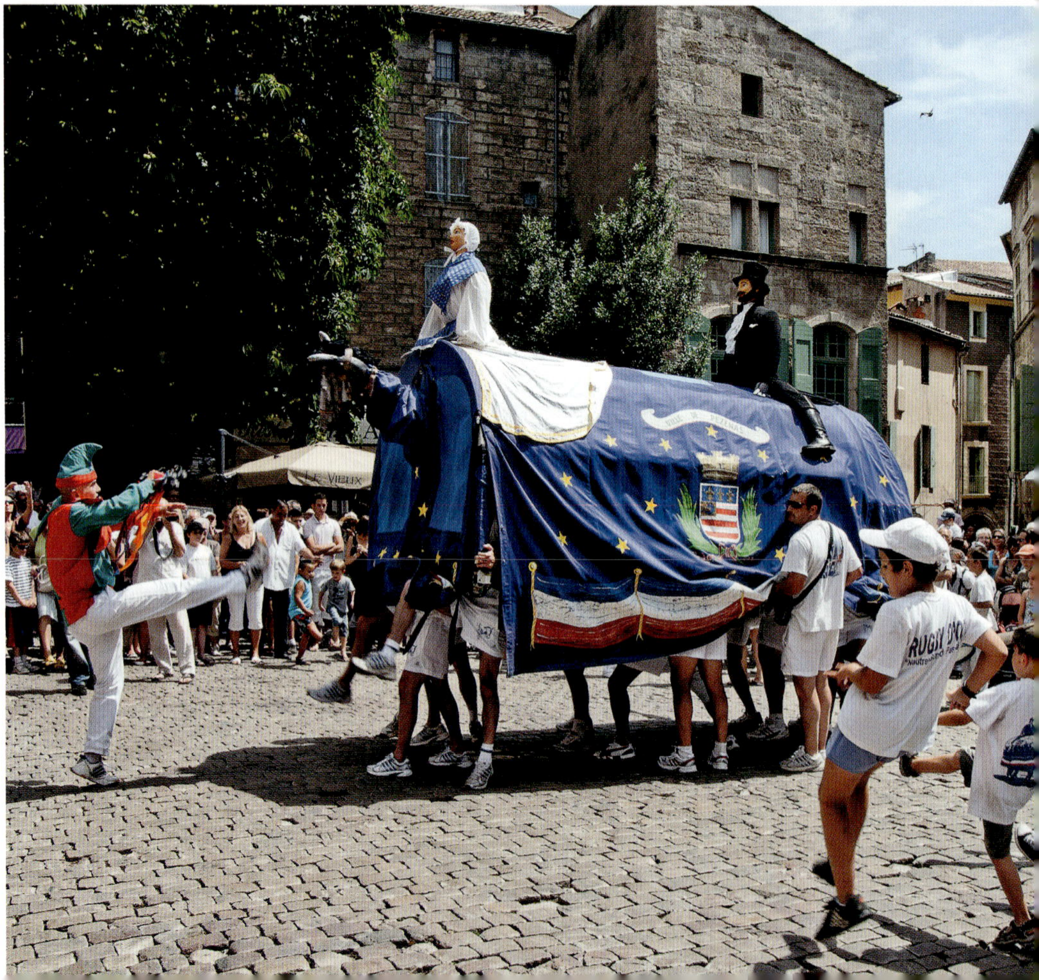

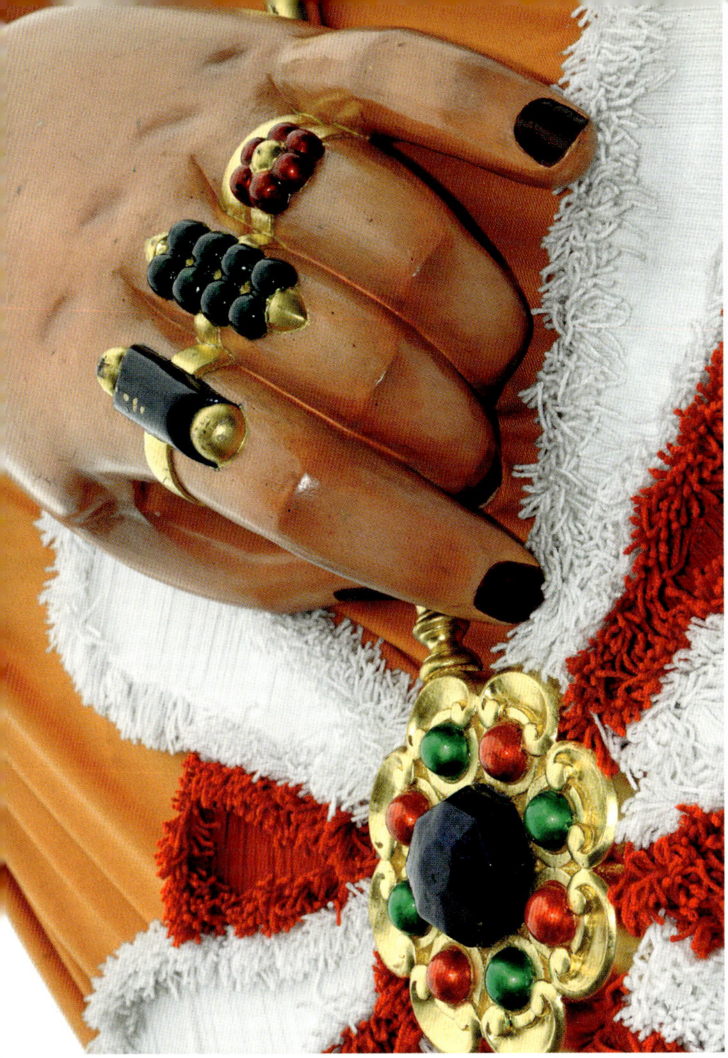

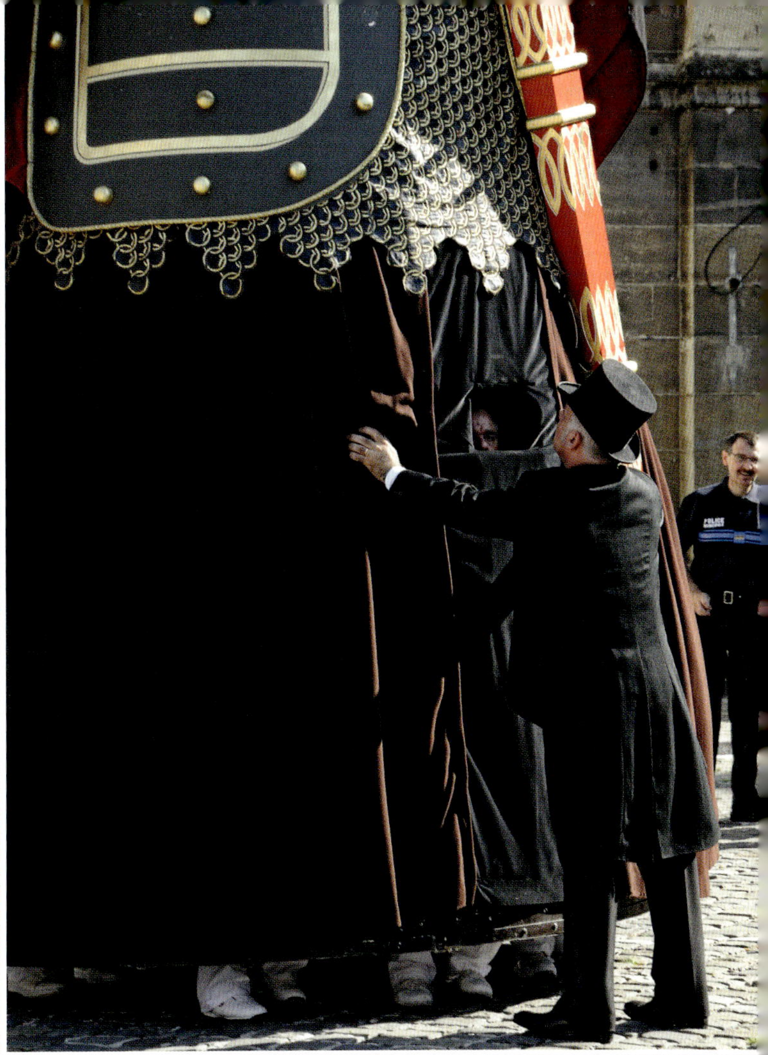

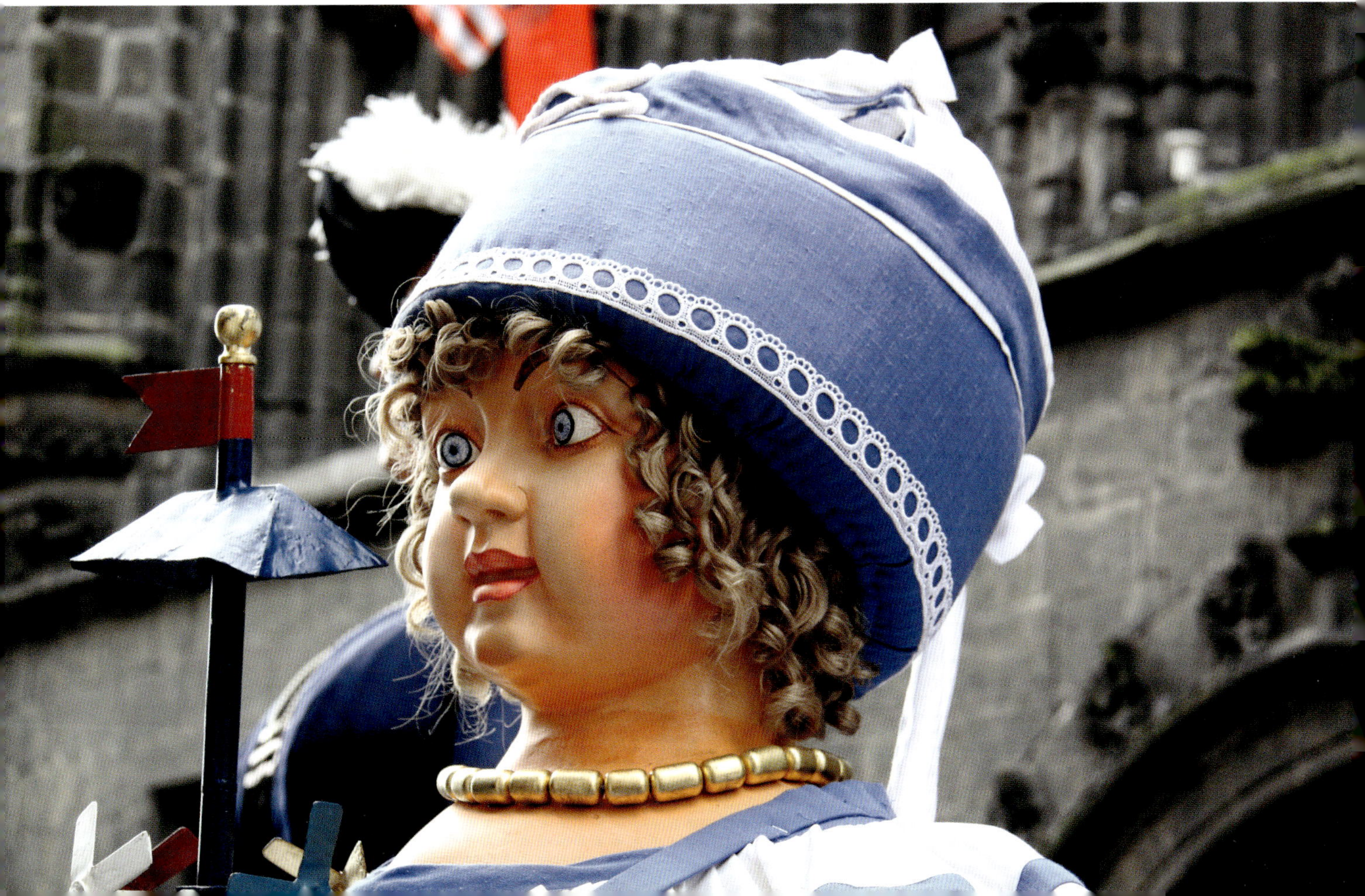

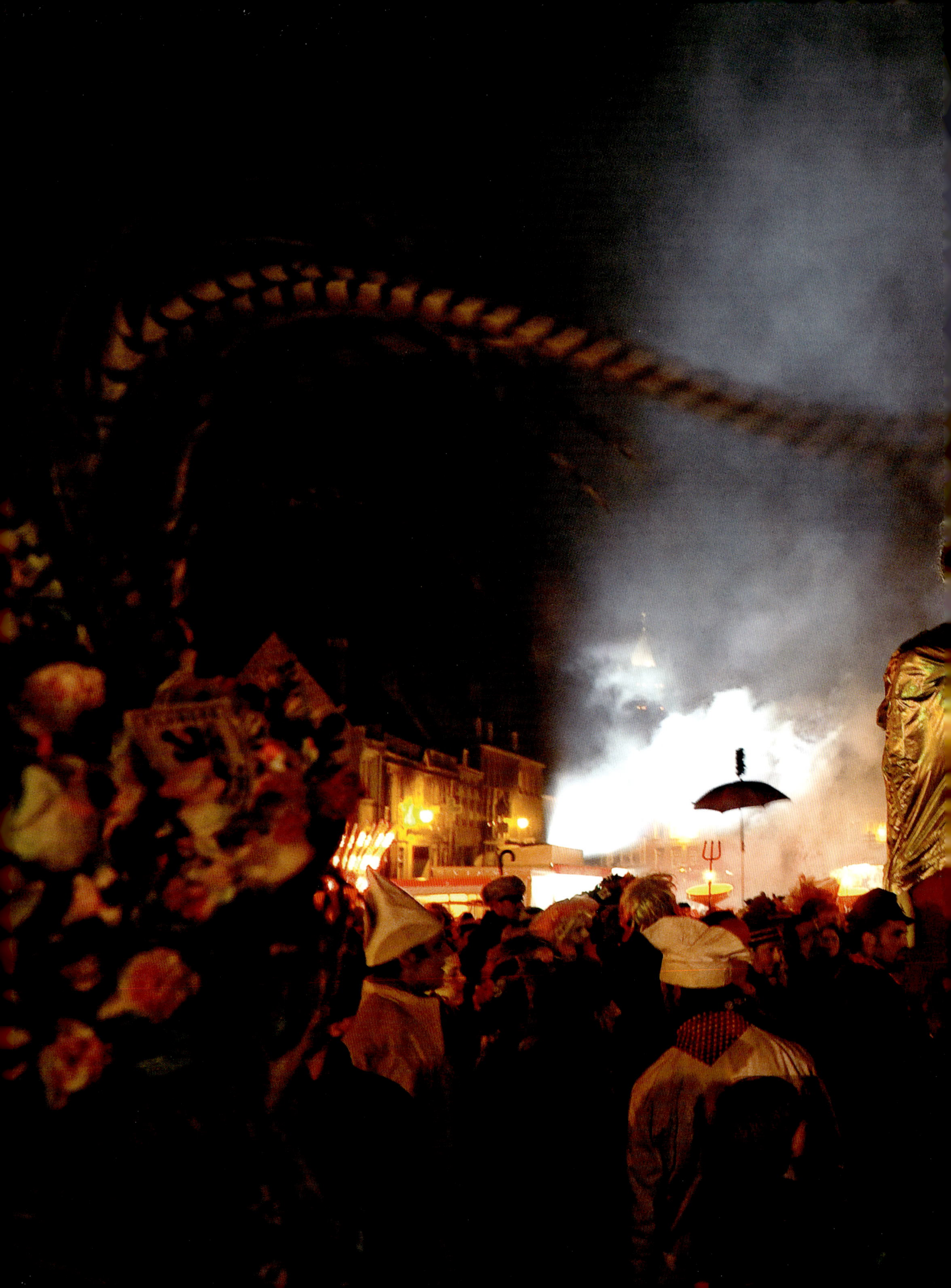

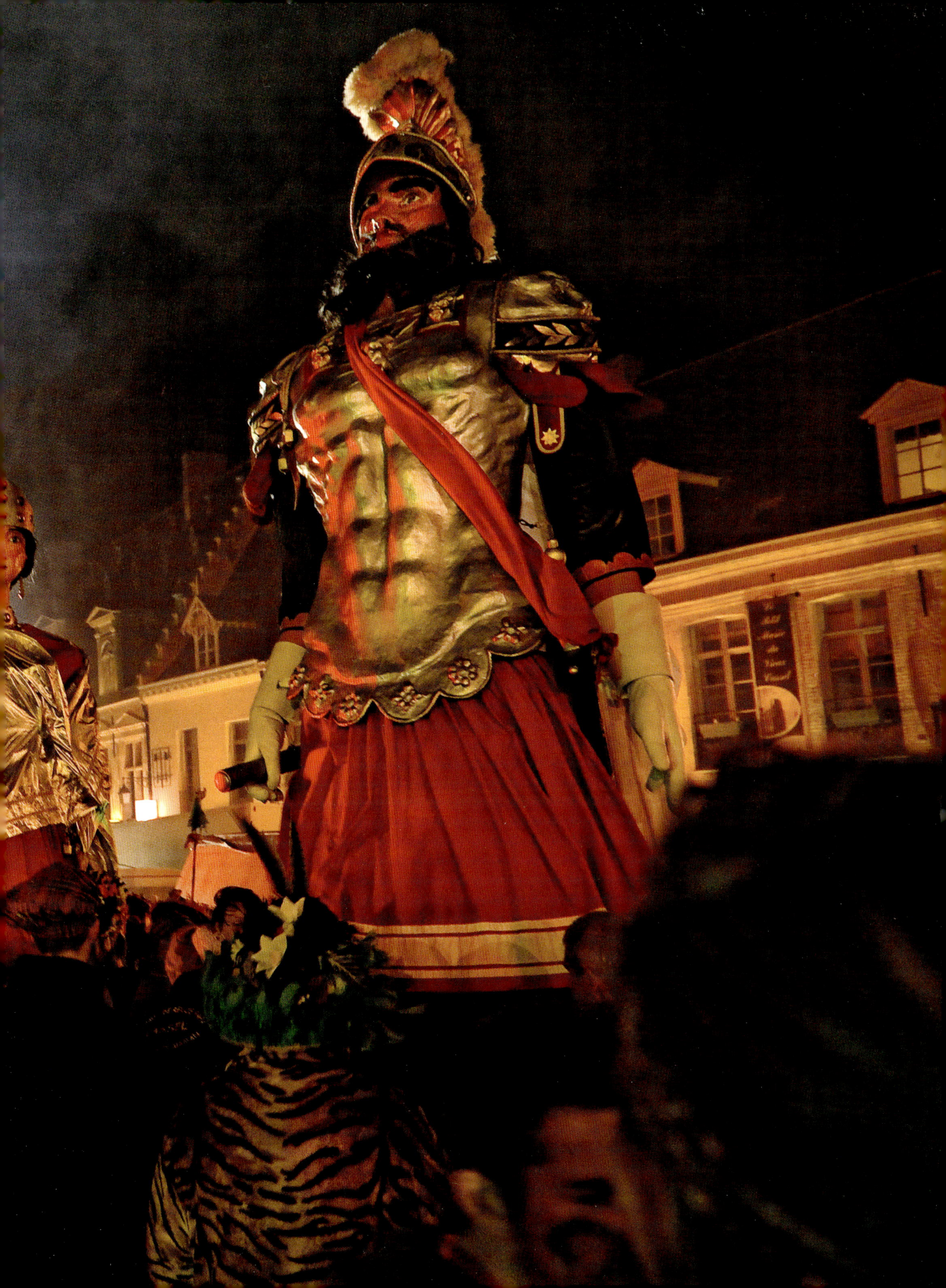

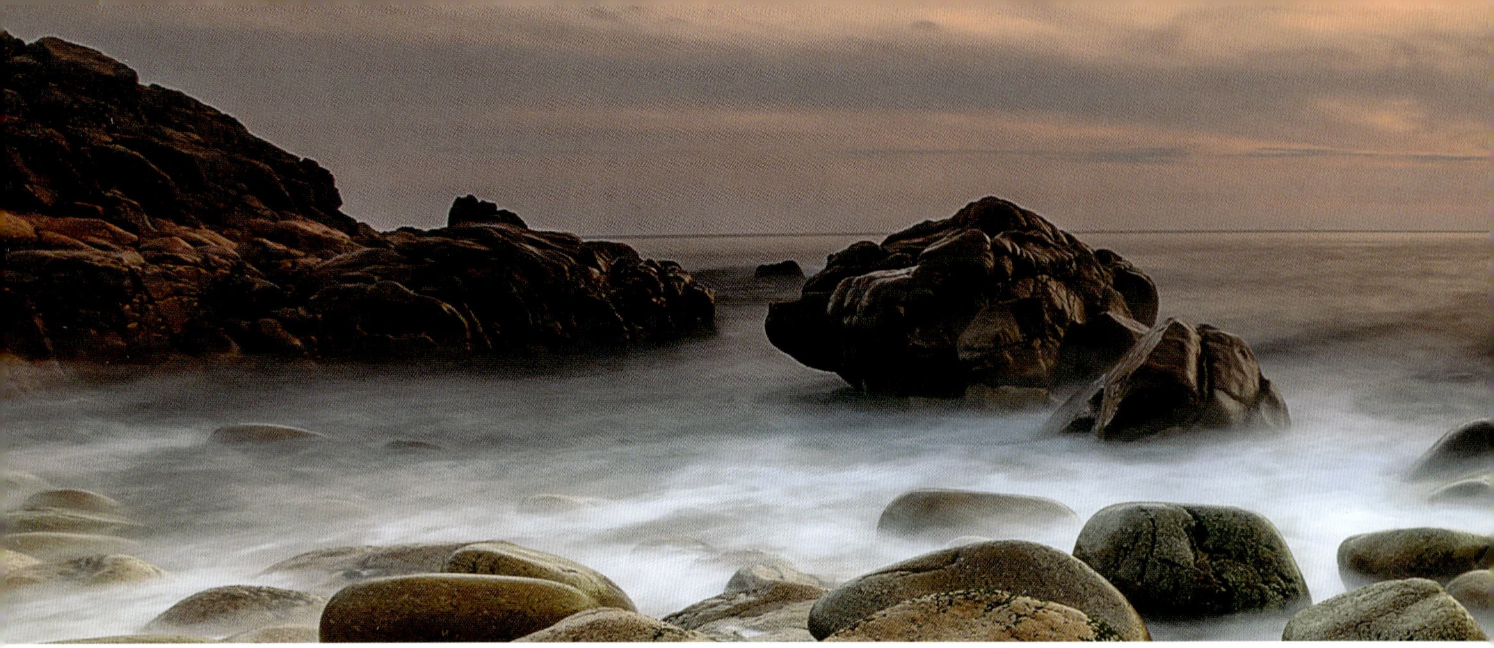

LA FRANCE EST UN CADEAU
EXTRAORDINAIRE

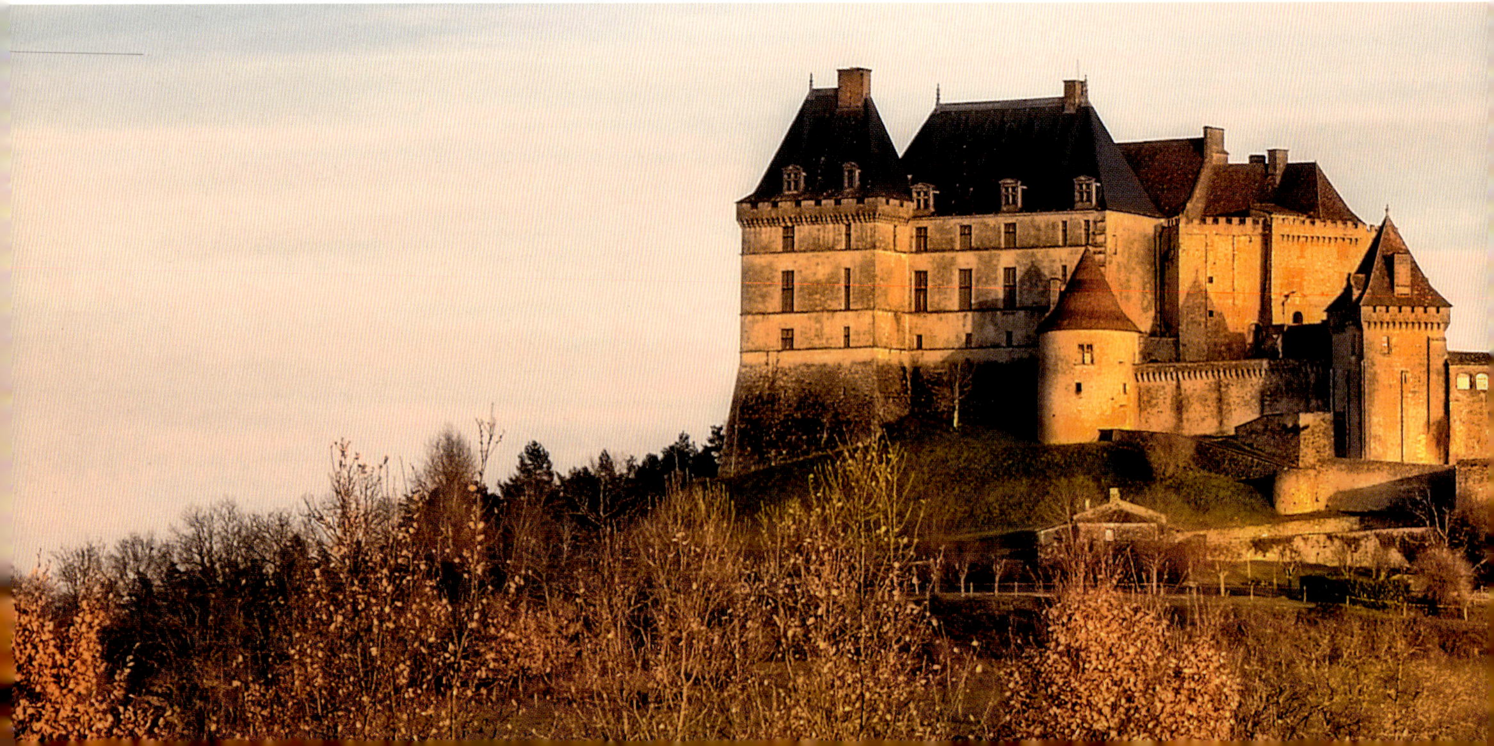

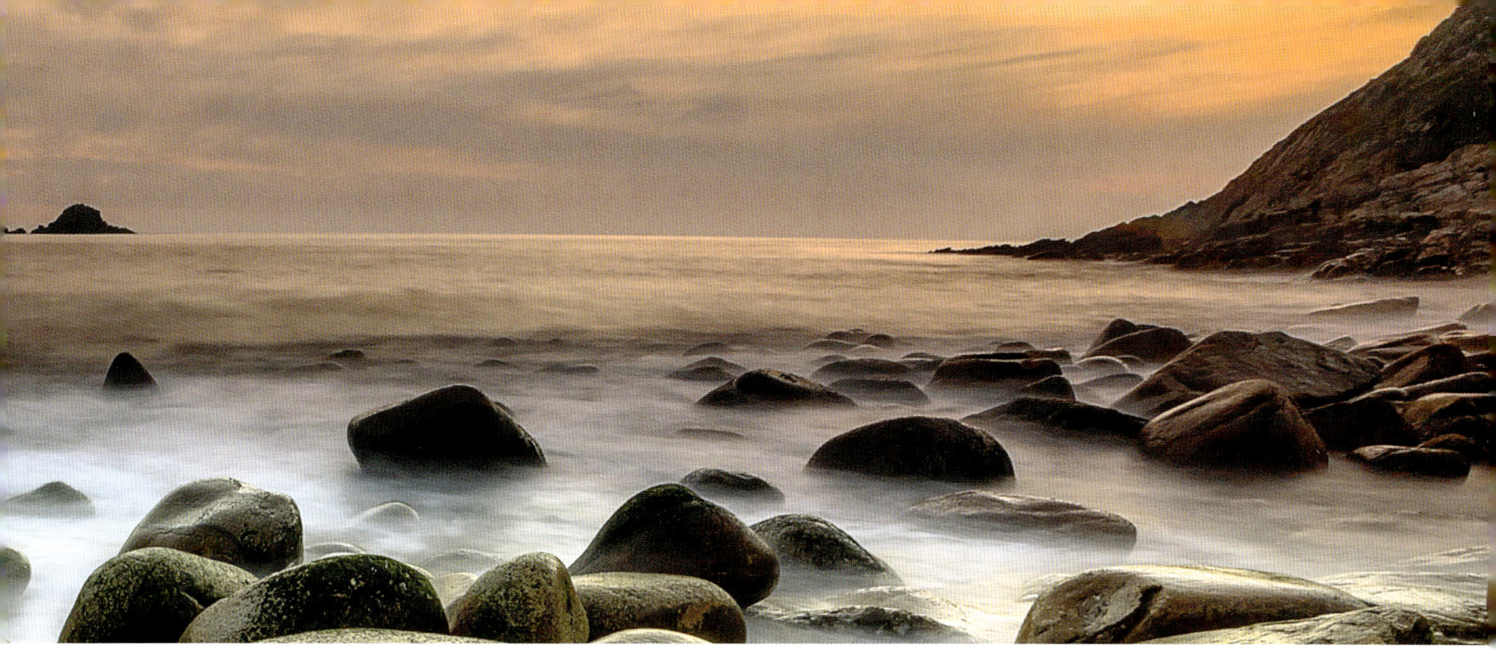

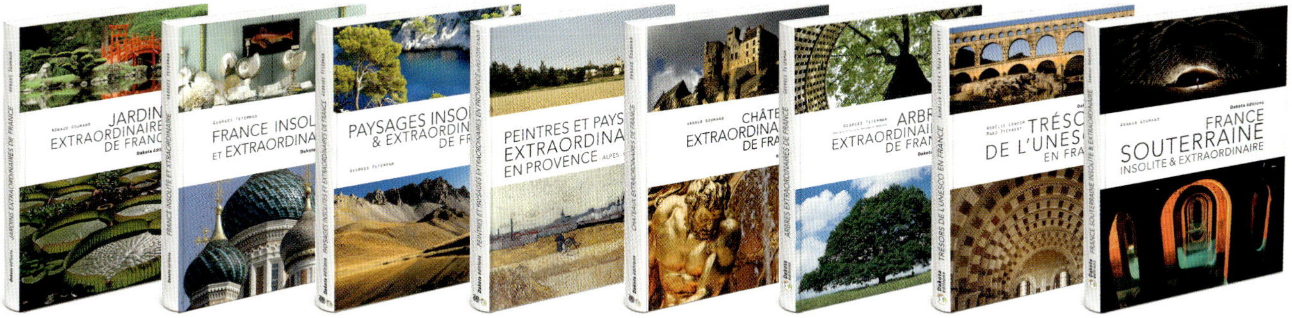
FRANCE
SOUTERRAINE
INSOLITE & EXTRAORDINAIRE

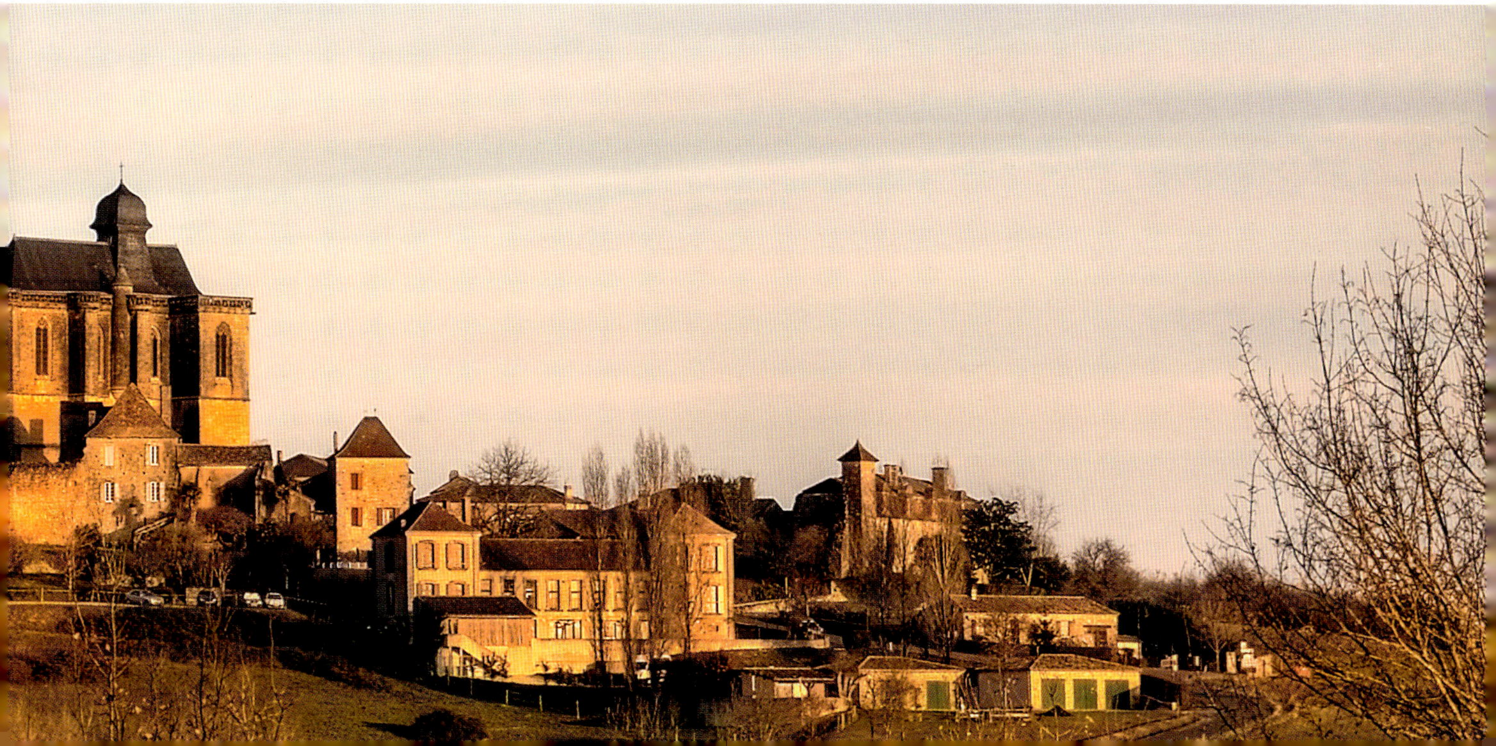

INDEX GÉOGRAPHIQUE

Les biens et les éléments sont suivis des mentions suivantes :

- *PM : Patrimoine mondial*
- *PCI : Patrimoine culturel immatériel*
- *LI : Liste indicative*

INDEX GÉOGRAPHIQUE

Crédits photographiques

Les lettres indiquent l'emplacement des photos : h (haut), b (bas), g (gauche) et d (droite).

Première de couverture, en haut : COLIN Matthieu / hemis.fr • **Première de couverture, en bas :** BOISVIEUX Christophe / hemis.fr
Quatrième de couverture, en haut : BOISVIEUX Christophe / hemis.fr • **Quatrième de couverture, en bas :** SENI Thierry / hemis.fr.

2-3 : Alain Cassaigne ; **4 :** Tupungato / Shutterstock ; **5 :** Office de tourisme d'Aubusson ; **7 :** Atlantis / Fotolia ; **8 :** MOIRENC Camille / hemis.fr ; **9 (g) :** JACQUES Pierre / hemis.fr ; **9 (d) :** David Commenchal – Musée des Beaux-Arts et de la Dentelle d'Alençon ; **10-11 :** RIEGER Bertrand / hemis.fr ; **12 (h) :** Arterra Picture Library / Alamy ; **12 (b) :** © Arterra Picture Library / Alamy ; **14-15 :** COLIN Matthieu / hemis.fr ; **17 :** CHICUREL Arnaud / hemis.fr ; **18 :** Alain Cassaigne ; **19 (h) :** LENAIN Hervé / hemis.fr ; **19 (b) :** Yvan Travert / akg-images ; **20 :** Alain Cassaigne ; **21 :** Alain Cassaigne ; **22-23 :** Alain Cassaigne ; **24 :** MOIRENC Camille / hemis.fr ; **25 (g) :** jorisvo / Shutterstock ; **25 (d) :** jorisvo / Shutterstock ; **26 (hg) :** Alain Cassaigne ; **26 (hd) :** Hervé Champollion / akg-images ; **26 (b) :** Claudio Giovanni Colombo / Shutterstock ; **27 :** Alain Cassaigne ; **28 :** LENAIN Hervé / hemis.fr ; **29 :** Shifted / Fotolia ; **31 :** Pixel & Création / Fotolia ; **32 :** Hervé Champollion / akg-images ; **33 (h) :** stevanzz / Fotolia ; **33 (b) :** RIEGER Bertrand / hemis.fr ; **34 :** Alex Justas / Shutterstock ; **35 :** Alain Cassaigne ; **37 (h) :** msdnv – Fotolia ; **37 (b) :** bensliman hassan / Shutterstock ; **38 :** RIEGER Bertrand / hemis.fr ; **39 (hg) :** Thomas LAUNOIS / Fotolia ; **39 (hd) :** photogolfer / Fotolia ; **39 (b) :** Atlantis / Fotolia ; **40 :** akg-images ; **41 :** akg-images / viennaslide ; **42 :** Alain Cassaigne ; **43 (hg) :** VICTOR TORRES / Shutterstock ; **43 (hd) :** vichie81 / Shutterstock ; **43 (b) :** euclem / Shutterstock ; **44 :** GUIZIOU Franck / hemis.fr ; **46 (h) :** POPMAN / Fotolia ; **46 (b) :** Pecold / Shutterstock ; **47 :** Santi Rodriguez / Shutterstock ; **48 :** LEROY Francis / hemis.fr ; **49 :** Alain Cassaigne ; **51 (h) :** Lotharingia / Fotolia ; **51 (b) :** Lotharingia / Fotolia ; **52 :** BRINGARD Denis / hemis.fr ; **53 :** GERAULT Gregory / hemis.fr ; **54 :** zuchero / Fotolia ; **55 :** Marc Rigaud / Fotolia ; **57 :** Yuryev Pavel / Shutterstock ; **58 :** RIEGER Bertrand / hemis.fr ; **59 (h) :** yvon52 / Shutterstock ; **59 (b) :** TUUL / hemis.fr ; **60 :** Patrice Le Bris-OTAH ; **62 (hg) :** Hilke Maunder - OTAH ; **62 (hd) :** Hilke Maunder - OTAH ; **62 (b) :** OTAH ; **63 (h) :** Patrick Boulen-OTAH ; **63 (b) :** Hilke Maunder - OTAH ; **64 :** JONATHAN / Fotolia ; **65 (h) :** Stephane Bidouze / Shutterstock ; **65 (b) :** sigurcamp / Shutterstock ; **66-67 :** Jiri Sebesta / Shutterstock ; **69 (h) :** SEMITOUR (www.semitour.com) - Site classé au Patrimoine mondial de l'Unesco ; **69 (b) :** Office de tourisme Lascaux Dordogne ; **70 :** ESCUDERO Patrick / hemis.fr ; **72-73 :** JACQUES Pierre / hemis.fr ; **74 :** Philip Lange / Shutterstock ; **75 :** Luca Quadrio / Shutterstock ; **77 :** Hervé Champollion / akg-images ; **78-79 (h) :** vlafon / Fotolia ; **78 (b) :** prochasson frederic / Shutterstock ; **79 (b) :** loflo69 / Shutterstock ; **80 :** Claudio Giovanni Colombo / Shutterstock ; **82 (h) :** MOIRENC Camille / hemis.fr ; **82 (b) :** MOIRENC Camille / hemis.fr ; **83 :** 50u15pec7a70r / Shutterstock ; **84 :** Yvan Travert / akg-images ; **85 :** ferretcloud / Fotolia ; **86 :** Sébastien Closs / Fotolia ; **87 (h) :** Sébastien Closs / Fotolia ; **87 (b) :** jorisvo / Shutterstock ; **89 :** XtravaganT / Fotolia ; **90-91 :** akg-images / Catherine Bibollet ; **90 (b) :** Circumnavigation / Shutterstock ; **91 (b) :** junjun / Shutterstock ; **92 :** ESCUDERO Patrick / hemis.fr ; **93 (h) :** GUIZIOU Franck / hemis.fr ; **93 (b) :** ArTono / Shutterstock ; **95 (h) :** Francisco Javier Gil / Shutterstock ; **95 (b) :** HUANG Zheng / Shutterstock ; **96 :** Stéphane Gadrey / Fotolia ; **97 (h) :** Jon Arnold / hemis.fr ; **97 (b) :** Pecold / Shutterstock ; **98 :** AZAM Jean-Paul / hemis.fr ; **100 :** Alain Cassaigne ; **101 (h) :** Alain Cassaigne ; **101 (b) :** Claudio Giovanni Colombo / Shutterstock ; **102 :** Alain Cassaigne ; **104 (h) :** BARRERE Jean-Marc / hemis.fr ; **104 (b) :** Alain Cassaigne ; **105 :** akg-images / Catherine Bibollet ; **106 :** Fernando Pegueroles Pons / Shutterstock ; **107 (hg) :** Andrzej Gibasiewicz / Shutterstock ; **107 (hd) :** herreneck / Fotolia ; **107 (b) :** Pecold / Shutterstock ; **108 :** Alain Cassaigne ; **110-111 :** Etienne Marie / akg-images ; **110 (b) :** Philip Lange / Shutterstock ; **111 (b) :** akg / De Agostini Picture Lib. ; **112-113 :** Francisco Javier Gil / Shutterstock ; **114 :** LECLERCQ Olivier / hemis.fr ; **116 (h) :** Alain Cassaigne ; **116 (b) :** Pecold / Shutterstock ; **117 :** Alain Cassaigne ; **118 :** CHICUREL Arnaud / hemis.fr ; **119 :** Office de tourisme de Provins - JF Bénard ; **121 (h) :** Rainprel / Shutterstock ; **121 (b) :** MATTES René / hemis.fr ; **122 :** Corentin / Shutterstock ; **123 :** Francisco Javier Gil / Shutterstock ; **124-125 :** Bernard Bonnefon / akg-images ; **124 (b) :** CINTRACT Romain / hemis.fr ; **125 (b) :** Jacques PALUT / Shutterstock ; **126 (h) :** Martin Froyda / Shutterstock ; **126 (b) :** silky / Shutterstock ; **127 (h) :** snaptitude / Fotolia ; **127 (b) :** Gerard Koudenburg / Shutterstock ; **128-129 :** GUY Christian / hemis.fr ; **130 :** E. Watteau, Centre Historique Minier ; **132 (h) :** SOBERKA Richard / hemis.fr ; **132 (b) :** SOBERKA Richard / hemis.fr ; **133 (h) :** SOBERKA Richard / hemis.fr ; **133 (b) :** SOBERKA Richard / hemis.fr ; **134 :** Alain Cassaigne ; **135 :** Collections du Centre Historique Minier ; **136 :** ROY Philippe / hemis.fr ; **137 (h) :** Rrrainbow / Shutterstock ; **137 (b) :** Alain Cassaigne ; **138 :** Alain Cassaigne ; **140 :** LENAIN Hervé / hemis.fr ; **141 (h) :** Alain Cassaigne ; **141 (b) :** Alain Cassaigne ; **143 :** RIEGER Bertrand / hemis.fr ; **144 (h) :** Alain Cassaigne ; **144 (b) :** Sergey Kelin / Shutterstock ; **145 :** BODY Philippe / hemis.fr ; **146-147 :** Alain Cassaigne ; **148 :** AZAM Jean-Paul / hemis.fr ; **149 :** Yvann K / Fotolia ; **150 :** Andrei Kazarov / Fotolia ; **152 :** DOELAN Yann / hemis.fr ; **153 :** BOISVIEUX Christophe / hemis.fr ; **155 :** FRANCES Stéphane / hemis.fr ; **156 (h) :** Aqua_Image / hemis.fr ; **156 (b) :** DU BOISBERRANGER Jean / hemis.fr ; **157 (h) :** Isabelle Kuehn / Shutterstock ; **157 (b) :** LauraD / Shutterstock ; **158-159 :** A. Karnholz / Fotolia ; **160 :** DESGRAUPES Patrick / hemis.fr ; **161 (h) :** Frog 974 / Fotolia ; **161 (b) :** Bruno Barbier / akg-images ; **162-163 :** RIEGER Bertrand / hemis.fr ; **164 (h) :** DreanA / Fotolia ; **164 (b) :** PHB.cz (Richard Semik) / Shutterstock ; **165 (h) :** artjazz / Shutterstock ; **165 (b) :** PHOTOERICK / Fotolia ; **166-167** HOUZE Philippe / hemis.fr ; **168-169 :** David Page / Alamy ; **171 :** Association nationale des fauconniers et autoursiers français ; **172 :** Association nationale des fauconniers et autoursiers français ; **173 (h) :** Association nationale des fauconniers et autoursiers français ; **173 (b) :** Association nationale des fauconniers et autoursiers français ; **175 (h) :** galam / Fotolia ; **176 (b) :** Richard Villalon / Fotolia ; **176-177 :** Alain Laurioux - Cadre Noir IFCE ; **178 (h) :** Alain Laurioux - Cadre Noir IFCE ; **179 (b) :** Alain Laurioux - Cadre Noir IFCE ; **180 :** Alain Laurioux - Cadre Noir IFCE ; **180 :** Compagnons du devoir ; **181 :** FNCMB - Fédération compagnonnique du tour de France - JPC ; **183 :** SUDRES Jean-Daniel / hemis.fr ; **184 :** David Commenchal / Musée des Beaux-arts et de la Dentelle, Alençon ; **185 :** David Commenchal / Musée des Beaux-arts et de la Dentelle, Alençon ; **187 :** Michèle Glinatsis ; **188 :** Eric Gibot ; **189 :** Takamba ; **191 (h) :** FNCMB - Fédération compagnonnique du tour de France - JPC ; **191 (b) :** Compagnons du devoir ; **192 :** Office de tourisme d'Aubusson ; **193 :** Office de tourisme d'Aubusson ; **194 (h) :** Cité internationale de la tapisserie et de l'art tissé ; **194 (b) :** Cité internationale de la tapisserie et de l'art tissé ; **195 (h) :** Cité internationale de la tapisserie et de l'art tissé ; **195 (b) :** Cité internationale de la tapisserie et de l'art tissé ; **197 :** Ville de Douai / D. Langlet ; **198 (h) :** GIRAUDOU Laurent / hemis.fr ; **198 (b) :** Club piscinois / Louis Combelles ; **199 (hg) :** Ville de Douai / D. Langlet ; **199 (hd) :** Ville de Douai / D. Langlet ; **200 (b) :** Ville de Douai / D. Langlet ; **200-201 :** CHARTON Franck / hemis.fr.

Les auteurs et les éditions Dakota remercient chaleureusement Georges Feterman, François Cristofoli ainsi que l'Association France Patrimoine Culturel immatériel et ses partenaires pour l'aide précieuse qu'ils ont apportée à la réalisation de cet ouvrage.

France PCI, l'association française des éléments inscrits au Patrimoine culturel immatériel de l'Unesco, réunit les personnes morales et collectivités qui ont porté la candidature de ces éléments et/ou en assurent la gestion. Elle s'est fixé pour missions de :

- promouvoir auprès des publics l'esprit de la Convention de l'Unesco pour la sauvegarde du patrimoine culturel immatériel (2003) et les éléments inscrits sur ses listes ;
- faciliter le partage d'informations, de connaissances et d'expériences ainsi que les collaborations, à l'échelle nationale et internationale, dans le domaine de la sauvegarde ;
- être une force de proposition et de réflexion auprès des acteurs du PCI.

France PCI a été créée le 25 septembre 2013 au Centre français du patrimoine culturel immatériel, antenne de la Maison des Cultures du Monde à Vitré, qui en accueille le siège et en assure la coordination, en lien avec les partenaires institutionnels en charge de la mise en œuvre et du suivi en France de la Convention de 2003.

Aurélie Lenoir a rédigé les textes et les légendes correspondantes des pages : 3, 16, 21, 24-25, 36, 40-41, 44-45, 54-55, 56, 64, 65, 74-75, 80-81, 84-85, 88-89, 94, 98-99, 112-113, 119, 126, 127, 130-131, 136, 150-151, 164, 165, 168-169, 170, 182, 184-185, 192-193, 196.

Maud Tyckaert a rédigé les textes et les légendes correspondantes des pages : 13, 14-15, 28, 30, 35, 50, 60-61, 68, 72-73, 76, 102-103, 109, 114-115, 120, 122, 138-139, 142-143, 149, 154, 158-159, 174, 176-177, 180-181, 186, 189, 190.

Direction du projet : Yann Le Fichant • **Directrice de production :** Agnès Gauzit • **Responsable éditorial :** Axel Vicq • **Réalisation éditoriale :** Aurélie Lenoir
Assistanat éditorial : Romain Perez • **Conception graphique et mise en page :** Cécile Chatelin – Agence Point de vue • **Photogravure :** Apex Graphic

Contenu multimédia © Vox Inzebox
Directeur du développement : Didier Borreli • **Responsable du numérique :** Pascal Plouidy • **Développeurs :** Hugo Gutiérrez, Simon Fage
Chargée de production : Myriam Lesser • **Ingénieur multimédia :** Stéphane Belicha

Dépôt légal : 4e trimestre 2014
ISBN : 978-2-84640-388-7
Achevé d'imprimer par Drukarnia Perfekt, en Pologne, en septembre 2014

Dakota éditions
20, rue Bouvier – 75011 Paris
www.dakotaeditions.com

Dakota éditions est une marque commerciale
de Vox inzebox SA
Pôle Media de la Belle de Mai – 37, rue Guibal
13303 Marseille cedex 03
www.zevisit.com

ze VISIT Dakota éditions